新中學文庫

國史大綱

上冊

錢穆著

商務印書館發行

部定大學用書

國史大綱

上冊

錢穆著

國立編譯館出版
商務印書館發行

凡讀本書請先具下列諸信念

一、當信任何一國之國民，尤其是自稱知識在水平線以上之國民，對其本國已往歷史，應該略有所知。否則最多只算一有知識的人，不能算一有知識的國民。

二、所謂對其本國已往歷史略有所知者，尤必附隨一種對其本國已往歷史之溫情與敬意。否則只算知道了一些外國史，不得云對本國史有知識。

三、所謂對其本國已往歷史有一種溫情與敬意者，至少不會對其本國已往歷史抱一種偏激的虛無主義，即視本國已往歷史為無一點有價值，亦無一處足以使彼滿意。亦至少不會感到現在我們是站在已往歷史最高之頂點，此乃一種淺薄狂妄的進化觀。而將我們當身種種罪惡與弱點，一切諉卸於古人。此乃一種似是而非之文化自譴。

四、當信每一國家必待其國民備具上列諸條件者比數漸多，其國家乃再有向前發展之希望。否則其所改進，等於一個被征服國或次殖民地之改進，對其國家自身不發生關係。換言之，此種改進，無異是一種變相的文化征服，乃其文化自身之萎縮與消滅，並非其文化自身之轉變與發皇。

引論

（一）

中國為世界上歷史最完備之國家，舉其特點有三。一者悠久。從黃帝傳說以來約得四千六百餘年。從古竹書紀年載夏以來，約得三千七百餘年。（夏四七二，殷四九六，周武王至幽王二五七，自此以下至民國紀元二六八一。）二者無間斷。自周共和行政以下，明白有年可稽。（史記十二諸侯年表從此始，下至民國紀元二七五二。）自魯隱公元以下，明白有月日可詳。（春秋編年從此始，下至民國紀元二六三三。魯哀公卒，左傳終，中間十五年史文稍殘缺，自周威烈王二十三年資治通鑑託始，至民國紀元凡二三一四年。）三者詳密。此指史書體裁言。要別有三，一曰編年，（此本春秋。）二曰紀傳，（此稱正史，本史記。）三曰紀事本末。（此本尚書。）其他不勝備舉。（可看四庫書目史部之分類。）又中國史所包地域最廣大，所含民族分子最複雜，因此益形成其繁富。若一民族文化之評價，與其歷史之悠久博大成正比，則我華夏文化，於並世固當首屈一指。

然中國最近，乃為其國民最缺乏國史智識之國家。何言之，歷史智識與歷史材料不同。我民族國家已往全部之活動，是為歷史。其經記載流傳以迄於今者，只可謂是歷史的材料，而非吾儕今日所需歷史的智識。材料累積而愈多，智識則與時以俱新。歷史智識，隨時變遷，應與當身現代種種問題，有親切之聯絡。歷史智識，貴能鑒古而知今。至於歷史材料，則為前人所記錄，前人不知後事，故其所記，未必一一有當於後人之所欲知。然後人欲求歷史智識，必從前人所傳史料中覓取。若蔑棄前人史料而空談史識，則所謂史者非史，而所謂識者無識，生乎今而臆古，無當於鑒於古而知今之任也。

今人率言革新，然革新固當知舊。不識病象，何施刀藥。僅爲一種憑空抽象之理想，蠻幹強爲，求其實現，鹵莽滅裂，於現狀有破壞無改進。凡對於已往歷史抱一種革命的蔑視者，此皆一切眞正進步之勁敵也。惟藉過去乃可認識現在，亦惟對現在有眞實之認識，乃能對現在有眞實之改進。故所貴於歷史智識者，又不僅於鑒古而知今，乃將爲未來精神盡其一部分孕育與嚮導之責也。

且人類常情，必先認識乃生情感。人最親者父母，其次兄弟夫婦乃至朋友。凡其所愛，必其所知。人惟爲其所愛而奮鬬犧牲。人亦惟愛其所崇重，人亦惟崇重其所認識與了知。求人之敬事上帝，必先使知有上帝之存在，不啻當面覿體焉，又必使熟知上帝之所以爲上帝者，而後其敬事上帝之心油然而生。人之於國家民族亦然。惟人事上帝本乎信仰，愛國家民族則由乎知識，此其異耳。人之父母不必爲世界最崇高之人物，人之所愛不必爲世界最美之典型，而無害其爲父母爲所愛者，惟知之深，故愛之切。若一民族對其已往歷史無所了知，此必爲無文化之民族。此民族中之分子，對其民族，必無甚深之愛，必不能爲其民族眞奮鬬而犧牲，此民族終將無爭存於並世之力量。今國人方蔑棄其本國已往之歷史，以爲無足重視，旣已對其民族已往文化，懵無所知，而猶空呼愛國。此其爲愛，僅當於一種商業之愛，如農人之愛其牛。彼僅知彼之身家地位有所賴於是，彼豈復於其國家有逾此以往之深愛乎。凡今之斷脰決胸而不顧，以效死於前敵者，彼則尙於其國家民族已往歷史，有其一段眞誠之深愛，彼固以爲我神州華裔之生存食息於天壤之間，實自有其不可侮者在也。

故欲其國民對國家有深厚之愛情，必先使其國民對國家已往歷史有深厚的認識。欲其國民對國家當前有眞實之改進，必先使其國民對國家已往歷史有眞實之了解。我人今日所需之歷史智識，其要在此。

（二）

略論中國近世史學，可分三派述之。一曰傳統派，亦可謂記誦派 二曰革新派，亦可謂宣傳派 三曰科學派。亦可謂考訂派。 傳統派主於記誦，熟諳典章制度，多識前言往行，亦間爲校勘輯補。此派乃承前清中葉以來西洋勢力未入中國時之舊規模者也。其次曰革新派，則起於清之季世，爲有志功業急於革新之士所提倡。最後曰科學派，乃承以科學方法整理國故之潮流而起。此派與傳統派，同偏於歷史材料方面，路徑較近；博洽有所不逮，而精密時或過之。二派之治史，同於缺乏系統，無意義，乃純爲一種書本文字之學，與當身現實無預。無寧以記誦一派，猶因熟諳典章制度，多識前言往行，博洽史實，稍近人事；縱若無補於世，亦將有益於己。至考訂派則震於科學方法之美名，往往割裂史實，爲局部窄狹之追究。以活的人事，換爲死的材料。治史譬如治岩礦，治電力，既無以見前人整段之活動，亦於先民文化精神，漠然無所用其情。彼惟尙實證，夸創獲，號客觀，既無意於成體之全史，亦不論自己民族國家之文化成績也。

惟革新一派，其治史爲有意義，能具系統，能努力使史學與當身現實相綰合，能求把握全史，能時時注意及於自己民族國家已往文化成績之評價。故革新派之治史，其言論意見，多能不脛而走，風靡全國。今國人對於國史稍有觀感，皆出數十年中此派史學之賜。雖然，革新派之於史也，急於求智識，而怠於問材料。其甚者，對於二三千年來積存之歷史材料，亦以革新現實之態度對付之，幾若謂此汗牛充棟者，曾無一顧盼之價值矣。因此其於史，既不能如記誦派所知之廣，亦不能如考訂派所獲之精。彼於史實，往往一無所知。彼之所謂系統，不啻為空中之樓閣。彼治史之意義，轉成無意義。彼之把握全史，特把握其胸中所臆測之全史。彼對於國家民族已往文化之評價，特激發於其一時之熱情，而非有外在之根據。其綰合歷史於現實也，特借歷史口號為其宣傳改革現實之工具。彼非能眞切沉浸於已往之歷史智識中，而透露出改革現實之方案。彼等乃急於事功而偽造智識者。智識既不眞，事功亦有限。今我國人乃惟乞靈於此派史學之口吻，以獲得對於國史之認識，故今日國人對於國史，乃最為無識也。

（三）

所謂革新派之史學，亦隨時遞變。約言之，亦可分為三期。其先當前清末葉，當時有志功業之士所渴欲改革者，厥在政體。故彼輩論史，則曰「中國自秦以來二千年，皆專制黑暗政體之歷史也」。彼輩謂二十四史乃帝王之家譜。彼輩於一切史實，皆以「專制黑暗」一語抹殺。彼輩對當前病證，一切歸罪於二千年來之專制。然自專制政體一旦推翻，則此等議論，亦功成身退，為明日之黃花矣。繼政治革命而起者，有文化革命。彼輩之目光，漸從政治轉移而及學術思想，於是其對國史之論鋒，亦轉集於「學術思想」之一途。故彼輩論史，則曰「中國自秦以來二千年，思想停滯，無進步，而一切事態，因亦相隨停滯不進」。彼輩或則謂「二千年來思想，皆為孔學所掩脅」，或則謂「二千年來思想，皆為老學所痲醉。故或則以當前病態歸罪孔子，或則歸罪於老子。或謂二千年來思想界，莫不與專制政體相協應。或則謂此二千年來之思想，相當於歐洲史之所謂中古時期，要之如一邱之貉，非現代之所需。或則謂思想限制於文字，欲一掃中國自秦以來二千年思想之沉痼積痗，莫如並廢文字，創爲羅馬拼音，庶乎有瘳。然待此等宣傳成功，則此等見識，亦將爲良弓之藏。繼文化革命而起者有經濟革命。彼輩謂無論政治與學術，其後面常爲社會形態所規定。故欲切實革新政治機構，學術內容，其先應從事於社會經濟形態之改造。彼輩對於當前事態之意見，影響及於論史，則曰，中國自秦以來二千年，皆一封建時期也。二千年來之政治，二千年來之學術，莫不與此二千年來之社會經濟形態，所謂封建時期者相協應。正惟經濟改革未有成功，故此輩議論，猶足以動國人之視聽。有治史者旁睨而噓曰，國史浩如煙海，我知就我力之所及，爲博洽諦當之記誦而已，爲精細綿密之考訂而已。何事此放言高論爲。雖然，國人之所求於國史略有知，乃非此枝節煩瑣之考訂，亦非此繁重龐雜之記誦，特欲於國家民族已往歷史文化有大體之瞭解，以相應於其當身現實之所需知也。有告之者曰，中國自秦以來二千年，皆專制黑暗之歷史也，則彼固已爲共和政體下之自由民矣，無怪其掉頭而不肯顧。或告之曰，中國自秦以來二千年，皆孔子老子中古時期思想所支配下之歷史也，則彼固已呼吸於二十世紀新空氣之仙囿，於孔老之爲人與其所言，固久已鄙薄而弗覩，闇曶而無知，何願更爲陳死人辨此宿案，亦無怪其奮步而不肯留。或告之曰，我中國自秦以來二千年，皆封建社會之歷史耳，雖至今猶然，一切病痛盡在是矣。於是有志於當身現實之革新而求知國史已往之大體者，莫不動色稱道，雖牽鼻而從，有勿悔矣。然竟使此派論者有躊躇滿志之一日，則我國史仍將束高閣，覆醬瓿，而我國人仍將爲無國史智識之民族也。

（四）

前一時代所積存之歷史材料，既無當於後一時期所需要之歷史智識，故歷史遂不斷隨時代之遷移而變動改寫。就前有諸史言之，尙書爲最初之史書，然書缺有間，此見其時中國文化尙未到達需要編年史之程度。其次有春秋，爲最初之編年史。又其次有左傳，以網羅詳備言，爲編年史之進步。然其時則國之大事，在祀與戎。祭祀乃常事，常事可以不書，兵戎非常事，故左傳所載，乃以列國之會盟與戰爭爲主，後人譏之爲相斫書焉。又其次爲史記，乃爲以人物爲中心之新史，徵其時人物個性之活動，已漸漸擺脫古代封建宗法社會之團體性而嶄然露頭角也。又其次爲漢書，爲斷代作史之開始，此乃全國統一的中央政府，其政權已臻穩固後之新需要。自此遂形成中國列代之所謂正史，繼此而復生通史之新要求。於是而有杜佑通典，此爲政書之創作，爲以制度爲骨幹之新史，非政體沿革到達相當程度，不能有此。又繼而有通鑑，爲編年之新通史。又次而有各史紀事本末，爲以事件爲中心之新史之再現。然如袁氏通鑑紀事本末，取材只限於通鑑，則貌變而實未變也。於是而有鄭樵通志之所謂二十略，其歷史眼光，乃超出於政治人物人事年月之外。其他如方志，如家譜，如學案，形形色色，乘一時代之新需要而創造新體裁者，不勝縷舉。要之自尙書下逮通志，此皆有志於全史整面之敍述。今觀其相互間體裁之不同，與夫內容之差別，可知中國舊史，固不斷在改寫之中矣。

自南宋以來，又七百年，乃獨無繼續改寫之新史書出現。此因元清兩代皆以異族入主，不願國人之治史。明廁其間，光輝乍闢，翳霾復興，遂亦不能有所修造。今則為中國有史以來未有的變動劇烈之時代，其需要新史之創寫尤亟。而適承七百年來史學衰微之末運，因此國人對於國史之認識，乃愈昏昧無準則。前述記誦考訂宣傳諸派，乃亦無一能發願為國史撰一新本者，則甚矣史學之不振也。

今日所需要之國史新本，將為自尚書以來下至通志一類之一種新通史。此新通史應簡單而扼要，而又必具備兩條件。一者必能將我國家民族，已往文化演進之真相，明白示人，為一般有志認識中國已往政治社會文化思想種種演變者所必要之智識。二者應能於舊史統貫中映照出現中國種種複雜難解之問題，為一般有志革新現實者所必備之參考。前者在積極的求出國家民族永久生命之泉源，為全部歷史所由推動之精神所寄。後者在消極的指出國家民族最近病痛之證候，為改進當前之方案所本。此種新通史，其最主要之任務，尤在將國史真態傳播於國人之前，使曉然了解於我先民對於國家民族所已盡之責任，而油然興其慨想，奮發愛惜保護之摯意也。

此種通史，無疑的將以記誦考訂派之工夫，而達宣傳革新派之目的。彼必將從積存的歷史材料中出頭，將於極艱苦之準備下，呈露其極平易之面相。將以專家畢生盡氣之精力所萃，而為國人月日瀏覽之所能通貫。則編造國史新本之工作，其為難於勝任而愉快，亦可由此想見矣。

（五）

一部二十四史，從何說起，今將為國史寫一簡單扼要而有系統之新本，首必感有此苦。其將效記誦考訂派之所為乎？則必泛濫而無歸。其將效宣傳革新派之所為乎，又必空洞而無物。凡近代革新派所注意者有三事，首則曰政治制度，次則曰學術思想，又次則曰社會經濟。此三者，社會經濟為其最下層之基礎，政治制度為其最上層之結頂，而學術思想則為其中層之幹柱。大體言之，歷史事態要不出此三者之外。今將輕重先後分主客取捨於其間乎，抑兼羅幷包平等而同視之乎？

曰，姑捨此。能近取譬，試設一淺喻。今人若為一運動家作一年譜或小傳，則必與為一音樂家所作者，其取材詳略，存滅遠異矣。即為一網球家作小傳或年譜，則又必與為一足球家所作者，其取材詳略存滅迥別矣。何以故，以音樂家之個性與環境與事業之發展，與運動家不同故。以網球家之個性與環境與事業之發展，又與足球家不同故，一人如此，一民族一國家亦然。寫國史者，必確切曉瞭其國家民族文化發展個性之所在，而後能把握其特殊之環境與事業，而寫出其特殊之精神與面相。然反言之，亦惟於其特殊之環境與事業中，乃可識其個性之特殊點。如此則循環反覆，欲認識一國家一民族特殊個性之所在，乃並不如認識一網球家或足球家之單純而簡易。要之必於其自身內部求其精神面相之特殊個性，則一也。

何以知網球家之個性，以其忽然投入於網球家之環境，而從事於網球之活動故。其他一切飲食起居嗜好信仰，可以無所異於人。若為網球家作年譜，而鈔襲某音樂家已成年譜之材料與局套，則某年音樂大會，其人既無預，某年歌曲比賽，其人又不列。其人者，乃可於音樂史上絕無一面。不僅了不異人，抑且有不如無。不知其人之活動與事業乃在網球不在音樂。網球家之生命，不能於音樂史之過程中求取。乃不幸今日之治國史者，竟蹈此弊。

以言政治求一屢爭不捨僅而後得之代表民意機關，如英倫之大憲章與國會之創興而無有也，又求一轟轟烈烈，明白痛快，如法國人權大革命之爆發，而更無有也。則無怪於謂自秦以來二千年，皆專制黑暗之歷史矣。以言思想，求一如文藝復與運動以來各國學者蓬勃四起，各爲其國家民族創造其特有新興之文學而無有也。又求一如馬丁路德，明揭信仰自由之旗幟，以與羅馬教皇力抗，軒然興起全歐宗教革命之巨波，而更無有也。則無怪於謂自秦以來二千年，皆束縛於一家思想之下矣。以言經濟，求一如噶馬如哥倫布鑿空海外，發現新殖民地之偉迹而渺不可得。求如今日歐美社會之光怪陸離，窮富極華之景象，而更不可得。則無怪於謂自秦以來二千年，皆沉眠於封建社會之下，長夜漫漫，永無旦日矣。凡最近數十年來有志革新之士，莫不謳歌歐美，力求步趨，其心神之所向往在是，其耳目之所聞覩亦在是。迷於彼而忘其我，拘於貌而忽其情。反觀祖國，凡彼之所盛自張揚而誇道者，我乃一無有。於是中國自秦以來二千年，乃若一冬蟄之蟲，生氣未絕，活動全失。彼方目眵神炫於網球場中四圍之采聲，乃不知別有一管弦競奏，歌聲洋溢之境也則宜。故曰治國史之第一任務，在能於國家民族之內部自身，求得其獨特精神之所在。

(六)

凡治史有兩端。一曰求其異，二曰求其同。何謂求其異。凡某一時代之狀態，有與某先後時代突然不同者，此即所由劃分一時代之特性。從兩狀態之相異，即兩個特性之啣接，而劃分爲兩時代。從兩時代之劃分，而看出歷史之變。從變之傾向而看出其整個文化之動態。從其動態之暢遂與天閼，而衡論其文化之爲進退。此一法也。何謂求其同。從各不同之時代狀態中，求出其各基相。此各基相相啣接相連貫而成一整面。此爲全史之動態。以各段之變形成一全程之動。即以一整體之動，而顯出各分部之變。於諸異中見一同，即於一同中出諸異。全史之不斷變動，其中宛然有一進程。自其推動向前而言，是謂其民族之精神，爲其民族生命之泉源。自其到達前程而言，是謂其民族之文化，爲其民族文化發展所積累之成績。此謂求其同。此又一法也。

故治國史不必先存一揄揚夸大之私，亦不必先抱一門戶立場之見。仍當於客觀中求實證，通覽全史而覓取其動態。若某一時代之變動在學術思想，（例如戰國先秦）我即著眼於當時之學術思想而看其如何爲變。若某一時代之變動在政治制度，（例如秦漢）我即著眼於當時之政治制度而看其如何爲變。若某一時代之變動在社會經濟，（例如三國魏晉）。我即著眼於當時之社會經濟而看其如何爲變。變之所在，即歷史精神之所在，亦即民族文化評價之所在。而所謂變者，即某種事態在前一時期所未有，而在後一時期中突然出現。此有明白事證，與人共見，而我不能一絲一毫容私於其間。故曰仍當於客觀中求實證也。革新派言史，每曰中國自秦以來二千年云云，是無異謂中國自秦以來二千年無變，即不啻謂中國自秦以來二千年歷史無精神，民族無文化也。其然豈其然。

今於國史，若細心籀其動態，則有一至可注意之事象，即我民族文化常於和平中得進展是也。歐洲史每常於鬬爭中著精神。如火如荼，可歌可泣。劃界線的時期，常在驚心動魄之震盪中產生。若以此意態來看中國史，則中國常如昏騰騰地沒有長進。中國史上，亦有大規模從社會下層掀起的鬬爭，不幸此等常為紛亂犧牲，而非有意義的劃界線之進步。秦末劉項之亂，可謂例外。明祖崛起，掃除胡塵，光復故土，亦可謂一個上進的轉變。其他如漢末黃巾，乃至黃巢張獻忠李自成，全是混亂破壞，只見倒退，無上進。近人治史，頗推洪楊，夫洪楊為近世中國民族革命之先鋒，此固然矣。然洪楊十餘年擾亂，除與國家社會以莫大之創傷外，成就何在，建設何在。此中國史上大規模從社會下層掀起的鬬爭，常不為民族文化進展之一好例也。然中國史非無進展，中國史之進展，乃常在和平形態下，以舒齊步驟得之。若空洞設譬，中國史如一首詩，西洋史如一本劇。一本劇之各幕，均有其截然不同之變換。詩則只在和諧節奏中轉移到新階段，令人不可劃分。所以詩代表中國文學之最美部分，而劇曲之在中國，不佔地位。西洋則以作劇為文學家之聖境。即以人物作證，蘇格拉底死於一杯毒藥，耶穌死於十字架，孔子則夢奠於兩楹之間，晨起扶杖，消遙詠歌，自輓。三位民族聖人之死去，其景象不同如此，正足反映民族精神之全部。再以前舉音樂家與網球家之例喻之，西洋史正如幾幕精采的硬地網球賽，中國史則直是一片琴韻悠揚也。

（八）

姑試略言中國史之進展。就政治上言之，秦漢大一統政府之創建，已為國史闢一奇迹。近人好以羅馬帝國與漢代相擬，然二者立國基本精神已不同。羅馬乃以一中心而伸展其勢力於四圍。歐亞非三洲之疆土，特為一中心強力所征服而被統治。僅此中心尚復有貴族平民之別。一旦此中心上層貴族，漸趨腐化，蠻族侵入，如以利刃刺其心窩，而帝國全部，即告瓦解。此羅馬立國形態也。秦漢統一政府，並不以一中心地點之勢力，征服四圍，實乃由四圍之優秀力量，共同參加，以造成一中央。且此四圍，亦更無階級之分。所謂優秀力量者，乃常從社會整體中，自由透露，活潑轉換。因此其建國工作，在中央之締構，而非四圍之征服。羅馬如於一室中懸巨燈，光耀四壁，秦漢則室之四周，遍懸諸燈，交射互映，故羅馬碎其巨燈，全室即暗，秦漢則燈不俱壞光不全絕。因此羅馬民族震鑠於一時，而中國文化則輝映於千古。我中國此種立國規模，乃經我先民數百年慘澹經營，艱難締構，僅而得之。以近世科學發達，交通便利，美人立國，乃與我差似。如英法諸邦，則領土雖廣，惟以武力貫徹，猶惴惴懼不終日。此皆羅馬之遺式，非中國之成規也。

談者好以專制政體為中國政治詬病，不知中國自秦以來，立國規模，廣土眾民，乃非一姓一家之力所能專制。故秦始皇始一海內，而李斯蒙恬之屬，皆以游士擅政，秦之子弟宗戚，一無預焉。漢初若稍稍欲返古貴族分割宰制之遺意，然卒無奈潮流之趨勢何。故公孫宏以布衣為相，封侯，遂破以軍功封侯拜相之成例，而變相之貴族擅權制，終以告歇。博士弟子，補郎補吏，為入仕正軌，而世襲任蔭之恩亦替。自此以往，入仕得官，遂有一公開客觀之標準。王室與政府逐步分離，民眾與政府則逐步接近。政權逐步解放，而國家疆域亦逐步擴大，社會文化亦逐步普及。總觀國史，政制演進，約得三級：由封建而躋統一，一也。（此在秦漢完成之。）由宗室外戚軍人所組之政府，漸變而為士人政府，二也。

（此自西漢中葉以下，迄於東漢完成之。）由士族門第再變而爲科舉競選，三也。（此在隋唐兩代完成之。）惟其如此，考試與銓選，遂爲維持中國歷代政府綱紀之兩大骨幹。全國政事付之官吏，而官吏之選拔與任用，則一惟禮部之考試與吏部之銓選是問。此二者，皆有客觀之法規，爲公開的準繩，有皇帝（王室代表）所不能搖，宰相（政府首領）所不能動者。若於此等政制後面推尋其意義，此即禮運所謂天下爲公，選賢與能之旨。就全國民衆施以一種合理的教育，復於此種教育下選拔人才，以服務於國家。再就其服務成績而定官職之崇卑與大小。此正戰國晚周諸子所極論深覬，而秦漢以下政制，即向此演進。特以國史進程，每於和平中得伸展，昧者不察，遂妄疑中國歷來政制，惟有專制黑暗，不悟政制後面，別自有一種理性精神爲之指導也。

談者又疑中國政制無民權，無憲法。然民權亦各自有其所以表達之方式與機構，能遵循此種方式而保全其機構，此即立國之大憲大法，不必泥以求也。中國自秦以來，既爲一廣土衆民之大邦，如歐西近代所行民選代議士制度，乃爲吾先民所弗能操縱。然誠使國家能歷年舉行考試，平均選拔各地優秀平民，使得有參政之機會，又立一客觀的服務成績規程，以爲官位進退之準則，則下情上達，本非無路。晚清革命派，以民權憲法爲推翻滿清政府之一種宣傳，固有效矣。若遂認此爲中國歷史眞相，謂自秦以來，中國惟有專制黑暗，若謂民無權，國無法者已二千年之久，則顯爲不情不實之談。民國以來，所謂民選代議之新制度，終以不切國情，一時未能切實推行。而歷古相傳考試與銓選之制度，爲維持政府紀綱之兩大骨幹者，乃亦隨專制黑暗之惡名而俱滅。於是一切官場之腐敗混亂，胥乘而起，至今爲厲。此不明國史眞相，妄肆破壞，輕言改革所應食之惡果也。

有其道。中國政制所由表達民權之方式與機構，既與近代歐人所演出者不同。故欲爭取民權，而保育長養之，亦復自國而輕言民衆革命，往往發動既難，收拾亦不易，所得不如其所期，而破壞遠過於建設。所以國史常於和平中得進展，而於變亂中見倒退者，此由中國立國規模所限，亦正我先民所貽政制，以求適合於我國情而爲今日吾人所應深切認識之一事。若復不明國史眞相，妄肆破壞，輕言改革，則又必有其所應食之惡果在矣。何者？彼我立國規模既別，演進淵源又不同。甲族甲國之所宜，推之乙族乙國而見窒礙者，其例實夥。凡於中

（九）

其次請言學術思想。談者率好以中國秦以後學術，擬之歐洲之中古時期，然其間有難相比並者。歐洲中古時期之思想，以宗教爲主腦，而中國學術界，則早脫宗教之羈絆。姑以史學言，古者學術統於王官，而史官尤握古代學術之全權。史者，乃宗廟職司之一員，故宗教、貴族、學術三者常相合而不相離。孔子始以平民作新史而成春秋，其事則齊桓、晉文，皆政治社會實事，不語怪力亂神，故曰知我者其惟春秋乎，罪我者其惟春秋乎。自有孔子，而史學乃始與宗教、貴族二者脫離。然西漢司馬氏尙謂文史卜祝，星曆之間，主上以倡優畜之，此非憤辭，乃實語。漢代太史屬於太常，則爲宗廟職司之一員。太樂、太祝、太宰、太卜、太醫與太史同爲太常屬下之六令丞。太樂之下自有倡優。宗廟祭祠，太史與倡優同有其供奉之職。則史學仍統於皇帝宗廟鬼神之下。然司馬氏不以此自限，發憤爲史記，自負以續孔子之春秋。卽對當朝帝王卿相種種政制事態，質實而書，無所掩飾。司馬氏不以得罪。及東漢班氏，以非史官，爲史

下獄，然尋得釋，所草懸爲國史。自此以往，中國史學已完全由皇帝宗廟下脫出，而爲民間自由製作之一業焉。

且王官之學流而爲百家，於是史官之外復有博士。此二官者同爲當時政治組織下專掌學術之官吏。史官爲古代王官學之傳統，而博士官則爲後世新興百家學之代表。博士亦屬太常，是學術仍統於宗廟也。然太史僅與星曆卜祝爲伍，而博士得預聞朝政，出席廷議，而見諮詢，則社會新興百家學已駕古代王官學而上之矣。然自秦以來，占夢求仙之術皆得爲博士，猶在帝王所好。及漢武聽董仲舒議，罷黜百家，專立五經博士，於是博士性質大見澄清。乃始於方技神怪旁門雜流中解放而純化爲專治歷史與政治之學者。（所謂通經致用，即是會通古代歷史知識，在現實政治下應用。）又同時兼負國家教育之責，而博士弟子遂爲入仕惟一正途。於是學術不僅從宗教勢力下脫離，並復於政治勢力下獨立。自此以往，學術地位常超然於政治勢力之外，而享有其自由，亦復常盡其指導政治之責任。而政治亦早與宗教分離，故當時中國人所希冀者，乃爲地上之王國，而非空中之天國也。孔子成春秋，前耶穌降生四百八十年。馬遷爲史記，亦前耶穌降生一百年。其時中國政治社會，正向一合理的方向進行，人生之倫理教育，即其宗教，無所仰於渺茫之靈界，而羅馬則於貴族與軍人之對外侵略，與對內奢縱下覆滅。耶教之推行，正因當時歐人無力建造合理之新國家，地上之幸福既渺不可望，乃折而歸嚮上帝。故西洋中古時期之宗教，特承續當時政治組織之空隙而起，同時又替代一部分（或可說大部分）政治之任務。若必以中國史相擬，惟三國魏晉之際，統一政府覆亡，社會紛亂，佛教輸入，差爲近之。然東晉南北朝政府規模，以及立國之理論，仍沿兩漢而來。當時帝王卿相，誠心皈依佛教者，非無其人，要之僧人與佛經，特爲人生一旁趨，始終未能篡奪中國傳統政治社會之人生倫理教育而與爲代興。隋唐統一政府復建，其精神淵源，明為孔子董仲舒一脈相傳之文治思想，而佛教在政治上，則無其指導之地位。西洋所謂國家建築於宗教之上之觀感，在中國則絕無其事。繼隋唐統一之盛運而起者，有禪宗思想之盛行。禪宗教理，與馬丁路德之宗教改革，其態度路徑，正有相似處。然西洋宗教革命，引起長期間慘酷的普遍相互屠殺，而中國則無之者，以中國佛教仍保其原來一種超世間的宗教之本色，不如西洋耶教已深染世法，包攬政治經濟種種俗世權利於一身，因此由其教理上之改革，不得不牽連發生世態之擾動也。中國佛教雖盛極一時，而猶始終保全其原來超世間的本色者，則因中國政治社會一切世事，雖有漢末以及五胡之一段擾亂，而根本精神依然存在。東晉南北朝以迄隋唐，仍從此源頭上演進，與西洋之自羅馬帝國解紐以後，政治社會即陷入黑暗狀態者不同也。何以西洋自羅馬帝國覆亡，即陷入一黑暗時期之慘運，而中國漢亡以後，幸不然？則以羅馬建國，本與漢代精神不同。羅馬乃以貴族與軍人之向外征服，立國及貴族軍人腐敗墮落，則其建國精神已根本不存在。北方蠻族在先既受不到羅馬文化之薰陶，及其踏破羅馬以後，所得者乃歷史上一個羅馬帝國軀殼之虛影，至於如何創建新國家之新精神，則須在其自身另自產生。要之北方蠻族之與羅馬帝國，乃屬兩個生命，前者已老死，後者未長成，故中間有此一段黑暗。至於漢代統一政府之創興，並非以一族一系之武力，征服四圍而起，乃由當時全中國之文化演進所醞釀所締構而成此境界。換言之，秦漢統一，乃晚周先秦平民學術思想盛興後，伸展於現實所應有之現象，並不如西洋史上希臘文化已衰，羅馬民族崛起，仍是兩個生命，不相銜接也。漢代之覆亡，特一時王室與上層政府之腐敗，而所由締構此政府，推戴此王室之整個民族與文化，則仍自有其生命與力量。故漢末變亂，特如江上風起，水面波興，而此滔滔江流，不為廢絕。且當時五胡諸蠻族，中國延之入內地者，自始卽與以中國傳統文化之薰陶，故彼輩雖乘機騷動，而彼輩固已同飮此文化之洪流，以澆溉其生機而浸潤其生命。彼輩之紛起迭興，其事乃僅等於中國社會內部自身之一種波動。惟所缺者，在其於中國文化洪流中究竟澆溉未透，浸潤未深而已。然隋唐統一盛運，仍襲北朝漢化之復興而起，如此言之，則淵源於晚周先秦，遞衍至於秦漢隋唐，此一脈相沿之學術思想，不能與羅馬覆亡後西洋史上之所謂中古時期之教會思想相比，斷斷然矣。

北宋學術之興起，一面承禪宗對於佛教教理之革新，一面又承魏晉以迄隋唐社會上世族門第之破壞，實爲先秦以後第二次平民社會學術思想自由活潑之一種新氣象也。若以此派學術與西洋中古時期之教會相比，更爲不倫。元明以下，雖懸程朱經說爲取士功令，然不得卽目程朱爲當時之宗教。明代極多遵陸王而反抗程朱者，清代尤盛以訓詁考據而批駁程朱者。社會學術思想之自由，並未爲政治所嚴格束縛，宗教則更不論矣。

若謂中國學術，尚未演進達於西洋現代科學之階段，故以與西洋中古時期相比論，此亦不然。中國文化演進，別有其自身之途轍，其政治組織，乃受一種相應於中國之天然地理環境的學術思想之指導，而早走上和平的大一統之境界。此種和平的大一統，使中國民族得繼續爲合理的文化生活之遞嬗。因此空中天國之宗教思想，在中國乃不感需要。亦正惟如此，中國政制，常偏重於中央之凝合，而不重於四圍之吞倂。其精神亦常偏於和平，而不重於富強。常偏於已有之完整，而略於未有之侵獲。對外則曰昭文德以來之，對內則曰不患寡而患不均。故其爲學，常重於人事之協調，而不重於物力之利用。故西洋近代科學，正如西洋中古時期之宗教，同樣無在中國自己產生之機緣。中國在已往政治失其統一，社會秩序崩潰，人民精神無可寄托之際，既可接受外來之宗教。如魏晉以下迄隋唐初期。中國在今日列強紛爭專仗富強以圖存之時代，何嘗不可接受外來之科學。惟科學植根應有一最低限度之條件，卽政治稍上軌道，社會稍有秩序，人心稍得安甯是也。此與宗教輸入之條件恰相反。而我國自晚清以來，政治驟失常軌，社會秩序，人民心理，長在極度搖兀不安之動盪中。此時雖謀科學之發達，而科學乃無發達餘地。論者又倒果爲因，謂科學不發達，則政治社會終無出路。又輕以中國自來之文化演進，妄比之於西洋之中古時期，乃謂非連根剷除中國以往學術思想之舊傳統，卽無以萌現代科學之新芽。彼乃自居爲文藝復興宗教改革之健者，而不悟史實並不如是。此又不明國史眞相肆意破壞，輕言改革，仍自有其應食之惡果也。

（十）

請再言社會組織。近人率好言中國爲封建社會，不知其意何居。以政制言，中國自秦以下，卽爲中央統一之局，其下郡縣相遞轄，更無世襲之封君，此不足以言封建。以學術言，自先秦儒墨唱始學術流於民間，既不爲貴族世家所獨擅，又不爲宗教寺廟所專有。平民社會傳播學術之機會，既易且廣，而學業卽爲從政之階梯，白衣卿相，自秦以來卽爾。既無特殊之貴族階級，是亦不足以言封建。若就經濟情況而論，中國雖稱以農立國，然工商業之發展，戰國秦漢以來，已有可觀。惟在上者不斷加以節制，不使有甚貧甚富之判。又政府既獎勵學術，重用士人，西漢之季，遂有黃金滿籯，不如遺子一經之語。於是前漢貨殖游俠中人，後漢多走入儒林獨行傳中去。所以家庭溫飽，卽從師問學，而一登仕宦，則束身禮義之中。厚積爲富，其勢不長，然亦非有世襲之貴人也。井田制旣廢，民間田畝得自由賣買，於是而有兼併。然卽如前漢封君，亦僅於衣租食稅而止。其封邑與封戶之統治，仍由國家特派官吏以國家法律而論，封君之與封戶，實同爲國家之公民。後世如佃戶欠租，田主亦惟送官法辦，則佃戶之賣田納租於田主，亦一種經濟契約之關係，不得目田主爲貴族爲封君，目佃戶爲農奴爲私屬。土地旣非采邑，卽難以封建相擬。然若謂中國乃資本主義之社會，則又未是。以中國傳統政治觀念，卽不許資本勢力之成長也。

西洋史家有謂其歷史演變，乃自封建貴族之社會轉而爲工商資本之社會者。治中國史者，以爲中國社會必居於此二之一。旣不爲工商資本之社會，是必爲貴族封建之社會無疑。此猶論政制者，謂國體有君主與民主，政體有專制與立憲。此特往時西國學者自本其已往歷史演變言之。吾人反治國史，見中國有君主，無立憲，以謂是必君主專制無疑。不知人類政制，固有可以出於此類之外者。卽如近來德意俄諸國，卽非此等分類可包。然則中國已往政制，儘可有君主，無立憲，而非專制。中國已往社會，亦儘可非封建，非工商，而自成一格。何以必削足適屨，謂人類歷史演變，萬逃不出西洋學者此等分類之外。不知此等分類，在彼亦僅爲一時流行之說而已。國人懶於尋國史之眞，勇於據他人之說，別有存心，藉爲宣傳，可以勿論，若因而信之，謂國史眞相在是，因而肆意破壞，輕言改革，則仍自有其應食之惡果在矣。

（十一）

然則中國社會，自秦以下，其進步何在。曰，亦在於經濟地域之逐次擴大，文化傳播之逐次普及，與夫政治機會之逐次平等而已。其進程之遲速不論，而其朝此方向演進，則明白無可疑者。若謂其無淸楚界線可指，此即我所謂國史於和平中得進展，實與我先民立國規模相副相稱，亦即我民族文化特徵所在也。

嘗謂世界羣族，其文化演進，主要者不越兩型。一者環地中海之四周，自埃及巴比侖愛琴波斯希臘羅馬，以漸次波及於歐羅巴之全部，此西方之一型也。一者沿黃河兩岸以達於海濱，我華夏民族，自虞夏商周以來，漸次展擴以及於長江遼河珠江諸流域，並及於朝鮮日本蒙古西域青海西藏安南暹羅諸境，此東方之一型也。此二型者，其先限於地勢，東西各不相閒接。西方之一型，於破碎中爲分立爲並存，故常務於力的鬬爭，而競爲四圍之鬬。東方之一型，於整塊中爲團聚爲相協，故常務於情的融和，而專爲中心之翕。一則務於國強爲併包，一則務於謀安爲緜延。故西方型文化之進展，其特色在轉換，而東方型文化之進展，其特色則在擴大。轉換者，如後浪之覆前浪，波瀾層疊。後一波湧架於前一波之上，而前一波即歸消失。西洋史之演進，自埃及巴比侖波斯以逮希臘羅馬，翻翻滾滾，其吞噬捲滅於洪濤駭浪波瀾層疊之下者，已不知其幾國幾族矣。擴大者，如大山聚，羣峯奔湊，蜿蜒繚繞，此一帶山脈包裹於又一帶山脈之外，層層圍拱，層層簇聚，而諸峯映帶，共爲一體。故中國史之演進，不僅自兩漢而隋唐，而宋明，一脈相沿，繩繩不絕。即環我族而處者，或與我相融和而同化，如遼金蒙古滿洲西藏新疆諸族。亦有接受我文化，與我終古相依，如梁甫之與泰山，然則朝鮮，日本安南之類是也。（朝鮮安南久屬中國而猶得自存，此尤明受中國文化之賜。）將西洋史逐層分析，則見其莫非一種力的支撐，亦莫非一種力的轉換。此力代彼力而起，而社會遂爲變形。其文化進展之層次明析者在此。其使人常有一種強力之感覺者亦在此。東方與西方，有絕然不同之態。西方於同一世界中，常有各國並立。東方則每每有卽以一國當一世界之感。故西方常求其力之向外爲鬭爭，而東方則惟求其力之於內部自消融，因此每一種力量之存在，常不使其僵化以與他種力量相衝突，而相率投入於更大之同情圈中，卒於溶解消散而不見其存在。我所謂國史於和平中見進展者在此。故西方史常表見爲力量，而東方史則常表見爲情感。西方史之頓挫，在其某種力量之解體，其發皇則在某一種新力量之產生。中國史之隆汚升降，則常在其維繫國家社會內部的情感之麻木與覺醒。此等情感一旦陷於麻木，則國家社會內部失所維繫，而大混亂隨之。中國史上之大混亂，亦與西方史上之革命不同。西方史上之革命，多爲一種新力量與舊力量之衝突。革命成功，卽新力量登臺，社會亦隨之入一新階段。中國史上之混亂，則如江河決隄，洪水泛濫。泛濫愈廣，力量愈薄，有破壞無長進。必待復歸故槽，然後再有流力。中國社會，自秦以下，大體卽向力的解消之途演進。迄於近世，社會各方平流緩進，流量日大，而流速日減。以治西史之眼光衡之，常覺我民族之嘽緩無力者在此。然我民族國家精神命脈所繫，固不在一種力之向外衝擊，而在一種情之內在融和也。蓋西方制爲列國爭存之局，東方常抱天下一統之想。自東西兩方相接觸，彼之所務於力之爲爭存者，正可繼續益厲，而我之所靳於情之爲融和者，至是乃不得不卷而藏之，而追隨於彼我角力爭勝之場；此已爲東方之不得不見遜於西方者矣。抑我之所以爲國家社會內部一統情感之融和者，方其時，又適值麻痹墮退之際，自清中葉乾嘉以來，川楚兩粤大亂迭起，洪流四泛之象已成，中國社會本苦無力，又繼之以追隨西方角力爭勝之勢，既不足以對外，乃轉鋒而內向。終於情的融和，常此麻木，力的長成，遙遙無期。不斷決隄放壩，使亦流不斷泛濫，洪水遍於中國，而國人仍復有沉酣於憑藉某力推翻某力之好夢者。此又不明國史眞相，應食惡果之一至可痛心之例也。

（十二）

一民族一國家歷史之演進，有其生力焉，亦有其病態焉。生力者，即其民族與國家歷史所由推進之根本動力也。病態者，即其歷史演進途中所時時不免遭遇之頓挫與波折也。人類歷史之演進，常如曲線形之波浪，而不能成一直線以前向。若以兩民族兩國家之歷史，相比並觀，則常見此時或彼升而我降，他時或彼降而我升。祇橫切一點論之，萬難得其眞相。今日治國史者，適見我之驟落，並値彼之突進，意迷神惑，以爲我有必落，彼有必進，並以一時之進落，爲彼我全部歷史之評價。故雖一切毀我就人而不惜，惟求盡廢故常，以希近似於他人之萬一。不知所變者我，能變者亦我，變而成者依然爲我。譬之病人，染病者爲我，耐病者亦我，脫病而復起者仍我也。一切可變，而我不可變。若已無我，誰爲變者，變而非我，亦何希於變。必有生力，乃可去病。病有其起因，而非生力之謂。若醫者謂君病之起起於君之有生，君當另換一無病之生，此爲何等醫耶。諱疾拒醫固不當，亦未有因人之病而從頭絕其生命以爲醫者。故治史者，必明生力，明病態。生力自古以長存，病態隨時而忽起。今日之中國，顯爲有病，病且殆矣，萬不容諱。然猶有所希冀者，其人雖病，尙有內部自身生力可以爲抗。若如今人論史，一切好歸罪古人，不啻謂今日之病，已原於其人受氣墮地之日，非自頂至踵脫胎換骨不可。則此乃僅婉言之，直捷而道，惟有早日絕其生命之一法而已。凡此皆指生原爲病原之妄說也。

生原者，見於全部潛在之本力，而病原則發於一時外感之事變，故求一民族國家歷史之生原者，貴能探其本而攬其全，而論當前之病態者，則必辨於近而審其變。國史綿歷，既四五千年於茲，其病象之見於各時期者，推原尋因不能全同。有沾染稍久者，亦有僅起於當前者。要而言之，國史自隋唐以來，科舉制既興，士族門第之地位消融漸盡，而社會走上平鋪散漫之境，此中國晚近世一大變也。逆溯中國當前病象，推之最遠，至於中唐安史之亂以來而極。究生力必窮之最先，診病況必詳之最後。西人論史，盛誇其文明光昌，而淵源所自，必遠本之於希臘羅馬，國人捧心效顰，方務於自譴責，而亦一一歸罪古人，斷獄於唐虞三代之上。貌是而神非，甚矣其不知學也。

中唐以來之社會，既成一平鋪散漫之社會，而其政治，仍爲一和平的大一統之政治。故一王室高高在上，而社會與政府之間，堂陛益遠，常易招致王室與政府之驕縱與專擅，一也。社會無豪強巨富，雖日趨於平等之境，然貧無賑，弱無保，其事不能全仰之於政府，而民間每苦於不能自振奮，二也。政府與民間之所賴以溝通者，曰惟科舉，然科舉既懸仕宦爲鵠的，則從事於投選者，往往忘其義命，而徒志於身家之富貴與溫飽，三也。此三者，厥爲中唐以來中國政治社會走入一新境後所易犯之病徵。宋儒講學，即針對此病態而發。然而宋之爲病，尚不止於此。宋人不能自解救，而招致蒙古之入主。一切政制，爲急劇之退轉，益與後世中國以莫大之創傷。明祖崛起草澤，懲元政廢弛，罷宰相，尊君權，不知善爲藥療，而轉益其病。清人入關，盜憎主人，箝束猜防，無所不用其極，仍襲明制而加厲。故中國政制之廢宰相，統政府於王室之下，眞不免爲獨夫專制之黑暗所籠罩者，其事乃起於明而完成於清，則相沿亦已六百年之久。明儒尚承兩宋遺緒，王室專制於上，而士大夫抗爭彌縫於下，君臣常若水火，而世途猶賴有所匡繫。故明之亡而民間之學術氣節，尚足照耀光輝於前古。清人又嚴加摧抑，宋明七百年士人書院民間自由講學之風，遂熸於是士大夫怵於焚坑之酷，上之爲訓詁考據自藏於故紙堆中以避禍，下之爲八股小楷，惟利祿是趨。於是政府與民間所賴以溝貫之橋梁遂腐斷，所賴以流通之血脈遂枯絕。中國之幸免於亂者，亦惟滿清諸豪猶猜防壓制誘脅愚弄之力。此稍讀康雍乾三朝史略，可以知之。故使世運益敗壞於冥冥漠漠之中，而姑以博一時之安寧。此乃斵喪我民族永久之元氣，而以換造彼目前之榮華者也。逮滿族統治之力既衰，而中國政治社會之百病，遂全部暴露。論者每謂自嘉道以來，東西勢力相接觸，東方乃相形見絀，此似是而未盡之說也。縱使嘉道以往，長得閉關自守，海道之局不開，滿洲之治權，仍必顛覆，中國仍必大亂，其病先已深中於自身之內部，而外邪乘之，其病象遂益錯出。因使庸醫操峻劑，更奏迭前，茫昧而雜投，以互期於一逞，則幾何其病之不日殆也。

（十三）

晚清之季，談者率自稱我民族國家曰睡獅，曰病夫，此又不知別白之說也。夫睡與病不同。睡者精力未虧，蹶然興起，猶可及人，病者不然。晚清之季則病也，非睡也。且其病又入膏肓，非輕易所能拔除。異族統治垂三百年，其對我國家社會文化生機之束縛與損害，固已甚矣。然中國以二千年廣土衆民大一統之局，王室爲其客觀之最高機關，歷史沿襲既久，則驟變爲難。又況自明以來六百年，政府無宰相，王室久握獨裁之權，則激變又難。清廷不能不去，王室不能復建，逼使中國不得不爲一激劇之變動，以試驗一無準備無基礎之新政體，而不能更於其間選擇一較緩進較漸變之路，此爲晚淸革命之難局一矣。日本明治維新，在此點較中國多獲便宜，天皇一統，於日本歷史及民衆觀念上，並無十分劇變，得漸次引上憲政軌轍。中國政制之劇變，雖幸得冒險渡過，然所嘗苦痛實深。洪憲之稱帝，宣統之復辟，幾許曲折，消損中國前進之精力與元氣者，良不少也。

且滿淸政府自咸同以後，其情況視前已大變。各省督撫，擅權自專，中央無力駕馭，漸成分裂割據之局。又處五洲棣通新形勢之下，政府雖腐敗，猶得憑藉其地位，借外債，買軍火，練新兵，整理交通，加強管轄，遂使腐敗之政權，黑暗之勢力，既得外力之助，又因外患之顧忌，迄未得澈底澄淸之機會。革命勢力之起，亦不得不與舊政府下之黑暗勢力相妥協，以順利其進行。革命之結果，僅爲舊政權之潰爛解體，而非其消滅。於是民國以來，武人弄權，地方割據，日轉增長。內亂層見叠出，斵喪社會之元氣，障阻國家之前進，其間莫非有外力焉爲之呼應。此猶人身變病，未先驅解，早服補劑，病根纏綿不去，生機奄息不復。此又爲民國以來締構中央統一政權之難局二矣。

尤難者，不在武人割據之不可剷滅，而在政治中心勢力之不易產生。滿淸末葉，政治中心，早已逐步沒落，革命以還，所揭櫫號召者，曰民主共和，而實際則去民主之階程尙遠。新中國建設之大業，一時難望於民衆之仔肩。獨裁王室既倒，而不幸當時之中層階級，始從二百餘年長期異族統制下抬頭，八股小楷之素養，升官發財之習氣，淘汰未淨。而革命黨人，則只挾外來平等自由民權諸新名詞，一旦於和平處境下加入政府，乃如洪鑪之點雪，名號猶是，實質遽化。其名猶曰政黨民權，其實則爲結黨爭權。一時中層智識分子，無新無舊，分途依附於地方武人割據勢力之下而互爲利用。此輩於前淸末葉，既力阻開新之運，又於民國初年，加倍搗亂之功。此蓋滿淸長期部族統治之智識階級，日愚日腐，而驟遇政治中心大動搖之後所應有之紛擾，然此特一時病態，不得謂此乃代表我民族國家數千年文化正統而爲其最後之結晶。若果如是，則中國文化，亦萬不能綿歷此數千年之久而早當於過去歷史中煙消灰滅，先昔人之枯骨而腐朽矣。此又民國以來社會中堅勢力未能形成之難局三也。此一點，日本明治維新，較中國又佔幾許便宜。日本政權遞禪，自藩府還之天皇，既不如中國變動之劇。而日本在藩府統治下之封建道德，如武士道之忠君敬上，守信立節，移之於尊王攘夷，其道爲順。中國士大夫立身處世之綱領節目，久已在長期部族統治之猜防壓制誘脅愚弄下變色。油滑，貪污，不負責任，久成滿清末年官場乃至儒林之風氣。一旦政體更革，名爲民主，實則全須士大夫從政者良心自負責任，而中國士大夫無此素養。既昧心禍國，又以民權之說諉罪卸責。此其病乃深中於士大夫之良心，固非睡獅之喻所得擬也。

凡此皆晚近中國之病，而尤莫病於士大夫之無識。士大夫無識，乃不見其爲病，急於強起急走以效人之所爲。跳踉叫噪，踴躍憤興，而病乃日滋，於是轉而疑及於我全民族數千年文化本源，而惟求全變故常以爲快。不知今日中國所患，不在於變動之不劇，而在於暫安之難獲。必使國家有暫安之局，而後社會始可以有更生之變。所謂更生之變者，非徒於外面爲塗飾模擬，矯揉造作之謂，乃國家民族內部自身一種新生命力之發舒與成長。而牖啓此種力量之發舒與成長者，自覺之精神，較之效法他人之誠摯爲尤要。不幸此數十年來國人士大夫，乃悍於求變，而忽於謀安，果於爲率導，而怠於務研尋。又復羼以私心，鼓以戾氣，其趨勢至於最近，乃繼續有加益甚而靡已。藥不對病，乃又爲最近百病纏縛之一種根本病也。

（十四）

雖然，無傷也。病則深矣重矣，抑病之漸起，遠者在百年數百年之間，病之劇發，近者在數年數十年之內。而我民族國家文化潛力之悠久淵深，則遠在四五千年以上。生機之軋塞鬱勃，終必有其發皇暢遂之一日。而果也，近者以敵國外患之深侵，而國內漸臻於統一。以一年半之艱苦抗戰，而國人逐漸知自力更生之爲何事。蓋今日者，數十年乃至數百年社會之積病與夫數千年來民族文化之潛力，乃同時展開於我國人之眼前。值此創鉅痛深之際，國人試一繙我先民五千年來慘澹創建之史迹，一棒一條痕，一摑一掌血，必有淵然而思，憬然而悟，愀然而悲，奮然而起者。要之我國家民族之復興，必將有待於吾國人對我先民國史略有知。此則吾言可懸國門，百世以俟而不惑也。

茫茫員輿，芸芸衆生，我不知其已歷幾何世矣。抑有始終未躋於摶成民族之境者。有雖摶成爲一民族，而未達創建國家之域者。有雖摶成一民族，創建一國家，而俯仰已成陳跡，徒供後世史家爲鉤稽憑弔之資者。則何歟。曰，惟視其文化。民族之摶成，國家之創建，胥皆文化演進中之一階程也。故民族與國家者，皆人類文化之產物也。舉世民族國家之形形色色，皆代表其背後文化之形形色色。如影隨形，莫能違者。人類苟負有某一種文化演進之使命，則必摶成一民族焉，創建一國家焉，夫而後其背後之文化，始得有所憑依而發揚光大。若其所負文化演進之使命旣中輟，則國家可以消失，民族可以離散。故非國家民族不永命之可慮，而其民族國家所由產生之文化之息絕爲可悲。世未有其民族文化尚燦爛光輝，而遽喪其國家者，亦未有其民族文化已衰息斷絕，而其國家之生命猶得長存者。環顧斯世，我民族命運之悠久，我國家規模之偉大，可謂絕出寡儔，獨步於古今矣。此我先民所負文化使命價值之眞憑實據也。以數千年民族國家悠久偉大之憑藉，至於今而始言建國焉，又必以抗戰而始可言建國焉，此何故，曰，惟我今日國人之不肖，文化之墮落，故以我國人今日之不肖，文化之墮落，而猶可以言抗戰，猶可以言建國，則以我先民文化傳統猶未全息絕，故一民族文化之傳統，皆由其民族自身遞傳數世數十世數百世血液所澆灌，精肉所培壅，而始得開此民族文化之花，結此民族文化之果。非可以自外巧取偷竊而得。若不然，自古可以無亡國滅種之禍，而倖生之族，偷存之國，將充塞於天壤間也。我國人不自承其爲不肖，不自承其爲墮落，而謂我先民文化所貽，固不足以爭存於斯世。是旣疑我先民久爲倖生偷存，而我當前之所爲抗戰與建國者，是不啻仍將效法我先民繼爲此倖生而偷存也。非然者，我民族國家之前途，仍將於我先民文化所貽自身內部獲得其生機。我所謂必於我先民國史略有知者，卽謂此。是則我言仍可懸國門，百世以俟而不惑也。

（十五）

雖然，我之此書，抑不足以任此。昔有宋司馬光，以名世傑出之才，當神宗王安石銳意變法之際，獨愀然以爲未當，退而著史，旣獲劉范諸君子相從扶翼，又得政府之資助，晏居洛陽，設局從事，先後垂二十年而書成，以爲可以資治，故名曰資治通鑑。其書衣被沾溉於後世，至今不能廢。稍知從事於國史者，悉漁獵焉。自孔子史公而下，以通史建大業，推司馬氏，豈不偉歟。今去司馬氏又千年，史料之累積，又十百倍於司馬氏之時，而世局之紛紜錯綜，則更非司馬氏當時所能相提並論。又加之以人不悅學，士方蔑古，競言革新者，謂可以絕無資於鑑往知古之勞，而治史者亦務爲割裂穿鑿，以逃世笑。竊不自揆，避地來滇南，深慚偷生無補國難，獨奮私臆，竊敎課之餘暇，閉居一室，妄自落筆，歷時一載，成此區區三十萬字。又復斂帚燕石，妄自珍惜，謂散亡之無日，保藏之難周，朝脫稿，暮付印。欲於我先民以往五千年慘澹經營之史迹，幸有當於其萬分之一二，以視往者司馬氏之鄭重其事，古今人度量相越，豈不足以愧殺人耶。抑余又懼世之鄙斥國史，與夫爲割裂穿鑿之業者，必將執吾書之瑕疵，以苛其指摘，嚴其申斥，則吾書反將以張譏國史薄通業者之餤，而爲國史前途之罪人。抑思之又思之，斷斷無一國之人相率鄙棄其一國之史，而其國其族，猶可以長存於天地之間者。亦未有專務於割裂穿鑿，而謂從此可以得我先民國史之大體者。繼自今，國運方新，天相我華，國史必有重光之一日，以爲我民族國家復興前途之所託命。則必有司馬氏其人者出，又必有劉范諸君子者扶翼之，又必有賢有力者奬成之，而此書雖無當，終亦必有憫其意，悲其遇，知人論世，恕其力之所不逮，許其心之所欲赴。有開必先，若使此書得爲將來新國史之馬前一卒，擁篲而前驅，其爲榮又何如耶。因不辭誚笑而卒布之，並申述其著作之大意焉。

民國二十八年一月錢穆屬稿於宜良西山之岩泉下寺

書成自記

民國二十二年秋，余始於國立北京大學任中國通史講席。是課每週四小時，一年而畢。自念講通史，非委悉周備之難，而簡要明當之尤難也。若求委悉周備，則二十五史十通以及充棟塞屋者，其書具在，學者昕夕從事焉，斯委悉周備矣。然非一週四小時一年之功所能赴也。欲求簡要明當，則於繁重之國史，先必有所取捨。又必先有一系統之觀點，以爲其取捨之標準。必先立一體，乃能有所取裁。凡所裁之寬狹長短，一視與其體之相副相稱以爲度。然而言何容易，此固古人所謂專門名家之業也。否則左右采獲，牽引拼湊，可以至於無窮。於其牽引拼湊之中而調和斟酌焉，以求其分量篇幅之略相當，此僅似於一種狹義之類書，非史業也。大抵余於此課，以兩小時爲一講，以一講畢一題，一年凡四十餘講，共畢四十餘題。欲求於此四十餘題中，敍述我先民國史大體，約略明備，則每講之標題，爲尤所盡心焉。

越一年，二十二年秋至二十三年夏。學者苦於聽受，羣要余爲講義。余曰，通史大業，殊不敢輕率爲之，無已，姑約余所講爲綱要，聊備諸生筆記之一助可也。自是每一講，必編一綱要，僅具倫脊，悉削游辭，取便總攬。然又恐諸生久習於此，則事近策括，以謂治史可以空腹也。乃別選一參考材料以副之。凡與余所講綱要相牽涉者，採摘前史陳文，或昔人考訂論著，爲參考，以便學者之自相闡證。綱要編至東漢，自嫌太簡，遂未繼續。並謂講堂大義，學者自可筆記，乃獨發參考材料。

如是者一年，二十三年秋至二十四年。覺參考材料，雜碎零亂，無綱要以貫通之，則如散錢無串，學者得此，華離斑爛，若可喜而未必可用也。遂又改計，另編國史讀本，供學者課堂外之閱讀。並詔諸生，治通史必貴有系統，然系統必本諸事實。見仁見智，系統可以相異，而大本大原，事實終歸一致，不先通曉事實，驟求系統，如無錢而握空串，亦復失其爲串之意。大學課重，卽如司馬氏通鑑，學者已苦不能終卷，而中學教課，風氣所趨，亦競爲條貫，不詳實事。至大學治通史，更不能反而專講一件件的事實，如是則學者所得，惟系統條貫，而無史實。卒之所謂系統條貫者，皆空談，皆私見。空談私見可以萬異，而歷史事實只有一眞。因再約通鑑及續通鑑明通鑑諸書。提要鉤玄，編爲讀本，以補學者進治通史之預備工夫，如是者又一年。二十四年秋至二十五年夏。自秦迄明，讀本凡得百萬字。凡讀本所取裁，一以與課堂講述相副相應爲主，其詳略輕重之間，視袁氏紀事本末諸書，有大相逕庭者。以謂學者於課堂外先治此書，不僅可藥高心空腹之病，並可由此啓途，進窺史籍之原本也。

又越年，又嫌學者於本國文字素養太淺，讀本雖簡要，然皆摘錄史籍原文，學者驟覩，如入異國，轉不如其讀西書之怡悅相熟。其於文義眞際，已難領懷。至於史籍中人名地名官名典章制度文物故實，種種茫然，更屬所苦。乃擬就讀本中擇其凡爲史籍專名，及義有旁及者，一一加以注釋。然注釋之事，多涉考訂，又求與學者領懷之學力相應，其事乃大不易。課繁力絀，卒未有成。如是則已四越年矣。二十二年秋至二十六年夏。

二十六年秋，蘆溝橋倭難猝發，學校南遷，余藏平日講通史筆記底稿數册於衣箱內，挾以俱行。取道香港，轉長沙，至南嶽。又隨校遷滇，路出廣西，借道越南，至昆明。文學院暫設蒙自，至是轉輾流徙，稍得停蹤，則二十七年之四月也。自念萬里逃生，無所靖獻，復爲諸生講國史，倍增感慨。學校於播遷流離之餘，圖書無多，諸生聽余講述，頗有興發，而苦於課外無書可讀，僅憑口耳。爲憾滋深。因復有意重續前三年之綱要，聊助課堂講述之需。是年五月間，乃自魏晉以下，絡續起稿，諸生有志者相與傳鈔，秋後，學校又遷回昆明，余以是稿未畢，滯留蒙自，冀得清閑，可以構思。而九月間空襲之警報頻來，所居與航空學校隔垣，每晨抱此稿出曠野，逾午乃返，大以爲苦。乃又轉地至宜良，居城外西山岩泉下寺，續竟我業。而學校開課之期已至，昆明塵囂居隘，不得已乃往來兩地間。每週課畢，得來山中三日，紬繹其未竟之緒。既乏參考書籍，又僕僕道塗，不能有四天以上之甯定。余嘗致書友人，謂此書雖垂成，而非意所愜。何者，細針密縷，既苦書籍之未備，大刀闊斧，又恨精神之不屬，蓋此書屬稿中之實況也。逮魏晉以下全稿粗具，還讀三年前東漢以前舊稿，又嫌體例文氣詳略之間，均有不類，乃重復改爲。直至今年之六月，而全稿始竣，則先後亦十有三閱月矣。

然此書雖草略，其所以爲此書之意，則頗有當爲國人告者，因別爲引論一篇。辭繁不殺，讀者哀其意可也。至於引論所希，此書未必足副，讀者當分別觀之。此書一本所攜筆記，綴集而成，而筆記隨時摘錄，頗多疏忽。大率未注出處，忘記篇卷。此書因一律削之，不更標舉。偶載來歷，轉成例外。其時賢文字，近人新得，多所采獲，亦不備詳。義取一律，非敢掠美。書成倉促，相知惟湯君錫予，時時讀其一二篇，有所商討。平生撰述，每不敢輕易發布，自問以迂愚之姿，而抱孤往之見，不如久久藏之，自待其意見之定。雖不足有所淑世，亦自寬其神明之內疚。至於此書，獨有不然。若自祕藏，雖待之十年，終不能定。而暴寇肆虐，空襲相隨，又時時有焚如之慮。因率爾刊布。讀此書者，無論大端小節，凡此書疏漏謬誤處，若蒙貽書相告，一字之與，百章皆吾師也。敢不虛衷拜嘉，謹誠心以禱祝之。

民國二十八年六月十二日錢穆記於宜良西山之岩泉下寺

目錄

第三編　秦漢之部

國史大綱

第一編　上古三代之部

第一章　中原華夏文化之發祥 中國史之開始虞夏時代

上古史爲全部歷史之起點，應須求一明瞭之知解，然人類歷史總可推溯到無人可說之一境，則上古史之探索，終不免於只成爲一種比較近理之測想。

一　近人對上古史之探索

近人對上古史之探索，可分兩途。一史前遺物之發掘，二傳說神話之審訂。

史前發掘，又可分三方面述之。

一、中國北部石器時代遺址之發見。

此事始於民國十年，始有（一）瀋陽錦西縣之沙鍋屯及（二）河南澠池縣之仰韶村。其後十二、十三年，又有

（三）甘肅寧定之齊家坪等地十五年有（四）山西夏縣之西陰村等地，均絡續有新石器時代遺址之發見。

考古家總稱此等發見爲仰韶式的石器及仰韶文化。

約略言其所得則仰韶有石耨石耡之類，知其時已有農業。（一）各地陶器皆有繩紋格紋，晉豫有紡織輪，知有種植及編織粗工。（二）晉豫隴各地發見遺址多爲村落，知已非穴居野處。（三）遺址多得豕骨陶器刻紋有牛馬羊諸形，骨器有牛馬骨製，知盛家畜。（四）各地陶器自粗至精至爲不等，知中國陶業綿時已久。（五）其陶鼎陶鬲等東方俗之色采甚濃，知東土文化自有淵源。（六）各處發見中均無文字痕迹，知均在中國人知使用文字之前。（七）

惟其所佔區域既甚廣，東自遼寧，西至甘肅，華北一帶均屬之。其所包時期又甚久，甘肅一省便可有六個分期，最晚一期已有銅製物。因此對於所謂仰韶期文化之確實歷史的描寫殊爲早計。

卽關於仰韶文化之時代亦難推定。縱謂其比銅器時代及最初使用文字時代尚早，而中國黃河流域何時最早用銅及何時最早有文字，仍不可曉。

二、城子崖之發掘。

此在山東濟南附近之龍山鎮，於民國二十一二年爲中央研究院所主持，爲中國學術團體自己發見之成績。

考古學家稱之爲龍山文化。

其與仰韶文化之同點，均有石器粗陶器細陶器蚌器骨器等。

其異點，則（一）細陶全屬黑單色、質薄、形製亦別。（二）有貞卜用過之獸骨。

並謂龍山文化大體代表中國沿海岸所育成的東方文化，而仰韶文化則代表或與更古的西方文化接觸過的西北文化。因仰韶文化均有一種帶彩的陶器，上繪幾何花紋，頗與中亞南歐一帶石器時代遺址中所出有類似處也。而二者間均有同樣的更老的中國背景。

三、是殷墟發掘。

此亦爲中央研究院所主持。

此一部分有比較進步的文字，標準亦較可準確，已是代表很進步的青銅文化。

其間有一部很重要的成分，直接因襲龍山文化而來，如卜骨之使用，及黑陶坑之發見是。惟在殷墟後岡之發掘，發見上層有白陶，即小屯文化。中層有黑陶，即龍山文化。而下層有彩陶，即仰韶文化。則其地似在白陶文化人居住前，已有黑陶文化人居住，更先有彩陶文化人居住也。

此外發現較晚，而尤有價值者，則爲北平房山縣周口店古代中國猿人之遺骨。

民國十八年，北平地質調查所在周口店發現古代猿人之完整頭骨，嗣後並絡續發現，美人安達生名此曰北京人。據考古學者之意見，此種猿人殆與爪哇猿人同種，並其齒骨有某種特性，今惟東亞蒙古種人有之。抑且現代北方之中國人，其骨骼頗有與此猿人相類似處。若然，則東亞大陸乃爲有世界最早之人類，且此人類乃具有與現在華北中國人相同之解剖性質，則今亞洲蒙古種人，或即此北京人之直屬後裔，而漢民族西來之傳說，爲彼歐西學者之臆測，自可不攻而破矣。至歐洲最初之眞正人類，乃在距今四萬年至二萬五千年之間，第四冰河時代之克魯麥囊人，而爪哇猿人則約當第一冰河時代，距今當五十萬年。若北京人與爪哇猿人同種，又為東方蒙古種之遠祖，則苟非克魯麥囊人亦出於爪哇原人，或北京人，則人類當為出自多元，此則均有待於他日之定論也。

目前關於考古發掘之成績，大略可言者止此。其他如長江流域內蒙一帶及嶺南地帶等，均尚待繼續。

因於近年來國內考古學風之發達，難稽的洪荒漸變為有物可證的具體案件。三皇五帝之傳說，漸為石器時代銅器時代之觀念所替代。不可謂非對古史知識一進步。惟此等事業發軔伊始，各家意見極難一致，分期推年，甚多出入。彼此既不連貫，解釋亦無定論。求其與文字記載之古史發生明瞭正確之關係與銜接，尚不可能。

傳說神話之審訂，近人為之尤力。如顧頡剛等所編集之古史辨。

然中國民族本為一歷史的民族，中國古史早已歷經古人不斷的努力，有一番卓越謹嚴而合理的編訂。

最著者莫如孔子之作春秋，與司馬遷之為史記。子不語怪力亂神，春秋其文則史，其事則齊桓晉文，已為一部極謹嚴的編年史，歷史觀念至是已絕對超出神話之範圍而獨立。司馬遷為史記，謂儒者載籍極博，必考信於六藝，自負以史記繼春秋之後。五帝首黃帝，三皇傳說早未列入。至史記所載五帝帝繫，後人亦多駁辨。如三國時秦宓，北宋時歐陽修等。

故三皇五帝之舊傳說，在中國歷來史學界本未嚴格信守也。

今求創建新的古史觀，則對近人極端之懷疑論，亦應稍加修正。

從一方面看，古史若經後人層累地造成，惟據另一方面看，則古史實經後人層累地遺失而淘汰。層累造成之偽古史固應破壞層累遺忘的眞古史，尤待探索。此其一。各民族最先歷史，無不從追記而來，故其中斷難脫離傳說與帶有神話之部分，若嚴格排斥傳說，則古史卽無從說起。卽後代史亦强半由傳說追記，未必皆出歷史事變時當身之記載。此其二。且神話有起於傳說之後者，如先有關羽之傳說，而漸變成神話。不能因神話而抹摋傳說，如因看三國志演義而懷疑及於陳壽三國志。此其三。假造亦與傳說不同，如後起整段的記載與描寫，或可出於假造，以可成於一手也，如尙書之堯典禹貢等。其散見各書之零文短語，則係往古傳說，非出後世一人或一派所僞造。以其流傳普遍，如舜與禹其人等。此其四。欲排斥某項傳說，應提出與此傳說相反之確據，否則此傳說卽不能斷其必僞或必無。亦有驟視若兩傳說確切相反，不能並立，如謂某人某日在北平，而另一說則謂見其某日在南京。而經一番新的解釋與新的組織，而得其新鮮之意義與地位者。如知某人乃以是日乘飛機自北平往南京是也。此其五。

大體上研究古史應有其相當之限度，凡及年歷人物制度學術等等，過細推求，往往難得眞相。一、因古代文化演進尙淺，不夠按年逐月推求。後世如劉歆三統曆以下，迄於皇甫謐帝王世紀、邵雍皇極經世等書，無論其推算不可信，卽謂推算無誤，亦往往歷數十百年無一事可考，豈不於研治古史仍屬徒勞。二則因古代文化演進尙淺，人物個性活動之事業尙少，若專從人物言行上研求古史，則仍是黃帝、堯、舜、禹、湯、文、武、周公一套舊觀念，不免多帶有神話與敎訓之意味，亦不得古史眞相。三則因古代文化演進尙淺，並不如後代有種種政治制度、學術思想等之並起，若從此方面研尋古史，則不脫漢代經學家三代質文相禪種種假想之範圍，所謂儒者託古以改制，亦不能得古史眞相。

然古史並非不可講，從散見各古書的傳說中去找尋，仍可以得一個古代中國民族活動情形之大概。此種活動情形，主要的是文化狀態與地理區域。

凡古書傳說中某王某國起某地都某城，與某國某君戰於某地，某氏族來自某方等，實爲研尋古史地理之較有線索者。然亦有須經審細考訂處。如史記言黃帝東至海，西至空桐，南至江，登熊湘，北逐葷粥，合符釜山，而邑於涿鹿之阿，後人遂疑其行踪之超速，近於神話。不知崆峒本在河南境，莊子所言襄城，具茨，大隗，廣成，地望皆近。熊湘即熊耳山。與崆峒同在一省。釜山者，覆釜山一名荊山，見唐書地理志。與華潼爲近，所謂黃帝采首山銅鑄鼎荊山是也。黃帝又與神農戰於阪泉之野，阪泉在山西解縣鹽池上源，相近有蚩尤城，蚩尤村及濁澤，一名涿澤，則即涿鹿矣。然則黃帝故事，最先傳說只在河南山西兩省，黃河西部一隈之圈子裏，與舜禹故事相差不遠。司馬遷自以秦漢大一統以後之目光觀之，遂若黃帝足迹遍天下耳。此就黃帝傳說在地理方面加以一新解釋，而其神話之成分遂減少，較可信之意義遂增添。將來若能與各地域發掘之古器物相互間得一連絡，從此推尋我民族古代文化活動之大概，實爲探索古史一較有把握之方向也。

二　中原華夏文化之發祥

現在講比較可靠的古史，姑從虞夏起。尚書始於堯舜，論語道古亦僅及堯舜，史記乃上溯黃帝，此從孔子與六經，實已不失爲謹嚴之態度矣。

唐虞時代的情形，決不能如尚書堯典所記之美盛。

堯典虞廷九官，上有百揆，即宰相。禹爲司空，主治水而司內政。棄后稷，司農政。契司徒，司教化。臯陶爲士，主司法與軍事。垂共工，司工務。益掌虞，司山澤。

伯夷爲秩宗，（司郊廟祭祀。）夔典樂，（司詩歌音樂助祭。）龍納言，（司出納詔命，如周之內史，漢之尙書。）較之秦漢九卿，意義深長遠矣。此正見其爲儒者之託古改制，否則唐虞時中國政制已如此完美，何以二千年後至秦漢之際，轉倒退乃爾。

大抵堯、舜、禹之禪讓，只是古代一種君位推選制，經後人之傳述而理想化。

唐虞當爲今山西南部之兩部落。

陶唐氏殆爲今山西南部，（堯都平陽。）一精於燒窯的氏族。（陶、唐、堯、皆指燒窯事業言。）爲

有虞氏則爲一山澤漁獵的氏族。（虞人掌山澤獵事。）

而與陶唐氏居地略相近。（舜都蒲阪，相近有虞鄉縣。）

而夏人則起於今河南省中部，正是所謂中原華夏之地。

鯀與禹又別爲一族，其居地殆起於河南嵩山山脈中。曰有崇伯鯀，崇卽嵩也。山海經南望禪渚，禹父之所化。禪渚在河南陸渾。禹都陽城，（世本）陽城在嵩山下。（又有言禹都陽翟者，陽城，河南登封，陽翟今禹縣，出入數百里間。游牧之民習於移徙，古人都邑，同時有兩三處，不足異也。）華夏連稱者，嵩山山脈亦得華名。國語前華後河，右洛左濟，華在洛東，卽今嵩山。又史記魏有華陽，司馬彪曰，華陽亭名，在密縣。周禮職方豫州其山鎭華，皆其證。卽舜之故事，其先亦起於與夏氏族相近之地。世本舜居嬀汭，在漢中西城縣。舜二女爲湘神，湘卽襄水乃今漢水也。四岳三塗齊稱，亦皆在嵩山山脈。夏氏族自此北向移動，河南、陝西、山西三省相交環黃河西部之一隈，（謂西部者，對此下稱東部而言。）有幾許天然之渡口，殆爲古代虞夏氏族活動之區。史記虞夏皆顓頊後，明其血統相近。（少康奔虞，虞思妻之以二姚，虞夏或如姬姜。）

當時尙未有國家之組織，各部落間互推一酋長爲諸部落之共主。（卽尙書所謂岳牧咸薦也。）

此如烏桓、鮮卑、契丹、蒙古，其君主皆由推選漸變而爲世襲，唐虞時代之文化，正可用此看法。

禹之後有啓，蓋至是而始進於君位世襲之時代，則已儼然有國家之規模矣。此猶契丹之有耶律阿保機，蒙古自成吉思汗後，大汗之位，雖非成吉思汗之子孫莫屬，然仍必由忽烈而合推戴，至仁宗始自建儲。

啓以後因君位世襲之制既定，遂有夏朝之建立。

三　夏代帝系及年歷

史記夏本紀載夏帝王名及系次而無年數。大戴禮記少閒篇，禹崩十七世有末孫桀，國語周語，孔甲亂夏，四世而隕，皆與史記合。

夏代帝系表

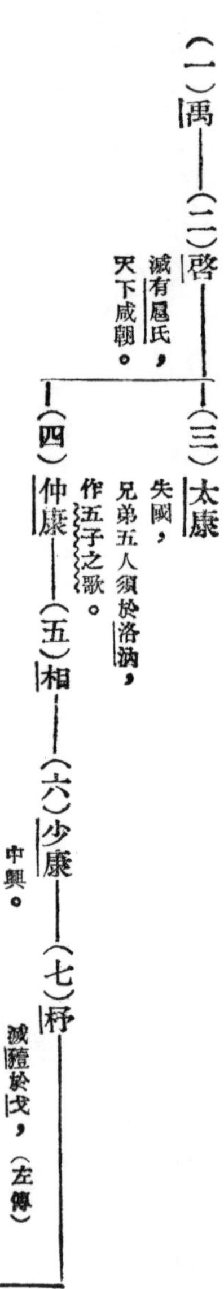

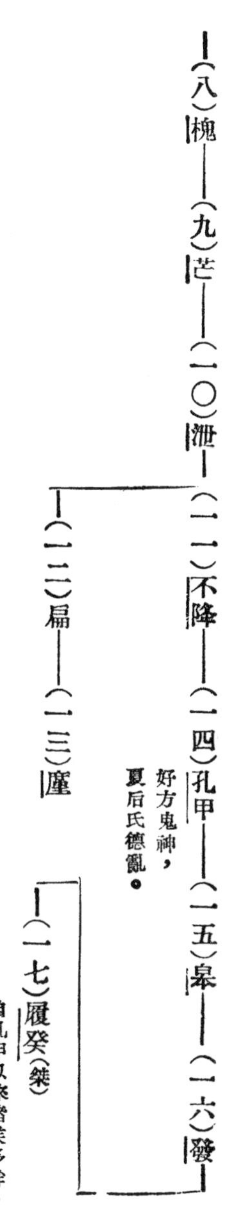

大體夏代年歷在四百五百年之間。史記僅謂自禹至桀十七君十四世，（此見司馬氏成書之謹嚴。司馬氏若非有據，此十七君十四世之名字系次，何從憑空撰出。憑空撰之，又有何意義耶。）劉歆三統曆（見漢書律曆志引。）則謂夏四百三十二年。竹書紀年（史記集解引。）謂夏四百七十二年，今按史記商本紀所載商代帝王已有殷墟所得甲文爲證，知其不虛。商本紀諸帝王可信，夏本紀諸帝王即不必不可信。（自湯以前商代先王先公，正與自禹以下年世相當。史記所載商先王先公已有甲文爲證，史記載夏事，自可不必證而信。）以三十年一世計之，則十四世十七君四百七十餘年，亦約略近似孟子云由堯舜至於湯五百有餘歲是也。

四　虞夏大事

虞夏大事最要者，厥爲舜禹與苗族之鬭爭。

舜禹征三苗，屢見尚書（堯典皐陶謨禹貢呂刑皆言之）。戰國策、（魏策凡二見）墨子、三見荀子、二見韓非子、賈子新書、淮南子、三見鹽鐵論、說苑諸書，必爲古代一大事。舊說三苗爲九黎蚩尤氏之後。尚書呂刑及楚語。又謂三苗九黎皆顓頊之後。山海經大荒北經。若然則三苗與虞夏爲同族相爭矣。史記謂昌意取蜀山氏女而生顓頊，蜀山殆即涿鹿之山，涿鹿又即蚩尤故國，然則虞夏與三苗之爭，正猶黃帝與蚩尤之爭，皆近在今河南西境北及山西兩省黃河中游之兩岸也。魏策吳起之言曰：昔三苗之居，左彭蠡之波，右洞庭之水，汶山在其南，衡山在其北。後世誤謂在湖湘之間。惟洞庭彭蠡地位既左右互易，又古衡山不指湖南，且不當在三苗北。古河域亦有名彭蠡者。見呂氏春秋愛類，淮南人間訓。江北漢水亦有名洞庭者。楚辭所詠洞庭是也。春秋河東有茅戎，又有陸渾蠻氏，亦稱戎蠻子。杜註云在河南新城縣。苗與茅蠻同聲，古三苗疆域大率南北以此爲度，正與虞夏壤地雜處。舜禹驅逼苗民，漸遷而西，所謂竄三苗於三危以變西戎也。若三苗在湖湘間，不應驅至今甘肅境。舊說又謂三苗姜姓之別。尚書呂刑言及苗民制刑，呂國河南南陽，正古代四岳姜姓居地，本古昔苗土，故引以爲誡耳。范氏後漢書西羌傳，西羌之本自三苗，姜姓之別，其國近南岳，漢人多指南陽衡山爲南岳也。

又有禹啓與有扈之戰事。

啓伐有扈，見尚書甘誓，呂覽先己諸篇。鄭玄以爲在魏。大戰於甘，即左氏王子帶邑也。見僖二十四年。地在今洛陽東南。尚書甘誓墨子引作禹誓，莊子人間世亦云，禹攻有扈。呂氏召類云，禹攻曹魏屈驁有扈以行其教。是禹時勢力東侵已及於扈。漢書地理志右扶風鄠縣，古有扈國，特以同音說之，恐不如鄭玄以爲在東者爲信。高誘注有扈乃夏啓庶兄，以堯舜舉賢，禹獨與子，故伐啓，則與墨子、莊子均不合，恐出後人臆說也。是舜、禹、啓以來，虞夏氏族驅逐苗民以固西陲，又攻略有扈以擴東土也。

大抵夏人先起今河南嵩山山脈中，在伊洛上流，其勢力逐次沿伊洛向東北下游而移殖。一方自河南省西部北渡黃河而達今山西省之南部，東及太行山南端盡頭之迤西。故其地皆稱大夏。史記言禹鑿龍門，通大夏。又云，齊桓公伐大夏。左傳祝佗曰，唐叔封於夏墟。昔人又謂禹都安邑，皆指山西南部中條山以南沿河一帶言之。

又一方則沿河南岸東下漸次達於今山東河北境，遂與東方黃河下游諸民族勢力相接觸。

此可以后羿寒浞與少康中興之事說之。此事見左傳襄公四年，哀公元年。 后羿本國在鉏，史記正義引括地志，故鉏城在滑州衛城縣東十里，即今滑縣東十五里之鉏城。 入為夏朝之卿士而遷有窮。史記正義引晉地記，河南有窮谷，本有窮氏所遷。左傳定公七年單武公劉桓公敗尹氏於窮谷，文選洛陽賦注，華延洛陽記，城南五十里有通谷，即其地，後人因窮名不美而易之。 因太康之畋於洛表，水內為汭，外為表。洛表，洛之南也。 拒太康而入居斟尋。史記夏本紀正義引臣瓚漢書音義，斟尋在河南。竹書紀年，太康居斟尋，羿亦居之，桀又居之。左傳（昭二十三年）郊尋潰，杜注，鞏縣西南有地名鄩中。張儀列傳正義引括地志，鞏縣西南五十八里故鄩城。 浞既代羿，代夏為王，又為其臣寒浞所滅。寒國名，本在東方。杜預云，北海平壽縣東有寒亭，今山東濰縣東北五十里。 又滅夏之斟灌。斟灌殆即武觀，夏后相（太康子）為羿所逼，出依斟灌，見吳世家集解，及左哀元年疏引賈逵說。觀臨河津，故亦曰觀津。為斟姓之墟，故曰斟觀。在今山東曹縣西故觀城。即春秋衛地，其時夏都蓋自斟尋東北退至斟灌也。 使其二子澆處過，殪處戈。斟灌或作斟戈，則戈即灌也。則過或即是鄩。蓋寒浞滅此二邑而分使二子處之。 而夏后相之子少康出奔有虞，在河南，左傳杜注，梁國有虞縣。 夏臣伯靡自有鬲氏，水經注，大河故瀆西流經平原鬲縣故城西。地理志曰，鬲津，故有窮后羿國。 殺寒浞，而少康自綸漢書續志，梁國虞有綸城，少康邑。在今歸德。 復國。少康滅澆於過，至其子杼又滅殪於戈，寒氏遂亡。 此一事見夏代國家規模已頗擴大，有共主、屬邑、分國、敵國等等關係，不得僅以游牧部落看待。而其間自太康失國迄於少康復國，綿歷數十年，戰爭蔓延及於大河南北兩岸，誠古代一大事也。此事史記夏本紀失載，而旁見於吳世家。又楚辭離騷天問亦曾言之。 又有夏人與東夷之交涉。見後漢書東夷傳引竹書紀年。 夏之放武觀，見竹書紀年及逸周書。 滅寒浞，逐東夷，皆見其勢力之逐步東伸。

商民族亦在東方，初似服屬於夏人勢力之下，繼則起而革命，遂代夏為當時之王朝而稱商代。古史已難詳論，然夏商兩代就文化大體言之似是一系相承，並無甚大顯著之不同，則夏商殆我漢民族之兩支，而非兩民族也。惟嚴格言，中國民族之摶成，當在春秋乃至先秦。若言夏國商國，則此時政治組織尚未臻十分凝定。若言夏氏族商氏族，或夏部族商部族，則似含義又過狹小。姑以民族稱之，以指當時之兩種結集，如云夏人殷人，可勿以嚴正的異民族視之。（下言周民族亦然。）若以虞夏時代為中國上古史之第一期，以其始建君位世襲之王朝。則殷商可謂中國上古史之第二期。以其在近代已有直接史料發見，較虞夏之純為傳說追記者更進一層。

第二章　黃河下游之新王朝（殷商時代）

夏王朝建築在黃河上游，爲高地居民所建之王朝，而商王朝則建築在黃河之下流，爲低地居民所建之王朝。

商王朝繼夏王朝而起，最近有關於該時代直接史料之發見，對於中國古代史之可信價值，有甚大之貢獻。

關於殷商一代新發現的直接史料，其主要者爲殷墟甲骨文字。其發見在清光緒戊戌己亥間，出於河南彰德西北五里之小屯。地在洹水南，洹水三面環之，正合史記項羽本紀所謂洹水南殷墟上也。此等甲骨，大體乃殷代帝王（盤庚以後。）用以命卜之辭，刻於龜甲及牛骨之上者。

一　殷代帝系及年歷

史記載殷帝王有名字世次，無年數，略如夏代。

史記殷本紀自契至湯十四世，（國語周語，玄王勤商十四世而興。荀子成相，契玄王，生昭明，居於砥石遷於商，十有四世乃生天乙是成湯。皆與史記合。）湯至紂三十一帝，（除太丁爲三十帝。）十七世。（三代世表，古今人表，均作十六世。）

商代（湯以下）帝系表（大戴記少閒篇，成湯卒崩二十二世，武丁即位，卒崩九世，末孫紂即位。國語周語，帝甲亂之，七世而亡。與史記皆合。晉語謂商之享國三十一世，或數太丁，或數武庚，不可知，孟子云，由湯至於武丁，賢聖之君六七作，亦與史記合。）

(一)湯——(太丁)——(四)太甲（太宗）
伊尹放太甲於桐宮，攝政三年，復迎復位。

(二)外丙

(三)中壬

(四)太甲——(五)沃丁

(六)太庚

(六)太庚——(七)小甲 三代世表作太庚弟，

(八)雍己 殷道衰。諸侯或不至。

(九)太戊（中宗）三代世表作小甲弟。
伊陟爲相，巫咸治王家，殷復興諸侯歸之。

(九)太戊——(一〇)中丁 古今人表作太戊弟。

(一一)外壬 遷隞。

(一二)河亶甲 居相，殷復衰。

(一二)河亶甲——(一三)祖乙 古今人表作河亶甲弟。據甲文當爲中丁子。
遷邢，巫賢任職，殷復興。

(一三)祖乙——(一四)祖辛——(一六)祖丁

(一五)沃甲——(一七)南庚

（一八）陽甲
殷衰，中丁以來九世衰，諸侯莫朝。

（一九）盤庚
始遷殷，殷道復興。古今人表作盤庚子。

（二〇）小辛
殷道復衰。

（二一）小乙——（二二）武丁（高宗）
傅說為相，殷大治，復興。

（二三）祖庚

（二四）祖甲
殷復衰。

（二五）廩辛

（二六）庚丁

（二七）武乙
無道，獵於河渭之間，暴雷震死。

（二八）太丁
紀年又作文丁，甲文同。

（二九）帝乙
殷復衰。

（三〇）帝辛（紂）

大體論之，殷商一代年歷，應在五百年左右。

劉歆三統曆殷代六百二十九年，竹書紀年（史記殷本紀集解所引。）則謂湯滅夏至紂二十九王，四百九十六年。今以三十年一世推之，商十七世，踰五百年，亦非大遠情實。（左宣三年，王孫滿言商祀六百，孟子謂由湯至於文王五百有餘歲，是也。）

最要者，史記所記載，乃爲最近新發見之殷墟骨甲文字所證實。

首爲此項工作者，爲王國維氏之殷卜辭中所見先王先公考及續考，（見觀堂集林卷九。）其最要之發見如次：

一、推證殷人出自帝嚳之說。據此則史記殷本紀、世本、山海經、左傳、魯語、皇甫謐帝王世紀種種傳說，可以參證連貫，均因卜辭之發見而重新估定此等書籍在古代史料上之價值。（可見中國古代書籍記載，不僅如史記等見稱爲謹嚴之史書者有其可信之價值，即素目爲荒誕不經之書如山海經等，其中亦有可信之史料。而近人乃轉謂除直接發見之物證外，上古流傳文字記載，皆不可信，豈不顚倒之甚。）又據此知五帝之系統，雖出戰國後人之編造，而五帝之個別傳說，則各有淵源，決非亦出後人所揑造。如殷商之出帝嚳，即其一例。（虞夏出顓頊，殷商出帝嚳，本屬東西兩系統，此後中國漸趨統一，乃謂雙方皆出黃帝。古史之新系統，隨時代精神之新需要而轉變。今殷商出帝嚳之說，既有甲骨卜辭爲之證實，則夏本紀謂夏人出自顓頊，司馬遷亦應自有其根據，不得因吾儕未發見此等直接材料，而遂疑其不可信。）

二、發見卜辭有王亥，即史記中之振，（振乃亥字之譌。）據此則山海經、竹書紀年、呂氏春秋、楚辭天問、世本、管子、漢書古今人表種種傳說記載，盡可參證連貫。

三、又自王亥而發見王恆，（此爲史記，世本，竹書紀年所不詳。）以卜辭證天問，可以補古史之缺。

且所證者均在成湯之前，因此史記所載夏代古史，亦同樣提高其可信之地位。

史記自契至湯十四世，而夏代自禹至桀，亦十四世。桀與湯同時，則禹與契亦略同時。史記所載殷代湯以前事既有甲骨文爲之證明，則史記載夏代桀以前事，雖此時尚無同樣直接之史料爲之作證，而史記之非嚮壁虛造，則可不證自明矣。（尚書堯典說禹與契同在虞廷，史記五帝本紀說夏殷同出黃帝，此等說法可出後人僞造。然史記載夏殷歷世帝王名字，世次，乾燥無味，未必亦出後人之僞造。史記可以有漏脫，有譌誤（例如前舉），而大體則可信。此卽前節所辨，傳說有來歷，與憑空假造不同也。）

至成湯以下之世系大略，史記與卜辭亦可相證。

繼王氏研治殷墟甲文以證論古史者有郭沫若氏。郭氏疑王之考證不可信，其說有三。（見郭氏中國古代社會研究。）一謂自盤庚遷殷至紂，殷本紀凡八世十二君，而竹書言有七百七十三年，推算不合。二謂卜辭中有多數人名疑如帝王，如祖丙、祖戊、小丁、丁癸等，均爲殷本紀所無。三謂盤庚以下世系年數既可疑，以前更不敢遽信此三點中，最要在第一點。史記、殷本紀、集解引竹書紀年云湯滅夏至受四百九十六年，惟又一條則云自盤庚至紂七百七十三年，此兩條自相矛盾，知其中必有誤字。（朱右曾竹書紀年存眞，竟自改盤庚至受爲二百七十三年，並無根據，而殊近情理。）郭氏據此一條（有誤字的。）而推翻王氏之證論，實嫌論據不充分。第二點則根據第一點而來，王氏於此已有解說。謂殷人王位兄終弟及，故諸兄弟雖早世未踐君位，而祭時亦與君同祀，其推想殊近情理。第三點又根據第一第二點而來，前兩項既有解答，第三疑自難成立。據此史記載殷代帝王世系實大致可信，卽無從推翻夏代的，謂是全不可信也。（除非有相反的確證發見。）

二　殷人居地之推測

殷人居地大率似在東方。自湯以前，大體皆在今河南省大河南岸歸德（所謂宋。）之附近。

帝嚳居亳（史記五帝本紀集解引皇覽，帝嚳冢在東郡濮陽頓邱城南亳陰野中。）與湯居之亳，（漢書地理志臣瓚注，山陽郡薄縣，湯所都。）均即宋地。契居蕃，（見世本。）即漢書地理志之魯國蕃縣。史記殷本紀謂契封於商，則宋國商邱。（邱，虛也。商邱，即商墟也。）相土居商丘，顓頊之虛，又謂帝丘，即春秋之衞。左傳（定公九年。）祝鮀曰，取於相土之東都以會王之東蒐是也。舊說湯以前八遷，大率皆東方地。（史記六國表，謂湯起亳，在西方，後頗有主之者。緯書（商頌正義引雒子命，又藝文類聚引尚書中候。）有天乙（即湯）在亳東觀於洛之說。然緯書後起不可信。鄭玄云，契封商在太華之陽，（即戰國之商於地，今陝西商縣。）然古本竹書紀年謂秦封衞鞅於鄔，改名曰商。（水經濁漳水引。）則陝西商地，其名後起，孟子伊尹耕於有莘之野，東方宋地亦有莘，然則謂殷起西方，惟史記一說，孤證難立。）

至河亶甲居相，祖乙遷耿，乃至大河之北岸。亶甲城在安陽縣西北五里洹水南岸，（帝王世紀。又呂覽音初篇，殷整甲徙宅西河，此西河在衞地，整甲即亶甲也。）自是殷人始北遷。耿（史記殷本紀作邢，即左宣六年及魏策之邢邱。杜注，河內平臯縣。）亦在河北，今河南省溫縣東二十里。（史言紂廣沙邱苑臺，沙邱邢方，是自河亶甲祖乙盤庚至紂，其實皆在數百里間一地也。）至盤庚徙殷，（即漢書項羽傳所謂洹水南殷墟，今甲骨出土地也。此據竹書紀年。史記則謂盤庚重遷河南，居亳，至武乙始遷殷。）至紂更不遷都。

自湯至盤庚，十世十八帝，自盤庚至帝辛，七世十二帝，此一期大率當過三百年，故至商紂時，商邑日大，南距朝歌，北據邯鄲及沙邱，皆為離宮別館。（此據竹書紀年。）聚衆百萬，左飲淇水竭，右飲洹水不流，（此據戰國策。）其盛況可想。

古代黃河自河南東部即折而北向，經今之漳河流域而至今河北之滄州境入海。商民族則正居此河南、山東、河北三省相交黃河下游一隈之四圈，恰與夏民族之居於河南、陝西、山西三省相交黃河上游一隈之四圈者東西遙遙相對。（春秋伯陽父曰，昔伊洛竭而夏亡，河竭而商亡，見夏商根據地之東西相對峙。）大抵下游低地，氣候土壤均較佳，生活文化較優，而居民較文弱，亦易陷於奢侈淫佚。上流高地，氣候土壤均較惡，生活文化較低，而居民較強武，勝於軍事與政治方面之團結。夏人勢力逐次東移，漸漸住下，征服下游居民，而漸漸習染其驕侈淫佚之習氣。如太康之游畋忘歸，以及夏桀之荒淫皆是。於是下游民族乘機顛覆此統治者而別自建立新王朝。如后羿寒浞與商湯皆是。夏商既同爲漢民族之兩支，則夏商以前中國民族最先居地應何在，此亦難詳論。殷人自商湯，滅夏，漸漸形成規模較更像樣之國家，至周人則又起於西方，仍循夏人形勢東侵征服殷人而漸次移殖於大河下流一帶之平原。如此則黃河上下游相互綰結而造成中國古代更完備更像樣之王國，是爲周代。

漢人傳說夏尚忠，商尚鬼，周尚文，此論三代文化特點，雖屬想像之說，然以古人言古史，畢竟有幾分依據。大抵尚忠尚文，全是就政治社會實際事務方面言之，所謂忠信爲質而文之以禮樂，周人之文，只就夏人之忠加上一些禮樂文飾，爲歷史文化演進應有之步驟。其實西方兩民族皆是一種尚力行的民族，其風格精神頗相近似。商人尚鬼，則近於宗教玄想，與夏周兩族之崇重實際者迴異。故虞書言禹爲司空治水，棄后稷司稼穡，而契爲司徒主教化。禹稷皆象徵一種刻苦篤實力行的人物，而商人之祖先獨務於教育者，仍見其爲東方平原一個文化優美耽於理想的民族之事業也。厥後至春秋戰國時，宋人猶每有不顧事實騁於理想著。惟孔子以宋人而祖世居魯，一面抱有偉大高遠之理想而一面又深受周文化之陶冶，極慕周公以來之政制，切於實際，可見之於行事，遂成中國古代集文化思想大成之聖人焉。又按中國古代文化孕育於北溫帶黃河兩岸之大平原，以農業爲主要之生活，因此其文化特別具有著實與團結與和平之三要素，不如印度之耽於玄想，亦不如波斯希臘羅馬之趨於流動與鬬爭與分裂。吾人若一遊西安洛陽安陽歸德以及濟南曲阜諸平野，溯大河，歷廣土，茫茫乎，蒼蒼乎，徘徊俯仰之間，必能想像我民族先民偉大創基之精神於依稀彷彿中也。

三　殷人文化之推測

根據殷墟甲骨文字，知商代耕稼種植牧畜建造關於人類生事各方面之文化程度，已頗像樣。

關於耕稼方面，甲文中有田疇禾穡黍粟來麥等字，又有酒鬯等字，祭鬯至百卣，見其時釀酒之盛。種樹方面有圃果樹桑栗絲帛等字，知其時已有養蠶業。牧畜方面有馬牛羊犬豕豚雞彘等家畜家禽之名稱極夥，知其時畜事亦甚盛。建造方面有宮室宅家舟車等字，知其時家屋建築與交通工具皆已相當進展。卜辭中行獵次數特多，此因卜獵本屬相關，同為屬於祭祀下之一種典禮。古代貴族以行獵為典禮，亦即以為娛樂，此直到春秋乃至西漢仍然。不能據此謂其時正從漁獵初進為農耕。卜文小不及黍米，甲骨至堅，契刀必極鋒利，則其時鍊金術必已經相當之演進，不能說商代正在從石器進至金器。（至其時尚有用石器者，則自屬事實。鹽鐵論載漢武帝以後有木耕手耨之事，豈可據此以推論漢中葉之社會文化。）至謂商代方在一母系中心的氏族社會，（此據商代帝王兄終弟及之制度推論，然此最多可謂此種制度淵源於此種社會，不能便謂仍是此種社會也。且商代三十一帝十七世，直接傳子者亦十二三，幾佔半數。春秋時吳通上國，其王位繼承亦仍是兄終弟及，豈得謂其亦為母系中心時代。又如以卜辭有諸父諸母之稱，而認其時為羣婚制，則此種稱呼至春秋猶然，豈得謂春秋亦羣婚時代乎。）又謂其乃一原始共產制的氏族社會云云，更屬無據臆測。（此皆郭氏中國古代社會研究一書中語。只就商代所表現於政治規模之進步論之，即知此種說法之無稽也。）

根據商代傳世鐘鼎彝器之多與精，更見其時文化程度之高。

據殷文存一書所收殷器銘文在七百種以上，惟一因有周器濫入，二因有器蓋不分，恐無此數。要之已甚為可觀。

若以殷代文化與周初相較，則頗見其有一脈相承之迹。

周代銅器款識，與殷墟文字同出一原，一也。殷墟有骨笄骨梳，知商人已有束髮之俗，二也。甲骨文及銅器中畫人坐作㔾形，則席地乃殷周同俗，三也。尊罍觚爵鼎鬲諸器，殷周皆同其形制，四也。兵器戈矛弓矢刀等甲文與銅器無殊。殷墟所得弓矛亦與周器大同，五也。周代冊字，甲文作冊冊等，同有編簡之制，六也。殷周同用貝爲貨幣，貝字常見於甲文及銅器中，七也。

蓋古代此黃河東西兩隈之交通早已殷繁，故於商人中亦時見舜禹故事之流傳，夏殷兩代文化已見交融，更何論於後起之殷周。

四　殷周關係

周人滅殷前，兩國在政治上早已發生關係，並非爲不相問聞之兩個民族。（謂殷周之先本無關係者，乃崔述豐鎬攷信錄說。）據傳說，周王季曾命爲殷牧師。（後漢西羌傳注，引竹書紀年。）其後文丁殺季歷（呂覽首時，晉書束晳傳，劉知幾史通疑古雜說兩篇。）西伯與九侯（文王世子西方有九國焉，詩我征自西，至於艽野，九鬼同聲。禮記明堂位作鬼侯，鬼方正在西方也。）鄂侯（史記晉世家集解引世本，叔虞居鄂，即大夏。左隱六年，翼嘉父逆晉侯於隨，納諸鄂。此在晉南，三公皆在殷西。）又爲紂三公，而西伯見囚於羑里。（左傳襄二十一年，趙策，韓非子，尚書大傳，史記，褚先生補史記，龜策列傳等書。）則殷周關係已夙有之。或武乙之暴雷震死於河渭之間，殆如周昭王之南征而不復也。（據此則殷之忌周已甚，而周之蓄志竊商亦已久矣。文王死未葬，武王奉文王木主以伐紂，蓋以乘紂之不備。及周人得志，并其先世事皆諱之，若伐紂盡出弔民伐罪之公，並無一毫私意存於其間，此猶滿清初以告天七大恨興師叛明，及入關後亦諱不復道也。）

而且殷周之關係已顯如後代中央共主與四方侯國之關係。

此證之周人之自述。詩大雅摯仲氏任，自彼殷商，來嫁於周，曰嬪于京，乃及王季，維德之行，此見王季時與殷畿諸侯通婚姻也。尚書召誥（召公語。）稱大國殷。多士（周公語。）稱天邑商。大誥（成王語。）稱小邦周。顧命（康王語。）稱大邦殷。此皆周人已滅商後之文告。可見以前殷周國際上地位名分確有尊卑，決非敵體之國，爲並世所共認，故周人亦不能自諱也。更據周人所稱述，知當時之殷周，乃略如以前之夏商，夏商周三代之觀念起源甚早。召誥云：皇天上帝改厥元子茲大國殷之命，惟王受命。相古先民有夏，今時既墜厥命。今相有殷，今時既墜厥命，今王嗣受厥命，我亦惟茲二國命。

在夏時已有所謂中央共主與四方侯國之國際關係，此種政治上名分之成立與維持，爲考論中國古史文化演進一極端重要之問題，不可忽視。及至殷末周初，此等共主與侯國之政治演進至少已有七八百年以上之歷史。而且殷在安陽，周在豐鎬，相去千里外，若以安陽爲中心，安陽至豐鎬之距離爲半徑，畫一圓周，約略可以想像殷王室政治勢力圈之大概。今殷墟發掘所得海濱居民之器物甚多，知殷人與東方海岸之關係，必甚密切，商亡，有箕子避至朝鮮之傳說，或殷王室勢力本自及於朝鮮半島也。政治上能有此名分上之維繫與分別，只據此點，即可推想當時一般文化之程度。實則此層與上論史記列載夏殷帝王名字世次一節，只是一事之兩面。自禹啓以來，中國古史上已有中央共主傳世相承千年之久，雖王朝有夏商之別，政治演進，則仍是一脈相沿。治古史者每忽略此點，好將中國古代文化壓低，好將古代年歷縮短，遂至周代有突飛猛進，不知其所從來之感。

第三章　封建帝國之創興（西周興亡）

周人起於西方。

此所謂西方，亦比較而言。文王處岐，卽在畢程岐周，當咸陽之東北數里而遙。則所謂太王去邠，踰梁山邑於岐山之下者，卽文王之岐。後世又謂之岐豐之地。（所謂周平王賜秦襄公以岐西之地者，此岐自決不在鳳翔。）竊疑邠在山西汾城，踰梁山乃西避，非東遷。周人祖先之活動區域，亦在大河西部一隈之四圍，稍後乃誤以鳳翔岐山說之。

較之夏商似爲後起。

史記言周文王以前世系，不如殷商之詳。惟周語太子晉謂自后稷始基十五王而文始平之，衞彪傒謂后稷勤周十有五世而興，皆與史記合。今自文王上推十五世，僅與商湯略同時，則史記謂周先后稷子不窋適當夏后氏政衰者近是。謂后稷在陶唐虞夏之際則非矣。似周乃文化後起之族，而強上推其先世至虞代以與夏商並比耳。（又據史記周本紀所引太誓，及逸周書世俘解諸篇觀之，知其時殷王室已極奢靡淫佚，而周人則似文化初啓，尙不遠邊鄙獷野剛果之風。）

武王滅殷，把黃河東西兩部更緊密的綰合起來，造成中國古史上更燦爛更偉大的王朝，是爲西周。

一　西周帝系及年歷

西周史有詩書可徵，史料較殷更備。然史記尚不詳其年歷，其帝王世次如下：

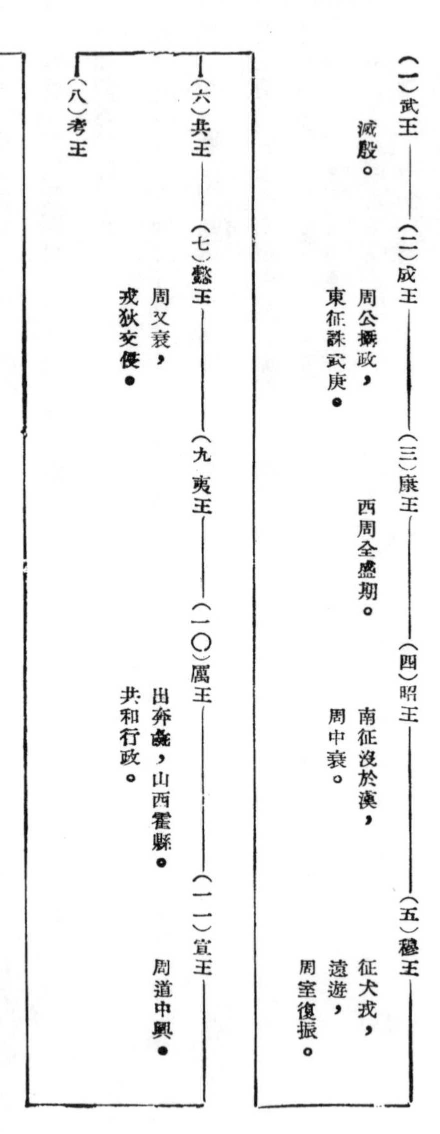

西周十一世十二君，其年歷大約不出三百年。

史記十二諸侯年表自共和元年起，迄幽王末共七十一年，以上周年無考。然魯世家載魯諸君年自伯禽以下迄共和前一年，共一百五十七年，惟缺伯禽一代。若以劉歆三統曆伯禽四十六年補之，共二百七十四年。自周開國至伯禽封魯尚有十許年，故知西周不出三百年也。

二　周初之封建

西周三百年歷史，最重要的為封建政體之創興。

周人封建，亦由當時形勢之實際需要逐步逼拶而成。同時亦是周民族對於政治組織富於一種偉大氣魄之表見。

王國維殷周制度論（觀堂集林。）謂殷人兄終弟及，周人父子相傳，封建制從父子相傳制來。此說頗嫌看史事太鬆弛，不見力量，只把天下依著家庭的私關係隨宜分割，無當於周初建國之嚴重局勢。只是一種隔絕史實之空想而已。且殷人自庚丁後已五世傳子，（殷本紀，三代世表，古今人表皆同。）未知何故。（亦可是五世單丁無兄弟，然亦可不傳弟而傳子。史文缺佚，已難詳論。惟史記殷本紀謂帝乙長子曰微子啓，啓母賤不得嗣，少子辛母為正后，得嗣，則其君位傳襲之法，已開周人先聲矣。）至周初君位頗有立賢之迹象，或以便於爭強而然。如太王捨太伯虞仲而立王季，為第一次立賢。文王長子伯邑考，次子發，（即武王。）捨伯邑考而立武王，為第二次立賢。（伯邑考果係先卒與否不可知，周人乃一種極長於實際政治上爭強之民族，大有捨長立賢之可能。）

武王滅紂以後，並不能將殷人勢力徹底剷除，因此仍封紂子祿父（即武庚。）於殷，（孟子謂殷自武丁以來，賢聖之君六七作，尺土莫非其有，一民莫非其臣，可見殷代政治勢力之穀固。盤庚至紂二百年，王朝系統相承，其政治成績必有可觀也。）同時則設立三監，（管叔霍叔蔡叔。）以監督武庚之近旁。

武王行二，次管叔鮮，（三行）次周公旦，（四行）次蔡叔度，（五行）又次霍叔處，（八行）次康叔封。（九行）武王封管蔡而周公不預，以諸弟中周公最賢，武王引之助治國政，統籌大局，故不出封在外也。（史記魯世家，周公不就封，留佐武王。）

其他如魯、燕、齊諸國，始封皆在成周之南。

今河南有魯山縣，詩閟宮「居常與許，復周公之宇」。許、鄭、密邇，亦在河南。燕字本作郾，今河南有郾縣，與召陵密邇，當是召公初封之地。齊為周之外戚，國語申、呂、齊、許由大姜，申、呂、許三國皆在今河南境，則齊之初封，亦應與三國近。或本即是呂，故太公稱呂望，丁公稱呂伋，顧命。後乃分封於齊。

此乃西周第一期之封建。

大概周人勢力逐步東侵，分為兩線，由豐鎬向東南經營漢水上流，漸及淮域，此文王已開其基。故曰文王三分天下有其二，擣虛批亢，未能直犯殷邦，乃先南下。由豐鎬向東北經營河洛，及於殷商，則為武王之新猷。周初封建，即為此兩線展擴之初步成績也。

武王克殷二年，天下未寧而崩。封禪書。又禮記文王世子云，文王九十七而終，武王九十三而終，武王崩於文王崩後五年，豈文王十齡生武王耶，此決不可信。大抵武王年壽並不甚高。此乃周初一個最嚴重的局面。不得已乃有周公之攝政。

若傳子，則成王尚幼，不足支此危局。若傳弟，先應及管叔，周公知管叔亦不足膺此重任。若傳賢，自屬周公。周書度邑，武王謂周公曰：「乃今我兄弟相及」，則武王固有意傳周公。然周公居中主政，嫌於自取，不得已乃奉孺子王而攝政。書大誥，「王若曰」，鄭玄云，周公居攝，命大事則權稱王。

管叔不瞭解周公之苦心，武庚乘機煽惑，三監轉聯殷同畔。此見當時王位繼承法尚未明定，管叔本非決不可立；疑周公奉成王而攝政，乃以排管叔而終謀自取之也。

當時東方整個舊殷王朝的勢力，一時俱起。

計有三監、殷、奄、即以後之魯。熊、盈族、凡十七國。淮夷、在淮北。徐戎，在魯東薛。

周公親自東征，殺管叔，定亂，乃重定封國。

一、魯　周公子伯禽伐淮夷徐戎，遂封於魯。（今山東之曲阜，得殷民六族。伯禽既能專師主討伐，知成王亦不甚幼弱。周公慮其不能應付當時危局，故乃毅然攝政。管叔亦因此疑周公而遂叛。）

二、齊　封太公子丁公於齊。自有魯齊之新封，周人勢力始越殷而東達海濱。

三、衞　封康叔於衞，得殷民七族。自此殷朝自盤庚以來歷八世十七君垂三百年之河北根據地，始拱手而讓之周人之治下。

四、宋　封微子啓於宋。周人尚不能完全宰制殷遺，乃封其王族之賢者於自湯以來之故土，仍表示周人之無意於滅殷族也。

五、晉　封唐叔於夏墟，此爲溝通周人自大河北岸直通殷墟（即新衞。）之要道。

六、蔡　封蔡仲度於蔡，此爲周人經營南國之極東點。自此北繞而與魯齊相呼應，以及於衞晉，而宋人自在大包圍中。

七、東都　周公又營洛邑爲東都。置殷頑民焉。（殷遺民大部瓜分，即魯衞宋洛邑是也。）天子常自臨駐，以鎮攝東方，而與新封諸邦相聯絡。

此可謂周人的第二次封建。魯齊諸國皆伸展東移，（其時燕亦移於河北，大約在齊衞之間。）鎬京與魯曲阜，嘗如一橢圓之兩極端，洛邑與宋則是其兩中心。周人從東北東南張其兩長臂，抱殷宋於肘腋間，這是西周的一個立國形勢，而封建大業即於此完成。（夏殷之際，雖已有共主諸侯之名分，然尚不能有如此強有力的建國形勢，故曰封建制度起於周代，實乃中國古史上一重要之進展也。史記三代世表，謂自殷以前諸侯不可得而譜，周以來乃頗可著，亦因殷以前所謂諸侯，大體僅爲部族，不能如周室封建各國之文化規模耳。）

左僖二十四年載富辰之言曰，昔周公弔二叔之不咸，故封建親戚以藩屏周。管、今河南鄭縣。蔡、今河南上蔡，後遷新蔡，又遷州來，今安徽壽縣。郕、山東汶上縣。霍、山西霍縣。魯、山東曲阜。衞、河南淇縣，後遷楚邱，今河南滑縣，又遷帝丘，今河南濮陽。毛、河南宜陽。聃、湖北荊門。郜、山東城武。雍、河南修武。曹、山東定陶。滕、山東滕縣。畢、陝西咸陽。原、河南濟源。酆、陝西鄠縣。郇、山西臨晉。文之昭也。邘、河南懷慶。晉、山西翼城，後遷曲沃，今山西聞喜。又徙絳，今曲沃。應、河南寶豐。韓陝西韓城。武之穆也。凡、河南輝縣。蔣、河南固始。邢、河北邢臺，後遷夷儀，今山東聊城。茅、山東金鄉。胙、河南汲縣。祭、河南鄭縣。周公之胤也。又左昭二十八年。載成鱄之言曰，武王克商，光有天下，其兄弟之國者十有五人，姬姓之國者四十人。荀子儒效則曰，周公兼制天下，立七十一國，姬姓獨居五十三人。左昭二十六年謂武王克殷，成王靖四方，康王息民，並建母弟以蕃屏周。又昭九年亦云，武王成康之建母弟。此周初封建發展之大勢，其詳則不可得而說矣。

周公攝政七年，而始歸政於成王，非成王至是始長，乃大局至是始定也。於是周人傳子之制亦因而確定。王氏謂因先有傳子之制而始封建，未窺周人政治上之偉大能力所在也。

三　西周勢力之繼續東展

西周的封建，乃是一種侵略性的武裝移民與軍事佔領，與後世統一政府只以封建制為一種政區與政權之分割者絕然不同。因此在封建制度的後面，需要一種不斷的武力貫徹。此種形勢，正如近代國家海外殖民，亦需有不斷的一種力量貫徹連繫其間也。若此種力量一旦消失，則全體瓦解矣。

周人立國，是一個坐西朝東的形勢。任何一個國家，必有其立國之形勢。此種形勢須由國力來支撐。不斷用力支撐此種形勢，而求其强韌與擴大，即所謂立國精神與立國理想，相當於此種形勢之各項措施，即所謂立國規模。一個國家知有此形勢與規模而繼續不懈，此為國家之自覺。待此國家理想消失，精神懈弛，陷於不自覺之睡眠狀態，則規模漸壞，形勢日非，而國遂不國。其國力的移動，大勢可分兩道。

第一道由陝西出潼關，向河洛，達東都，經營黃河下流，此武王伐殷，周公東征之一線。

第二道由陝西出武關，向江漢，經營南陽南郡一帶，以及淮域，此文王化行南國之一線。

昭王南征不復，是周人勢力東展在第二線上之挫折。

穆王西征，是周人勢力東展在第一線上之擴大。

穆王西征之傳說，據穆天子傳所載，係自洛邑渡漳水，絕太行，鈃山即井鈃。循滹沱，北征犬戎，依然為第一線之繼續伸展。其循而西行，恐不出陝西西北部，至遠及於甘肅。秦漢以後，中國一統，立國形勢大變，以前之向外發展，至是變成只在腹裏活動，與當時人之想像不合，故說古史者無意間都將地理方向倒了。一說到穆王西征，則想像其直去西域新疆，雖與古史眞相不合，亦見當時人自有其很深的國家理想與國家精神。

宣王中興，其力征經營者，依然是此兩路。

詩江漢，召穆公平淮夷也。詩常武，尹吉甫征徐戎也。此乃宣王之南征，循上述第二線。詩出車，南仲城朔方，伐玁狁西戎，詩六月，尹吉甫伐玁狁至太原，朔方太原大體均在今山西省南部黃河北岸。方疑即舜陟方乃死之方山，近安邑。太原者，春秋昭元年，晉荀吳敗狄於太原，公羊云，此大鹵也，穀梁云，中國曰太原，夷狄曰大鹵，正指今解縣鹽池，則方與太原近在一地。詩采芑，方叔征蠻荊也。此詩之蠻荊，疑即指玁狁，非後世楚地荊州之蠻。虢季子白盤記伐玁狁事，亦云用政蠻方，禹貢荊岐既旅，又曰導汧及岐，至於荊山，逾於河，此荊山在陝西不在湖北，方叔征蠻荊，亦當在陝西山西，不在湖北也。此乃宣王之北征，循上述第一線。

周人勢力不斷向此兩路線展擴，而周人之封建事業亦遂不斷推進。

詩江漢召虎徹疆土，錫山土田，詩崧高封申伯邑於謝，詩蒸民，封仲山甫於東方。據此諸詩，見西周封建工作，至宣王時，尚不斷在進展中。蓋封建即是周人之一種建國工作，不斷向東方各重要地點武裝移民，武裝墾殖，而周代的國家亦不斷的擴大與充實。相應於周人此種軍事政治之推進者，則尙有其宗法制度。必三者並觀，乃可以明瞭當時之所謂封建。

四　幽王見殺與平王東遷

幽王遭犬戎之難，見殺於驪山下，似西周三百年來之力征經營，其面向常對東南，不對西北，因其時周人之敵，多在東南，不在西北也。犬戎居地亦在周之東南。或偏近西南，而非西北。

左傳昭公四年周幽爲太室之盟，戎狄叛之，此等戎狄正近在河南省西南太室山一帶，證一。犬戎由申侯召來，申在南陽宛縣，漢書地理志。今河南南陽，城北二十里有申城故址。宣王時申遷於謝，在今南陽稍南。大率其國在周東南千數百里，如犬戎在周西北，相距遼遠，申侯何緣越周附戎，戎亦何緣越周合申，形勢不合，證二。據鄭語，當時申西戎繒相結。左傳哀公四年。楚人致方城之外於繒關，則繒本亦在方城內，與申接壤，證三。幽王與申繒西戎之聯軍遇於驪山，故驪戎國，證戎不在周之外而在內，此內外本是後人見解也。其地在周鎬京與申繒之間，證四。史伯之告鄭桓公曰，四方之國，非王母弟甥舅則夷狄，亦華戎雜處，幽王前已然之證。

幽王既死，周室遂分裂。

竹書紀年見左傳昭公二十六年疏引。申侯魯侯許文公立平王於申，虢公翰立王子余臣於攜。周二王並立。二十一年，攜王爲晉文公所殺。此事史記失載。新唐書大衍曆，豐岐驪攜皆鶉首之分，雍州之地。是攜乃岐豐相近之地名。虢公立攜王，實爲主持正義。許與申爲同姓，故助平王。又今本紀年同立平王者尙有鄭，鄭桓公爲周司徒，見周將亂，早謀東遷，鄭武公娶申后女爲夫人曰武姜，即鄭莊公之母。故鄭申亦同謀。鄭桓公死於驪山之難，而武公遂與申同護平王東遷也。魯乃周室東方封建最親最主要之國家，故申、許、鄭三國乃假託其名義。觀於平王東遷後，魯國采取不理態度，知以前決不主張立平王也。晉文侯覬覦黃河西岸之土地，乃起兵殺攜王，自爲兼并，平王德其殺讎而無力索還故土，立於申乃暫局，於是東遷洛邑。史記不知其間曲折，謂平王避犬戎東遷，犬戎助平王殺父，乃友非敵，不必避也。又按史公言幽王寵褒姒，褒姒不好笑，幽王舉烽，諸侯悉至，至而無寇，褒姒乃大笑，幽王爲之數舉烽。及犬戎至，舉烽，諸侯救不至，遂殺幽王。此委巷小人之談。諸侯兵不能見烽同至，至而聞無寇，亦必休兵信宿而去，此有何可笑。舉烽傳警，乃漢人備匈奴事耳。驪山之役，由幽王舉兵討申，更不需舉烽。史公對此番事變，大段不甚了了也。鄭武公則藉此并虢自大，故曰周之東遷，晉鄭焉依。左傳隱公六年。秦人亦乘機侵佔岐西地與晉連壤通好，此乃西周東遷時西方一部分諸侯情勢之大概。

及平王東遷，以弒父嫌疑，不爲正義所歸附，而周室爲天下共主之威信亦掃地以盡，此下遂成春秋之霸局。

平王宜臼乃申侯甥，申侯爲其甥爭王位，故聯犬戎殺幽王，凡擁護平王諸國，如許、申、鄭、晉、秦、犬戎等，皆別有野心，形成一非正義之集團，爲東方諸侯所不齒。因此周室東遷後政令亦驟然解體。

第二編　春秋戰國之部

第四章　霸政時期春秋始末

西周末葉，中國已有明確可據的編年歷史記載。

史記三代世表：孔子因史文次春秋，紀元年正時月日，蓋其詳哉，至於序尚書，則略，無年月，或頗有然多闕，不可具，故疑則傳疑，蓋其愼也。今按春秋託始魯隱公元年，實周平王四十九年，而史記三代世表則始於西周共和元年，相距百十有九年。史公旣極稱孔子傳疑之愼，則史公記年自必有所本。故知中國古史紀年至遲造始於西周末葉，必已明確可依據也。惟不得據此謂西周共和以前，必無明確年歲。如史記魯世家載伯禽以下諸君年數是也。豈有魯室已有諸君年歲之記載，而周天子王家顧無之，蓋因史文散佚，史公未之見。史公旣師孔子之愼，故遂不之論耳。

孔子作春秋，則爲中國第一部完整的編年史，後世卽名此時期爲春秋時期。

一　春秋年歷及分期

春秋時期可以說是東周史之第一段落。此段落約占三百年。

春秋自魯隱公元年迄魯哀公十四年，凡二百四十二年。左傳記載史事較春秋為明備，又下續至哀公二十七年終，凡二百五十五年。若自周平王東遷一并計入，共三百零三年。

此三百年的歷史，可以稱為霸政時期的歷史，仍可本此分三段落。

一、霸前時期　迄魯莊公八年，（翌年齊桓公立。）　凡八十五年，

二、霸政時期　自魯莊公九年（齊桓公元年。）起，迄魯襄公十五年，（晉悼公卒。）　凡一百二十七年。

三、霸政衰微時期（即大夫執政期。）　凡九十一年。

附春秋時期周室帝系表

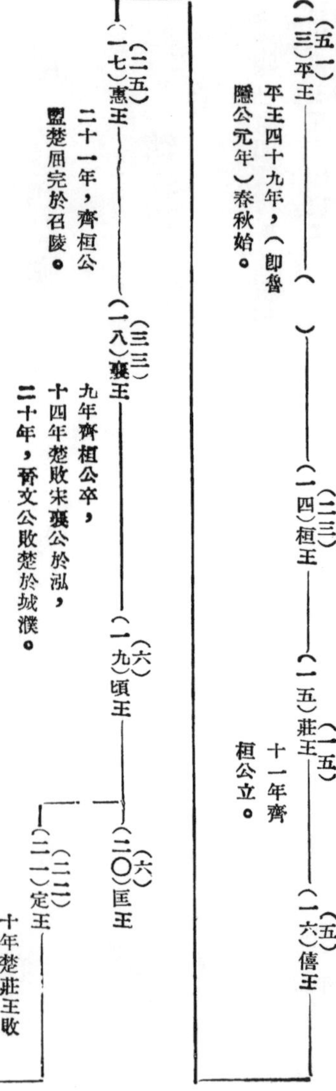

（一四）
（二二）簡王——十一年，晉厲公敗楚於鄢陵。

（二七）
（二三）靈王——十四年，晉悼公卒，二十六年諸侯盟於宋弭兵。

（二四）
（二四）景王

（一）
（二五）悼王

（四四）
（二六）敬王——十四年，吳入郢。三十八年，吳會諸侯於黃池。三十九年（即魯哀公十四年）春秋終。

（七）
（二七）元王——三年越滅吳。

（二八）
（二八）貞定王——元年（即魯哀公二十七年）左傳終。以下為戰國。

二　霸前時期之形勢

周室東遷，引起的第一個現象，是共主衰微，王命不行。

平王崩，魯不奔喪。桓王二十餘年，五聘魯。魯為東方姬姓諸侯之宗國，平王之立，魯蓋不之擁戴，王室命令因此不行於東諸侯，故桓王繼位乃竭意聯歡於魯也。

鄭莊公射桓王中肩。平王之東，與晉鄭諸國相狼狽，惟至平王晚年，似有轉親虢國之意。（殆惡鄭之專。）故左傳謂王貳於虢，鄭伯（莊公）怨王，王曰無之，周鄭交質。及平王卒，周人終用虢公，與陳蔡虢衞伐鄭，爲鄭所敗。蓋王室既東，亦漸有意轉變其往日之地位與關係，而卒於不能自拔也。虢於惠王二十二年爲晉所滅，申則於莊王時爲楚所滅，自是王室益不振。

王命不行下引起的第一現象，則爲列國內亂。

魯爲周室所封東方最親最有地位之諸侯，史記謂成王命魯得郊祭文王，有天子禮樂以褒周公之德，禮記明堂位則謂成王以周公有勳勞於天下，是以命魯公世世祀周公以天子之禮樂，其說信否不可知，要之魯在東諸侯中，實居首領之地位，則可斷言也。惟周室之東，魯卽表示不擁戴之態度。此以平王得政之來歷言之，亦不可爲非，惟魯衞諸邦亦並不能對王室有所盡力匡正。而不久魯亦內亂，桓公以弒兄，隱公自立，鄭首先承認。於是列國篡亂相乘。宋華督弒殤公，桓二年。晉曲沃伯殺哀侯，三年。陳公子佗殺太子免自立。五年曲沃伯又弒小子侯，七年。鄭祭仲逐昭公立厲公，十一年。復逐厲公納昭公，十五年。衞逐惠公，十六年。鄭高渠彌弒昭公，十七年。齊襄公殺魯桓公，十八年。前後十九年之內，禍變迭起有如此。

王命不行下引起的第二個現象，則爲諸侯兼幷。

見於春秋國數凡五十餘。見公羊疏。若幷見左傳者計之，有百七十國。其中百三十九國知其所居，三十一國亡其處。此據晉書地理志。然舉其大者，不過十餘。史記十二諸侯年表爲魯衞齊晉楚宋鄭秦陳蔡曹吳。據顧棟高春秋大事表所載，楚幷國四十二、晉十八、齊十、魯九、宋六、其他不具舉。

又自列國內亂諸侯兼幷下引起一現象，則爲戎狄橫行。

當時中國本爲一種華夷雜處之局。

舊說東夷南蠻西戎北狄，各遠居四裔，而諸夏在中原，此觀念殊不可恃。當時蓋爲一種華夷雜處的局面。如左文九年秋，楚自東夷伐陳，似東夷在陳楚間。魏策楚破南陽九夷，則九夷在南陽。陸渾蠻在伊洛上源，故晉荀吳欲滅陸渾，先有事於三塗。哀四年夏，楚謀北方，襲梁，圍蠻氏，隱二年春，公會戎於潛，（今山東曹縣境）秋，公及戎盟於唐，（今山東魚台縣）僖二十四年王子帶以狄人伐王，上舉諸例皆可見。

而此局面自始卽然，亦並非自周王室東遷，四裔異族乃始交侵而入中國。此觀上篇論周人封建眞相便知。蠻夷戎狄亦非四種絕不同的民族，故蠻夷可兼稱。楚武王自謂我蠻夷也。戎狄，管仲云，戎狄豺狼，魏絳云，戎狄荐居。夷狄，燕策有北夷。蠻戎，春秋有戎蠻子。皆可兼稱。

諸夏與戎狄亦多種姓相同，如晉獻公娶大戎狐姬，生重耳，卽晉文公。又娶小戎子，生夷吾，卽晉惠公。又娶驪戎女驪姬，則戎有姬姓。時人謂同姓相婚，其生不蕃，遂以晉文公為異徵。又齊靈公有戎姬。又有子姓。姜戎自稱四岳之後。左傳襄公十四年。國語富辰曰盧有荆嬀，韋昭曰、盧、嬀姓國。荆嬀、盧女、為荆夫人。春秋稱盧戎，楚滅之，為盧邑。漢置中盧縣，屬南郡。是戎亦有嬀姓，左傳子魚曰任宿須句顓臾風姓也，實司太皞與有濟之祀以服事諸夏，則此諸族，當時亦目為夷，不與諸夏伍。

華夷通婚，尤為習見。周襄王娶狄后，齊桓三夫人，曰王姬、徐嬴、蔡姬。徐則當時目為夷者。晉獻公娶戎女，已見前。晉文公娶叔隗，以季隗嫁趙衰，生子盾，隗係北戎姓也。潞子嬰兒之夫人，乃晉景公姊。呂相謂白狄我之婚姻。趙襄子姊為代（北狄）王夫人。狐犯為晉文公外舅，其子狐毛狐偃，子射姑，卽賈季，晉亂仍奔狄。因此華戎聯盟之事亦屢見。殽之役，晉有姜戎。鄢陵之戰，楚有東夷。齊衛魯鮮虞聯師伐晉。尤著者，則如申繒西戎聯師殺幽王。

所謂諸夏與戎狄，其實只是文化上的一種界線，乃耕稼城郭諸邦與游牧部落之不同。

當時華戎分異自生活上言，則如姜戎氏云我諸戎飲食衣服不與華同是也。左襄十四年。自言語上言，則如姜戎氏又稱言語不達，史記由余其先晉人亡入戎，能晉言是也。自禮服上言則如平王東遷，辛有適伊川見被髮而祭於野者曰不及百年此其戎乎，其禮先亡矣。孔子曰，微管仲吾其被髮左衽矣是也。自戰事上言，則如鄭人與北戎戰，曰彼徒我車是也。凡此諸別言語一項似不重要。齊楚南北方言卽不同。至生活禮服諸端，其重要關鍵，實在耕稼與游牧之別。故曰狄之廣漠於晉爲都。左莊二十八年。又曰戎狄荐居貴貨易土土可賈。國語。謂與之貨而易其土。惟其爲耕稼的社會，故有城郭宮室宗廟社稷衣冠禮樂車馬貨賄，此則爲諸夏。惟其爲游牧的社會，故無上述城郭宮室諸文物，而飲食衣服種種與諸夏異，而成其爲蠻夷戎狄。耕稼與游牧，只是一種經濟上文化上之區別，故曰諸夏用夷體則夷之，如春秋僖二十七年杞桓公來朝，用夷禮，故曰子。杞，乃禹後也。夷狄用諸夏禮則諸夏之。如楚自稱蠻夷，其後與於中原諸侯之會盟，蓋不復有以蠻夷視楚者。

西周封建本爲一種耕稼民族之武裝拓殖。此已詳前篇。又樂記謂武王旣克殷，未及下車而封黃帝之後於薊，封帝堯之後於祝，帝舜之後於陳，下車而封夏后氏之後於杞，封殷之後於宋。蓋耕稼城郭之國，本已先周而有。周人不能盡滅之，以與周之諸侯並存，而此諸邦亦力不敵周人，認爲共主，以天子禮奉事之。除卻錯落散處的幾十個乃至百數十個。城郭耕稼區域以外，同時還存有不少游牧部族縱橫出沒，只不侵犯到城郭諸邦的封疆以內，雙方可以相安無事。現在則乘城郭諸邦之內外多事而來肆其侵擾。

舉其著者，如隱九年北戎侵鄭。鄭伯曰，彼徒我車，是戎皆步卒。如舊說，北戎在無終，（今河北玉田西）不能遠侵及鄭。敗後亦將不獲仍返故居。桓六年北戎伐齊。莊十八年公追戎於濟西。此戎東侵齊魯，南侵鄭，居地蓋略可推。三十年山戎病燕。此當爲南燕，與宋衞地相近，卽在今黃河北岸。舊說謂在薊，（今河北北平）易，（今河北雄縣）亦非。三十一年齊伐山戎。公羊傳，齊侯來獻戎捷，旗獲而過我。正義，凡言過謂道所經過。齊伐山戎過魯，則此山戎不在齊北。三十二年狄伐邢。閔元年齊救邢。閔二年狄入衞。僖元年邢遷夷儀，齊師宋師曹師城邢。二年，諸侯城楚邱封衞。其時狄勢正盛，又滅溫，伐齊，伐魯，伐鄭，伐晉，并蹂躪王室。自今山西迄河北河南山東諸省，皆其所出沒。蓋閔僖之世，狄最盛。

當時諸夏所最感脅威者，南方有抱兼并的帝國主義之楚國。

楚之先亦顓頊後，（史記楚世家。）始起在漢水流域丹淅二水入漢處曰丹陽，（依宋翔鳳過庭錄所考。）至楚武王始大，（武王立在周平王三十一年。）自謂我蠻夷也今諸侯皆爲叛相侵或相殺，我有敝甲，欲以觀中國之政。於是自號武王。漢陽諸姬，楚實盡之。地方千里，最爲當時強國。

北方有抱掠奪主義的山中之北戎。

此種戎狄，大部在黃河北岸太行山脈中，故曰山戎。其戰鬬皆徒步。又稱北戎者，據當時中原諸夏之稱呼。後人以見有北稱，遂謂必遠在北塞之外。此皆以後代眼光讀古史之誤也。

故云南夷與北狄交，中國不絕若綫。（語見公羊傳。）

在此形勢下，產生齊桓晉文之霸業。

三　齊桓晉文之霸業

霸者標義，大別有四。

一、曰尊王　穀梁傳葵丘之盟，壹明天子之禁。當時霸者號令，即替代已廢之王權也。周王使宰孔賜齊侯胙，命無下拜，齊侯卒爲下拜。（僖九年。）管仲平戎於王，王以上卿禮饗之，仲辭受下卿之禮而還。此皆當時齊桓管仲竭力尊王之表示。

二、曰攘夷

三、曰禁抑篡弒　凡某國遇篡弒，同盟諸國互不承認，幷出兵平亂，另立新君。葵丘盟辭毋易樹子，毋以妾爲妻，毋使婦人與國事，皆爲此發。

四、曰裁制兼幷　凡在同盟，互不侵犯，有爭端，請於盟主，公斷。某國遇外寇，同盟諸國出兵相救。葵丘盟辭毋壅泉，毋遏糴，皆爲此發。

正爲針對上列時代病之特效藥。

自周室東遷，西周封建大帝國之重心頓失，諸侯如網解紐，內篡弒外兼幷掠奪多事，亟亟不可終日。至是而封建殘喘再得苟延。霸政可以說是變相的封建中心，其事創始於齊，其霸業大者，爲伐山戎，救燕、存邢衛、伐楚、盟於召陵，定襄王之位。贊助於宋，而完成於晉。其霸業之大者，爲納襄王，殺王子帶，（召狄攻周者）救宋，敗楚城濮，召周天子盟於踐土。

齊桓會諸侯十五次，宋每次必預。其次爲魯鄭陳三國，各得十次。又次爲衛得九次。又次爲曹許，各得七次。其間尤以齊魯衛曹鄭宋六國，可謂諸夏之基本結合。此爲諸夏結合之第一期，大率在東部與中部，乃黃河下流東部一帶及黃河中游南岸之結合也。晉自曲沃篡位，專務侵吞，其實平王之東，晉已開始爲兼幷之野心企圖：曲沃篡位正從晉人向外作非義之兼幷所引起。齊桓會盟，晉人不預。然晉國內部爭篡迭起，晉公子重耳逃亡在外，徧歷齊宋曹衛鄭諸國，南至楚，西至秦，而返國得位。其在外及見齊桓宋襄，既熟知天下大勢，返國後乃一變晉國以前之態度。晉滅同姓國極多，然皆在獻公前。參加諸夏集團，而爲齊宋霸政之代興。自是霸業常在晉。由襄（禦秦侵鄭又敗狄。）靈、成、景（爲楚敗於邲。）厲，（勝楚鄢陵。）而至悼，抗楚和戎，復霸。平公立，與楚平，弭兵。　此爲諸夏結合之第二期，東部中部之外，又加入中北部，即黃河中游之北岸也。

齊在臨淄，太公封營丘，六世徙薄姑，七世徙臨淄，地望皆近，即今山東臨淄縣也。東負海，魚鹽蠶桑，已樹富強之基。惟西南適值魯衞諸邦，為姬姓主要國家，文化既較高，與齊關係亦密，齊於道義及勢力兩方，皆無法并吞。齊孝公伐魯，魯使展喜犒師，曰魯人何恃，曰恃先王之命，昔周公太公股肱周室，夾輔成王，盟曰，世世子孫，無相害。恃此不恐。齊竟回師。柯之盟，曹沫刧桓公反魯侵地，桓公亦卒聽管仲諫許之。周天子以南陽賜晉，陽樊不服，圍之，或呼曰，此誰非王之親姻，其俘之耶。乃出其民。此可見當時諸夏間之關係。惟楚曰我蠻夷也，坦白主兼幷，到底因此失諸夏同情，不能心服。而楚之勢力亦終難北進。齊桓既於國內篡弒紛亂中得國，故轉而創建霸業。宋為周室之賓，先朝勝國，其勢最孤，又處四戰之地，入春秋以來，內亂外患更迭相乘，無時或息，故贊助齊桓獨出誠意。齊桓亦屬其太子孝公焉。惟宋國四圍，無可發展，其勢本弱，故謀霸不成，為楚所敗。晉人自稱居深山之中，戎狄之與鄰，滅國既多，國力已強。然重耳出奔，狄人勢力已瀰漫於晉之四周。晉文公初居蒲，又從狄君田渭濱，是奔狄在晉西。在狄十二年，去狄，行過衞，是去狄在晉東。晉國不啻在狄懷抱。其所至如齊桓宋襄，優禮有加者，皆有志摶結諸夏以成霸業者也。如衞曹鄭諸國，凡不禮於重耳者，皆目光短淺，惟力是從者也。楚既野心勃勃，秦亦刻意東伸。韓原之敗，秦始征晉河東。左傳。楚之圍宋，曹衞鄭諸國皆已折而入於楚矣。晉非圖霸，亦幾不能自全。圖霸則可挾諸夏之力以抑楚秦，而吞狄自廣也。

惟齊桓僅能阻止狄勢不侵入大河之南岸，孔子曰，微管仲，吾其披髮左衽矣。其時苟非諸夏之大團結，則狄患不可設想。管仲告桓公，戎狄豺狼，不可厭也，諸夏親暱，不可棄也，實為當時一最重要之觀念，可以使歷史命運為之轉變，故孔子力稱管仲之仁。北岸自邢衞淪陷，諸夏勢力竟難復興，而晉狄鬬爭，遂為當時一要事。

僖二十七年，晉人作三行以禦狄。此在勝城濮後，以狄皆步卒，便於山險，故晉亦編練步軍也。三十三年，狄伐晉，晉侯惠公獲白狄子。此在文公死之翌年，晉雖倖勝，而元帥先軫死之。宣十一年，郤成子求成於衆狄，衆狄疾赤狄之役，遂服於晉。據此狄人雖各分部落，而亦戴共主，別成系統，故得與諸夏抗衡，此下狄勢遂衰。十五六年，晉景公滅赤狄。潞氏甲氏及留吁。成十一年，伐廧咎如。自是上黨爲晉有。襄四年，晉悼公和諸戎。魏絳謂戎狄荐居，貴貨易土，可見其時戎狄尙是游牧，而其勢猶强，故絳曰，戎狄事晉，四隣震動。是後有肥鮮虞鼓中山，皆爲晉所逐滅。昭十二年晉伐鮮虞，入昔陽。滅肥。又十五年，伐鮮虞，圍鼓。二十二年，滅鼓。杜注，樂平沾縣東有昔陽城。昔陽，鼓都。鉅鹿下曲陽縣西有肥累城，今正定東。此諸狄包赤狄之北，舊說謂是白狄，因前赤狄已滅，而推測言之。惟狄是否只分赤白，殊無據。在太行山東麓平地，且亦儼然漸趨於城郭耕稼化矣。晉既廓土於羣狄，其勢力日漸東伸，遂與齊接壤，而以前邢衛故土淪沒於戎者，至是乃重歸諸夏之統治。

大體西自河渭之間，東達太行山兩麓，黃河北岸，皆爲頑強之羣狄所出沒，其勢又時時越大河而南。諸夏得齊桓晉文之霸政而稍稍抑其兇焰，實爲春秋時期華戎交鬬一極劇烈之戰陣。

晉人所以能勝此廓清羣狄之重任者，一則因久爲諸夏盟主，自文公至平公凡八世。多得貢賦，國力充盈。

參加聯盟諸國，在內可保持政府之安寧，亂臣賊子有所顧忌，不敢輕行篡弒。在外可保國際之平衡，相互間不得輕啓釁端，有事付之仲裁，以和平爲職志。是爲聯盟國應得之權利。其義務則如國際間之服役，一國有寇患，各國在霸主領導下會師戍守，或助城築，及公同作戰。每逢盟主出師，例得向同盟國乞師。平時則需對盟主納相當之貢幣。諸侯官受方物，注諸侯官司各於齊受其方所當貢天子之物，齊桓責楚，爾貢包茅不入，即責其貢周天子以方物也。始見於僖七年齊桓寧母之盟。黃人不歸楚貢，楚伐之。僖十一年。其後諸夏亦以貢幣輸盟主。晉文襄之伯，令諸侯三歲而聘，五歲而朝，有事而會，不協而盟。昭三年鄭子太叔語。其後朝聘彌數，故乃歲一聘，間歲一朝，再朝一會，再會一盟。昭十三晉叔向語。朝聘既數，而幣亦日重。晉范宣子爲政，子產寓書告以幣重。襄八年。平丘之會，子產爭貢賦多寡，自日中至於昏。昭十三年。魯之於晉，職貢不絕，玩好時至，府無虛月。昭二

（十九年，魯叔侯語。）子產謂用幣必百輛，百輛必千人。（昭十年。）此其大概也。

一則晉自獻公以來，即不畜羣公子。（獻公聽士蔿說，盡誅羣公子，在惠王八年。）故晉大夫多用異姓，得因材器使，較之魯衛齊宋諸邦，多用宗臣者爲優。

晉文公以下，諸卿位次屢有更易，故其臣各務於以事功顯。惟自厲公見弒以後，大夫漸強，（史記趙世家。）平公後益甚。韓趙魏范中行知氏稱六卿，皆非公室也。

一面北方的狄患逐次解除，一面南方的楚人亦逐漸覺悟，（亦可說是逐漸同化。）改變其以前極端的武力兼并主義，（即我蠻夷也的主義。）而漸次要求加入諸夏之集團。

楚莊王滅陳縣之，以申叔時諫乃復陳。既克鄭，亦退而與之平。既敗晉於邲，其圍宋，宋人告以易子而食析骸而爨之實況，亦退師與盟而反。其時楚人意態已與前不同。

宋向戌提倡弭兵，晉楚交懽，城郭諸邦的和平聯盟益形擴大。

此可謂諸夏結合之第三期，於東中北三部以外，又加入中南部，即南方之中部，江漢流域之楚國也。自有此弭兵之會。（在襄二十七年。）而諸夏得一相當時期之和平。宋自襄十二年（楚公子貞侵宋。）至定十五年。（鄭罕達伐宋。）凡六十五年。魯自襄二十五年（齊崔杼伐北鄙。）至定七年。（齊國夏伐西鄙。）凡四十五年。衛自襄二十三年（齊侯伐衛。）至定七年。（齊侵衛。）凡四十七年。曹自襄十七年（衛石買伐曹。）至定十二年。（衛公孟彄伐曹。）凡五十九年。鄭自襄二十六年（楚子蔡侯衛侯伐鄭。）至定六年。（魯定公侵鄭。）凡四十三年。均不被兵。

總觀當時霸政，有二大要義。

一則爲諸夏耕稼民族之城市聯盟，以抵抗北方遊牧部落之侵略，因此得保持城市文化，使不致淪亡於游牧之蠻族。

二則諸夏和平結合以抵抗南方楚國，西方秦國。帝國主義者之武力兼幷，因此得保持封建文化，使不致即進爲郡縣的國家。

其大勢爲文化先進諸國逐次結合，而爲文化後進諸國逐次征服。如晉代齊，楚代晉，吳越代楚，最後統一於秦。

同時文化後進諸國，雖逐次征服先進諸國，而亦逐次爲先進諸國所同化。此爲第二種衝突之消解。

其文化落伍諸部族，則逐次消滅，或逐次驅斥。此爲第一種衝突之消解。

在此進展中，諸夏結合之團體，亦遂逐次擴大，爲中國逐次形成大一統帝國之醞釀，而上古史亦逐次宣告結束。第一第二第三期結合已於前言之，第四期則加入吳越。吳越本東南方小蠻夷，武力既勝，轉慕文事，亦爭爲諸夏盟主，於東中南北諸部外又加入東南部，即長江下流是也。自戰國秦孝公後，秦人又漸次加入諸夏團體，爲第五期，又加入西中部，即河渭流域是也。

四　霸政衰微後之大夫執政

霸政衰微，變而爲大夫執政。大夫執政一方面可說爲封建制度繼續推演所產出，一面亦可說是封建制度卻因此崩倒。

封建初期的國家，其先只限於一個城圈。

此即所謂國。國有三訓，周禮惟王建國，以佐王治邦國。大曰邦小曰國，是也。齊語參其國而伍其鄙，國指郊以內，鄙指郊以外是也。又周禮小司徒稽城中及四郊都鄙之夫家實人國中一句，郊二句，野三句，城中曰國，是也。此三義可會爲一義，即一國只限於一城是也。魯頌閟宮，錫之山川，土田附庸。左定四年，衞祝佗謂分之土田陪敦。召伯虎敦，余考止公，僕墉土田。附庸、培敦、僕墉、乃一事。然則西周初封，惟周召大國始許有附墉，即一國可以不止一城圈。

因此當時的中國，其實大體只限於今豫魯晉燕陝鄂皖吳諸省，而猶非其全部。可以有近二百國。春秋大事表并古國計，凡二百有九。

其時列國人口極少，閔公二年，衞爲狄滅，遺民七百有三十人，益之以共滕之民爲五千人。諸侯爲立戴公以廬於曹。僖十八年，梁伯益其國而不能實，秦取之。梁君以擴城而無民以實之，梁民以譌言而遽潰，梁竟以亡，則梁之戶口可知。曠地極多，封疆郊關之外皆成棄地，此即戎狄所由出沒，華夷所由雜處也。左襄四年，魏絳稱虞人之箴曰，芒芒禹迹，畫爲九州，經啓九道，民有寢廟，獸有茂草，各有攸處，德用不擾。此蓋於茂草之中，經啓九道以通往來。故周語單襄公謂周制列樹以表道，道路非列樹表明，即茫茫不可辨。司空不視塗，即道茀不可行。膳宰不致餼，司里不授館，即行李有困乏之患。故各國亦常見遷徙。如衞、晉、楚、自丹陽遷郢，（江陵）遷鄀。（宜城）蔡、許、自許遷葉，遷夷，遷白羽，（內鄉）遷容城。（葉縣）鄭、齊、吳、自梅里（無錫）遷姑蘇。（吳縣）秦、（見後）諸國，不勝舉。亦有以外力強遷者，如齊師遷紀、郱、鄑、郚。莊九宋人遷宿。莊十齊人遷陽。閔二晉遷陸渾之戎於伊川僖二十二年。之類。

以後人口漸繁殖，國家規模日擴大，不僅對舊的有吞并，對新的亦有城築。

春秋二百四十二年，魯凡城二十四邑，惟郿一邑書築，其二十三邑曰城。見舊唐書禮儀志。築者增舊，城者新立。春秋書築八，書城二十三，而定哀之間凡八城邑則國家規模之擴大彌後而彌烈也。

於是列國遂各自分封其大夫。

春秋初，大夫尚無世爵，其後漸有賜氏。

隱桓時大夫賜氏者尚少，國君之子爲大夫者稱公子，公子之子爲大夫者稱公孫，其次（公曾孫以下）只稱名，如魯在隱桓之間有無駭柔挾是也。無駭卒，羽父爲之請族，公命以字爲展氏。公子展之孫。衆仲曰，天子建德因生以賜姓，如舜居嬀汭，姓嬀氏。胙之土而命之氏，古孝經緯，古之所謂氏，即國也。爲貢錫土姓，土即氏。諸侯以字爲證，因以爲族。官有世功，則在官族。邑亦如之。可見世卿采邑和氏族，乃相聯並起之事。大夫有氏即有世襲封邑如小國矣。於是魯有仲孫叔孫季孫臧孫，齊有高氏國氏崔氏陳氏，衛有孫氏甯氏，晉有郤氏欒氏韓氏趙氏魏氏，鄭有罕氏駟氏游氏，皆世卿也。

漸稱子。

僖公以前，大夫並以伯仲叔季爲稱。三桓如共仲僖叔成季。雖貴不稱子。僖文以後，晉、齊、魯、衛之執政皆稱子。鄭間稱之，餘則否。魯惟三家稱子，餘亦否。稱子則即爲封君矣。其後學者稱子，如孔子是也。又後學者之門人稱子，如有子曾子樂正子是也。於是原先的侯國儼然如一新中央，而大夫采邑則儼然成一小侯。所以說是西周封建的繼續推進。

又因當時聯盟各國會聘頻仍，諸侯畏勞，常使卿大夫代行，會有三例，一曰特會兩君相見也。初諸侯特會，多在隱桓以前。次大夫特會諸侯，多在文宣以後。又次大夫特會大夫。二曰參會，三以上爲參。三曰主會，伯者主之。初諸侯主會，始自齊桓北杏之會。次大夫主諸侯之會，自鍾離之會始。先有大夫特會，乃有大夫主會。又次則大夫主大夫之會，而諸侯高拱不預矣。

卿大夫既有外交，往往互相援結，漸漸形成大權旁落之勢，於是大夫篡位，造成此後戰國之新局面。

魯大夫逐君始於昭公，宣公時季氏始專政，定公時則家臣有四大夫者。晉卿專政始襄公，襄元在魯僖三十三年。鄭卿自僖公之立始見於傳。僖元在魯襄三年。

五　春秋時期之一般文化狀態

春秋二百四十年，一方面是一個極混亂緊張的時期，但另一方面，則古代的貴族文化，實到春秋而發展到他的最高點。春秋時代常爲後世所想慕與敬重。

大體言之，當時的貴族，對古代相傳的宗教均已抱有一種開明而合理的見解。左傳所記天道鬼神災祥卜筮夢等事蹟雖多，然當時一般見解，實已不見爲十分迷信。所謂天道遠人道邇，鬼神不享非禮等諸觀念，已普遍流行。

因此他們對於人生，亦有一個清晰而穩健的看法。

當時的國際間，雖則不斷以兵戎相見，而大體上一般趨勢，則均重和平，守信義。因此能造成國際間的和平團體，繼續歷有二百年之久，而當時的國際公法，亦極爲高明可貴。

外交上的文雅風流，更足表顯出當時一般貴族文化上之修養與瞭解。當時往往有賦一首詩，寫一封信，而解決了政治上之絕大糾紛問題者。左傳所載列國交涉辭令之妙，更爲後世豔稱。

即在戰爭中，猶能不失他們重人道，講禮貌，守信讓之素養，而有時則成爲一種當時獨有的幽默。一披讀當時諸大戰役之記載，隨處可見。

道義禮信，在當時的地位，顯見超出於富強攻取之上。此乃春秋史與戰國史絕然不同處。

左傳對於當時各國的國內政治，雖記載較少，此指涉及一般平民社會者而言。而各國貴族階級之私生活之記載，則流傳甚富。一部左傳，盡於列國君卿大夫私生活之記載，以及其相互間之交涉，（即是內政與外交。）故可稱當時十足是一貴族社會也。

他們識解之淵博，對於古代歷史文化的遺傳之認識與闡發。人格之完備，對於實際政治人事問題之應付與理想。嘉言懿行，可資後代敬慕者，到處可見。亦復普遍於各國，幾乎稍有名的幾國，均有他們極可敬慕的人物。

春秋時代，實可說是中國古代貴族文化已發展到一種極優美極高尚極細膩雅緻的時代。

貴族階級之必需崩潰，平民階級之必需崛興，實乃此種文化醞釀之下應有之後果。

此下戰國興起，浮現在上層政治的，只是些殺伐戰爭，詭譎欺騙，粗糙暴戾，代表墮落的貴族，而下層民間社會所新興的學術思想，所謂中國學術之黃金時代者，其大體還是沿襲春秋時代貴族階級之一分舊生計。精神命脈，一氣相通。因此戰國新興的一派平民學，並不是由他們起來而推翻了古代的貴族學，他們其實只是古代貴族學之異樣翻新與遷地為良。

此是中國文化一脈相承之淵深博大處。

第五章　軍國鬬爭之新局面（戰國始末）

春秋以下，（自周貞定王二年，即魯悼公元年始。）迄於秦始皇二十六年統一告成，其間共二百四十六年，後世目為戰國時期。

一　戰國年歷及分期

本時期的歷史記載，因秦廷焚書，全部燬滅。西漢中葉司馬遷為史記，已苦無憑。史記六國表自序曰：秦既得意，燒天下詩書，諸侯史記尤甚，為其有所刺譏也。其後詩書復見，（此以流布民間，故雖經秦火而未絕，春秋及左傳等皆幸存。）而史記獨藏周室，以故滅。（此云藏周室者，乃以偏概全之辭，當時各國史記各藏其國之政府，而民間無流傳，故一火而滅也。）獨有秦記，不載日月，其文略不具。然亦有可頗采者。余因秦記，踵春秋之後，起周元王，表六國時事。按史公本秦記表六國時事，本屬不得已。惟秦自孝公以前，僻在雍州，不與中國諸侯之會盟，中國諸侯以夷翟遇之。（此亦史記語。）其時秦與東方各國交涉既疏，故秦記載東方事必略而不免於多誤。今六國表於秦孝公前幾於無事可載者以此。至宋司馬光為通鑑，託始周威烈王二十三年，自左傳終至通鑑始，中間缺去六十四年，無詳確之編年史。又通鑑雖託始周威烈二十三年，而記載殊疏略，至周顯王三十五年（魏齊會徐州相王之歲。）以下，記載始可得而詳。故顧炎武日知錄謂此一百三十三年，史文缺佚，考古者為之茫昧也。

晉代太康時。於汲縣古冢當時考知係魏襄王冢。發見竹書，共七十五車。內有紀年十五篇，實為未經秦火以前東方僅存之編年史，惟後亦散失。今世流傳之竹書紀年，乃宋後蒐輯之本，多有改亂。

因此本時期史事較之上期春秋時代。有些處轉有不清楚之感。著者曾據紀年佚文，校訂史記六國表，增改詳定不下一二百處，因是戰國史事又大體可說。惟頗有與史記相異處，一切論證，詳著者所著先秦諸子繫年一書。此下論戰國大勢，即據此書立論，故與舊說頗不同。讀者欲究其詳，當參讀該書也。

大略言之本時期歷史又可分為前後兩期，

第一期是周代宗法封建國家之衰滅。

此承春秋晚期大夫專政之局面而來。晉分為三家，魏韓趙。齊篡於田氏，田氏本陳公子，因亂奔齊，田陳同音之轉。魯則三桓強於國內，公室僅如小侯。衛勢日削，自貶其號曰侯。吳滅於越，陳蔡滅於楚，鄭滅於韓。史記所謂春秋十二諸侯，能繼續保持其重要地位者惟楚秦二國而已。越宋雖存，於戰國全時期不甚重要。大抵春秋宗法封建國家之文化，最高者為魯衛兩國，魯得周室大量文物之分封，衛則承襲殷商舊都之流風餘韻。故詩經所收十五國風，以邶鄘衛為盛。河北之衛雖為狄破而遷河南。惟文化依然可觀。故孔子曰，魯衛之政兄弟也，又曰衛多君子。孔子出亡在外十四年，大半淹留於衛國。其次為齊，故孔子曰，齊一變至於魯，魯一變至於道，孔子弟子，魯衛最多，次則齊人。又其次為晉。故孔子曰，齊桓公正而不譎，晉文公譎而不正。孔門弟子，晉籍甚少，孔子亦未過其境。秦楚則自始即以蠻夷見外於諸夏。春秋時期羣目楚人為蠻夷，以楚主武力兼并最烈，與諸夏宗法封建勢力根本相衝突也。及戰國中期以後，羣目秦人為夷翟，而再不見斥楚為蠻夷者，因其時抱兼并野心者乃秦，而楚人則久與東方諸國聯盟一體也。可見當時所指斥為夷翟者，並非就種族血統立說。

魯衛以文化維持當時宗法封建國家之傳統尊嚴，齊晉則以武力維持當時宗法封建國家之傳統地位。楚秦則代表相反對之一種勢力也。諸國中受封建傳統文化束縛愈深者，其改進愈難，故魯衛遂至積弱不振。其受封建傳統文化束縛較淺者，其改進較易，故齊晉相繼稱霸於春秋，亦不能如魯衛之久保其君位之傳統，而見篡於大夫，而經君統篡弒以後，更得急速改變其國家之內部組織，自宗法封建國家激轉而爲新軍國。秦楚則以受封建傳統文化之薰陶更淺，故其國家可以不經內部君統篡易而亦追隨改進爲新軍國焉。

最要的是齊晉兩國之君統篡易，維持春秋以來二百數十年封建文化之霸業，遂以中歇。諸夏親暱，尊王攘夷之後面，有一姬姜宗姓之觀念。及晉齊篡奪後，此觀念遂不復有。諸夏和平聯盟之鎖鏈已斷，各國遂爭趨於轉換成一個新軍國，俾可於列國鬬爭之新局面下自求生存。

此一時期中，春秋城郭聯盟之舊國際形勢已破壞，以後軍國鬬爭之新形勢未完成，在中間成爲一個過渡時期。即是春秋末以迄於魏武侯卒年，周烈王五年。凡共九十年。前一段亦可說是越國的稱霸業。春秋末乃至戰國初之吳越稱霸，即是霸政時期之尾聲，軍國時期之先兆，而爲其間之過渡也。後一段則是三晉分立，魏國漸盛期。

第二期是新軍國成立以後之相互鬬爭時期。

此時期又可分爲四期。第一期是梁惠王稱霸時期，魏之全盛期。亦可說是梁齊爭強時期。此期自梁惠王元年至齊、魏徐州相王凡三十七年。

梁承文侯武侯長時期之國內建設，文侯五十年，武侯二十六年，父子前後共七十六年。文侯自正式稱侯（在第二十三年）以來，亦已五十四年。史記誤短二十二年。任用李克吳起諸人，成爲入戰國以後第一個簇新的新軍國，其後吳起入楚，商鞅入秦，皆承襲魏國已成規模爲變法。地處中原，又爲四戰衝要之區。魏初居安邑，文侯都在鄴，武侯剏都魏縣，惠王即位遷大梁。自謂承襲晉國，開始第一個起來圖霸，遷都大梁以爭形勢。此在梁惠王早年，史記誤謂在梁惠王晚年，畏秦而避。其時舊的國際形態已變動，新的國際形態未完成，各國皆遷都以爭形勢。如趙則自晉陽遷中牟，（此中牟在河北）又遷邯鄲，志滅中山以抗齊燕。韓則自平陽遷陽翟，又遷新鄭，意在包汝潁以抑楚魏。秦孝公自雍遷咸陽，以便東侵，宋亦自歸德遷彭城，以承越之衰而圖泗上諸小國。皆是也。

次謀統一三晉，恢復春秋時代晉國之全盛地位。不幸伐趙伐韓，皆爲齊乘其後。梁惠王初起即攻趙，圍邯鄲三年，拔之，韓則懾於梁威而相從。齊乘其弊，敗魏桂陵，秦亦乘間取梁河西地。梁不得不仍歸趙邯鄲以和。此爲梁國圖霸初次所受之挫折。其後韓亦不復服梁，梁遂伐韓，爲再謀統一三晉之奮鬪。五戰五勝，韓幾不國，而齊又徐起乘其弊，敗梁馬陵。梁之霸業再挫。梁既再敗於齊，乃與齊會徐州相王，史記誤以爲是襄王時。平分霸業。當時惟楚自春秋以來已稱王，梁亦先自稱王，至是乃與齊互稱，爲國際相王之開端。自是各國相繼稱王，共凡九國，即梁齊楚秦宋韓趙燕中山是也。

第二期是齊威、宣、湣三世繼梁稱霸期，齊之全盛期。亦可說是齊秦爭強時期。此期自齊魏相王下迄齊滅宋，凡四十八年。

齊自田和篡位稱侯，後魏文稱侯四十年。傳兩世，侯剡與桓公。史記漏田和以前悼子，及田和以後侯剡，凡兩世。故六國表齊年亦多誤。至威王，兩敗梁國，桂陵與馬陵。遂繼梁惠而稱王。史記誤以爲在宣王世。其子宣王繼之，國勢大盛。而其時秦亦漸強，秦孝公用商鞅變法，至子惠王亦稱王，後齊梁相王九年。用張儀，專務離間梁楚以孤齊。時梁尚強，惠施爲相，主與齊和，梁齊聯和則可以弭兵息爭，惠王誤信張儀，折而入秦，欲滅西顧之慮，東向報齊。又齊楚方睦，張儀兩使楚，楚懷王亦誤信儀，絕齊入秦。此當時外交上形勢也。史記誤謂在張儀前有蘇秦合從，並謂蘇秦合從以趙爲盟主。趙武靈稱王最在後，其時爲趙肅侯，尚未稱王，無爲盟主資格。又其時大國有九，若東方合從，應有八國，不應預先排除以後先亡之宋中山二國。孟子僅言公孫衍張儀一怒而諸侯懼，安居而天下熄，以兩人更迭爲秦梁二國相，在國際形勢上足以引起變動也。蘇秦僅爲燕往來奔走於齊，無牽動國際力量。於是漸漸造成秦齊勢力均衡之局面。秦昭王約齊湣王稱東西帝，其事未果，正猶梁約齊稱王，皆畏齊，不敢一國獨稱也。而齊則志在北進侵燕，南進侵宋以自廣。齊爲第一等强國，故積極的主侵略。齊宣王告孟子有大欲，欲并諸侯一天下是也。（齊宣王伐燕，史記誤以爲齊湣王。）秦次於齊，故僅在外交上用手段孤削齊勢。其時若燕趙欲合從，當合從對齊，用不著合從對秦。至蘇秦時梁勢尚强於齊，故知蘇張從横乃此後策士僞造，非當時情實。至齊湣王滅宋，國際均勢破裂，此下遂起大變局。

第三期爲秦昭王繼齊稱強期，秦國全盛期。亦可說是秦趙爭強時期。此期自齊滅宋下至趙邯鄲圍解，凡二十九年。

齊宣王滅燕，國際均勢動搖，各國環顧不安，宣王終於不敢吞燕而止。及齊湣王滅宋，國際均勢再度破壞，燕人崛起，乘機復仇，樂毅聯合秦、魏、韓、趙五國之師入齊。湣王走死，自是齊遂不振，而秦勢獨強。其時趙國經武靈王胡服騎射滅中山，其事在齊滅宋前十五年，趙中山皆第二第三等以下國，故兩國相并，對整個時局，不如齊滅燕齊滅宋之足以惹人忌嫉。國勢驟盛。蘇秦說趙曰，山東建國，莫如趙强，移之此時，乃合情實。其時東方有力抗秦者遂推趙，六國（宋中山已滅）合從抗秦，以燕爲發動，以趙爲盟主，必此時期中策士所僞造。於是有長平之戰，此爲戰國二百年最大最烈之戰事。趙爲秦敗，於是秦并天下之形勢遂成。

第四期爲秦滅六國期。此期自秦解邯鄲圍後迄秦始皇二十六年，凡三十六年。按史記載戰國事，於初期最晦，如越勾踐遷都，韓魏趙分晉，魏文武兩世霸業之經營，皆未備。故於戰國中期事亦多昧於情勢，於當時各國國勢升降，及離合聚散之間，往往不能言。而梁惠之霸業，齊威宣與梁爭衡徐州會後之各國稱王，與夫秦人之因利乘便以培植其東侵之基礎者，皆不能詳。獨於晚世策士僞造蘇張縱橫之說，娓娓道之，去實遠矣。以上分期，庶稍近當時眞相。讀者欲知其詳，當閱先秦諸子繫年。

附戰國時期周室帝系表

(二八)
(二八)貞定王——元年越徙都瑯琊，此下入戰國。十一年晉卿知伯與韓趙魏盡分范中行故地。十六年，魏韓趙殺知伯分其地。

(一五)
(二九)考王

(二四)
(三〇)威烈王——元年，魏文始侯。二十三年，三晉命邑爲諸侯。

(二六)
(三一)安王——十六年，田和立爲侯。二十六年，韓滅鄭。

(三二)烈王——六年，梁惠王元。

(四八)(三三)顯王——(三四)慎靚王(六)——(三五)赧王(五九)

顯王：
七年，梁惠王徙都大梁。
八年，商鞅入秦。
十二年，齊威王元。
十五年，梁圍趙邯鄲。
十六年，齊敗魏桂陵。
二十六年，齊敗梁馬陵。
三十五年，齊魏會徐州相王。
四十四年，秦惠王始稱王。

慎靚王：
二年，齊宣王元。

赧王：
元年，齊伐燕。
八年，趙始胡服，略地中山。
九年，秦昭王元。
十五年，齊湣王元。
十六年，楚懷王入秦不反。
二十七年，秦昭齊湣約稱東西帝，未果。
二十九年，齊滅宋。
三十一年，燕樂毅以五國師入齊。
三十七年，秦拔楚郢，楚東遷陳。
五十五年，秦破趙長平。
五十八年，諸侯救趙，解邯鄲圍。

二　從宗法封建到新軍國之種種變遷

從春秋以前之宗法封建，轉移到戰國時代之新軍國，相應而起的，有政治社會各方面激劇之變動。

第一是郡縣制之推行，政府直轄下的郡縣，代替了貴族世襲的采地。

郡縣制已見於春秋。晉自曲沃篡統，獻公患桓莊族逼，盡殺羣公子。驪姬之亂，又詛無畜羣公子。故晉無公族。而幷地日大，於是遂行縣制。僖二十五年晉文公問原守於寺人勃鞮，僖三十三年晉襄公以先茅之縣賞胥臣，皆其證。及頃公時，六卿弱公室，又盡滅公族，分其邑爲十縣。各令其子爲大夫。左昭五年，楚遠啓彊言，韓賦七邑，皆成縣。又曰，因其十家九縣，長轂九百，其餘四十縣，遺守四千。則晉制一縣出兵車一百乘，大率萬戶方百里爲一縣，則十戶而出長轂一乘也。則晉之推行縣制已久，故三家分晉，卽變成新的郡縣國家。如吳起爲西河守，西門豹爲鄴令。楚亦久行縣制，宣十一年，縣陳。十二年，鄭伯出降，曰使改事君，夷於九縣。蓋內廢公族，外務兼幷，爲封建制破壞，郡縣制推行之兩因。郡則其先爲邊方軍區，較縣爲小。周書作雒，千里百縣，縣有四郡。蓋指百里之四邊也。故趙簡子之誓曰，上大夫受縣，下大夫受郡。及後邊郡日見大，腹縣日見小，甘茂言於秦王曰，宜陽，大縣也，上黨南陽，積之久矣，名曰縣，其實郡也。亦爲軍國進展應有之現象。

郡縣政令受制於中央，郡縣守令不世襲，視實際服務成績爲任免進退，此爲郡縣制與宗法封建性質絕不同之點。

自此貴族特權階級分割性之封建，漸變而爲官僚統治之政府。

故相隨於郡縣制度而起者，第一卽爲貴族世卿與游仕勢力之更迭。

宗法封建時代，君權未能超出於宗族集團之上。故君卿大夫之位，相去僅一間，孟子君一位，卿一位，大夫一位。又上士中士下士凡六等。君位廢立，常取決於卿大夫之公意。公羊隱元年，諸大夫扳隱而立之。左定元年，若立君則有卿大夫與守龜在，國語，厲王虐，國人逐王。左傳晉惠公虜於秦，國人卜立其太子圉。孟子貴戚之卿，君有過諫不聽則易位。周禮有朝國人詢國危詢國遷詢立君。此種改變，一在君位繼承法之漸趨確定，一在幷兼與郡縣之日漸推行。郡縣制的國家，則君權漸脫親屬關係之束縛，並非以一宗族建國。一面是君權之演進，而又一面則是游仕之得勢。戰國游仕分析，一者大學者及其弟子，如荀卿李斯等。二者庶孽公子及先世仕宦，如商鞅樂毅等，三者資產在中人以上，如吳起呂不韋等，四者貧士，如張儀范睢虞卿等。五者賤臣下吏，如申不害趙奢等。要之非親屬貴族。貴族地位降低，世臣消滅，君位轉尊，實爲郡縣新國家一要徵。

其次則有軍民之漸趨分治，

翟璜曰，君魏文侯。謀欲伐中山，臣進樂羊。中山已拔，無使守之，臣進李克。將軍與守臣之分職特派，此卽軍民分治之見端。封建時代貴族卽軍長，無此分別也。

又有食祿之新制度。

既不與采邑，則官吏必食祿。魏成子爲文侯親弟，食祿千鍾，則亦無封土矣。史記趙奢傳，奢趙之田部吏，收租稅，平原君家不肯出，趙奢以法治之，殺平原君用事者九人。曰縱君家不奉公則法削，法削則國弱。諸侯加兵，君安得有此富。平原君賢之言於王，使治國賦。據此則戰國貴族縱有封邑，仍必向公家納租稅，與春秋封建采邑不同。亦與漢代封邑制有別。

食祿者必受職，其有祿無職者，則惟當時之養賢制爲然。

此始於魏文侯之於子夏、田子方、段干木之倫，而極盛於齊之稷下制度，爲尙賢觀念代親親貴貴而起之徵象。

第二是井田制之廢棄。

古者方百里爲大國，百里之地有城郭邑落山澤林藪封疆棄地，不能盡墾。即盡墾，亦不過萬井九百萬畝。其間尙有君卿大夫士等諸級各有分地。則百里大侯，有田無多，亦如後世一業主。其民若今之佃戶。分田還受，並非難事。即如近世一墾牧公司，圈地招墾，亦必均派一家若干畝，不令隨便多少。故封建制度下之農民無兼幷，無貧富。若已有兼幷貧富，則封建制亦復失其存在矣。欲明古代井田制度之眞相，必先瞭解古代封建國家之規模。（已詳前篇）井田乃是一種小方格塊內之劃分，周禮所言，則大整塊千萬頃耕土，已非封建時代之形態也。

分封貴族之采地漸次取消，則直屬國家之耕土漸次擴大，於是以前貴族圈地分區小規模的井地，不得不解放爲整塊的農田。

商鞅廢井地而開阡陌封疆，阡陌即是大田岸，封疆猶如大圍牆，爲古代貴族封建分割性之主要標幟。一方方的井地，相互隔絕在此種格子線之裏。現在政治上已由封建變爲郡縣，自可打開格子線，剷除田岸圍牆，化成一片。此即李悝盡地力之教。大整塊農田之形成，即是封建井地之破毀也。此外尚別有促成之原因。一、人口之繁殖。左襄十年，子駟爲田洫，司氏堵氏侯氏子師氏皆喪田焉。襄三十年，子產使都鄙有章，上下有服，田有封洫，廬井有伍。一年輿人誦之，曰取我衣冠而褚之，取我田疇而伍之，孰殺子產，吾其與之。三年又誦之，曰、我有子弟，子產誨之，我有田疇，子產殖之，子產而死，誰其嗣之。此必鄭國地狹民稠，故已漸破棄井田之格子線，乃至於田無封洫，廬井不伍，而子產爲之整頓也。二、耕器之進步。孟子云，許子以鐵耕乎。以鐵耕，則一夫之治田能力隨之增大。國策，秦以牛田通水糧，牛耕春秋晚期已有。（如孔子弟子司馬耕字牛。）亦到戰國而漸盛。三、水利工程灌溉事業之發達。如魏有西門豹，（文侯時）白圭，（惠王時）史起。（襄王時）秦有李冰，（孝文王時）鄭國。（始皇時）周禮遂人所記遂溝洫澮川等制度，亦是井田制破棄以後，大規模水利網之描寫也。其先所謂井田，井或乃灌溉單位，八家共一井，即是一井之灌溉量也。（公羊傳有此說。）

井田制度之破壞，另一原因，則在稅收方法之改變。

大抵最先有一種公田制的助法。

方里而井，井九百畝，其中爲公田，八家皆私百畝，同養公田。公田所入歸公，私田所入歸私。此制度之最要意義，厥爲田畝所有權之全屬於貴族封君。所謂四封之內，莫非王土，食土之毛，莫非王臣也。方方正正的一井九百畝，此爲一種標準的敍述。制度皆有活變，記載則不能盡詳。其實一井亦儘可爲七百畝八百畝或一千畝。一井之內，主要者爲公田。依理言之，正因助耕公田，始得享有其私田之收穫。此乃爲一種雇傭性質，如近代爲富家看守墳墓而得耕食其墓田也。其時貴族特置農稷之官，頒曆明時，辨土壤，擇穀種，教稼恤農，巡野督耕。如周官大司徒、司稼、草人、庶氏、剪氏、赤犮氏、蟈氏、壺涿氏、諸官、可覘其消息。呂氏春秋有任地、辨土審時、諸篇，即古代農稷之官之農學也。蓋正因視四封之內皆其私物，故勤懇教督。而農民智昧力弱，失卻貴族之指導扶助，亦無以善其私田。若叛離此封疆邱邑之外，則茫茫禹迹，夷狄禽獸，縱橫交徧，更非家人夫婦生活之區。因此貴族農民在此制度下相安於一時。

其次則爲履畝而稅。

履畝而稅者，廢公田，轉就私田徵稅，視其田畝之實收而抽收額定之比率。周禮地官司稼，所謂巡野觀稼，以一年之上下出斂法也。此相當於孟子所謂徹。至貢法，則只就數年中數立一稅額，較更簡單。論語魯哀公問，年饑用不足。如之何，有若曰，盍徹乎。哀公曰，二吾猶不足，如之何其徹也。其時魯已用田賦，賦與稅爲二。有若欲哀公因歲饑薄斂，故曰民不足，君孰與足。孟子言貢助徹三制，皆非憑空私造。惟附會之夏商周三代，則誤。　蓋貴族階級田畝日廣，則生活日奢淫，志行日懶惰，不肯再理農事。而農民階級則智慧日開，能力日強，於是各自盡力於私田，而公田收成轉惡。此亦公羊說。　至是乃廢去公田，履畝而稅。如是則不必方里而井，亦不必嚴格還受。雖便於大數量之徵收，而已爲井田制度破棄之先聲矣。春秋宣十五年，初稅畝，此卽履畝而稅也。魯國如此，各國先後可推。云初稅畝，則其先不然，故知應爲公田而助矣。

履畝而稅，則可以只認田，不認人，於是民田得自由買賣，而土地所有權，無形中轉移，成爲耕者所自有，而兼并亦隨之而起。或謂助法時期，公田外之土地，爲村落所公有，及至履畝而稅，則田土盡歸公有。然履畝而稅，則耕者可以活動。八家共一井，則死徙不出鄉同井相助，耕者無活動餘地。又公田爲助制下，田里不鬻，一家百畝。履畝而稅，則耕者各自獨力經營，可以超過百畝之上。故履畝而稅，確爲自由私產形成之先聲也。

第三則爲農民軍隊之興起。

封建時代，貴族爲采邑之大地主，同時亦卽成一武裝集團。

春秋時代軍隊之組織，卽本族制。城濮之戰，晉有中軍公族，鄢陵之戰，楚有中軍王族。楚若敖氏有六卒，晉欒、范以其族夾公行，可見一軍隊卽一宗族也。宗指同一廟宇下祭祀，族指同一旗幟下作戰。

軍器製造，如車如甲及戰馬之養育等，皆爲貴族保持地位之一種事業，平民無力參與。

鄭莊公伐許，授兵於太宮。衛懿公禦狄，使國人（即城國子中人皆貴族也。）受甲。鄭子產授兵登陴。楚武王授師子焉以伐隨。（事在莊四年，爲楚用兵車之始。考工記，兵車戈殳戟矛四等，吳子圖國篇，長戟二丈四尺，短戟一丈二尺。）此皆甲仗兵器不在民間之證。僖十五年，晉作州兵。昭四年，鄭作丘賦。成元年魯作丘甲，皆是一種額外增賦以造甲兵。然仍是貴族別使專匠造之，非民間自造也。

農民耕田納稅，遇戰事徵車（非戰車。）牛，捉夫力，（非甲士。）謂之賦。農民只爲軍隊中之附隨，並無正式編配軍隊之權利與資格。

隨武子云：楚國荊尸而舉，商農工賈不敗其業，此農不爲軍也。城濮之戰有輿人，左襄三十年有輿尉，（淮南兵略訓云，時吏卒，辨兵甲，正行伍，連什佰，明鼓旗，此尉之官也。收藏於後，遷舍不離，無淫輿，無遺輜，此輿之官也。）輿尉者，輿人之尉。（僅稱尉則軍尉。）輿人即隨軍之輜重與夫力也。

貴族階級漸次奢侈安逸，國際戰爭漸次擴大劇烈，農民軍隊之編製，遂成一種新需要。車戰漸進而爲步戰，即爲貴族軍隊與農民軍隊交替之一種表記。

左傳所載諸大戰役，如秦、晉韓之戰，晉、楚城濮、邲、鄢陵之戰，晉、齊鞍之戰等，皆當時貴族式的戰爭，可說爲一種藝術化的戰爭。（即尙禮的戰爭。楚子玉告晉文公，謂請與君之士戲，君馮軾而觀之，得臣與預目焉，眞可道出此中情況也。）惟晉爲禦狄，已有步兵。（僖二十八年，晉侯作三行以禦狄是也。昭元年，晉中行穆子敗無終及羣狄於太原，亦以步卒。魏舒請毀車爲行，荀吳之嬖人不肯即卒，斬以徇，見車徒有貴賤之分。）鄭亦有步兵。（見隱四年，襄元年，昭二十年。）至戰國則全以農民步兵爲主。（亦有騎兵，車戰遂變不重要之地位，始有眞賭生命之劇烈戰爭。）

三晉與田氏以大夫篡位，舊貴族失其地位，漸次設立以軍功得官之制度。

左哀二年，趙簡子誓衆，克敵者上大夫受縣，下大夫受郡，士田十萬，庶人工商遂，人臣隸圉免。遂者得進仕，免者去斷役，此卽商鞅尙首功之先聲。是役公孫厖以徒五百人宵攻鄭師，徒卽平民軍隊也。蘇秦說齊，三軍之良，五家之兵，進如鋒矢，戰如雷霆，解如風雨。又荀子議兵篇，齊人隆技擊，其技也得一首賜贖錙金，無本賞矣。注斬首雖戰敗亦賞，不斬首雖戰勝亦不賞，故曰無本賞。是齊亦尙首功。五家之兵，疑猶秦之一甲首而隸五家。

吳起在楚，商鞅在秦，亦嚴行以軍功代貴族之新法。

商鞅所定二十級爵，卽以代古者貴族五等封爵之制，皆以戰士爲新貴族也。

以前是貴族任戰士，現在是戰士任貴族，農民軍隊之配練與井田制之廢棄，爲新軍國圖謀富強之兩要端，而卽以促進宗法封建貴族之崩潰。

第四是工商業大都市之發展。

春秋時工商皆世襲食於官，蓋爲貴族御用，非民間之自由營業。

左昭十六年，鄭子產告晉韓宣子，我先君桓公與商人皆出自周，世有盟誓相保至今。晉語，公食貢，大夫食邑，士食田，庶人食力，工商食官，皁隸食職，官宰食加。昭二十三年，王室亂，單子盟百工於平宮，百工叛，伐單氏之宮，敗焉。反伐之東圉。杜注百工所在，洛陽東南有圉鄉。故知工商皆居國中，世襲食於官，僅去貴族一等也。

封建貴族漸漸崩潰，而自由經商者乃漸漸興起。

子貢不受命而貨殖，卽自由經商也。其後如范蠡、段干木、白圭諸人，類皆賴籍政府上之地位，惟非貴族。而幹商販之新事業。

舊貴族沒落，商賈與軍人二者代之而興。而商業大都市亦陸續興起。

自春秋以迄戰國中期，歷時三四百年，人口繁殖，耕地日闢，遊牧之戎狄漸次同化，或消滅，或避去，此疆彼界之封建，已變爲壤地相連的幾個大國，此皆當時商業都市驟盛之原因也。舉其著者，如臨淄、邯鄲、大梁、郢、陶等。其間惟陶因交通關係，特殊發展。餘皆各國之首都。是中國古代封建制度漸崩潰，而商業都市乃漸興起。非由商業都市興起而封建制度崩潰也。

大抵東方各國，漸從商業資本轉入文學游仕，始終獎勵農戰的國家惟有秦。秦以地勢關係，可以閉關不與東方通貿易。 因此竟以幷吞東方。

第五是山澤禁地之解放，

與商業發展有相互關係者，尙有禁地解放一層，亦爲當時一種極重要之變遷。

封建時代之貴族采邑，除井地外，一應山林藪澤，大概全列爲禁地，農民惟有耕稼爲生。

周官有山虞林衡川衡澤虞，又有迹人圃人等。皆掌山澤之守禁。齊語亦謂山立三虞，澤立三衡。晏子春秋謂山林之木，衡鹿守之。澤之萑蒲，舟鮫守之。藪之薪，虞侯守之。海之鹽蜃，祈望守之。此乃貴族封地之私產。孟子所稱文王之政，澤梁無禁，晏嬰謂山林陂澤不專其利，則皆一種理論也。

農民漸漸游離耕地，侵入禁地，尋求新生業，貴族不能禁阻。

其先目之爲盜賊，如鄭子大叔興徒兵以攻萑苻之盜是也。昭二十年。 攻之不能止，乃不得已而加以一種征收。故征商之征，卽征誅之征，古人目工商業爲姦利者由此。秦漢政府大司農與少府分職，大司農掌田租爲國家公入，少府掌山澤之稅，爲王室私入，亦由此種禁地觀念演變而來。

新生業之分化，與民間工業之進步，亦爲自由商業促進之一因。

如捕魚、煮鹽、燒炭、採鐵、鑄錢、伐木種種新生產事業，皆由衝入禁地而始有。

第六是貨幣之使用。

因商業發展而貨幣之使用遂興，亦爲戰國一新形態。

左傳所記列國君臣相餽贈、賂遺、贖罪、納幣，大抵爲車馬錦璧鐘鼎寶玩，乃至於女妾樂師而止，絕無以黃金貨幣相投報者，有之皆自戰國始。六國表秦惠文王二年始行錢，距春秋末已一百五十五年。蓋其時東方諸國已先有錢貨，而秦踵行之也。

總之春秋以至戰國，爲中國史上一個變動最激劇的時期。政治方面是由許多宗法封建的小國家，變成幾個中央政權統一的新軍國。社會方面則自貴族御用工商及貴族私有的井田制下變成後代農工商兵的自由業。而更重要的，則爲民間自由學術之興起。

第六章　民間自由學術之興起（先秦諸子）

由春秋到戰國的一段劇變中，最要的，是民間自由學術之興起。

一　春秋時代之貴族學

上古學術，其詳難言。據春秋而論，學術尙爲貴族階級所特有。貴族封建，立基於宗法。國家卽是家族之擴大。宗廟裏祭祀輩分之親疏，規定貴族間地位之高下。宗廟裏的譜牒，卽是政治上之名分。

大祭前有會獵，（卽相傳之巡狩。）天子祭禮，諸侯畢至助祭。（封禪爲祭天地之禮，惟天子始得祭天地，表示服從者亦畢來助祭，故巡狩封禪爲古帝王大禮也。）祭後有宴享。表示相互間的聯絡與名分。宗廟的宰，和掌禮的相，便是主持這些名分的人。臨祭有歌頌、有祈禱、有盟誓。頌詞禱文誓書的保存，便成後來之歷史。宗廟裏的祝，史還兼掌占星候氣，布曆明時，使民間得依時耕稼。（諸侯皆受共主所頒時曆，曰奉正朔。故以改曆表示易代興革命。）並記載著祖先相傳的災異及其說明。（如周廟所藏周公金縢，是其例。）

大抵古代學術，只有一個禮。古代學者，只有一個史。（卽廟祝。瞽史司天，祝史司鬼神，史巫司卜筮司夢，皆廟祝也。故左傳載天道鬼神災祥卜筮夢特多，由史官職掌如此。）

史官隨著周天子之封建，與王室之衰微，而逐漸分布流散於列國，卽爲古代王家學術逐漸廣布之第一事。

古者諸侯無私史，祝佗言成王賜魯卜宗祝史，（定公四年。）此魯之史也。衞太史柳莊死，獻公告尸曰，柳莊非寡人之臣，社稷之臣也。（檀弓）狄入衞，囚史華龍滑與禮孔。二人曰，我太史也，實掌其祭。此衞之史也。齊晉亦各有史官，書曰趙盾弑其君，崔杼弑其君，明非史官之君。（故曰春秋天子之事。）史官其先皆自周室逐漸分布於列國。司馬遷自稱先世世典周史。惠襄之間，司馬氏去周適晉。（其時有子穨叔帶之難。）分散或在衞，或在趙，或在秦。（史記太史公自序。）昭十五年，周景王謂晉籍談曰，昔而高祖孫伯黶司晉之典籍，以爲大政，故曰籍氏。及辛有之二子董之，晉於是乎有董史。（杜註，辛有周人，二子適晉，爲太史。）柏常騫去周之齊，（見晏子春秋。）太史儋去周入秦，（見史記。）晉亂，太史屠黍以其圖法歸周。（見呂氏春秋。）此皆史官由中央流布列國之事也。

列國有史，先後不同，春秋凡諸侯書卒者，皆有國史以考其世次者也，其不書卒，或國滅，失其本史。或國雖在，而未有史。皆無所考其世次。其世次有入春秋卽見者，有近後方有者，此皆史之所起有久近也。

禮本爲祭儀，推擴而爲古代貴族階級間許多種生活的方式和習慣。此種生活，皆帶有宗教的意味與政治的效用。

宗教政治學術三者，還保著最親密的聯絡。

祭禮的搖動，卽表示著封建制度之崩潰。

春秋時魯有郊禮，此天子之禮也。（魯人則謂成王所以賜周公。）季孫氏祭泰山，此諸侯之禮也。八佾舞於庭，三家者以雍徹。

一切非禮，逐漸從貴族之奢僭中產生。一方面貴族對禮文逐次鋪張，一方面他們對禮文又逐次不注意，於是貴族中間逐漸有知禮與不知禮之別，遂有所謂學者開始從貴族階級中間露眼。

春秋時代貴族階級之逐步發展其禮節儀文之考究，可以列國君卿間以賦詩相酬答之一事證之。見於左傳者，賦詩凡六十七次。始於僖公，僖一次，文九次，成二次。盛於襄昭，襄二十九次，昭二十五次。而衰歇於定哀。定一次，哀無。咎犯告晉文公曰，我不如趙衰之文，請使衰從。此後因列國間會聘頻繁於是各國間遂產生一輩多文知禮之博學者，如晉有叔向，齊有晏嬰，鄭有子產，宋有向戌是也。

在貴族階級逐漸墮落的進程中，往往知禮的有學問的比較在下位，而不知禮的無學問的卻高踞上層。於是王官之學漸漸流散到民間來，成爲新興的百家。

二　儒墨兩家之興起

王官是貴族學，百家是民間學。五帝官天下，三王家天下，官是公義，家是私義。所謂百家之言，只是民間私議而已。與後世所謂成家專家不同。百家的開先爲儒家。

說文，儒、術士之稱。禮記鄉飲酒義注，術，猶藝也。列子周穆王篇魯之君子多術藝。術士猶謂藝士，由其嫻習六藝。周官保氏教國子六藝六儀。六藝者，五禮六樂五射五御六書九數。大戴禮保傅篇王子年八歲學小藝，束髮學大藝。保氏六藝兼通大小，殆爲當時貴族子弟幾種必修之學科也。其擅習此種藝能以友教貴胄間者，則稱藝士，或術士或儒，卽以後儒家來源也。藝士不僅可任友教，知書數可爲家宰，知禮樂可爲小相，習射御可爲將士，亦士人進身之途轍。晉趙盾田於首山，見靈輒餓，曰宦三年矣。左宣二年。杜注，宦，學也。曲禮宦學事師。則二者俱是學，蓋宦學俱是習爲職事。此如今之藝徒，卽以學習爲行業也。越語勾踐與范蠡入宦於吳，韋注，爲臣隸。爲臣隸與友教，同需嫻習六藝。貴族家中之師傅宰相，其先地位亦本相當於臣隸也。旣有宦學事師之人，必有爲之師者。藝士於是又可以爲求官游學者之師。而後藝士之生活，乃漸脫離貴族之豢養而獨立。

儒家的創始爲孔子。

孔子宋人，其先本亦貴族，避難至魯，其父叔梁紇，獲在魯國貴族之下層。

孔子嘗爲委吏，主倉積出納。又爲乘田，主飼養牛羊。常在貴族家裏當些賤職。此即孔子之宦。然而孔子卻由此習得當時貴族階級種種之禮文。

孔子幼年既宦於貴族，故孔子自稱我少賤多能鄙事。孔子又自稱好學，其弟子稱其學無常師。郯子來魯，孔子即從之問古官制，是其一例。事在魯昭公十七年，孔子年二十七。周室東遷，豐鎬舊物，散失無存。昭王二十六年，王子朝奉周之典籍以奔楚，其後子朝見殺，未聞取典籍以歸者。或亡於柏舉兵燹中矣，否則左傳成於吳起之徒，起相楚，或猶有見者。東方諸國，猶得存周禮者惟魯。衞遭狄禍，渡河而南，殷周故事亦鮮有存者。故仲孫湫謂魯秉周禮。閔二年。祝鮀言伯禽封魯，祝宗卜史備物典册。定四年。韓宣子至魯，始見易象與春秋，而有周禮盡在魯之嘆。哀三年，桓僖二宮災，命周人出御書，宰人出禮書。注，周人司周典籍之官。孔子對魯哀公曰，文武之道，布在方策。（中庸）又曰，杞宋文獻不足徵。（論語）吾觀周道，幽厲傷之，吾舍魯何適矣。（禮運）又曰，吾學周禮，今用之，吾從周。

孔子居文獻之邦，故得大成其學。莊子天下篇，其在於詩書禮樂者，鄒魯之士搢紳先生多能明之。

孔子不僅懂得當時現行的一切禮，包括禮樂射御書數六藝。孔子還注意到禮的沿革和其本源，此包括古經典之研尋，所謂詩書文學。孔子遂開始來批評當時貴族之一切非禮。

子入太廟，每事問，或曰孰謂鄹人之子知禮。子曰，是禮也。蓋孔子非不知魯太廟中種種禮器與禮事，特謂此等事與器，皆不應在魯太廟中。如八佾舞於庭，三家者以雍徹之類。故特問以發其意。此如衞甯武子不答魯文公賦湛露彤弓，（文四年）魯穆叔不拜晉奏肆夏歌文王（襄四年）之類。魯昭公四年，楚靈王會諸侯於申，使問禮於宋向戌與鄭子產。向戌曰，小國習之，大國用之，敢不薦聞。獻公合諸侯之禮六。子產曰小國共職，敢不薦守。獻伯子男會公之禮六。子產向戌皆當時所稱知禮者，然僅止於實際上之因應而止。（此亦如術士僅以六藝進身貴族，藉爲宦學友教而止。孔子所謂小人儒也。）孔子則對於當時貴族之禮，不僅知道，實別有一番理想，別有一番抱負，欲以改革世道也。（孔子勉子夏爲君子儒者在此，儒道之不能產生於貴族階級中者亦在此。）

孔子的批評，一面是歷史的觀念根據文王周公，從禮之本源處看。（故曰久矣吾不復夢見周公。）一面是人道的（亦可說哲學的。）觀念，根據天命，性，仁，孝，和忠恕等等的觀點，從禮的意義上看。（故曰知我者其天乎。）

禮之最重最大者惟祭，孔子推原祭之心理根據曰報本反始。此即原於人類之孝弟心。孝弟心之推廣曰仁，曰忠恕。（孔子以忠字積極的獎進人類之合作，以恕字消極的弭解人類之衝突。故曰忠恕違道不遠。）是爲人與人相處最要原理，即所以維持人類社會於永久不弊者。孔子指出人類此等心理狀態，謂根於天性，如此則生死羣己天人諸大問題，在孔子哲學中均已全部化成一片。驟觀孔子思想，似有偏於復古之傾向，（如孔子屢言好古。）又似有偏於維持宗法封建階級之傾向，（如孔子謂君君臣臣父父子子等。）其實孔子已指出人類社會種種組織之最高原理。（即仁。）苟能明此，直古直今，無所謂復古，（孔子之好古，只是注重歷史與文化。）亦決不致爲階級權利所僵化。（孔子之好禮，只是注重大羣體之融結，故曰人而不仁如禮何，人而不仁如樂何。）孔子雖不直斥鬼神，（如曰敬鬼神而遠之。）或則疑孔子仍爲宗法社會時代人之見解，（如孔子主三年之喪等。）其實孔子對於人世與天國，（即性與命之問題所解答。）現實界與永生界，（即孝與祭之問題所解答。）並已有一種開明近情而合理之解答也。故孔子思想實綰合已往政治歷史宗教各方面而成，實切合於將來中國摶成一和平的大一統的國家，以綿延其悠久的文化之國民性。孔子思想亦即從此種國民性中所涵育蘊隆而出也。

孔子在魯國做過司寇，主墮季孫、叔孫、孟孫三家的都城。大夫執政，爲孔子所反對。然而孔子未獲竟其志。自此出遊衛、宋、陳、楚諸國，其先曾已至齊。十四年而返魯，孔子已老。

孔子周遊，其抱負並不在爲某一國某一家，故曰天下有道，丘不與易。孔子實已超出當時狹義的國家與民族觀念之上而貢獻其理想於當時之所謂天下。在今人視之，孔子只在中國境界內活動。在孔子當時則實爲對整個人類之文化世界而服務也。此種遊仕精神，爲後起學者所仍襲，到底造成了一個大一統的中國。當時則已爲天下。

孔子一面在政治上活動，一面卻招收許多學生。

孔子因抱改革天下之宏願，故政治活動之外更注意於教育。開中國史上民間自由講學之第一聲。孔子在未爲魯司寇以前已有許多弟子，如顏淵、子路、冉有、宰我、子貢之徒是也。孔子老年返魯以後，又有許多弟子，如子游、子夏、曾子、子張、有子之徒是也。大抵孔門前輩弟子，多頗有意政事實際的活動。後輩弟子，則多偏向於詩書文學之研討。孔門四科，惟文學一科屬後輩弟子，如德行，言語，（即今之外交。）政事，（包括財政軍事等）皆孔門前輩弟子也。所謂德行，只是有才而肯不用的人，非不通政事外交者。而孔子卻喜懽其前輩弟子。故曰如用之則吾從先進，先進即前輩先及門之弟子。孔子殆以其有體有用，而尤重顏淵，則因有才而肯不用。故曰用之則行，舍之則藏，惟我與爾有是夫。子貢已差一肩，冉有不肯藏。孔子曰非吾徒，小子鳴鼓而攻之。小子即游夏之輩。其時皆不過二十歲左右之青年也。孔子死後，他們的聲名都掩蓋在諸前輩之上。

孔子的政治活動失敗了，而孔子的教育事業卻留下一個絕大的影響。

孔子是開始傳播貴族學到民間來的第一個。孔子是開始把古代貴族宗廟裏的知識來變換成人類社會共有共享的學術事業之第一個。

舊說孔子修詩書，訂禮樂，贊易而作春秋，此所謂六經。其先皆官書也。即王官學。章實齋謂六經皆史，即謂六經皆政府中（或衙門中）一種檔案或文卷。章氏所謂史，即政府中掌管檔案文卷者，如周官中之五史皆是，與最先廟祝之史不同，因之史之所掌亦謂史，故曰六經皆史。經孔子之手而流布於民間。其間經過孔子一番整理與解說，如上舉孔子論禮之類。而春秋則爲中國第一部民間史之創作。春秋天子之事，謂民間本無作私史之權也。又曰其事齊桓晉文，則孔子雖據魯史，（即國別史。）而所記注重當時霸業，即國際史，世界史也。孔子開始爲平民社會創作流傳一部世界史，而寄託了孔子對政治社會的許多意見，故又曰其義丘竊取之矣。中國民族乃一歷史的民族，而孔子即爲中國最偉大之史學家，又爲第一史學家也。

繼續儒家而起者爲墨家，墨家的創始人爲墨子。

墨子家世不可考，似乎是一勞工。古代往往以刑徒爲工人，墨是五刑墨劓剕宮大辟。最輕之第一種，俘虜與罪人作工役者必受墨刑。即面額刺字，或刺花紋，以爲標幟，漢人謂之黥，五代宋人犯罪配軍必先刺面。墨子蓋以墨徒即漢人所謂黥奴，宋人所謂配軍。而唱新義，故曰墨家。猶今云勞工學派。墨爲家派之稱，非墨子之姓氏。古非貴族，往往無姓氏可考。如介之推，燭之武，師曠，卜偃，屠羊說之類，其名字著於史冊而不知姓氏者不知其數。因男子稱氏不稱姓。非貴族則無氏也。

孔子有教無類，據說墨子亦在孔門受過教，此淮南子說，必在孔子身後。後來他卻自創教義。

孔子所傳多係儒士，雖非貴族，亦與貴族爲近。孔子常稱君子，即當時貴族之稱也。墨爲工人，亦居國，即城市中人。較之農民鄉裏人。易受學術空氣之薰染，又工人集團而居，更易自成家派。墨家亦頗有似後世江湖祕密結社的樣子。

墨子對於當時貴族階級的一切生活，抱著澈底反對的態度，因此有非禮非樂的主張。

儒家講究禮樂，儒家所講，與當時貴族階級所守，貌同而實不全同。恤由之喪，魯哀公使儒悲之孔子學士喪禮，士喪禮於是乎書，此等皆儒家所創新禮也。墨子非禮樂，故亦非儒。

墨子反對禮樂的主要觀念，在反對其奢侈。墨子的正面理論爲節用。墨子認爲貴族禮中最無用即最奢侈的莫如喪葬之禮，以奉養生人的奉養死人。故墨子提倡節葬。

儒家比較承認貴族禮的成分多，儒家只要把當時通行的貴族禮從新整理一番，使他包有社會全人類的共同含義。儒家極重喪葬之禮，爲其可以教孝教忠教仁。儒家認爲惟有對於已死的人盡力，最可發明人類自有的孝弟忠仁之內心。墨家則站在一般貧民勞工經濟的觀點上看，覺得貴族的喪禮和葬禮，最爲浪費，最屬無謂。

儒家說喪葬之禮乃人子之自盡其孝，墨家卻說應該視人之父若其父，與其用在死的身上，不如用在活的身上，所以墨家說兼愛。兼愛與仁不同。仁非不愛人，特有親疏等差，故說孝弟爲仁之本。人決無不能愛其父母而能愛別人者。兼愛異於別愛，乃一種無分別之愛，亦可說是一種大同之愛。抹擦個人，只就大羣着眼。

儒家提倡孝弟，根據於人性之仁，仁只指人類內心之自然的傾向與自然的要求，故稱之曰人之性。墨家提倡兼愛，即無差別之愛。反乎人心，所以墨家要說天志。墨子說你的父母和我的父母，在你我看固若不同，在天的意思看，卻全是一樣。人本於天，所以應該兼愛，即應該視人之父若其父。近人常謂墨子有似耶穌，其實兩家精神亦不同。耶穌對他母親說，婦人，在你與我之間，有何關係。當耶穌聞其母和兄弟們要找他說話時，耶穌說，誰是我的母親，又誰是我的兄弟。於是耶穌展其兩臂向諸門徒說：你們看，此處是我的母親和兄弟。耶穌又說：不論誰到我之前，若不自恨棄他的父母妻子兄弟姊妹，甚至於他自己的生命，他不够做我們徒。初期的基督教，其對人類家庭之教誡如此。今墨子謂視人之父若其父，依然是地上人間的關係。故墨子僅成一社會改革家而非宗教教主。

要依照天志而兼愛，要視人之父若其父，便絕不該在個人或家庭生活上浪費和奢侈。墨子在兼愛的主張下面要人類全過一種平等的生活。禮是一種帶有階級意義的生活，墨家自然要徹底反對。

墨家要把當時社會上最勞苦的生活，即刑徒役夫的生活，作爲全人類一律平等的標準生活。

他們在理論的組織上提出天志，天志乃墨家理論，非信仰。在歷史的教訓裏提出大禹。他們說，非大禹之道不足爲墨。禹之治水，腓無胈、脛無毛、沐甚雨、櫛疾風，爲歷史上最勞苦之模範人物。

所以墨家以兼愛爲始，而以自苦爲極。（儒家可稱爲良心教，墨家可稱爲苦行教。良心與苦行，皆代表中國民族精神之一部。惟苦行究極必本於良心，若專本諸天志，則其事爲不可久。而良心則不必限於爲苦行。故儒可以兼墨，墨不足以代儒。）

但是儒墨兩派，有他們共同的精神，他們全是站在全人類的立場，（即天下的，人類社會的立場。）來批評和反對他們當時的貴族生活。儒家精神比較溫和，可說是反對貴族的右派，墨家較激烈，可說是左派。

以下戰國學派，全逃不出儒墨兩家之範圍。

極端右派則爲後起之法家。極端左派，則爲後起之道家。法家、陰陽家、縱橫家、皆屬右。道家、農家、名家、皆屬左。惟以另一面看，右派皆積極而向前，因其比較溫和，得保持樂觀故。而左派常偏於消極與倒轉。因其比較激烈，易陷於悲觀故。（參看另論古代宗教之一章。）

三　學術路向之轉變

孔子死後，貴族階級墮落崩壞，益發激進，儒家思想暫轉入消極的路去，如子夏曾子等是。

曾子處費，受季孫氏之尊養，子夏居魏，爲文侯師。魏文侯與季孫氏，一簒位，一擅國，依儒家精神言，全該打倒。惟那時的儒家，不僅無力推翻他們，仍不得不受他們的尊養奉事。（此因當時儒家的勢力和地位，仍需賴貴族扶護。）於是漸漸轉成一種高自位置傲不爲禮的態度，這是一種變態的士禮。子夏、曾子、田子方、段干木、子思全是這樣，此與孔子所謂禮絕異。

從此等消極狀態下又轉回來，重走上積極的新路，（他們開始再向政治上幹實際的活動。）便成後來之所謂法家。李克（子夏弟子。）吳起（曾子弟子。）

商鞅（李吳之後起。）可爲代表。

季孫氏固不能眞欣賞孔子，然他們卻佩服孔門之冉有子路。魏廷亦未必能眞尊事子夏田子方，然卻不能不用李克吳起。因用李克吳起，不得不虛敬子夏田子方。孔子子夏同采一種不合作的態度來保持他們學術上的尊嚴。冉有李克之徒則以眞實的事功換取當時的信仰與地位。（此孔子所謂具臣，然亦有一個限度，相助篡君謀國，則不爲也。）

法家用意在把貴族階級上下秩序重新建立，此仍是儒家精神。（他們只略去最上一層不問，此孔子所謂成事不說也。）然而吳起在楚，商鞅在秦，都因此受一般貴族之攻擊而殺身。

吳起商鞅皆不過以東方魏國行之已效之法移用於楚秦。惟晉國公族本弱，魏新篡位，更無貴族，故變法易。楚秦雖受封建文化薰陶較淺，然傳統貴族勢力則較東方爲晉新國爲大，故以東方當時新法推行於楚秦，而受一輩舊勢力之打擊。

游仕的勢力與地位，漸漸提高，他們拚命苦幹的精神，卻漸漸消沉，（地位高了，自然不願做犧牲。）自吳起商鞅以下，漸漸變成以術數保持祿位的不忠實態度，其人如申不害。

申不害教韓昭侯以術數駕馭臣下，爲君者自己沉默不見所好，（不表示眞切態度。）使羣下無可迎合，只好各竭其才，各盡其誠，而後爲君者以刑賞隨其後。（此等理論，見出已在貴族政府徹底破壞，官僚政治代興之時。）然申不害自己卻以術數窺君私，爲迎合。故申不害相韓，近二十年，並無赫赫之功。以後游仕對各國皆不能有眞實偉大之貢獻，與商鞅吳起異矣。

游仕逐漸得勢，他們不僅以術數保持祿位，不肯竭誠盡忠，他們還各結黨羽，各樹外援，散布在列國的政府裏，爲他們自身相互間謀私益。國君有國界，游仕無國界。游仕爲自身謀，因此造成一種各國政府裏層之聯合。國內的進退，引起國際的變動，使君權退削，臣權轉進。這便成所謂縱橫之局。蘇秦張儀的故事，雖不可信，其編造故事之心理背景則可信。蘇秦在東方，張儀在西方，各爲國相，互相默契，而保持祿位。

這一派的代表如公孫衍張儀。

此雖表現游仕之逐層腐化。然從另一方面看，實爲平民學者地位與勢力之逐步伸漲，乃至轉駕於列國君權之上。

墨家本該與政治絕緣，然而墨家亦依然走上接近政治的路。此亦事勢所限。

墨子常常保送其弟子到各國政府去，當時各國君相貴族，未必眞能欣賞墨子的理論，然墨家善守禦，墨主兼愛，因主非攻。墨主非攻，乃變爲爲人守禦。亦因墨家本屬工黨，善爲守禦之機械也。惟爲人守禦，與天志兼愛之理論，相去已遠。因此遂爲各國政權者所樂用。最著者如墨家鉅子孟勝，爲楚陽文君守城事。此並非墨家兼愛眞精神，墨家正因此等處大爲當時貴族有權者所重視，而換取其自身在社會上之地位。

大體儒家近乎是貴族的淸客，墨徒卻成了貴族的鏢師。然而貴族階級的特殊地位和特殊勢力，卻漸漸從儒墨兩家的活動潮流裏剝削了。

四　士氣高張

游仕逐漸得勢，他們的學說，亦逐漸轉移，他們開始注意到自身的出處和生活問題。這已在戰國中期。他們注意的精神，已自貴族身上轉移到自己一邊來。此可見那時貴族與游仕在社會上地位之倒轉。約略言之，可分五派。

一、勞作派。墨家苦行教之嫡系。 此可以許行陳仲為代表。

此派主張君民並耕。尚未主張無政府。此派思想往往注意社會問題，而忽略了政治情態。 主張不恃人而食，各為基本的生活勞動。 似乎是墨家精神最高之表現。陳仲子之生活，直是近世託爾斯泰晚年所想慕也。

一、不仕派。滑頭的學士派。 此可以田駢淳于髡為代表。

此派安享富貴生活，寄生在貴族卵翼之下，而盛唱其不仕之高論。此必當時先有不仕之理論，而彼輩竊取之，如儒家田子方段干木之徒，以及墨家大部分，殆均以不仕見高也。齊稷下先生皆不治而議論，而淳于髡田駢為之首。

一、祿仕派。為以法術保持祿仕之進一步活動，即縱橫家也。 此可以公孫衍張儀為代表。

此派積極的惟務祿仕，縱橫即聯絡各國祿仕主義者，為外交路線互結成一勢力，以期於不可倒。

一、義仕派。儒家之正統。 此可以孟軻為代表。

此派一面反對陳仲許行，主張分功易事，承認政治的生活。推廣言之，即承認士君子禮樂的生活，亦可謂是文化的生活。此與貴族奢侈生活貌同而情異。 一面反對田駢淳于髡，即反對游談寄生之生活，亦即學者之貴族生活也。 主張士不託於諸侯，須把官職來換俸祿。一面又反對公孫衍張儀專以妾婦之道來謀祿位，主張以禮進退。若義不可仕而受貴族之周濟，則以不餓死為限度。

一、退隱派。亦可稱玩世派，乃道家之正統。 此可以莊周為代表。其先已有楊朱為我。楊朱莊周，皆對儒墨之犧牲自己以為社會之態度而懷疑其功效也。

此派從理論上澈底反對政治事業，此層比許行陳仲激烈。 卻不一定主張刻苦的勞作生活。此較許陳溫和。 既不願有禮樂文化，從反對政治事業必然引伸到此。 又不願為勞苦操作，更不願為寄生祿仕，此派所以雖屬玩世，而終成為一種嚴正的學派。 只有限於冥想的生活中。其先冥想皇古生活，進則冥想自然生活。皇古生活則以黃帝時代爲寄託。自然生活則爲神仙，吸風飲露，可以不入世俗，不務操勞，不事學問，而自得其精神上之最高境界。

以上諸派，主張雖不同，然而他們思考和討論的中心則全從自身著眼，並不像孔墨兩家多對貴族發言。此正可見平民學者之地位已逐步高漲，而貴族階級在當時之重要性已逐步降落。

公孫衍張儀一怒而諸侯懼，安居而天下熄，其勢力可想。次之如淳于髡，遨遊齊梁，遍受極優之敬禮。田駢貲養千鍾，徒百人。孟軻稱連蹇，謂其所如不合，然亦後車數十乘，從者數百人，傳食諸侯。莊周雖隱淪，亦與大國君相時通聲氣。其友惠施，即爲梁惠王相，與張儀公孫衍爲政敵。陳仲子餓於於陵，三日不食，耳無聞，目無視。而聲名足以震隣國。趙威后問齊使，特說爲何至今不殺。許行亦有徒數十人。當時平民學者的聲氣和地位，實更超孔墨之上。

五　貴族養賢

平民學者逐步得勢，貴族階級對他們亦逐加敬禮。於是從國君養賢進一步到公子養賢。從另一面看，此仍屬貴族階級之奢僭，所以自趨滅亡之路也。

國君養賢始如魏文侯魯繆公，而大盛於齊威宣王時之稷下。如齊宣王之於王斗顏斶，燕易王之讓位於子之，秦昭王之跪見張祿先生，燕昭王之築黃金台師事郭隗，皆當時國王下士之極好榜樣。

公子養賢，以孟嘗、平原、信陵、春申四人爲著。

孟嘗君尤開風氣之先。其父靖郭君爲齊威王弟，父子爲齊、威、宣、湣三朝相。孟嘗又相秦昭王魏哀王，封於薛，稱薛侯，中立。（即自爲一獨立國。）其聲勢地位如此，然孟嘗君卻極端下士。（其意殆欲效魏文侯田太公。）惟四公子門下眞士少，僞士多。（所謂僞者，謂其不够尊養之資格。）只見游仕氣燄之高張，而不見他們的眞貢獻。四公子惟平原得賢最多。如趙奢、虞卿、公孫龍之類，是也。信陵君之有侯嬴、朱亥、毛公、薛公，已不如平原矣。孟嘗則雞鳴狗盜之雄。僅一馮煖，亦縱橫策士耳。春申門下最闇淡，惟珠履三千而已。此非當時之無士，四公子爭以養士爲名高，（或則別有懷抱，如孟嘗春申。）動稱門下食客三千人，何來有如許士。僞濫雜進，則眞士不至。即如魯仲連，如天外游龍，豈四君子所能致耶。然仲連以一游士，立談之頃，能挽回秦趙交爭國際向背之大計，此等氣魄意境，後代社會殊不易見。亦正因在士氣高張之時代下，故得成此偉蹟耳。

六　平民學者間之反動思想

從此激而爲反游仕反文學之思想，則爲戰國晚年學術之特徵。（孔墨初起時思想，皆針對批評貴族階級，此則否。第二期孟子許行時代之思想，多偏重於學術界如何對付政治界之問題，（即士之出處問題。）而此則適相反，乃爲政治界應如何對付學術界之問題。（即思想智識之統治問題。））其著者有三家。一老子，（關於老子傳說之考訂，見先秦諸子繫年。此處不能及，只就其思想與時代關係列之。）一荀卿，三韓非。

老子的理論，其要者，反尙智，（智慧出，有大僞。絕聖棄智，民利百倍。）反好動，（如小國寡民一節。）反游仕食客，（如朝甚除田甚蕪一節。）皆針對當時的現象，（此種現象，皆春秋時代所無。）

老子主張在上者無治，（其思想有似申不害，而系統大體則異。）在下者歸耕。（此與許行莊周各不同。）

荀子則主禮治。禮為人倫，荀子則要把他的新人倫觀來重定社會秩序，主去世襲之貴族而以才智為等級。（與孔孟所言禮，其內容各不同。秦漢以下政治，漸走上此路。）

荀子分人為四等。一大儒，知通流類。明百王之道貫，為天子三公，惟此可以法先王。（此如今云先知先覺。）二小儒，奉法守法，為諸侯大夫士，此僅當法後王。（此如今云後知後覺。）三衆人，為工農商賈，安職則畜，不安職則棄。（此如今云不知不覺。）四姦人，才行反時，殺無赦。（此如今云反動分子。）

荀子主以聖王為師，以王制為是非之封界，主定學術於一尊。

韓非主法治，他是一個偏狹的國家主義者。主張一階級的權益而謀富強。他抱有強烈的階級觀念，徹底主張貴族階級統治者之私利。

韓非為韓之諸公子，殆未忘情於其自身之私地位者。戰國除韓非外，尚有屈原，亦為代表貴族意識的學者。屈氏為楚之大族，故屈原寧失志不肯為游仕。此皆專志於一國一宗，與其他學者不類。

他說上下利害相衝突，（詭使與六反。）他說聖人之治道三，曰利、名、威。他引用性惡論，（韓非乃荀卿門人，荀為力唱性惡論之大師也。）提唱反恩主義。（即尚權力的反人道主義也。）

他要驅民於耕戰，澈底反對文學言談之士。（六蠹。韓非極重老子，然與老子意境大別。）他理想上的境界，是無書簡之文，以法為教。無先王之語，以吏為師。無私劍之捍，以斬首為勇。（即尚首功。）

老荀韓三家立論各不同，然主裁抑戰國末年游仕高張之氣燄則一。

又三家議論，皆已爲秦漢統一政府開先路。此緣其時已達天下混一之境界，故其意想自與戰國中期人議論別。

戰國學術思想之轉變，從孔子墨子到荀卿韓非，恰恰是貴族階級逐步墮落平民學者逐步高張的一段反影，一幅寫照。

第三編　秦漢之部

第七章　大一統政府之創建 秦代興亡及漢室初起

經過戰國二百四五十年的鬭爭，到秦始皇二十六年滅六國，而中國史遂開始有大規模的統一政府出現。漢高稱帝，開始有一個代表平民的統一政府。武帝以後，開始有一個代表平民社會文治思想的統一政府。中國民族的歷史正在不斷進步的路程上。

一　秦漢帝系及年歷

秦之帝系

(一)始皇帝(三七)
- 二十六年，初并天下。
- 二十八、二十九、三十二年三次東行郡縣。
- 三十三年，開置桂林象郡南海三郡。
- 三十四年，焚書令下。
- 三十五年，坑儒案。
- 三十七年，東巡，道崩沙邱。

　├(　)──(三)王子嬰(一)

　└(二)──二世皇帝(二)
- 元年，東方兵起。
- 三年，趙高殺二世，立子嬰，嬰殺高降。

秦自統一稱帝至亡，凡三君十五年。

西漢帝系

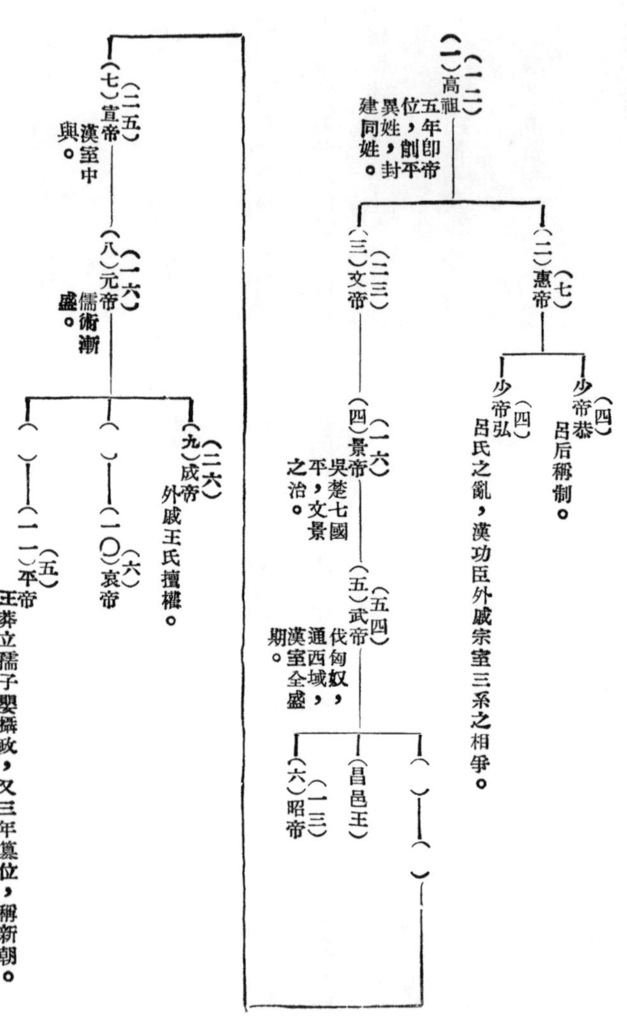

漢自高帝至平帝凡十一君，二百一十一年。王莽自攝政至建新朝迄亡，共十八年。

二　國家民族之摶成

秦人統一，此期間有極關重要者四事。

一、爲中國版圖之確立　秦幷六國，分建四十二郡，（詳下）造成此下二千年中國疆域之大輪廓。

二、爲中國民族之摶成　春秋時代華夷雜處之局，逐漸消融，而成一書同文車同軌行同倫之社會。

春秋時華夷雜處之大勢，粗略言之，徐有淮夷，青有萊夷，雍有犬戎、義渠，豫有陸渾之戎，冀有鮮虞、赤狄、白狄、山戎、荊揚有蠻。經春秋至戰國，西北諸國有漸次城郭化者，亦有漸次驅逐而北避者。秦、趙、燕三國競務拓邊，燕開漁陽、右北平、上谷、遼西、遼東諸郡，趙滅中山，其先爲鮮虞國，先滅於魏，爲魏別封。開雁門、代、雲中諸郡，秦開九原、隴西、北地諸郡，魏開上郡亦入秦。中央諸戎則以韓魏滅伊洛諸戎，楚破南陽九夷而漸就消滅。東方淮海諸夷，率與諸夏同化。南方則有楚越兩國之闢地。大抵今浙江福建兩省爲越人所闢。秦始皇使王翦定楚江南地，又降越君，置會稽郡，由是越失無餘故都等其子孫或都東甌君海上，爲今溫州等處，或都東冶君閩中，爲今福州，處。始皇薨，閩越君無諸，東越君搖，率兵助諸國入秦。其後東甌悉衆徙中國，處江淮間。閩越分立東越，又徙其民江淮。湖南、雲、貴爲楚所闢。楚襄王時，使莊蹻將兵循江上，略巴蜀黔中以西，定滇，欲歸報，會秦奪楚巴黔中郡。道塞不通，因以其衆王滇。惟湖南湘西，自秦昭王置黔中郡，漢改武陵郡，而其地蠻族仍各自爲部落，開化有反緩於川滇者。巴蜀則開於秦。在惠王時。兩廣安南則在秦幷六國後始爲中國郡縣。羣居生息於同一版圖，沐浴寖饋於同一文化，以中國人治理中國疆土，發展中國文化，蓋自此始大定其基礎。

三、為中國政治制度之創建（封建制破棄，郡縣制成立，平民貴族兩階級對立之消融。）

封建制逐步破壞，郡縣制逐步推行，自春秋至戰國已然。秦以下，雖封建遺形尚未全絕，然終不能再興，且其勢如危石轉峻阪，不墮於地不止。漢初先則有異姓封王，繼則封王惟限於同姓，又次則諸王惟得衣租食稅，同於富人，此自景武下逮東漢，封建名存實亡，尺土一民，皆統於中央，諸封王惟食邑而已。至魏則并邑入亦薄。晉矯魏孤立，大封同姓，並許自選官屬，然劉頌言其法同郡縣，無成國之制，蓋亦徒享封土，不治吏民，亦西漢景武以後法度耳。至晉惠帝立後，諸王或鎮雄藩，或專朝政，遂有八王之亂，然此乃權臣之擅政，非古代封建之比。下至南朝、宋、齊、梁諸代，宗室諸王皆出為都督刺史，星羅棋布，各據強藩，假以事任，矯東晉中央衰替之勢，然此特援引親族以踞要位，其權重在為守令，不在為王侯。唐封諸王，不出閣，有名號，無國邑，空樹官僚而無涖事，聚居京師，亦僅衣稅食租。惟明初封諸王，欲以封建郡縣相維，然一再傳即廢，終明之世，仍是分封而不錫土，列爵而不臨民，食祿而不治事也。再以封侯論，漢初諸侯亦猶有君國子民之意，景帝後事權即皆歸國相，侯國與郡縣無異，然尚裂土以封，東漢則多未與國邑，僅佩印受廩，列侯殆全同於關內侯。又漢初丞相選用列侯，武帝時始有拜相封侯之制，東漢位三公者亦不復有茅土封。然漢人猶常稱萬戶侯，言其封食之大，至魏雖親王所食未有及萬，諸將封多不滿千戶。（張繡封二千戶，時謂例外。亦因其時戶口耗減。）晉宋以下，門第既盛，朝廷封爵乃不為重。至唐則並廢封爵世襲之制，爵僅及身而止，而所謂爵土亦祇是虛名，受封者於內府給繒布，惟同俸賜，絕不足以擬古之胙土矣。唐太宗貞觀十一年，令諸功臣世襲刺史，長孫無忌等十四人辭曰：違時易務，曲樹私恩，謀及庶僚，義非僉允，方招史冊之誚，有紊聖代之綱，一也。臣等非才，愈彰濫賞，二也。孩童嗣職，寧無傷錦，一掛刑網，自取誅夷，三也。求賢分政，寄在共理，封植兒曹，失於求瘼，百姓不幸，將焉用之，四也。於是遂止。按唐初屢議封建，李百藥馬周諸人皆反對之。觀於此，則知封建制度已不能復行於後世。以唐太宗之英武，唐初文武諸功臣之出衆，誠使君臣割地各自專制一方，相與和好連結，徵租訓武，亦足各傳百年數百年之外。所以不能爾者，由國人對於政治意義之認識，久已不許復有貴族世襲封建制度之存在。此乃中國史進程中一極要綱目，不可不特別注意也。

四、爲中國學術思想之奠定 此就態度傾向而言。

大要言之，中國學術思想之態度與傾向，大體已奠定於先秦。一曰大同觀，王道與霸術，卽文化的世界主義與功利的國家主義之別也。先秦思想趨嚮前者，以人類全體之福利爲對象，以天下太平爲嚮往之境界，超國家，反戰爭。秦漢大一統政府，在當時中國人心目中，實已爲超國界之天下也。二曰平等觀，階級與平等，卽貴族主義與平民主義之辨。先秦思想趨嚮後者，而以仁愛中心的人道主義爲之主。舉其著者，如孔子之孝弟論忠恕論，墨子之兼愛論，惠施之萬物一體論，莊周之齊物論，許行陳仲之並耕論不恃人食論，此卽均等勞作論。孟子之性善論，荀子之禮論，卽新人倫主義，以才智德行爲君子小人之新判別，其弟子韓非，持論雖偏狹，然亦可謂是一種在國家法律下之平等論也。皆就全人類著眼，而發揮其平等觀念之深義者也。三曰現實觀，天道與人道，卽宗教此指狹義的宗教。與社會之辨。先秦思想趨嚮後者，莊老之自然哲學，其反宗教之思辨最爲徹底。人生修養之教訓，社會處世之規律，爲先秦學說共有之精采。教育主於啓發與自由，政治主於德感與平等，對異民族主於與我同化與和平，處處表示其大同之瑰抱。此乃先秦學術共有之態度，所由形成中國之文化摶成中國之民族，創建中國之政治制度，對內對外，造成此偉大崇高之中國國家，以領導東亞大地數千年之文化進程者，胥由此數種觀念爲之核心，而亦胥於先秦時期完成之也。

此四者，乃此期間中國民族所共同完成之大業，而尤以平民社會之貢獻爲大。卽秦人之統一，亦爲此種潮流所促成。

秦之先世本在東方，（史記秦本紀敍述甚詳。）爲殷諸侯。及中潏始西遷。（其母乃西土酈山氏女。）周孝王時，大駱適子成居犬丘。（今陝西興平。）而庶子非子始別封秦。（今甘肅天水境。）其後犬丘一族爲西戎所滅，非子一族邑秦者遂又東兼犬丘故地。諸嬴姓如江、黃、（左莊十九年正義。史記陳杞世家索隱。）徐、奄、（左昭元年正義。）梁、（左僖十六年爲梁嬴，又潛夫論。）葛、（左僖十七年有葛嬴。）譚、（史記，潛夫論。）莒、（潛夫論。）鄅，（左桓十一年，宣二年。）終黎、（史記伍子胥傳索隱。）鍾離、（史記秦本紀集解，水經淮水注。）淮夷、（路史後記注。）及戰國之趙，皆在東方。秦、晉於春秋時世爲婚姻，時無以秦爲夷翟者。戰國之秦乃如春秋之楚，不得卽此謂秦果夷翟。

三　第一次統一政府之出現及其覆滅

秦幷六國，中國史第一次走上全國大統一的路。此不專因於秦國地勢之險塞，及其兵力之強盛，而最要的還是當時一般意向所促成。

秦之富強，得東方遊仕之力爲多。如商鞅、張儀、公孫衍、甘茂、范雎、蔡澤、呂不韋，皆東方人也。彼輩皆不抱狹義的國家觀念。（卽如魯仲連力反帝秦，亦就文化上立論，並非狹義的愛國主義。）若使東方貴族機體不推翻，當國者盡如平原、信陵、屈原、韓非之徒，平民學者不出頭，遊仕不發跡，一般民衆皆受狹義的貴族政體之支配，則秦人力量便不夠幷吞東方。即以始皇一朝相臣言之，相國呂不韋、(始皇即位拜，十年免。)昌平君、(九年拜，二十一年貶，索隱曰，昌平君，楚之公子。)昌文君、(九年拜。)丞相王綰、(二十六年拜。)隗林、(二十八年拜。)李斯、(三十四年拜。)去疾(三十七年拜。)諸人似乎全非秦之貴族。如呂不韋、昌平君、李斯則明屬東方人，呂李明是平民階級。秦政府實一東西混合的政府，(即超國界的。)亦是一貴族(秦王室。)與平民合組的政府。(所謂布衣卿相之局。)秦藉東方人力得天下，自不能專以秦貴族統治。故始皇雖爲天子，子弟下儕齊民爲匹夫，更不封建。雖係始皇卓識，亦當時情勢使然。

秦政府對統一事業亦大有努力，舉其要者，如廢封建行郡縣。

此種趨勢，雖自春秋戰國以來即然，然明白肯定的廢封建則自秦始皇統一後始。時丞相王綰即請立諸子，封王荊、齊、燕諸地，李斯不謂然，(時斯爲廷尉。)始皇曰天下共苦戰鬬不休，以有侯王，天下初定，又復立國，是樹兵也。卒從李斯議。其後博士齊人淳于越又主封建，謂事不師古而能長久者非所聞。(郡縣政治在當時實是有史以來之創局也。)丞相李斯力斥之，至爲請焚書。封建郡縣兩政體之爭論，乃當時最要一大事。李斯學術上承荀卿，始皇亦本於息戰弭兵之見地，不復封建。(郡縣則天下爲一家，可望永久和平，封建則依然列國並立，難免兵端，此實當時一種極純潔偉大之理想，所謂平天下是也。)秦君臣此番建樹，於中國史上政體之躍進有大功績。後人空以專制議秦，殊欠平允。

又按秦始皇二十六年即從廷尉李斯議，分天下爲三十六郡，今略考之，隴西、(昭王二十八年置。)北地、(亦昭王置，以上二郡當在今甘肅境。)上郡、(昭王三年置。)雲中、(始皇十三年因趙置。)漢中、(惠王後十二年置，以上三郡當在今陝西境。)蜀郡、(惠王二十七年置。)巴郡、(亦惠王時置，以上二郡當在今四川境。)邯鄲、(始皇十九年取趙置。)鉅鹿、(始皇二十五年滅趙置。)廣陽、(始皇三十一年滅燕置，漢志失載。)漁陽、(始皇二十二年因燕置。)右北平、(始皇二十年因燕置。)上谷、(始皇二十三年因燕置。)遼西、(始皇二十二年因燕置。)遼東、(始皇二十二年因燕置，以上諸郡略當今河北、熱河遼寧境。河東、昭襄王二十一年置。太原、莊襄王四年置。上黨、昭襄王四十八年置。雁門、始皇十三年因燕置。代郡、始皇二十五年因趙置，以上諸郡略當今山西境。三川、莊襄王元年置。潁川、始皇十七年置。南陽、昭王三十五年置，以上諸郡略當今河南境。南郡、昭王二十九年攻楚置，此略當今湖北境。黔中、昭王三十年置，漢志失載。長沙、始皇二十三四年滅楚置，以上二郡當今湖南境。楚郡、亦始皇滅楚置，治陳，亦曰陳郡，漢志失載。九江、始皇二十四年置。泗水、始皇二十三年置。碭郡、始皇二十二年置。薛郡、始皇二十三四年置。會稽、始皇二十五年置，以上諸郡略當今江蘇安徽浙江境。齊郡、始皇二十六年滅齊置。琅邪、亦始皇二十六年滅齊置。東郡、始皇五年置，以上諸郡，略當今山東境。閩中、與會稽同時置，當今福建境，漢志失載。是也。又增九原、始皇三十三年闢河南地置，略當今綏遠境。南海、桂林、象郡，始皇三十三年略取陸梁地置，略當今兩廣乃至安南境。東海、始皇三十四年置，今江蘇山東境。共四十一郡。邊郡十八，近邊二郡，黔中，長沙。內郡二十一，境土略與今相當，惟北盛於南，與後世異。

收軍器，墮城郭，決川防，夷險阻，以解消封建時代之武裝。

當時國境，皆築長城為防。魏有兩長城，一曰固陽長城，在今陝西境，由今華縣達榆林，南北千餘里，二曰滎陽長城，在今河南境，由陽武達密縣，南北數百里。齊亦有長城，在今山東境，由平陰達諸城琅邪，盡海濱，東西千餘里。燕亦有兩長城，一曰外長城，由今河北懷來達遼寧之遼陽，東西二千里。一曰長城，在今河北易縣西南，延袤數里。趙則有扞關，在今陝西膚施西北，北捍胡，西捍秦，長千五百里。楚自春秋已有方城，入戰國益增築，在今河南境，以方城縣為中樞，南經南陽達泚陽，北達葉縣魯山，亦有遺跡，屈曲數百里。劃地裂疆，遠者五六百年，近亦一二百年。又有堤防，齊與趙魏以河為境，各自築堤。禦水而以鄰國為壑。亦有壅水不下，以害鄰國。中國之支離破碎，固若自古已然。秦廷努力剷削決通，於中國大一統之形成，良有大功也。收兵器，鑄金人十二，各重二十四萬斤，此蓋均為一種弭兵理想之實施。後人專以專制說之，殊非事實。

又建設首都，移東方豪家十二萬戶於咸陽，興建築。宮殿與陵寢。

秦每破諸侯，寫放其宮室，作之咸陽，則咸陽之新建築，實匯合當時營造藝術之大成也。其經營陵寢，亦承儒家理論，而藉以充實中央，因有陵寢移民，漢承其制。於物質上，即文物上。造成全國共仰之新首都，於統一精神亦殊重要。

巡行郡邑，築馳道。

始皇凡五巡狩。二十七年首巡隴西北地，出雞頭山，過回中，（今甘肅固陽）。二十八年始東行，上鄒嶧山，（今山東鄒縣）。泰山，南登琅邪，還過彭城，西南渡淮至南郡，浮江（即漢水）由武關入。（後人誤謂始皇至湖南）。二十九年再東巡經陽武登之罘，遂登琅邪，道上黨入。三十二年四次出巡，東北至碣石（今河北昌黎縣），從上郡入（今陝西延綏一帶）。三十七年第五次，至雲夢（今湖北境），浮江下過丹陽，至錢塘，上會稽，還過吳，並海北上，至琅邪之罘渡河至沙邱（今河北平鄉縣）遂道卒。　車轍馬迹徧中國。賈山謂秦爲馳道，東窮燕齊，南極吳楚，道廣五十步，三丈而樹，厚築其外，隱以金椎，樹以青松，其制度之壯麗可想。

統整各地制度文化風俗。

此觀秦各地刻石文辭可知。秦刻石辭傳者凡七，曰嶧山、泰山、琅邪、之罘、之罘東觀、碣石門、會稽。會稽刻石特提男女淫佚之防，此就各地風俗爲矯正也。琅邪刻石尙孝重農，爲此後漢治之本。　又始皇二十六年云，一法度衡石丈尺車同軌，書同文字，此亦統一工作上極重要之事務。

開拓邊境，防禦外寇。築長城及戍五嶺。此皆爲完成大一統的新局面所應有之努力。大體言之，秦代政治的後面，實有一個高遠的理想，此項理想，淵源於戰國之學術。秦政不失爲順著時代的要求與趨勢而爲一種進步的政治。

至於秦以一皇帝異乎以前之所謂王天下。高出乎公卿守令百僚異乎以前之貴族世臣封建列侯。之上，固若王室益尊，異乎前軌，然亦事勢推遷所必至。公卿守令百僚若世襲，則仍是往者封建覆轍。若王位不世襲，則易啓紛爭，非長治久安之局。非秦君臣處心積慮欲爲此以便專制也。爲君者無此力量，爲臣者無此心理。秦廷有集議之制，如始皇時議帝號議封建，議刻石頌功德，議封禪。二世時議尊始皇廟。爲兩漢所承。西漢如議立君，昭帝崩，羣臣議立廣陵王，霍光承太后詔立昌邑王，又議廢之。如議儲嗣，成帝召丞相翟方進御史大夫孔光等入禁中，議立嗣。議封建功賞，如甘延壽陳湯元帝時，矯詔誅郅支單于，朝廷屢議其功賞。民政法制如昭帝時議鹽鐵，獄訟同姓者如淮南王獄，異姓者如魏其武安侯相爭，邊事如馬邑之謀，皆付廷臣羣議。東漢，如議立君，質帝崩，大集議立桓帝，梁冀主之，而李固杜喬强守立淸河王蒜不屈。董卓議廢少帝立陳留王，袁紹橫刀而出，議遷都，如董卓議遷長安，議食貨，肅宗議復鹽鐵。其他如議宗廟郊祀典禮議選舉刑法等不勝舉。　朝廷每逢大事，君臣集議，猶與春秋列國貴族世卿之世略似。就此種政制風格言之，亦非一君權專制獨伸之象。

秦代政治的失敗，最主要的在其役使民力之逾量。

秦人以耕戰立國，全國民衆皆充兵役，名曰黔首。（魏有蒼頭，爲平民軍隊之一種，黔首殆與蒼頭義近。）惟在戰國兵爭時代，以軍功代貴族，秦民力戰於外，歸猶得覬功賞。及天下統一，秦之政治亦漸上文治軌轍，而一面仍恣意役使民衆，如五嶺戍五十萬，長城戍三十萬，阿房役七十萬，此等皆爲苦役，與以前軍功得封爵不同。古代封建小國，四境農民行程相距最遠不出三四日，每冬農隙，爲貴族封君服力役三日，往返不過旬日，其事易勝。秦得天下，尚沿舊制，如以會稽戍漁陽，民間遂爲一大苦事。又有七科謫與閭左戍，（七科謫者，一吏有過，二贅壻，三賈人，四嘗有市籍，五父母有市籍，六大父母有市籍，七發閭左。閭左旣空，當及閭右，其濫可知。秦自以農戰立國，役不足乃謫賈人，此與東方社會經濟情態亦不合。）陳勝吳廣即由此起。

秦室本是上古遺留下來的最後一個貴族政府，依然在其不脫貴族階級的氣味下失敗，（役使民力逾量，即是十足的貴族氣味。）依然失敗在平民階級的手裏。

秦之統一與其失敗，只是貴族封建轉移到平民統一中間之一個過渡。

四　平民政府之產生

秦滅六國，二世而亡，此乃古代貴族封建勢力之逐步崩潰，而秦亡爲其最後之一幕。直至漢興，始爲中國史上平民政權之初創。

高祖父稱太公，無名。母曰劉媼，幷亡其姓。高祖行二，故曰劉季，既有天下，因名邦。一時羣臣，如蕭何爲沛主吏掾，曹參爲獄掾，任敖獄吏，周苛泗水卒史，申屠嘉材官，陳平、王陵、陸賈、酈商等皆白徒，周勃織簿曲吹簫給喪事，樊噲屠狗，灌嬰販繒，婁敬挽車，惟張良爲韓相貴冑。漢初王后亦多出微賤。項羽田橫之徒皆貴族，而皆不能成事，此可以覘世變。

平民政府必然創建，殆爲當時歷史趨勢一種不可抗之進程，然在平民政府創建的過程中，卻屢次有封建思想之復活。

秦始皇二十六年丞相王綰等議復封建，三十四年博士淳于越等又議復封建，至二世皇帝元年，東方革命軍起，各爲六國立後，漢高平項王，封韓信、彭越、黥布諸人爲王，迨異姓諸王逐漸剷滅，又封宗室同姓諸王。直到景帝削平吳楚七國之亂，平民政府之統一事業始告完成。當時平民政府的第二個反動思想則爲無爲而治。

漢初政府純粹代表一種農民素樸的精神，無爲主義即爲農民社會政治思想之反映。因此恭儉無爲與民休息，遂爲漢初政府之兩大信念。因亂後社會經濟破產，人心厭亂，戰國晚年黃老一派消極思想，遂最先在農民政府裏面得勢。

無爲之實則爲因循。因此漢初制度法律一切全依秦舊。即如蕭何定律，而夷三族訞言令挾書律等皆存在。至孝惠高后文帝時逐漸廢除。惟精神上漢則恭儉，秦則驕奢，此其異。戰國晚年申韓一派的法家思想，遂繼黃老而爲漢治之指導。太史公謂申韓本於黃老，亦自就漢代情形言之。

此種趨勢，在文景時逐漸開展。一面漢廷削平吳楚七國之亂，一面又漸漸有所謂酷吏出現，用朝廷法令來裁抑社會上的游俠與商人。功臣列侯宰相大臣亦不斷受朝廷法令制裁。中央統一政府之權力與尊嚴，逐漸鞏固，而後醞孕出漢武一朝之變法。

平民政府有其必須完成之兩大任務，首先要完成統一，其次爲完成文治。漢政府之實際統一，始於景帝。漢政府文治之烝，則始於武帝。

第八章　統一政府文治之演進（由漢武帝到王莽）

要明白西漢文治政府之意義，先應注意到當時的一般情態。

一　西漢初年之社會

古代封建社會，到戰國已逐步消失。軍人、遊仕、商人，不斷由平民社會中躍起，他們攀登政治舞臺，而攫得了古代貴族之特權。

秦代統一政府在此種劇變過程中產生，因其歷年甚暫，那時的社會情態現在無可詳說。

就漢初情況而論，似乎秦漢之際雖經歷了幾次戰亂，而戰國以來社會變動的趨向，依然照樣進行。

第一、農民與奴婢

社會上一般生活，都起了絕大變動，只有農民，還比較呆滯在陳舊的狀態下過活。

封建時代的農民，對其上層統治者，約有如下幾種的負擔。

一、曰稅。

此即地租。農民耕地，在政治觀念上，係屬於其地封君之所有，故農民對其封君每年應納額定之租稅。

二、曰役。

因土地所有權的觀念轉移到農民的身分，耕地者對其所耕地之封君有臣屬之關係。（所謂四封之內，莫非王土，食土之毛，莫非王臣。）因此每年於農隙，又須對其封君爲額定的幾天勞役。（如浚河渠，築城防，起墳墓，建宮殿等。）

三、曰賦。

遇封君貴族對外有戰事，農民須對其封君貢獻車牛或勞力。（農民不能有披堅執銳之榮耀身分，僅在軍隊中服勞役，乃至追逐車後助威作勢。）

四、曰貢。

此出農民情感上之自動，如逢年節，向其封君獻彘兔雞鵝或絲布之類。

上四項，一爲粟米之征，二三爲力役之征，四爲布帛之征。（此則已爲一種規定之義務。）一一沿襲到秦漢無變。就漢初情形言，農民對政府負擔大體如次：

一、田租。（即稅。）

戰國以來租額無考，惟孟子屢言什一之稅，知戰國租額決不止什一。漢制則什伍稅一，又時減半徵收，則爲三十稅一。（自文帝十三年除民田租，至景帝元年復收半租，其間凡十一年未收民租，爲歷史所僅見。）

二、算賦。（即後世之丁口稅。）

賦本出車牛供夫役之義。戰國以來，兵爭連年不息，於是非常的（即臨時的。）無定期的賦，漸變爲按年的經常項目。亦不必眞出車牛夫役，而徑以錢幣替代，各處按人口輪派，遂成後代之所謂人口稅。（秦人頭會箕斂，即此。派人持大箕到各鄉村按人頭算繳納也。）漢代出賦錢八百二十爲一算。（十五至五十六。）其未滿年齡者，（七歲至十四。）出口賦錢人二十，（武王征伐四夷，重賦於民，民產子三歲則出口錢，人二十三，三錢以補車騎馬，（即戰馬。）民至生子輒殺。又賈捐之云，文帝時民賦四十，武帝時民賦數百，蓋亦時有輕重。）

三、更戍。（即兵役。）

古代農民本無武裝，戰國以下，既徵其賦，又編其丁壯爲軍隊，於是農民於納賦外又須從軍而從軍與從役兩事，在當時觀念上往往不易分析。故漢人更戍凡分三項。

一、中央政府之防衛　此名正卒，年二十三乃爲之，以一年爲期。（古制二十成丁，授田百畝，三年耕有一年之畜，故至二十三乃可爲正卒。三輔來者爲北軍，掌衛京城，郡國來者爲南軍，掌衛宮門。漢帝以正月行幸曲臺臨饗罷衛士。）又郡國材官，（即步兵。）騎士，亦爲正卒，期亦一年。（農民正式服兵役者凡二歲。於每年之九月有都試，即大操也。）

二、邊疆戍守　此名屯戍，亦名繇戍，天下人皆直戍邊三天。（雖丞相子亦在戍邊之列。亦每年輪值。）不行者出錢三百入官，官以給戍者。是爲過更。（戍邊以三日者，古代封建侯國，四境相距不甚遠，故國人得輪值三日以均勞佚。秦既一統，乃謫會稽戍漁陽，陳勝吳廣遂以揭竿而起。漢人變通其制，許有過更，則可無秦禍。）

漢兵出於民，往來繇戍衣裝皆自補，遠征則食其郡國之粟，惟衛士得衣食縣官，能遣侑享。因此漢無養兵之費。

三、地方勞役　此名更卒，一月一更，（即每年輪值一月。）次直不往，出錢雇貧者，月錢二千，親服役曰踐更。（賈捐之云，文帝時，丁男三年而一事。）

此種負擔在當時已爲極重。（尚有郡國對中央之貢獻，其詳不可考。）

漢書食貨志載李悝盡地方之教，謂一夫挾五口，治田百畝，歲收畝一石半，爲粟百五十石，（晁錯並謂百畝之收不過百石。）除十一之稅十五石，餘百三十五石。食人月一石半，五人終歲爲粟九十石，餘四十五石。石三十，爲錢千三百五十。除社閭嘗新春秋之祠，用錢三百，餘千五十。衣人率用錢三百，五人終歲用千五百，不足四百五十。不幸疾病死喪之費及上賦斂又未與此，此農夫所以常困，有不勸耕之心。盡地力之教未必眞李悝語，且農民經濟變動較少，可以推見漢初情形。董仲舒則謂月爲更卒，已復爲正一歲屯戍一歲，力役三十倍於古；田租口賦鹽鐵之利二十倍於古。

農民在無可聊賴中，首先是出賣耕地，出賣耕地後生活不免更苦。

董仲舒云：或耕豪民之田，見稅什五，較國稅重十五倍。故貧民常衣牛馬之衣，而食犬彘之食。荀悅云，官收百一之稅，民輸大半之賦，官家之惠優於三代，豪彊之暴酷於亡秦，故漢文之輕徭薄賦，仍無救於社會之兼幷。

其次只有出賣妻子，乃至於出賣自身。如此則算賦更役等負擔皆免。漢制奴婢倍算，然自有主人負之，與奴婢不涉也。此爲漢代奴婢盛多之來源。

漢代公私皆盛畜奴，蜀卓氏至僮千人，程鄭亦數百。武帝時，楊可告緡，得民奴婢千萬數。元帝時，貢禹言官奴婢十餘萬。蓋有犯法沒爲奴者，而不能完租賦踐更役亦屬犯法。則自賣爲奴與沒官爲奴亦正等耳。自賣爲奴猶較自由有樂生之望，毋恠漢民自願賣身之多。後代不徵丁口稅，則不需出賣爲奴。

否則亡命。即脫去籍貫流亡他鄉。舍匿亡命有罪，而或則冒罪藏匿，因其別有可圖之利。是爲任俠。商賈必盛蓄奴婢，任俠必多匿亡命，二者形成漢初社會之中層。

第二、商賈與任俠

當時商賈經營事業，據史記貨殖傳所載。約可分爲採冶、製造、種殖、畜牧、運輸諸項。這些事業，第一有待於山澤禁地之解放，第二則有賴於大規模之奴隸運用。

貨殖傳所舉當時大富，如鐵冶、鼓鑄、燒鹽、轉轂、即運輸。諸業，均有待於衆多之人力。即其所言末業爲貧資，如種樹果桀。如畜養豕魚，如屠沽，如販糴，如製器漆髹，如皮革雜工等，亦待奴役以為操贏之算。大抵其時所謂商賈，以工虞農牧為本，以轉販居積為副，故奴婢為治產一要素。齊刁間收取桀黠奴，使逐魚鹽商賈之利，或連車騎交守相，然愈任之，終得其力，起富數千萬。司馬遷以馬蹄躈千，牛千足，羊彘千雙，僮手指千並舉。張安世家僮七百人，皆有手技作事，遂富於大將軍霍光。漢樂府：孤兒命當苦，兄嫂令我行賈，南到九江，東到齊與魯。王褒僮約，列舉操作項目。諺曰：千金之子不死於市，則作於家，賈於市者，皆奴也。其時奴隸率利用於製造及商業，而農業則已進為小規模的耕作，並無附著於土地，隨土地而買賣之農奴。奴隸生活待遇亦優，可以有家室財產兒女，甚至連車騎交守相，此與歐洲羅馬農奴不同。

以錢弊買奴力，以逐利長產經營貨殖者為商賈。以意氣情誼收匿亡命共為姦利，甘觸刑辟而市權勢者則為任俠。墨經，任士損己而益所為。韓非八說，棄官寵交謂之有俠。史記游俠傳謂近世延陵孟嘗春申平原信陵之徒，皆因王者親屬，藉於有土卿相之富厚，招天下賢者，顯名諸侯，不可謂不賢，此如順風而呼。而布衣之俠靡得而聞。是戰國任俠本指四公子輩廣招賓客而言。漢書季布傳注，俠之言挾也。其時貴族階級猶未全泯，故有力挾衆。漢興，而閭巷之俠起，正可見世變。儒墨皆不重俠，後人即認儒墨為俠，非也。

任俠之所舍匿，則曰賓客，然賓客與奴婢身分無殊。同樣逃避國家課稅，失其為公民之資格。任俠既以意氣肝膽藏匿亡命，則亡命者亦出肝膽意氣感激相報，乃至作姦剽攻，鑄錢掘冢之類，無所不為。後人乃漸以此等為俠。而此一團體之生活亦得維持。任俠之權勢與富厚，乃與商賈亦略相當。濮陽周氏舍匿季布，置之廣柳車中，并與其家僮數十人至魯朱家所賣之，則任俠間亦自有大批奴僮相賣買矣。

任俠與商賈，正分攫了往者貴族階級之二勢。一得其財富，一得其權力。吳楚七國反，周亞夫至洛陽，得劇孟，曰吳楚舉大事而不求劇孟，吾知其無能為已。天下騷動，大將軍得之，若一敵國，其權力可想。皆以下收編戶之民，而上抗政府之尊嚴，只要政治上沒有一個辦法，此等即是變相的貴族。故司馬遷稱貨殖富人為素封也。

二　西漢初年的政府

現在再看上層政府裏面的人物。

漢高得天下大封同姓及功臣，並明約非劉姓不得王，非有功不得侯，所謂有功，大體上只指軍功而言，即相助劉氏得天下者，此即商鞅在秦所定尙首功之制也。漢二十級爵承襲秦制，自步卒到封侯，皆以戰功爲階級，是漢亦以軍人代貴族明矣。此爲政府的最上層。其次的官僚，則大半由郎吏出身。

郎官是隨從在皇帝近旁的一個侍衞集團，掌守門戶，出充車騎，無員多至千人。其制度略近於戰國時代國君乃至於貴族卿相門下的食客與養士。郎之得名，蓋猶周官鬱人鬯人雞人之人。

郎官來歷，不出下列數途：

一、廕任。

吏二千石以上視事滿三歲，得任同產若子一人爲郎，如蘇武韋玄成皆由此出身。此卽戰國策趙老臣觸讋見趙太后，願其少子得補黑衣之數之類也。

二、貲選。

家貲滿五百萬，得爲常侍郎，如張釋之司馬相如皆以貲爲郎。蓋高貲者得上書自請宿衞，祿不豐而費大，故張釋之爲郎十年不得調，謂其兄曰久宦減仲產，欲自免歸也。楊惲傳，郎官故事，令郎出錢市財用給文書，乃得出，名曰山郎。移病盡一日，輒償一沐。或至歲餘不得沐。其豪富郎日出游戲，或行錢得善部，貨賂流行，轉相倣傚。是郎署多富人，武帝後猶然。

三、特殊技能。

衞綰以戲車爲郎，荀彘以御見侍中，此如戰國策馮煖欲爲孟嘗君客，孟嘗君先問客何能也。東方朔上書自衒鬻，用三千奏牘，武帝讀之，輒乙其處二月乃盡得為常侍郎。然史謂東方朔與枚皐郭舍人俱在左右，詼啁而已，其先東方朔待遇乃與侏儒等，文士之與侏儒同樣為皇帝一時好奇心所愛好，而畜之宮中則與戲車善御皆一例也。此外尚有以孝廉為郎者，如王吉京房蓋寬饒杜鄴師丹之類，有射策為郎者，如蕭望之馬宮何武之類，皆後起。

第一項是變相的貴族世襲，第二項是封建貴族消滅後的新貴族，富人。第三項則是皇帝私人。郎官集團性質之分析，不過如此，然而政治上之出身，卻正在此。後漢書明帝紀，館陶公主為子求郎，不許，而賜錢千萬，謂羣臣曰，郎官上應列宿，出宰百里，苟非其人，則民受其殃，又按郎官制度蓋為政制淺演之民族所必經之一級，如後世金人以世胄或士人為內侍（見斜卯愛實傳），又如元之四怯薛制等，皆略相似。

郎以外有吏，吏是各官署的幫辦人員。吏的來歷，亦無一客觀標準，大體仍多為富人所得。

漢制吏途凡三。一曰郡縣吏，不限資格，平民自願給役者皆得為之。賈誼，張湯，王吉，龔勝，翟方進，谷永，皆由吏出身。然韓信以家貧無行，不得推擇為吏，大抵在上者擇家貲，在下者推有行，如高帝以長者得為亭長是也。則小吏亦復有貲選也。二曰中都官掾屬，自丞相以下各官府皆可自辟署，或先為郡吏，或本為布衣，亦不限資格，優者則薦於朝。如楊敞，蔡義，楊雄，皆由此進。三曰獄吏，猶今時法官，以明習法令名。公孫弘，于定國，丙吉，尹翁歸，薛宣，皆曾為之。然景帝後二年詔，謂今貲算十以上乃得宦，應劭曰，十算十萬，漢一金值一萬，文帝云百金中人十家之產，則中人一家產當十萬也。減為貲算四得宦，董仲舒言長吏多出於郎中中郎吏二千石子弟，選郎吏又以富貲，未必賢，是以廉恥貿亂，賢不肖渾殽，是當時吏途，亦大率為富人也。

如是則當時的政治組織，第一層是宗室，封建諸王。第二層是武人，以軍功封侯。漢制非封侯不得拜相，亦有以外戚恩澤侯者。第三層是富人，得以貲選為郎吏，謀出身。第四層是雜途。無論為郎為吏，皆須憑機緣進身而得在上者之歡好。文學儒術亦雜途之一。

三　西漢初年的士人與學術

要論漢初學術，必推溯及於先秦。

從另一觀點言之，則先秦學術可分為一古官書之學，即漢初人所謂詩書古文之學，亦中漢以後人所謂六藝之學，或六經之學，乃由早起儒墨兩家所傳播，所謂稱詩書道堯舜法先王，為先秦較舊之學派。又一百家之學。家乃私家之稱，此乃民間新興學，儒墨以後，百家競起，率自以其所見創新說，不必依據古經典，寓言無實，為戰國較新之學派。

若以時期言，古官書之學在前，百家言在後。若以地域言，古官書之學盛於東方齊魯，所謂鄒魯之士搢紳先生多能書之也。百家言遍及中原三晉。三晉之士，急功好利，率務趨時，不樂為純粹學理之研討。兵、刑、農、法，縱橫皆在是，道家如莊老，陰陽家如鄒衍，持論運思較玄遠者，皆近東方之士，荀卿以趙人而遊齊，雖深染東方學風，而不脫三晉氣習。其弟子韓非李斯，則皆中原籍也。遊秦者以中原功利之士為多，東方齊魯學人，少有入秦者。

秦代焚書最主要者為六國史記，即當代官書。其次為詩書古文，即古代官書之流傳民間者。而百家言即後起民間書。非其所重。按此三類分法，已見莊子天下篇，漢書藝文志因之。謂秦焚書而詩書古文遂絕者，有史記六國表序，太史公自序，劉歆移書讓太常博士，揚雄劇秦美新，王充論衡書解佚文正說諸篇。謂秦焚書不及諸子者，有論衡上述諸篇，趙岐孟子題辭，王肅家語後序，後漢天文志，劉勰文心雕龍諸子篇，逢行珪注鬻子敍等。此乃自漢以來相傳之說，至唐後而失之。漢武立五經博士罷黜百家，則正是秦始皇焚書禁以古非今後一反動也。

焚書本起於議政衝突，博士淳于越東方齊人。稱說詩書，引據古典，主復封建，李斯極斥之，遂牽連而請焚書。李斯請史官非秦紀皆燒之，即第一類。非博士官所職，天下敢有藏詩書百家語者，悉詣守尉雜燒之，即第二第三類。而又附禁令數項，一、敢偶語詩書棄市。百家語不在內。二、以古非今者族，此即依據古官書，歷史成典，法先王而議新政，如淳于越之徒是也。偶語詩書，迹近以古非今，故亦棄市，至百家言往往與時政不涉，故不預。吏見知不舉與同罪，此二條為重法。三、令下三十日不燒，黥為城旦。此一條為輕法。可見當時重禁議政，輕禁挾書也。坑儒亦為誹謗訞言亂黔首，不為求仙藥。

漢興，學統未嘗中斷。秦雖焚書，史官博士官仍未廢，史官乃古代政府中之學官，即掌官書者。博士官掌新興百家民間學，為後代政府新設之學官也。著述亦未中輟。漢藝文志有儒家羊子四篇，名家黃公四篇，皆秦博士。又有成公生游談不仕，著書五篇，零陵令信著書一篇。下迄漢惠，四年除挾書律，前後祇二十三年。漢廷羣臣亦多涉學問，如張良，陳平，韓信，張蒼，酈食其，陸賈，婁敬，朱建，叔孫通之徒皆是。名人巨德，雜出其間。如申公，穆生，白生在楚。蓋公在齊，四皓在朝，魯兩生在野。

惟漢室初尚黃老無為，此乃代表一時民眾之心理要求。繼主申韓法律，既主黃老無為，則勢必因循秦舊，乃至以法為治。學問文章非所重，平民政府不注意學術，為當時歷史演進一頓挫。學術尚未到自生自長的地位，至文帝時，始下求書之詔，其時則古文六經之學，不免因亂衰微，有所缺失。於是遊仕食客散走於封建諸王間，以辭賦導獎奢侈，以縱橫捭闔是非，辭賦縱橫本屬一家，辭賦又兼神仙，安居奢侈則為神仙，雄心闊意則務縱橫。依然是走的破壞統一的路。文學之與商賈游俠同樣為統一政府之反動。

漢初諸王招致游士，最先稱盛者如吳王濞，有鄒陽，齊人嚴忌，枚乘，吳人諸人。吳既敗，繼起者為梁孝王，鄒枚諸人皆去吳歸梁。又有羊勝，公孫詭，皆齊人。之屬。司馬相如亦去中朝而來梁。再下則有淮南王安，招致賓客方術士數千人，著淮南王書，已在武帝世。此為南方之一系。大抵皆辭賦縱橫文辯之士也。曹參相齊，召齊諸儒以百數，而得蓋公。景武之間，有河間獻王德，盛招經術士，多得古文舊書。蓋河間偏重於古官書之學，而淮南則慕百家言，南北兩王國正分得先秦學統之兩系。

中央王室恭儉無為之治，不能再掩塞社會各方之活氣。經秦末大亂，經濟破產之後，最先起者為商人與游俠，次之有諸侯王之富盛驕縱，再次有文學游仕之活動。

在此種種不安定不合理之狀態下，中央政府覺悟到必須改變其態度，而要一積極勇敢的革新。於是遂有漢武一朝之復古更化，爲西漢文治政府立下一規模。

四　中央政府文治思想之開始

西漢中央政府之文治思想，最先已由賈誼發其端。

賈誼陳政事疏，提出好多重要的見解，除卻裁抑諸王國和捍禦匈奴（此兩事爲當時維持統一政府的必要條件，主法治者亦贊成，如以後晁錯等。）外，尤要者在教育太子，（當時諸王列侯家庭俱已有腐敗墮落的景象，農民純樸之本色已失，貴族生活之薰染日深，非有教育，不足維持長久。）尊禮大臣，（農民政府之好處在眞樸，壞處在無禮貌，可愛處在皇帝宰相如家人，其敝處則皇帝待宰相如奴僕。）闡揚文教，（黃老清淨無爲，僅足暫度一時，漸漸政事待理，則走上申韓刑法一路，沿襲秦人以吏爲師，以法爲教之餘習，要革除秦敝，則須另開文教。）轉移風俗。（朝廷只講法令，社會只重錢財，風俗無自而美，闡揚文教，爲轉移風俗之前提。）此諸點均針對當時病象，其議論漸漸從法律刑賞轉到禮樂教化，此即由申韓轉入儒家。（亦即由亡秦轉而爲三代之隆，即由百家法後王轉入六經法先王也。）以後之復古更化，賈誼已開其先聲。

賈誼雖以洛陽少年爲絳灌功臣所抑，然賈誼的主張，一一爲漢廷所採用，（漢文雖極賞賈誼，然其時內則功臣元老，外則諸王長親，尙非漢廷大有爲之時。）景帝師晁錯，武帝師王臧，王臧乃儒生，武帝即位，大興儒術，其早年所受教育亦是一因。

先秦諸子注意教育問題者莫如儒。（道家根本主張絕學不教，法家僅主刑名法律，如趙高之教二世是也。墨家農家之教，不適於實際，其他皆所以用世，非所以教幼。）故荀主幼小必教，則儒業必興。中國無宗教，儒士本自友教貴族子弟起，故漢文用賈誼，則以爲長沙王太傅，又以爲梁王相，武帝之用董仲舒亦然。儒家在漢初，仍以友教青年貴族爲第一任務。

五　漢武一朝之復古更化

武帝以英年卽位，只十七歲。卽銳意革新，用其師王臧及臧之同學趙綰，又召趙王師申公。謀興禮樂，其事雖經一度挫折，武帝祖母竇太后尙黃老，不樂帝所爲，趙王皆下獄死。終於走上復古更化的路。

這時最要的人物是董仲舒。董仲舒天人三策，與賈誼政事疏，兩篇大文，奠定了西漢一代政治之規模。

武帝一朝政治上重要改革，舉其要者，第一是設立五經博士。

博士遠始戰國，公儀休爲魯博士，賈山祖父祛爲魏王時博士弟子。齊之稷下先生亦博士之類。故漢初叔孫通以博士封稷嗣君，謂其嗣稷下，鄭玄稱我先師棘下生子安國，棘下生卽稷下先生，以孔安國爲博士，故云。秦博士七十人，掌通古今，備問對，漢承之。稷下先生亦七十餘人，蓋以孔門弟子七十七人爲法。

博士爲太常屬官，太常掌宗廟禮儀，史官博士官皆屬太常，卽古代學術統於宗教之遺制。

博士並無政治上實際任務，只代表著古代貴族政府軍人政府下一部隨從的智識分子。因此其性質極雜，占夢卜筮皆得爲之。略如當時之郎官，後代之翰林供奉，惟視帝王所好。

秦廷以博士議政興大獄，伏生之徒抱書而逃，伏生亦東方學者，治尙書，焚書案中，殆與淳于越諸人同失官而去。秦廷既禁以古非今，則焚書後之博士，必多屬之後起百家言也。主復封建，固爲不智，然以吏爲師，以法爲教，抑低學術，提高法令，較之復封建亦相去無幾。東方學者之失在迂闊，而中原三晉之士，則失在刻急，各有所長，亦各有所短。自此迄於漢初，博士闇淡無生色，而政府益少學術之意味，此則李斯之大錯。

武帝從董仲舒請，罷黜百家，只立五經博士，從此博士一職，漸漸從方技神怪旁門雜流中解放出來，純化為專門研治歷史和政治的學者。

六經為古官書之流傳民間者，故章學誠謂六經皆史。秦火焚之不盡，漢儒所謂通經致用，即是從已往歷史與哲學裏來講政治。法家只守法令，經學則進一層講道義。法家只沿習俗，襲秦舊，經學則稱古昔，復三代。五經與儒家亦有辨，故文帝時有孟子博士，至武帝時亦罷。漢書藝文志儒家在諸子，與六藝別。

他們雖不參加實際政務，但常得預聞種種政務會議，漢大政事廷議有博士。因此他們對政治上漸漸要發生重大的影響，自秦人之以吏為師，以法為教，漸漸變成朝廷采取博士們的意見，即是政治漸受學術指導，此項轉變，關係匪細。

第二是為博士設立弟子員。其議始於公孫宏。

額定五十人，一歲輒課，能通一藝即一經。以上，得補吏，高第可以為郎中。

自此漸漸有文學入仕一正途，代替以前之任廕與貲選，士人政府由此造成。同時政府負有教育國家青年之責，較之賈誼所謂教育太子者又進一步。

第三是郡國長官察舉屬吏的制度。其議創於董仲舒。

博士弟子以考試中第補郡國吏，再從吏治成績得察舉為郎，從此再走入中央仕途，此制與博士弟子相輔，造成此下士人政府之局面。郡國長吏同時不僅負有奉宣政令之責，並有為國求賢之責，此亦重大意義也。

第四是禁止官吏兼營商業，其議亦始董仲舒。並不斷裁抑兼并。此層自賈誼晁錯以來均主之。

漢武一代鹽鐵官賣等制度，均由此意義而來。觀鹽鐵論桑弘羊為政府方面之辨護可知。漢武外朝尊博士，而內廷則多用文學侍從之人，故漢武一代政治，亦兼儒術與辭賦二者，其所行雖援經典古義，而多浪費，功實不稱，爲後人所不滿，非在其制度本身也。從此社會上新興的富人階級漸漸轉向，儒林傳中人物，逐次超過於貨殖傳。故曰遺金滿籯，不如傳子一經。實爲武帝以下社會一大轉變。此等處可見學術指導政治，政治轉移社會當時中國史，實自向一種理想而演進。

第五是開始打破封侯拜相之慣例，而宰相遂不爲一階級所獨佔。

自秦以來，中央最高首領爲天子，而實際負行政之責者則爲丞相。以字義言，丞相皆副貳之意，丞相即副天子也。天子世襲而丞相不世襲，天子爲全國共戴之首領，不能因負政治責任而輕易調換。貴族政治既隨封建制度而俱滅，全國民衆在一個大一統國家下，亦無法運用公議推選等制度，天子世襲，乃代表國家之一種恆久精神，始皇帝之稱，不足深怪。丞相乃以副貳天子而身當其衝，最好固爲君相皆賢，否則天子以世襲不必賢，而丞相足以彌其缺憾。縱使君相不皆賢，而丞相可以易置。如是則一代政治不致遽壞。此秦政之又一特色也。有丞相即非君主獨裁，即非專制。宋人洪咨夔有言，往古治亂之原，權歸人主，政出中書（即宰相）無不治。權不歸人主，則廉級一夷，奚政之問。政不出中書，則腹心無寄，奚權之攬，判劃政權，分屬君相，實中國政治自秦以下一重要之進向也。

漢初政治往往有較秦爲後退者，此因平民政府缺少學術意味之故，故漢之代秦，一面固爲歷史之轉進，一面却自有其頓挫，此種例，各時期皆有，歷史下之進退，往往輕易不能遽斷。如宰相必用封侯階級，即軍人。即其一例。非封侯不拜相，此乃漢初一種不成文法，雖無明制，實等定律。如蕭何、高帝時。曹參、王陵、陳平、審食其、惠帝呂后時。周勃、灌嬰、張蒼、申屠嘉、文帝時。皆軍人也。陶青、陶舍子。周亞夫、周勃子。劉舍、劉襄子，景帝時。皆功臣子嗣侯，其先亦軍人也。則漢初丞相，顯爲軍人階級所獨佔。武帝始相公孫宏，其先如衛綰，竇嬰，許昌，田蚡，薛澤，惟田蚡爲以外戚相，然亦先封侯。其他仍皆以軍功得侯。否則其先世以軍功得侯者。以布衣儒術進，既拜相乃封侯，此又漢廷政制一絕大轉變也。漢武一朝，自公孫宏以後，如李蔡莊青翟趙周石慶公孫賀劉屈氂車千秋仍不出往者軍功得侯或嗣侯爲相之例，此由一時人選之難，物望之不孚，歷史之變以漸不以驟。昭宣以下，非儒者乃絕不能居相位。其先惟軍人與商人爲政治上兩大勢力，即任廕與貲選。至是乃一易以士人，此尤見爲轉向文治之精神。此爲漢武一朝復古更化之最有關係者。如郊祀巡狩封禪等，皆虛文無實際，此則漢武誤於方士神仙家言，以及文學辭賦之士之務爲鋪張誇大，然亦因當時儒生，自不能與此兩派劃分清楚之界綫。

其實所謂古者並非古，學校察舉黜陟諸制，貴族世襲時代皆無之，其論雜出於先秦諸子，而備見於王制篇中。王制乃漢文時博士所為。周禮三百六十官，獨缺學校。然則漢武一朝之復古更化，正是當時一種嶄新之意見也。儒家託古改制，當在此等處看。

六 士人政府之出現 昭宣元成一段

漢政府自武帝後，漸漸從宗室軍人商人之組合，漢制雖禁商人入仕，然以貲選，富人其先皆商人也。轉變成士人參政之新局面。

公卿朝士名儒輩出。

仍舉丞相一官言之，昭帝時有王訢、郡縣吏積功。楊敞、給事大將軍幕府，為軍司馬。蔡義。以明經為博士，拜相封侯。宣帝時有韋賢、以詩教授，稱大儒。魏相、少學易，為郡卒史。丙吉、獄吏。黃霸、入財得官。于定國。獄吏。元帝時有韋玄成、以父任為郎，亦稱名儒。匡衡。射策除掌故。成帝時有王商、外戚。張禹、郡文學。薛宣、廷尉書佐。翟方進、射策為郎。孔光。以明經舉議郎。哀帝時有朱博、亭長。平當、治禮學。王嘉、射策為郎。孔光馬宮。射策為郎。蓋自宣帝後，儒者漸當路。元、成、哀三朝，為相者皆一時大儒，其不通經術而相者，如薛宣以經術淺見輕。卒策免，朱博以武吏得罪，自殺，皆不得安其位。

且即庶僚下位，亦多學者。

即前舉丞相亦多由下僚進身，其外如王吉、郡吏。鮑宣、嗇夫。韓延壽、郡文學。王尊、郡決曹史。蓋寬饒、諸葛豐、均郡文學。孫寶、郡吏。谷永、長安小吏。梅福、郡文學。之儔，皆名臣也。

士人在政府裏漸漸佔到地位，一半是憑藉武帝時董仲舒公孫宏諸人所創建的種種制度，一半是讀書博通之士在政治上所表現的成績，究竟比貴族軍人和商人們來得強。

武帝時，兒寬爲廷尉奏讞掾，以古法義決疑獄見重。昭帝時，雋不疑爲京兆尹，以春秋義縛訊僞衞太子。宣帝時，蕭望之爲御史大夫，引春秋義主弔匈奴喪，皆爲一時推尊。霍光廢昌邑王，先問於古有否先例，可見士人學者逐漸在政治上佔到地位和勢力，實爲當時一種自然之趨勢。

自此漢高祖以來一個代表一般平民社會的素樸的農民政府，現在轉變爲代表一般平民社會的有教育有智識的士人政府，不可謂非當時的又一進步。

七　漢儒之政治思想

士人們在政治上逐漸得勢，他們所抱的政治思想，要逐漸發揮效力。

漢儒論政，有兩要點：

一爲變法和讓賢論。

此派理論遠始戰國晚年之陰陽學家，鄒衍五德終始論（鄒衍思想另詳下論古代宗教思想章。）下及董仲舒公羊春秋一派通三統的學說。（董氏說詳春秋繁露。）大抵主張天人相應，政治教化亦須隨時變革，並不認有萬世一統之王朝。

他們根據歷史觀念主張如下一套之進程。（此據漢儒所傳鄒衍第二說，與第一說呂氏十二紀淮南時則並不同。）

一、聖人受命。（地上之各君，皆符應於天上某帝之某德（如青帝木德，赤帝火德，黃帝土德，白帝金德，黑帝水德）而降生。）

二、天降符瑞。受命必有符瑞，如以土德王者黃龍見之類。

三、推德定制。包括易服色，更制度，改正朔等。如水德王者服色尙黑，以十月爲歲首，數尙六之類。董仲舒所謂天不變，道亦不變，乃指政治上最高原理言，與制度更易並行不悖。

四、封禪告成功。聖人受天命爲地上君，故定制度，蘄太平，成功則必祭天（封禪）報告。

五、王朝德衰，天降災異。天運循環，成功者去，如春夏秋冬之更迭互乘，無不衰之德。董仲舒謂雖有繼體守文之君，不害聖人之受命。

六、禪國讓賢。見災異降，知天命改，應早物色賢人讓國，否則革命起，終無以保其位。

七、新聖人受命。此下循環不息，中國已往五帝三代，皆在此公式支配下演進。

武帝以前，漢儒鼓吹變法，武帝以後，漢儒漸漸鼓吹讓國，始終是循著上述的理論。眭弘（在昭帝天鳳三年）蓋寬饒（在宣帝神爵二年，相距不二十年）均以請漢室讓位伏誅，然其後谷永等仍主天運循環漢德已衰之說，漢廷乃無從裁抑。永之言曰，天生蒸民，不能相治，爲立王者以統理之。方制海內，非爲天子，列土封疆，非爲諸侯，皆以爲民也。垂三統，列三正，去無道，開有德，不私一姓。天下乃天下人之天下，非一人之天下也。即漢宗室劉向亦言，王者不可不通三統，明天命所授者博，非獨一姓。自古及今，未有不亡之國。可見此爲當時普遍信仰之理論。

二爲禮樂和教化論。

另一派漢儒，認爲政治最大責任，在興禮樂，講教化，而禮樂和教化的重要意義，在使民間均遵循一種有秩序有意義的生活，此即是古人之所謂禮樂。在此點上，西漢中葉以後的學者，頗不滿於漢武之郊祀封禪種種奢侈的淫禮。此等乃對上帝，對天，而非對民衆，對人，一虛一實，一恭儉一驕奢，意義迥殊。要達此境界，不僅朝廷應恭儉自守，又應對社會一般的經濟不平等狀態加以調整。武帝對當時社會經濟不平衡之狀態，並不能有所矯救。特以對內對外浪費無度，使社會一時走上共同破產而已。經昭宣之休養生息，社會經濟復蘇，如開目之瘧，舊病復發，故當時學者，頗主還復王朝之恭儉，而轉移目光，對社會經濟有所整頓。

此派理論，亦遠始戰國晚年之荀卿。如其禮論篇卽可爲代表，惟禮論並不主帝王之恭儉，是其異。直至漢儒賈誼，晁錯亦時言之。董仲舒，董氏大體爲齊學，議論有近魯學處。而下及王吉貢禹等皆是。前一派於漢爲齊學，後一派於漢爲魯學。皆先秦東方學之傳統。齊學恢奇，魯學平實，而皆有其病。齊學流於恠誕，其病在不經。魯學流爲訓詁，其病在尊古。立論本意非不是，而不能直湊單微，氣魄智慧皆不夠，遂不足斡旋世運，而流弊不免。

王莽的受漢禪而變法，卽是此兩派學說之匯趨。

八　王莽受禪與變法

王莽受禪，一面循著漢儒政治理論之自然趨勢，一面自有其外戚的地位及王莽個人之名譽爲憑藉。

王莽姑母爲孝元皇后，元帝後成、哀、平三君皆不壽，莽諸父鳳、音、商、根相繼執政而及莽，莽之地望已尊。莽又不失書生本色，治禮，務恭儉，迂執信古而負大志，又恰合時代潮流。漢儒羣主讓賢，而苦無一種明白的選賢制度，王莽在政治上學術上均足膺此選格，遂爲一時羣情所歸嚮。莽爲宰衡辭封，上書者吏民四十八萬七千五百七十二人，反莽者惟劉崇翟義。

王莽居攝及受禪後之政治，舉其尤要者，如王田，盡收天下田畝爲國有，而均之耕者。廢奴，解放奴隸。用意在解決當時社會兼幷，此乃自先秦以來早待解決之一重要問題也。消弭貧富不均，爲漢儒自賈董以來之共同理想。其他如六筦，一鹽，二酒，三鐵，四名山大澤，五錢布銅冶，六五均賒貸，皆歸國家管理，故曰六筦。五均，徵工商百業所得稅爲母金，國營賒貸，使無重利盤剝，爲六筦之一。有似武帝時之鹽鐵酒榷算緡均輸。五均亦主平市價，與均輸略似。實亦一種如近世所謂之國家社會主義，仍爲裁抑兼幷著想。

王莽又屢次改革貨幣使民間經濟根本發生動搖，極爲擾民。然原其用意，仍爲求達裁抑兼并平均財富之目標而起。當時人見解，以爲財富不均由於商人兼并，商人兼并由於利用貨幣。故有主張根本廢棄貨幣者，晁錯貢禹之徒，皆有此想，而王莽承之。

王莽政治失敗，約有數端。

一、失之太驟，無次第推行之計劃。

二、奉行不得其人，無如近世之政治集團來擁護其理想。

三、多迂執不通情實處。復古傾向太濃厚。莽之得國，多本齊學，有太涉荒誕者。莽之新政，多本魯學，有太過迂闊者。

王莽的政治，完全是一種書生的政治。

王莽失敗後，變法禪賢的政治理論，從此消失，漸變爲帝王萬世一統的思想。至少是希望能如此。政治只求保王室之安全，亦絕少注意到一般的平民生活。後世對王莽的批評，全是沿著東漢王室之意見。這不是王莽個人的失敗，是中國史演進過程中的一個大失敗。

第九章　統一政府之墮落東漢興亡

王莽失敗，漢宗室光武復興，是爲東漢，然不久卽走上衰運，東漢只是秦漢以來統一政府之逐漸墮落。

一　東漢諸帝及年歷

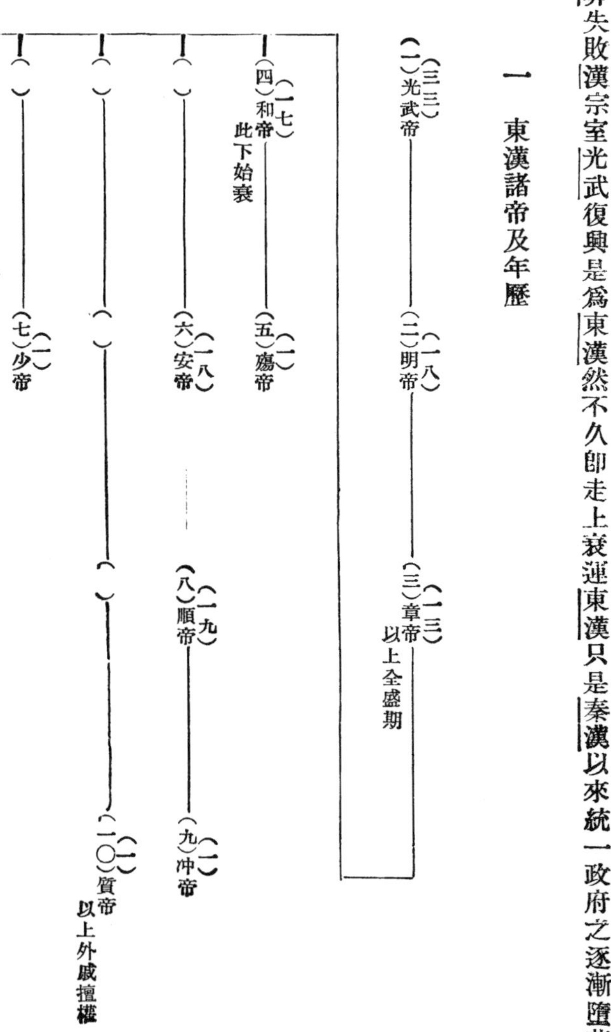

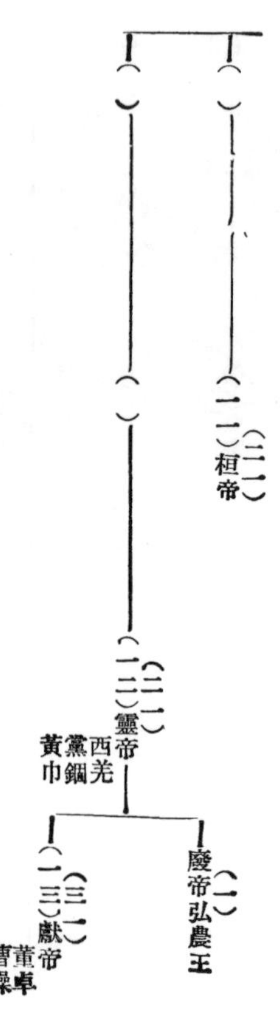

東漢凡十三帝百九十六年。若以獻帝建安元年遷回洛陽之後作爲三國時期，則東漢實只一百七十一年。

二　東漢之王室

所謂統一政府之逐漸墮落，可分兩部言之，一王室，二政府。王室與政府之分詳下。

王室又可分三部言之，一王室自身，二外戚，三宦官。

東漢王室之墮落，只看東漢諸帝年壽即知。

東漢諸帝年壽略表

帝	年壽	在位年	即位年	子嗣
光武	六二	三三	初起年二十八，三十爲帝。	一〇
明	四八	一八	三〇	九

章	三三	一三	一九 按此差一年，或即位年二十，或壽三二。	八
和	二七	一七	一〇	二 長子勝有痼疾，次子即殤帝。
殤	二	一	誕育百餘日。	〇
安	三二	一八	一三	一 即順帝。
少		立凡七月。		
順	三〇	一九	一一	一 即沖帝。
沖	三	一	二	〇
質	九	一	八	〇
桓	三六	二六	一五	〇
靈	三四	二二	一二 按此差一年，非即位年十一，即年壽三十三。	二 長子弘農王，次子即獻帝。
獻	五四 自遜位至卒又十四年。	三〇	九	

一個貴族特殊的家庭，和大自然隔離，總不免要走上墮落衰敗的命運，此乃以下中國歷代王室共有之趨勢，而東漢最可示例。

三　東漢之外戚與宦官

因東漢諸帝多童年即位，夭折，及絕嗣，絕嗣外立，又多擇童年。遂多母后臨朝，外立者四帝，安、質、桓、靈。臨朝者六后，竇、鄧、閻、梁、竇、何。而外戚宦官藉之用事。

東漢外戚宦官更迭用事略表

帝	后	外戚	宦官
和帝	竇太后 帝爲太后養子。	竇憲 竇太后兄。	和帝永和四年，與宦者鄭衆謀誅憲。
殤帝	鄧太后 帝母。	鄧騭 鄧太后兄。	安帝建光元年鄧太后薨，安帝乳母王聖宦者李閏江京譖諸鄧，自殺。
安帝	閻后 帝妻。	閻顯 閻后兄。	安帝崩，閻后與兄顯矯詔立章帝孫懿，是爲少帝，不一年薨，宦者孫程等十九人誅閻顯，立順帝。
順帝	梁后 帝妻。帝崩臨朝。	梁商 后父。 梁冀 后兄。	質帝爲冀所弒，桓帝延熹二年，與宦者唐衡單超左悺徐璜具瑗誅梁氏。
桓帝	竇后 帝妻。	竇武 后父。	爲宦者曹節王甫所殺。
靈帝	何后 帝妻。	何進 后兄。	爲宦者張讓段珪所殺。

其先則因母后臨朝而外戚得以專政，君主與外朝不相親接，乃謀諸宦官。自鄭衆後宦者始用事。自梁冀誅而權勢專歸宦者。

東漢外戚權勢，以鄧梁二氏爲尤盛。鄧家累世寵貴，封侯者二十九人，位至三公者二人，大將軍以下十三人，中二千石十四人，列校二十二人，州牧郡守四十八人，侍中將大夫郎謁者不計其數。然猶以漸致。梁冀一門前後七侯三皇后六貴人二大將軍，夫人女食邑稱君者七人，尙公主者三人，其餘卿將尹校五十七人。冀秉政二十餘年，跋扈無比。與桓帝謀殺梁冀五宦者，單超左琯徐璜具瑗唐衡，皆封侯，當時稱五侯，又稱左回天具獨坐徐臥虎唐兩墮，自後，宦者氣燄遂張，則實外戚有以助成之也。

此後則外朝名士與外戚相結以圖謀宦官，及何氏敗，袁紹（名士之領袖。）盡誅宦官，而漢亦亡。

外戚與宦官，其實都還是代表了王室的一部分，其來歷則原自西漢。

四　外戚參加入王室之由來

西漢初年，宗室功臣外戚，爲朝廷之三大系。

當西周時，外則封建，內則世卿，王室之與貴族，相去祇一間耳。秦則天下盡爲郡縣，舉國統於一王，天子世襲而丞相御史大夫以下不世襲，然後天子乃高高在上，其勢孤危易倒。漢鑒於秦亡之速，變更秦法，稍稍復古，故以宗室外戚功臣三系與王室相夾持而爲治。外既大封同姓爲王國，與郡縣相雜，內則丞相御史大夫諸要職，雖不世襲，而大例非列侯莫得當，則爲一階級所專有，體勢近於世襲。歷史進化以漸不以驟，古代貴族封建政體一變而爲平民的統一政府，廣土衆民，孤危之勢不足以持久，故外有封王，內有列侯，粗爲等次，以相扶護。猶嫌王室單微，則援用外戚以爲之輔。（高祖雖愛戚夫人趙王，而終不廢呂后惠帝者，以呂氏族大勢盛，呂后又久在兵間，身後緩急可依仗也。）呂后之卒，宗室功臣內外相結，鋤去諸呂，而迎立代王，（即文帝。）則利其外家勢弱，出中央功臣一系之意。其時則外戚一系勢最衰。文帝既立，潛移默運，外撫馴諸王，內調狎功臣，卒使王室漸尊漸安，漢室之終臻穩固，蓋非易也。吳楚七國亂後，宗室地位日削，（宗室祇宜封建，不宜輔政，以其地近而勢逼，封建政制既不能復活，則宗室地位自難再興。）功臣傳世漸久，亦不保其位，（世臣與封建相扶翼，封建既不可復，世襲之制，亦不足持久。）於是王室依仗乃惟有外戚。（如景帝平吳楚兼用周勃（功臣）竇嬰。（外戚）武帝初立，竇嬰田蚡繼相，皆外戚又漸得勢之徵。）

武帝以後，中朝（王室）外朝（政府）始分，於是宰相爲外朝領袖，（政府代表。）而大司馬大將軍爲內朝輔政，（王室代表。）其職（大司馬大將軍。）則胥由外戚爲之。

宰相其先本爲天子私臣。（宰者古代封建社會宗廟祭祀事前主宰牲之任，此非親貴莫當。既主祭職，故掌禮書，左傳命宰人出禮書，此即漢卿太常掌禮之祖也。然宰職雖高，實兼治膳。故周禮，天官太宰爲五官長，而其所屬，猶多宮中治膳之職。若膳夫庖人內饔外饔烹人獸人漁人鼈人腊人酒正酒人漿人籩人醢人醯人鹽人皆治庖宰之事。春秋時列國宰夫猶是庖人。左傳，宰人胹熊蹯不熟，國語，膳宰不致餼是也。宰從本職則爲庖人爲祭司，或從差遣則爲執政。孟子與呂氏春秋伊尹以割烹要湯，即庖人也。元人亦以宰膳爲親貴要職。可以證古制。臨祭主宰牲，平時則總理家務，是爲家宰。及化家爲國，則家宰成國宰矣。臨祭爲相，朝聘宴享盟會之禮亦爲相，化家爲國，則以家相爲國相矣。故宰相原係宗法社會中天子之宗屬私人也。）漢初宰相皆列侯爲之，此皆相互戮力以爭天下者，在當時亦爲皇帝之私人也。故御史大夫爲副丞相，而御史有中丞得治王宮之政令。此猶周禮天官冢宰，其屬官得統及皇帝內廷，此非古人立法之善，乃係當時王室與政府公私性質不分明也。（此則所謂朕即國家，以其去封建時代未遠也。）及武帝以下，宰相始由士人特起，漸有其尊嚴之地位，（此由宰相一職之意義言之。）而與王室亦漸分離，（此由賈誼敬禮大臣之論，及於公孫宏起徒步以經術爲相，大開東閣，延賓客賢士以與天子內廷侍從諸臣議論政事相往復，實爲宰相地位在意義上之一種變遷也。又按漢制丞相謁見，天子御坐爲起，乘輿爲下，有疾天子往問（均見翟方進傳注），薨則車駕往弔，其制不知起何時，似漢初並不爾。）而王室不得不仍有其私臣，（武帝初，嚴助朱買臣等皆以侍中貴幸用事，得與聞朝政，凡侍中左右曹，諸吏，散騎中常侍，尊加官（即兼差），漢代所謂中朝官者，皆是。武帝以之與外朝大臣辨論政事，蓋此輩猶爲皇帝之私人祕書也。於是遂有大司馬大將軍輔政之制，此制始武帝末年，以霍光爲大司馬大將軍輔政，蓋由新帝方幼，（昭帝。武帝又先殺昭帝生母，恐其居中用事。）宰相地位漸隆，與王室關係漸疏，而宰相之威望則轉不如前（以多平地特起而非貴冑世襲，武帝用相亦率取其易制，天下務初不關決。）以外戚輔政，正以彌補此缺陷也。於是中朝外朝判而爲二。大司馬，左右前後將軍，侍中，常侍，散騎諸吏爲中朝，丞相以下至六百石爲外朝（見劉輔傳孟康注）。霍光謂車千秋曰光治內，君侯治外，時光爲大將軍，千秋爲丞相也。霍光廢昌邑王而丞相楊敞事前不預知，光謂此內朝事即王室自身事。無關外朝也。內朝諸臣之領袖以大司馬大將軍爲號者，正見軍人本爲王室私屬，今已由軍人政府轉變爲士人政府，故軍職不爲外朝之丞相而爲內朝之輔政。以外戚爲之者，外戚有客觀之尊嚴而無世襲，以隨新天子爲轉移，其事最少弊。又內外朝既分，內朝用私臣，非宗室則必屬外戚矣。

封王，封建列侯，世卿漸次在政治上消失其地位，漢武以後的文治政府漸次形成，王室與政府漸次分開，此亦中國政制史上一大進步。而外戚卻由此得到他政治上的地位，只要政治情態一時不變更，則外戚地位繼續有其存在，故外戚擅政已起西漢，而尤以武帝以後爲甚。崔駰疏，漢興以至哀平，外家三十餘，保全者四家而已。東漢亦惟光武郭后陰后，明帝馬后無禍。所以不能懲前毖後，而覆轍相尋者，亦時代情態使然。

西漢外戚略表

- 呂后：呂產　呂祿呂后諸子。
- 武帝：竇嬰祖母竇太后諸子。　田蚡母王太后同母弟。　衛青衛后弟。　霍去病衛后姊子。　霍光去病弟。
- 宣帝：史高祖母史良娣弟。　許延壽許后諸父。
- 元帝：許嘉許延壽子。

成帝　許嘉許后父。　王鳳母王太后弟。　王音鳳從弟。　王根音弟。　王莽根兄子。

哀帝　傅喜祖母傅太后從弟。　丁明母丁太后弟。

平帝　王莽遂受漢禪。

光武中興，又減削外朝政府之權力，一移之內朝王室，於是外戚勢任愈大。

西漢雖以外戚輔政，而外朝丞相體尊，猶爲對峙之局，漢初以丞相主文，太尉主武，御史大夫爲丞相之副。武帝寵太尉爲大司馬主內朝，則丞相於外朝，爲獨尊也。王莽之篡，則以王氏久盛，王莽又自爲外朝所歸嚮故。光武躬親庶務，內朝尚書位微而權重，外廷三公並峙，以丞相爲司徒，太尉爲司馬（後又稱太尉），御史大夫爲司空，稱三公並列。而太尉公序在司徒公之上（此元帝時三公位已然）。僅有虛位無實權。東漢事無巨細，皆由尚書行下三公，或徑下九卿，故東漢九卿權亦重。故外戚用事於內，外朝卽無以相抗。

政府漸漸脫離王室而獨立，爲當時統一政府文治上之進步，王室削奪政府權任而以私關係的外戚代之，則顯然爲統一政府之墮落。

然外戚與宦官較，則外戚猶爲稍愈。

五　宦官參加王室之由來

西漢初年，王室政府界限不淸，而當時官吏組織中亦無宦者之特殊集團。

朝廷自皇帝以下，官吏最要者有三公九卿。

丞相　輔助天子，總理庶政。

御史大夫　副丞相。

太尉　丞相爲文官長，太尉爲武官長。

以上爲三公。

太常　掌宗廟禮儀，屬官有太樂，太祝，太宰，（主宰牲牢。）太史，太卜，大醫等，此爲天子宗廟之守官。太常始名奉常，蓋即奉嘗借字。（宰本百官之首，此乃以奉常爲九卿之長，猶其遺意也。）

光祿勛　掌宮殿掖門戶，屬官有大夫，郎，謁者等。大夫掌論議，郎掌守門戶，出充車騎，謁者掌賓讚受事。光祿即古言大麓，勛則閽也。古天子居山邱，則守門者居麓，故曰大麓，即猶後世之閽人。然則光祿勛爲天子守宮殿之官。

衞尉　掌宮門屯衞兵，屬官有公車司馬，衞士，旅賁等。旅賁，虎士成羣而奔也。衞尉與光祿勛同掌宮衞，惟衞尉乃武職，然則光祿勛猶大門房，而衞尉則爲衞隊長。九卿先廟祝而後門房衞隊，此古人敬祖尊先之義。

太僕　掌輿馬，皇帝居則需光祿勛衞尉之侍衞，出則需太僕之車馬，故以太僕次此三卿，皆主皇帝之生活。

廷尉　掌刑辟。

大鴻臚　掌諸歸化蠻夷。

宗正　掌宗屬。對皇帝有犯逆則歸廷尉，賓服則歸大鴻臚，先中國而後四夷，故廷尉在大鴻臚前。其同宗外戚則屬宗正，先公後私，故在廷尉大鴻臚後，此三卿皆主皇帝之交際。

大司農　掌穀貨，主田租之入，以給國家之公費。

少府　掌山海池澤之稅，以給天子之私供養。大司農爲大賬房，少府爲小賬房，此二卿皆主皇帝之財務。

以上爲九卿，論其性質均近於爲王室之家務官，乃皇帝之私臣，（乃私的僕隸。）而非國家之政務官，非政府正式之官吏。（非公的僚屬。）推而上之，可知宰相御史大夫太尉三公，其初實亦帝王私臣。（宰相太尉已論如前，御史者國策謂獻書於大王御史，又曰御史在後，執法在前，其先亦宮職，非府職，是家臣，非朝臣也。故昔人以丞相擬周禮中之太宰，以御史大夫擬小宰，以御史中丞少府尚書擬宰夫。少府之下有大長秋，則猶內宰也。）漢政本襲秦舊，（漢君臣來自田間，未能創建。）秦廷有些處脫不了古代貴族家庭的遺習，故秦漢初年政府有幾處亦只是一個家庭規模之擴大。

整個朝廷初從家庭狀態中蛻化而出，（尤其如九卿中之光祿勛與郎官。）那時自不需另要內廷私臣乃至於宦官。

宦官在當時與普通士人亦並不歧視，如趙高爲秦二世師，又爲郎中令。司馬遷受腐刑後乃爲中書令。蓋古者貴族階級之旁常有刑人服事執役，此等刑人或由俘虜，或因罪罰，而多半亦出貴族階級，有聰明技藝，故刑而用之，其地位較之工賈農牧一般平民爲高，稱曰宦者。宦本宦學仕宦，非惡稱也。

漢武以雄才大略獨攬事權，於是重用內朝尚書，（秦少府遣吏四人，在殿中主發書，謂之尚書。尚猶主也。漢初有六尚，屬少府，曰尚衣，尚冠，尚食，尚浴，尚席，尚書，可見其職位之卑，然皆由士人爲之，後世（除尚書外）則全變爲宦官之職矣。）奪宰相權。（其時則趙禹張湯等爲九卿，直接奏事，宰相束手。）

漢御史大夫有兩丞，（即兩副官。）一曰御史丞，一曰御史中丞。御史中丞亦謂御史中執法，居殿中，外督部刺史，內領侍御史十五人，受公卿奏事，舉劾案章。天子事下中丞而至大夫以及丞相。中丞屬於大夫，大夫職副丞相，故宮中事丞相無不可制。文景時丞相欲誅鄧通鼂錯，其權擬天子矣。武帝用尚書，中丞不得居中制事，侍御史部刺史皆廢。末年霍光爲大司馬領尚書事，號內府。宣帝中興，復舊制，魏相爲御史大夫，外遣丞相掾吏按事郡國，不遣中使，內則奏封事，不經尚書，去副，又加給事中得宴見而霍氏以敗。然元帝時，宦者石顯用事，丞相權復盡歸尚書。成帝時，何武建言設三公官，御史大夫改大司空，中丞遂爲御史臺長官，出居外臺。東漢中丞遂爲臺率，始專糾察之任，爲後世御史之職所防。漢初御史大夫副丞相而得統治宮中事，後世御史爲天子糾察百寮，蓋因政府與王室既分，則二者間權任自有移轉也。

晚年又用中書。

武帝晚年常宴遊內廷，不復多與士大夫接，遂用宦者主中書，（司馬遷曾爲之長。）典尚書章奏。元帝時遂有弘恭石顯，而宦者逐漸用事。（自御史至尚書，又自尚書至宦官，其間凡三折。）光武中興，宮中悉用奄人，不復參以士流，於是正式遂有一個宦官的集團。

東漢郎官已全爲郡國察舉孝廉到京待轉之一階，則自不能仍以爲皇帝內侍。王室與政府之性質既漸分判明晰，則光武之制實不爲非。光武又盡幷天下財賦於大司農，而少府遂專掌中服御諸物衣服寶貨珍膳之屬，此亦在王室政府逐漸分離下應有之調整。故自御史中丞出居外臺，光祿勛移至外朝變爲閒職，三署郎更不值事內廷，（魏以後即無三署郎，而光祿勳爲散官，自唐以後，三署郎全爲武職，而光祿寺掌膳食，皆與兩漢異。）少府不預聞天下賦稅財政，皆兩漢間政府組織與體統上之絕大改革也。（光武之病，在輕三公權任而移之尚書。）

宦官亦在當時王室與政府之判分下得到其地位。

一面是文治政府之演進，一般官吏漸漸脫離王室私人的資格而正式變成爲國家民衆服務的職位，一面則是王室與政府人士逐漸隔離而易趨腐化與墮落。

陳蕃諫桓帝，采女數千，食肉衣綺，脂油粉黛，不可貲計。荀爽諫桓帝，後宮采女五六千人，從官侍使復在其外。此與西漢初年恭儉爲治之王室，乃至東漢初年明章二帝以儒術自飭之王室，均迥乎不侔。東漢一代外戚宦官種種事變，亦惟表示此王室之日趨腐敗而已。

第十章　士族之新地位（東漢門第之興起）

在東漢政治上佔有地位的，一面是代表王室的外戚和宦官，另一面則是代表政府的新興士族。便是當時之所謂名士。

一　士族政治勢力之逐步澎漲

士人在政治上佔有地位，自西漢武宣以來，已逐步顯著，而到東漢益甚，這裏有幾層因緣。

一、朝廷帝王之極端提倡。

光武天鳳中至長安受尚書，略通大義，其自身本為王莽時代之太學生，故在軍中猶投戈講藝，息馬論道。（樊準語。）其一朝功臣，亦多屬儒生。鄧禹為光武同學，寇恂馮異馬援賈復祭遵耿弇諸人，大半皆通儒。光武子明帝及其同母弟東平王蒼，皆深受儒學之陶冶。明帝為太子時，師桓榮。（榮亦習尚書。）止宿宮中五年，薦門人胡憲侍講，始得出入。永平二年臨辟雍，引師桓榮及其弟子升堂，明帝自講說，諸儒執經問難，圜橋門聽講者萬數。章帝師張酺（酺亦習尚書，其祖父充，光武同學也。酺又師事桓榮，光武明章一家三代尚書之學，蓋深受王莽時代之影響。）元和二年東巡，張酺為東郡太守，進謁先備弟子禮，使張酺講尚書一篇，然後再修君臣禮。當時王室外戚功臣子弟，下及期門羽林之士，莫不受學。（匈奴亦遣子入學。）朝廷對儒術之極端提倡，較之西漢遠過。

二、民間儒業之普遍發展。

陳留劉昆治易，王莽世教授弟子恆五百餘人。南陽洼丹傳易，王莽時避世教授，徒衆數百人。樂安歐陽歙，八世爲博士，傳尚書，光武時爲汝南太守，在郡教授數百人，徵爲大司徒，發覺在汝南贓罪千餘萬，下獄，諸生爲求哀者千餘人，至有自髡剔者。平原禮震年十七，自繫求代死，書奏，歙已死獄中。贓罪至千餘萬，而爲之求哀者尚多至千餘人，可見當時儒生在社會地位之崇高。濟陰曹曾從歙受尚書，門徒三千人。樂安牟長少習歐陽尚書，諸生講學者常千餘人，著錄前後萬人。山陽丁恭習公羊嚴氏春秋，教授常數百人，建武時爲少府，諸生自遠方至，著錄數千人。北海甄宇習嚴氏春秋，教授常數百人。沛桓榮，少學長安，習歐陽尚書，事博士九江朱普，王莽篡位，乃歸，會朱普卒，榮奔喪九江，因留教授，徒衆數百人，後復客授江淮間。以上均見東漢書儒林傳。晉陽劉茂習禮經，教授常數百人，哀帝時察孝廉。東郡索盧放以尚書教授千餘人，更始時，以敢言顯名。（見獨行傳。）趙翼陔餘叢攷有兩漢時受學者皆赴京師條，謂及東漢中葉以後，學成而歸者各教授門徒，每一宿儒，門下著錄者至千百人，由是學遍天下。今以劉茂劉昆洼丹索盧放之事觀之，可知民間學風，自西漢哀平下迄王莽時已大盛，光武明章亦自受此等風氣之薰染也。其他又如范升，鄭興，（從劉歆講正左氏大義）陳元，（父欽爲王莽左氏師。）賈逵，（父徽從劉歆受左氏春秋，鄭賈學行數百年，爲諸儒宗。）杜林，（從張竦受學。）衞宏（從謝曼卿受毛詩），此等皆東漢初年大儒，皆成學在王莽世。

三、博士弟子額之日益增添。

博士弟子武帝初設僅五十人，昭帝時百人，宣帝末二百人，元帝好儒增至千人，成帝末至三千人，歲餘復如故。王莽秉政，奏起明堂辟雍靈臺，爲學者築舍萬區，五經博士領弟子員三百六十人，六經三十博士，弟子一萬八百人。主事高第侍講各二十四人，學士同舍，行無遠近皆隨檐雨，不塗足暑不暴首。

而尤要者則在當時之地方察舉以及公府徵辟制。

二　東漢之察舉與徵辟制度

地方察舉與公府徵辟，爲東漢士人入仕之兩途。此兩制皆起於西漢。兩漢的察舉制，大體可分爲在先的賢良與後起的孝廉兩大項。

漢廷每詔舉賢良方正能直言極諫之士，簡稱則曰賢良，其制初意，似仿戰國招賢，於世冑貲選外別開一格。（高帝十一年詔，賢士大夫有肯從我遊者，吾能尊顯之，即此制最先之濫觴也。文帝十五年始親策試。）此制無一定之期限，所舉大抵爲現任官。漢士頗慕應其選，一時號得人，如晁錯董仲舒嚴助公孫宏皆賢良也。漢詔又有舉明當世之務習先聖之術，（武元光五年。）茂材異等可爲將相及使絕域者，（元封五年。）文學高第，（昭元始五年。）明陰陽災異者，（元元初三年。）可充博士位者，（成陽朔二年。）勇猛知兵法者（元延元年。）等，皆可與賢良歸入一類，皆爲朝廷特意延訪此類人才也。孝廉爲孝子廉吏之簡稱，（武帝元光元年，初令郡國舉孝廉各一人，是爲漢室令舉孝廉之始，元朔元年詔，朕深詔執事，興廉舉孝，今或至闔郡而不薦一人，是化不下究，其議不舉者罪，可見舉孝興廉，係屬兩事。）乃由朝廷設意獎進此項風氣，與延訪人才諮詢政事之意各別。（宣帝地節三年詔，朕既並舉賢良方正，而俗化闕焉，其令郡國舉孝弟有行義者各一人，亦可證此意。）其先文帝十二年，已詔孝悌力田廉吏，朕甚嘉此，今萬家之縣，云無應令，豈實人情，於孝廉外復有力田一項。是年（文十二年。）並詔以戶口率置三老孝悌力田常員。蓋孝廉出於鄉官小吏，非有才學，恐不足以應天子之詔，故郡縣率不樂舉，而求應此選者亦少。（宣帝黃龍元年詔，舉廉吏，誠欲得其真，吏六百石，位大夫，毋得舉。可見漢廷意在獎進小吏，而郡國乃以大吏充數，而當時舉廉吏若已成例事，亦可於此詔中體味得之。）

至東漢初，則茂材孝廉定爲歲舉。

光武建武十二年詔三公舉茂材各一人，廉吏各二人。光祿歲舉茂材四行（一曰德行高妙，志節清白。二曰經明行修，能任博士。三曰明曉法律，足以決疑，能案章覆問，才任御史。四曰剛毅多略，遭事不惑，明足照姦，勇足決斷，才任三輔令。）各一人，察廉吏三人。中二千石歲察廉吏各一人。廷尉大司農各二人。將兵將軍歲察廉吏各二人。監察御史司隸州牧歲舉茂材各一人。（按詔中無孝，惟明帝時樊儵上疏，已有郡國舉孝廉，率取年少能報恩者之語，則似孝廉並舉，成爲例事，明帝時已然。）

循至歲以百數。

章帝建初元年詔，刺史守相，不明眞僞，茂材孝廉，歲以百數。二年陳事者多言郡國貢舉率非功次。則知其時郡國察舉，頗已多弊。

嗣後孝廉遂爲察舉惟一項目，遂至勒爲定額。

和帝時，大郡口五六十萬舉孝廉二人，小郡口二十萬幷有蠻夷者亦舉二人。帝以爲不均，丁鴻劉方上言，郡國率二十萬口歲舉孝廉一人，（本爲孝子廉吏，此則孝廉特爲貢舉之一目矣。）四十萬二人，上至百二十萬六人，不滿二十萬二歲一人，不滿十萬三歲一人。

又繼之以限年，並別標行能，加以考試。

順帝陽嘉元年，初令郡國舉孝廉，限年四十以上，諸生通章句，文吏能牋奏，乃得應選，其有茂材異行，不拘年齒。（按至是則儒生文吏茂材異行全與孝廉混幷不分矣。又諸生試家法，文吏課牋奏，則變薦舉爲課試，與舉孝興廉原意全違矣。）蓋其先以茂材異能訪人才，以孝子廉吏獎風俗，及孝廉漸成例舉，郎官雖無員，亦自有限，郡國各舉孝廉一人，歲已二百許人，自是孝廉獨行，諸科漸廢。又社會文風日開，郡縣吏亦多彬彬儒雅，雖孝廉之選，其實無異於茂材，人競趨之，惟求出路耳，不問其爲孝廉茂材也。遂至有請託舞弊，而朝廷亦以種種條件限之，亦惟求人才耳，不限於得孝廉也。限年之議，始自尚書左雄，雖與舉孝與廉原意不合，亦整頓選法之不獲已也。

逐步漸近於後世之科舉。

當時反對者有黃瓊胡廣張衡崔瑗等。然雄在尚書，天下不敢妄選，十餘年間號爲得人。其後黃瓊爲尚書令，以前左雄所上孝廉之選，專用儒學文吏，於取士之義猶有所遺，乃奏增孝悌及能從政者爲四科。至是則前漢賢良孝廉兩項目，已同歸入歲舉中，而不過統以孝廉目之而已。

此項制度之演進，一面使布衣下吏皆有政治上的出路，可以獎拔人才，鼓舞風氣。一面使全國各郡縣常得平均參加中央政局，對大一統政府之維繫，尤爲有效。而更要的，則在朝廷用人漸漸走上一個客觀的標準，使政府性質確然超出乎王室私關係之上而獨立。

與察舉制相輔並行的，尚有徵辟制。

兩漢二千石長吏皆可以自辟曹掾，而東漢公卿尤以辟士爲高。

選舉多循資格，辟召則每以高才重名躐等而升，故當時尤以辟召爲榮。崔實政論（北堂書鈔六十八引。）謂三府掾屬，位卑職重，及其取官，又多超卓，或期月而長州郡，或數年而至公卿。（崔語止此）於是名士養望，有被命不遽出，至五府俱辟，如黃瓊，四府並命，如陳紀者。（以外戚秉權者曰大將軍，以老臣錄尚書者爲太傅，並外朝三公，稱四府五府。）

亦有朝廷聞高名，直接辟召。

如樊英被徵初至，朝廷設壇席，待若神明。李固語。陳寔少從樊英遊。官僅太邱長，家居後，朝廷每三公缺，議者多歸之。太尉楊賜，司徒陳耽，每以寔未登大位而身先之自愧。鄭康成公車徵爲大司農，給安車一乘，所過長吏送迎。董卓徵荀爽，初拜平原相，途次又拜光祿勳，視事三日，策拜司空。自布衣至三公，凡九十五日。

此等制度，使在野的聲名，隱然有以凌駕於在朝的爵位之上，而政府亦得挾此自重，以與王室相頡頏。

在太平治安之世而有此等情形者，惟東漢及兩宋爲然。戰國列強紛爭，事當別論。秦漢創建大一統政府，以下王室高高在上，民衆遠隔在野，封建世臣之勢力取消，民間起布衣爲公卿，朝進暮退，所由得與數百年遞禪之王室爲抗衡者，魏晉南北朝以迄隋唐爲門第，東漢兩宋爲士風，元明清三代皆汲宋儒遺脈，而所得淺深不同。

自有此項制度之存在，而士人在政治上遂能佔有其地位。

三 太學清議

士人在政治社會上勢力之表現，最先則爲一種清議。

此種清議之力量，影響及於郡國之察舉與中央之徵辟，隱隱操握到士人進退之標準。

東漢自光武、明、章，雖云崇獎儒業，然光武勤治，明帝好吏事，風聲相勸，俗頗苛刻。明帝永平七年，以東海相宗均爲尚書令，均謂人曰：國家喜文法廉吏，以爲足以止姦，然文吏習爲欺謾，廉吏清在一己，無益百姓流亡，盜賊爲害也。

均欲叩頭爭之，時未可改也。久將自苦之，乃可言耳。章帝時，陳寵上疏，（建初元年。）主改前世苛俗。第五倫上疏，（建初二年。）亦謂光武承王莽後，加嚴猛爲政，因以成俗，是以郡國所舉，多辦職俗吏，不應寬博之選。王充論衡，亦極辨世俗常高文吏，賤下儒生之非。（程材篇。）稍後郡國察舉，漸移趨向。言事者謂郡國貢舉不以功次，（功次即朝廷法令標準也。）養虛名者（名即社會清議之所歸許也。）累進，故守職者益懈，而吏事凌遲。韋彪議曰，國以賢爲本，賢以孝爲行，（按彪傳謂其孝行純至，父母卒哀毀三年，不出廬寢，建武末舉孝廉，彼謂賢以孝爲行，直將西漢求賢一路并入獎孝之中，東漢孝廉獨盛，賢良漸廢，亦此等議論有以助成之也。）忠孝之人，治心近厚，鍛鍊之吏，治心近薄，故士雖不磨吏職，有行美材高者，不可純以閥閱取。（史記明其等曰閥，積功曰閱，閥閱即吏治成績也。韋彪傳此事在建初二年，後漢紀在元和元年，此據袁紀。）自是以往，東漢士風，競以名行相高，而郡國之察舉，中央之徵辟，亦隨一時清議爲轉移，直至東漢末葉，此風弗衰。

而清議勢力之成熟，尤其由於太學生之羣聚京師。

東漢自明帝雖宏獎儒教，然至安帝而儒風寖衰，其時博士倚席不講，朋徒相視怠玩，學舍穨敝。順帝更修黌舍，凡所造構二百四十房，一千八百五十室，至桓帝時，太學生三萬人。然漢武立五經博士，本爲通經致用，至宣帝時，博士之學已漸流於章句，（漢初治經，有訓詁，有傳，而無章句，學者常兼通，務求大義。章句之興，始於小夏侯（建）尚書。自有章句，乃有分經專治之家法。家法之起已晚，若早各恪守家法，則歐陽尚書之傳統下何來有大小夏侯。）至東漢而益甚，此即所謂今文學家法也。（西漢所謂古文，如史記言詩書古文之類，蓋通指五經，以別於後起之百家言，故謂之古文，其意猶云舊書也。劉歆爭立古文尚書毛詩左傳逸禮諸經，移書讓太常博士，曰其爲古文舊書，皆有徵驗。此亦爭其同，非故翹其異。正以非古文舊書（即爲後起百家言，）即不得在朝廷立博士。故劉歆言此諸書亦皆古文可徵驗也。迨王莽敗，光武興，劉歆所爭立諸經仍罷博士不立，於是乃指遵朝廷功令守博士家法者（即當時所立十四博士）爲今學，而以自相傳習兼治未立博士諸經者（即劉歆所爭諸種）爲古學。故今學皆有家法，守朝廷博士章句，古學則多云不守章句也。此兩漢今古學眞分別，清儒張皇其說而多誤。）章句繁瑣比傳，殊不足以饜賢俊之望，故博士至於倚席不講，學者或自遍謁名師，會通羣經，治求大義，如馬融鄭玄輩，則所謂古文家也。（古文家之爲學，大體上欲復反宣帝以前之舊門路，卽務兼通求大義是也。馬鄭則再從此工夫下創爲新章句，以簡當易舊章句之繁瑣比傳。然大多數居京師，目擊世事之黑暗污濁，轉移其興趣於政治社會實際問題，放言高論，則爲清議。

此輩太學生與朝廷大臣聲氣相通。

桓帝時，太學諸生三萬餘人，而郭林宗賈偉節爲其冠，並與李膺陳蕃王暢更相褒重。學中語曰，天下模楷李元禮膺。不畏強禦陳仲舉。蕃天下俊秀王叔茂。暢。按東漢行察舉徵辟之制，故重人倫品鑒，如天下模楷不畏強禦等語，皆襲當時品藻人物之格套也。

其言論意氣，往往足以轉移實際政治之推移。

苻融遊太學，師事少府李膺，膺夙性高簡，得通謁者稱爲登龍門。膺每見融，輒絕他賓客，聽其言論，融幅巾奮袖，談辭如雲，膺每捧手歎息。郭林宗始入京師，時人莫識，融介於李膺，由是知名。按史亦稱林宗善談論，美音制，既尙人物品藻，又學者羣集，不事編簡，則必因而尙談論。既尙談論，必牽連及於考究談吐之音節，又牽連而及於體貌之修飾，則如李固已見譏爲胡粉飾貌，搔頭弄姿，盤旋俯仰，從容冶步，爲後來曹植何晏輩之先聲。如是則譏評政俗之清議失敗後，極易轉而爲玄虛之清談，蓋一爲積極，一爲消極，其他全相似也。如孔融父孔公緒，卽以清談高論噓枯吹生見稱。（鄭太傳）而青州刺史焦和，亦見稱爲能清談。（臧洪傳）其他如馬融崔瑗之徒，亦開魏晉王衍一流之奢風。大抵三國以下人物風流，全已於東漢啓之。其時漢中晉文經梁國黃子艾，並恃才智，臥託養疾，洛中士大夫承聲坐門，猶不得見。三公辟召，輒以詢訪，隨其臧否以爲予奪。融到太學，并見李膺曰，二子行業無聞，特宜察焉。膺然之。二人自是名論漸衰，賓徒稍省，旬日之間，慚歎逃去。今按苻融郭泰之與晉王，雖智愚賢不肖有別，其以名士傾動天下，上足以與朝廷之祿位相抗衡，則一也。大抵東漢至桓靈之際，朝廷祿位已不如處士虛聲，社會重心在下不在上，此亦自秦統一以來世運一大轉變也。

朝廷有大議，例亦得預。

桓帝時，永壽三年。或言改鑄大錢，事下四府郡僚及太學能言之士，劉陶議云云。是其時太學生得與議朝政，乃與前漢博士同。

因此淸議在當時政治上有其不可侮之勢力，從此促成黨錮之獄。

四　黨錮之獄

黨錮由於朝士與宦官之衝突，而在黨錮獄以前，朝士與外戚衝突，早已循環發生過好幾次。外戚依附於王室，外朝士人地位不親接，正議徒招禍殃。往往一帝卽位，必袒外戚誅鋤朝士，逮朝士喪氣，外戚益橫，而舊帝崩，新帝立，與舊帝之外戚關係轉疏，乃自謀之宦官，此幾爲東漢前半段政治上一種循環狀態。如和帝時有郅壽，樂詠，皆以疏彈竇憲致死。袁安任隗韓棱丁鴻何敞張酺。皆以劾竇氏得罪，惟班固傅毅黨竇氏。安帝時有杜根以上書請鄧太后還政，盛以縑囊，於殿上撲殺，載出城外得蘇，逃爲宜城山中酒家保，積十五年，後鄧氏廢，杜根始起用。楊震翟酺陳忠，皆諫閻氏擅權不納，楊震爲之自殺。順帝時有張綱朱穆皇甫規皆諫梁氏擅權。陳蕃延篤，以殺梁冀賓客遷免，惟馬融爲冀作表，崔瑗亦黨冀。此等皆不畏強禦，耿耿忠直，以正氣大義與黑暗勢力相鬬爭，雖屢受摧挫，然士人勢力之逐步成長，實胥賴之。當時士大夫自有一段不可磨滅之精神，亦不可純由外面事態說之也。

及宦官勢盛，朝士爭彈對象，乃始轉向。

順帝時，孫程等徙遠縣，司徒掾周舉謂司徒朱倀，朝廷非程等豈立，如道路夭折，使上有殺功臣譏，倀遂諫止之。時稱五經縱橫周宣光，周亦名儒，自此以前，朝士尙有袒宦官者，及梁冀敗，宦者勢盛，朝士鋒鋩乃始轉嚮宦官。

惟東漢宦官勢力，不僅盤踞內廷，其子弟親黨布散州郡，亦得夤緣察舉，進身仕宦。李固順帝陽嘉初對詔書，禁侍中尙書中臣子弟，不得爲吏察孝廉，以其秉威權，容請託故也。而中常侍在日月之側，聲勢振天下，子弟祿仕，曾無限極，雖外託謙默，不干州郡，而諂僞之徒，望風進舉。

從此遞相攀引根枝纏結日益繁滋。故士族清流與宦人衝突，不限於中央而遍及州郡。

如濟北相滕延，捕殺侯覽段珪賓客，徵詣廷尉免。左悺兄勝爲河東太守，皮氏長趙岐卽棄官歸，唐衡兄玹爲京兆尹，將岐家屬宗親陷以重法盡殺之，岐逃難四方。此均在桓帝延熹三年。

而中朝外朝之別，又使與宦官與外戚同樣得蔭附王室，爲外朝權法所不及。

太尉楊秉奏誅侯參，覽兄 幷奏免覽官。書奏，尙書召對秉掾屬詰之曰，設官分職各有司存，三公統外，御史察內，今越奏近官經典漢制何所依據。秉以申屠嘉召詰鄧通爲對，桓帝不得已，爲免覽官。然此乃西漢文帝時故事，東漢自光武改制，公府外職，固不得問內廷事，帝自爲優容也。又按楊秉此次劾奏宦官仕人及子弟爲外官貪淫者，刺史郡守以下凡五十餘人，或死或免，可見當時宦官之惡遍天下矣。

因此宦官之勢乃非外朝士人之力所能摧陷廓清，名士不得不內結外戚，如陳蕃之與竇武，袁紹之與何進。而外戚到底亦爲一種腐敗的因襲體，名士遂終與之兩敗。

竇武傳，謂武在位，多辟名士，清身疾惡，禮賂不通，妻子衣食裁足，得兩宮賞賜，悉散與太學諸生。此特見竇武之與名士相結納耳。而陳蕃傳則記王甫讓蕃語，謂先帝桓新棄天下，山陵未成，竇武何功，兄弟父子，一門三侯。又多取掖庭宮人，作樂飲讌。旬月之間，貲財億計。公爲棟樑，枉撓阿黨，此可見竇家仍不脫外戚腐敗氣。恐所言非盡無據。陳蕃處士徐穉姜肱袁閎韋著李曇魏桓，皆不至。韋之言曰，後宮千數，其可損乎。廐馬萬匹，其可減乎。左右權豪，其可去乎？是其時王室腐敗已極，固非朝士所能彌縫。至何進不可依恃，更屬一時共知。

且名士對付宦官，態度亦自有過激處。

桓帝延熹八年李膺復拜司隸校尉。中常侍張讓弟朔，爲野王令，貪殘畏罪，逃匿讓家合柱中。膺率吏破柱取朔殺之。桓帝詰以不先請便加誅之意，此下遂有第一次之黨錮獄。事在延熹九年，張成以方技交通宦官，推占有赦令，教其子殺人，果遇赦，李膺竟殺之，成弟子牢修誣告膺善太學游士，交結生徒，誹訕朝廷，此兩事一則未請先誅，一則過赦仍殺，於膺皆不爲無失之過激也。此爲宦官與名士直接衝突之尖銳化。蓋至此名士已成團體，與以前零零碎碎出頭反對外戚者不同，而宦官亦借部黨之名。部黨始於甘陵南北部。桓帝師甘陵周福爲尚書，而同郡河南尹房植有名當朝，鄉人爲之謠曰，天下規矩房伯武，因師獲印周仲進，二家賓客互相譏揣，各樹朋徒，由是甘陵有南北部，而黨人之議自此始。牽連逮捕至二百餘人。翌年以竇武等表請赦歸，猶禁錮終身。靈帝即位，竇武陳蕃謀殺宦官不成，此爲外戚與名士同謀宦官之第一次。轉爲曹節王甫所殺。事在建寧元年，去第一次黨錮獄三年。翌年，建寧二年。遂有第二次黨錮之獄。事始山陽東部督郵張儉，舉劾中常侍侯覽，上書，爲覽遮截，卒不得上。儉行部逢覽母，呵不避路，竟使吏卒收殺之，追擒覽家屬賓客，死者百餘人，皆僵尸道路。伐其園宅，雞犬無餘。張儉此事更爲非理。靈帝以儉郡吏，不先請擅殺無辜，詔收儉，儉亡命，逃竄，所經歷皆伏誅。遂幷捕前黨李膺杜密范滂等百餘人，皆死獄中，附從者錮及五族。建寧四年又捕太學諸生千餘人，幷詔黨人門生故吏父兄子弟在位者皆免官禁錮，直至黃巾賊起，始得赦。在中平元年。又五年，中平六年。何進與袁紹等謀盡誅宦官，而董卓入京。此爲外戚與名士同謀宦官之第二次，而漢亦亡矣。

而漢代上下用法，本亦有過酷之弊。

漢襲秦舊，用法大嚴，以殊死爲輕典，獄吏以深竟黨與爲能事。西漢時，義縱爲定襄太守，獄中重罪二百餘人，及賓客昆弟私入相視者亦二百餘人，縱一切捕鞫，曰爲死罪解脫，是日皆報殺四百餘人。此雖極端之例，可見漢代刑法之一斑矣。故成瑨爲南陽太守，宛富賈張汎倚恃後宮中官之勢，功曹岑晊等勸瑨收捕，既而遇赦，瑨竟誅之，幷收其宗族賓客殺二百餘人後乃奏聞。此較之張儉之誅侯覽一家，同爲慘酷非人道。（在當時不自知也。）在名士正義一面者如此，在宦官惡勢力一面者可想。故張儉亡命所經歷伏重誅者數十家，至於宗親殲殄，郡縣殘破。（西漢亦每輕用族誅，如晁錯主父偃郭解諸人皆是。）雙方相激相盪，皆受用法不平之禍也。（又按東漢刑訊之酷，亦可駭人。獨行傳載楚王英坐反誅，其所疏天下名士，有會稽太守尹興，乃徵詣廷尉獄。其門下掾陸續，主簿梁宏，功曹史駟勳，及掾史五百餘人，詣洛陽詔獄就拷。諸吏不堪楚痛，死者大半。惟續宏勳拷掠五毒，肌肉消爛，終無異詞。又戴就仕郡倉曹掾，刺史歐陽參奏太守成公浮贓罪。遣部從事按之，收就於錢塘縣獄，幽囚拷掠，五毒慘至。又燒斧使就挾於肘腋，每上彭考，肉焦毀墮地，掇而食之。又令臥覆船下，以馬矢薰之，一夜二日不死。又復燒地，以大鍼刺指爪中，使以杷土，爪悉墮落，訖明公浮之誣，乃舍之。崔寔政論猶病漢治之寬，豈爲知病者。其後曹操父子頗欲以法治革漢弊，竟不永祚。及東晉以下，刑典始寬。就唐宋言，則唐重而宋輕，大體視士權之消長爲進退。）

積此數因，造成慘毒的黨錮之禍。人之云亡，邦國殄瘁，黑暗腐敗的漢王室，終於傾覆，依附於王室的外戚與宦官，亦同歸於盡。而名士勢力到底還可存在，便成此後之門第。大一統政府不能再建，（因無共戴之王室。）遂成士族多頭之局面。

五　門第之造成

士人在政治社會上勢力之表現，淸議之外，更要的則爲門第。

門第在東漢時已漸形成。

第一是因學術環境之不普遍，遂有家法，有師傳，學術授受有限，而有所謂累世經學。

其最著者莫如孔子一家之後，自伯魚子思以下，再五世孔順爲魏相。順子鮒，爲陳涉博士。鮒弟子襄，漢惠時博士，爲長沙太傅。襄孫武及安國。武子延年，安國延年皆武帝時博士。安國至臨淮太守。延年子霸，昭帝時博士，宣帝時為大中大夫。霸子光，歷成哀平三帝，官至御史大夫丞相。自霸至七世孫昱，卿相牧守五十三人，列侯七人，安國後亦世傳古文尚書毛詩有名。其次西漢大儒伏生，世傳經學，歷兩漢四百年。詳東漢伏湛傳。又次如東漢桓氏，自桓榮以下，一家三代為五帝師。榮授明帝，郁授章和，焉授安順，又焉兄孫彬，亦有名。

經學既為入仕之條件，於是又有所謂累世公卿。

累世公卿亦始西漢。如韋平再世宰相，韋賢，元成，父子相宣元。平當，平晏，亦父子繼相。于氏為兩世三公，父定國為丞相，其子永為御史大夫。時為僅事。東漢則有四世三公者為楊氏，楊震為太尉，子秉子賜（司徒）子彪凡四世皆為三公。又四世五公者為袁氏，袁安為司空，又為司徒，子敞及京，京子湯，湯子逢，逢弟隗，四世五公，比楊氏更多一公。氏族之盛，西漢較之蔑如矣。

累世經學與累世公卿，便造成士族傳襲的勢力，積久遂成門第。

門第造成之另一原因，則由於察舉制度之舞弊。

地方察舉權任太守，無客觀的標準，因此易於營私。一面是權門請託，一面是故舊報恩。兩者遞為因果，使天下仕途，漸漸走入一個特殊階級的手裏去。

明帝中元二年詔，已云選舉不實，權門請託。樊儵上言，則謂郡國舉孝廉，率取年少能報恩者，耆宿大賢，多見棄廢。

順帝時，河南尹田歆謂今當舉六孝廉，多得貴戚書命，不宜相違。欲自用一名士，上以報國，下以託子孫。遂舉种暠。

風俗通記南陽五世公為廣漢太守，與司徒長史段遼叔同歲。遼叔大子名舊，小子髡，到謂郡吏曰，太守與遼叔同歲，幸來臨郡，當舉其子。如得至後歲，貫魚之次，敬不有違。主簿柳對曰，舊不如髡。世公厲聲曰，丈夫相臨，兒女尚欲舉之，何謂高下之間。竟舉舊世公轉南陽，與東萊太守蔡伯起同歲，欲舉其子。伯起自乞子瓚尚弱，弟琰幸已成人。是歲舉琰，明年復舉瓚。瓚十四未可見衆，常稱病，到十八始出治劇平春長。上書臣甫弱冠，未任宰御，乞留宿衞。尚書劾奏增年受選，減年避劇，請免瓚官。此一事尤可見當時察舉情況也。

及門第勢力已成，他們遂變成變相的貴族。自東漢統一政府傾覆，遂變成變相之封建。長期的分崩離析，而中國史開始走上衰運。

六　東漢士族之風尚

東漢士大夫風習，為後世所推美。他們實有儘多優點，但細為分析，似乎東漢士大夫常見的幾許美德高行，不外如下列，其間都和當時的察舉制度有關係。

一、久喪。此為孝行。西漢重孝，尚少行三年喪者。東漢則謂他人父對舉主故將亦多行孝三年，而父母之喪有加倍服孝者。

三年之喪自西漢中葉始漸見推行。公孫宏後母卒，服喪三年。哀帝時，河間王良喪太后三年，為宗室儀表，益封萬戶。原涉父死，行喪冢廬三年，由是顯名京師。薛宣後母死，弟修為臨淄令，去官持服。宣為丞相，謂弟三年服少能行者。兄弟相駮，修遂竟服。綏和二年，詔博士弟子父母死予寧三年。平帝時，王莽令吏六百石以上皆服喪三年。見此制始重，已在西漢末年。東漢則行喪三年為常事，甚有加倍服喪者。光武子東海王臻，喪母服闋，又追念喪父時幼小，哀禮有闕，乃重行喪制，袁紹母死去官，三年禮畢，追感幼孤，又行父喪。甚至有行服二十餘年者。青州民趙宣，葬親不閉埏隧，居其中，行服二十餘年，鄉里稱孝。然五子皆服中生。陳蕃致其罪。孔融殺父死墓哭不哀者。其變乃有阮籍臨喪食肉，上與戴良同風。（見范書逸民傳）

二、讓爵。父有高爵，長子應襲，逃避不受，以讓其弟。

此亦始西漢，韋賢卒，子玄成讓爵於庶兄宏。宣帝高其節，許之。東漢更多見。如鄧彪，劉愷，桓郁，丁鴻，郭賀，徐賀，皆是。蓋時重孝廉，讓爵推財，則孝與廉兼盡矣，故人爭慕為之。然讓者固高，受者斯卑。臨深為峻，以人之汚形己之潔，實非平道。范蔚宗丁鴻傳論已譏之。

三、推財。兄弟異財析居，推多取少。讓爵推財，同為推孝以及弟也。其人如薛包建光（安）中，徵拜侍中，稱疾，賜告歸，蓋恬退人也。李充家貧，兄弟六人，同食遞衣。妻白有私財，願思分異。充偽酬曰，如欲別居，當醞酒具會。婦信充，置酒宴客。充乃跪白母遣斥其妻。延平（殤）中，詔舉隱士大儒，務取高行，以勸後進，特徵為博士。充以異析為不義，何不開譬其妻。妻設不淑，亦不當偽許，借斥其妻，而博高名，似非中和之道。而故相反者有許武。太守第五倫舉為孝廉，武以二弟晏普未顯，欲令成名，於是分財三分，自取肥田廣宅，奴婢彊者，二弟所得悉劣少。鄉人皆稱弟克讓。晏等以此並得選舉。武乃會宗親泣白其事，所理產增三倍，悉以推二弟。今按許武之為弟謀賢矣，然當時自為謀而推財讓產者，當亦不乏也。

四、避聘。避聘不就，以讓親屬，則與讓爵推財，迹異心同。如劉矩以叔父叔遼未得仕進，遂絕州郡之命，太尉朱寵太傅桓焉嘉其志義，叔遼以此為諸公所辟，拜議郎，矩乃舉孝廉。魯恭亦憐弟丕小，欲先就其名，託疾不仕，郡數以禮請，謝不肯應。皆與讓爵推財，迹異心同也。至其他卻聘為高者，不勝具舉。

五、報仇。家庭有仇怨，奮身圖報，此亦孝弟之激發也。其事如崔瑗兄為人害，手刃報讎，亡去。魏朗兄為人害，朗白日操刃，殺其人於縣中。蘇不韋父謙為司隸校尉李暠按罪死獄中，不韋與賓客掘地道至暠寢室，值暠如廁，殺其妾與子，又疾馳至暠父墓，掘得其父頭以祭父。等，古者刑不上大夫，故貴族階級相互有隙，不得直於法庭，則以私鬭決之。墨家非禮亦非鬭，儒家重禮故不非鬭，故荀子謂狗彘尚有鬭。然至秦漢以下，自可訴於官，不理於官而輒自讐殺，此為慕古而失其意矣。

六、借交報仇。朋友有仇怨，亦許身代報，此推己孝弟以及人也。其事如何容友有父讎未報，將死，泣訴於容，容即為復讎，以頭祭其父墓。郅惲惲友父讎未報，病將死，對惲欷歔，惲將賓客殺其人，以頭示友，友見而氣絕。等。禮有之，父母在，不許友以死，則父母而亡，固可以死許友，以死許友，卽指借交報仇也。

七、報恩。此皆故吏對舉主，弟子對業師，移孝作忠，亦家庭道德之推擴也。此又分兩類。

一、急難。舉主業師有患難，挺身護救。

其事如李固弟子郭亮，固被戮，亮負斧鑕上書，請收固尸。杜喬故掾楊匡，喬被戮，匡守護其尸不去。第五種門下掾孫斌，種劾宦官單超兄子匡，坐徙朔方，朔方太守董援，乃超外孫，斌知種往必遇害，格殺送吏，與種俱逃。劉瓆郡吏王充，瓆考殺小黃門趙津下獄死，充爲瓆郡吏，送喪還，終畢三年乃歸。劉君吏公孫瓚。詳下。而廉范之於鄧融，尤爲壯烈。隴西太守鄧融，在職不稱，廉范爲功曹，知其必獲罪，乃謝去，融甚望之。范改姓名，求爲廷尉卒，無何，融果徵下獄，范衞侍異常，融曰，卿何類我功曹，范曰，君誤耳，非也。融繫出困病，范隨養視，及死，終不自言，身將車送喪至南陽，葬畢而去。今按廉范尙在東漢早年，又前如沛人趙孝，彭城人劉平，北海淳于人淳于恭，此等皆在王莽時，信古而陷於愚，勵誠而幾於僞，正與王莽上下相應。此等立節敦行之風，蓋自王莽世已然，並不爲受光武提倡。光武實亦自受當時風氣之影響也。自此演愈而烈，如廉范事儘難能，然終似非正辦。

二、服喪。舉主故將死，爲之服喪。

如李恂樂恢爲郡將，荀爽爲舉主，袁逢舉爽不應，逢卒，爲服喪三年。侯苞馮胄爲業師等。並有棄官行喪者，如吳匡，風俗通宏農太守吳匡爲黃瓊所舉，班詔勸耕，道聞瓊薨，卽發喪制服，上病還府。論之曰，剖符守境，勸民耕桑，肆省冤疑，和解仇怨，國之大事，而猥顧私恩，若宮車晏駕，何以過茲。論者不察而歸之厚，若此類者非一。傅燮桓典等。又崔寔以期喪去官，荀攸祖父曇卒，故吏求守墓，推問乃殺人亡命。

八、清節一介不取，推財與人。東漢重廉吏，社會亦尙廉節。

如廉范父客死於蜀，范年十五，入蜀迎喪，其父故吏太守張穆資送，不受，船觸石破沒幾死，穆追送前資，竟不受。范家入蜀，以良田百餘頃屬故吏毛仲，范歸，仲子奉仲遺命以田歸范；范以物無常主，在人卽有，悉推田與之。今按范自守甚高，然推田與毛，似屬矯情，並非愛人以德也。肅宗崩，范奔赴，廬江郡掾嚴麟奉章弔國，乘小車，塗深馬死，不能自進，范命從騎下馬與之，不告而去。麟事畢，不知馬所歸，乃緣蹤訪之。此見當時風尙已成，故人盡勉爲而不自覺。或曰當是廉叔度，麟卽牽馬造門謝而歸之。种暠父早亡，有財三千萬，暠以賑鄉里貧者，遂知名。范冉。受業於樊英，馬融。史稱好違時絕俗，爲激詭之行。看姊病，姊設食，冉留錢二百。此等良可詫矣。袁奉高不修異操而致名當時，爲可貴矣。

其他高節異行不勝舉。大體論之，則東漢士風，亦自有其缺點。一則在於過分看重道德。道德自爲人生不可缺少之要素，然亦只是人生中一端。過分看重，不免流弊。譬如健康，亦人生一要端，若其人惟一看重健康，卽不免種種流弊也。過分看重道德之流弊，又可分兩端言之。一則道德乃人人普遍所應有，並非可以爭高鬬勝。道德乃起馬條件，非終極標準。人不應不道德（此乃消極的嚴重性，）却不能定要比人更道德。（積極的便成不自然性。） 若專以道德來分別人高下，便造成社會上種種過高非常不近人情的行爲，而其弊且導人入於虛僞。宋蘇軾謂上以孝取人，則勇者割股，怯者廬墓。上以廉取人，則弊車羸馬，惡衣菲食，是也。 二則道德乃事事各具的一種可循之軌轍。若做事太看重道德，便流於重形式虛名而忽略了內容與實際。將軍死綏，亦是一種道德。若過重道德，或只重道德，則往往可以軍隊尚未徹底敗北，而早圖從容自殺，忘了最後的反鬬。漢士人名列黨錮，束手就縛，自覺心安理得，亦是同樣心理。

二則東漢士人的道德意義似嫌偏狹。

他們似乎只注重個人家庭和朋友，而忽略了社會和國家。西漢儒生頌莽功德，要求漢室讓位，從君臣私人的友誼論爲不道德，從對社會國家全體論，未見其爲不道德。卽如王莽劉歆，後人皆以不道德目之，皆受東漢人影響也。 孝與廉爲東漢士人道德之大節目。然此二者全屬個人和家庭的，非國家和社會的。廉只是消極的。爲吏不可不廉，不能僅廉而止。 不孝不廉固然不夠做人和從政的標準，然只是孝廉，亦不夠得做人和從政的條件。

因東漢士人只看重形式的道德，不看重事實的效果，所以名士勢力日大，而終不能剷除宦官的惡勢力。及袁紹盡誅宦官，而事已潰爛，不可收拾。

因東漢人只看重私人和家庭的道德，故王室傾覆後，再不能重建一共戴的中央，而走入魏晉以下之衰運。

然東漢士人正還有一種共遵的道德，有一種足令後世敬仰的精神，所以王室雖傾，天下雖亂，而他們到底做了中流砥柱，個別的保存了他們門第的勢力和地位。

第十一章　統一政府之對外 秦漢國力與對外形勢

中國自秦漢統一，大體上始確定了國家之版圖，摶成了國家之民族，中國史亦遂開始有其對外問題。以前只是中國內地華夷雜處部族相爭，不成爲對外。

中國以民族之優秀，疆土之超越，使中國國力常卓然高出於四圍外族之上。因此中國史上對外之勝負強弱，幾乎完全視國內政治爲轉移。外患只是內政動亂所招致之一種事態。嚴格言之，只要國內政治有辦法，國外絕不足患。

講述中國史上歷來之外患，毋寧應該多注意於國內之自身。

一　兩漢國力之比較

兩漢是中國史上第一次因統一而臻國力全盛之時期，但因種種關係，東漢國力已不如西漢。

先就建都而論。

中國古史活動場面，大體上主要的在黃河流域。其西部上游武力較優，東部下流則文化經濟較勝。此種形勢，自虞夏殷周直到秦幷六國皆然。

西漢承秦而都關中，長安爲全國之頭目，東方的文化經濟不斷向西輸送，使與西方武力相凝合，而接著再從長安向西北伸展，驅逐匈奴，開通西域。西漢的立國姿態，常是協調的，動的，進取的。

光武中興，關中殘破，因王莽末年乃至更始赤眉的大騷擾。改都洛陽，從此東方的經濟文化不免停滯，不再向此移動，中國國力以政治推動則常向西北發展，由外寇強敵所在也。此如西漢與唐皆是。若社會自由進展，則常向東南，以氣候較佳，土壤較肥，又無強敵臨前，如東漢宋明皆是。而西方武力失其營衞，亦不免於轉弱。因而雖小小的西羌，竟成東漢西邊之大患。

東西兩方人口密度不調節社會經濟易生動搖，正如在一端極熱一端極冷的不調和空氣下激起了大旋風，東漢國運遂於東方的饑荒黃巾與西方的變畔涼州兵與董卓。兩種勢力衝盪下斷送。東漢的立國姿態，可以說常是偏枯的，靜的，退守的。

此乃兩漢國力盛衰一總關鍵。

自秦以及西漢，都有大規模的向西移民。

秦徙東方大族十二萬戶於咸陽。漢高祖又徙楚昭屈景齊田及燕趙韓魏諸強族於關中。文帝聽晁錯謀移民實邊。武帝徙關東貧民於隴西北地西河上郡會稽一次凡七十餘萬。

漢諸帝並有陵寢徙民的制度。

景帝五年作陽陵，募民徙陵，戶賜錢二十萬。武帝初置茂陵，賜徙者戶錢二十萬，田二頃。昭帝爲母起雲陵，募徙者賜錢田宅。此僅徙民，不皆富人也。帝又徙三輔富人平陵，始專徙富人矣。宣帝募吏民貲百萬以上徙於昭帝平陵，以水衡錢爲起第宅。宣帝自作杜陵，徙丞相下將軍列侯吏二千石貲百萬以上者，則爲高官矣。元帝築壽陵，乃勿徙，曰今所爲陵，勿置縣邑。成帝爲昌陵，又徙郡國豪傑貲五百萬以上者。哀帝作義陵，又詔勿徙。帝王厚葬固非美事，然漢都長安，屢移東方戶口實之，主父偃謂茂陵初立，天下豪傑兼并之家皆可徙茂陵，內實京師，外消姦猾，此與秦徙東方大族用意正同。惟長安充實而後西北武功得繼續發展，不如東漢一有邊警，即議棄并涼，棄三輔。故前漢奪朔方開河西，而匈奴西域皆服，東漢視關陝如塞外，而羌禍遂日蔓延。東方食少而有黃巾，西邊多事而有董卓，此誠兩漢興亡一大關鍵也。

至東漢便不然。

東漢諸儒，對邊防空虛，亦屢有論奏。虞詡請復三郡疏，謂禹貢雍州之域，厥田上上，沃野千里，穀稼殷積。又有龜茲鹽池以為民利，水草豐美，土宜產牧，牛馬銜尾，羣羊塞道。因渠以溉，水舂河漕，用功省少，而軍糧饒足。故孝武皇帝及光武築朔方，開西河，置上郡，皆為此。衆羌內潰，郡縣兵荒二十餘年，三郡未復，園陵單外，公卿選懦，容頭過身，張解設難，但計所費，不圖其安。時在順帝永建四年。前因羌寇徙隴西安定北地上郡四郡，此言復三郡，當以隴西尚遠，故未及之。書奏，漢廷始復三郡。又崔寔政論，謂古有移人通財，今青徐兗冀人稠土狹，不足相供，而三輔左右及涼幽州內附近郡，皆土曠人稀，厥田宜稼，皆不墾發。人情安土重遷，寧就饑餒，猶羣羊聚畜，須主者牧養處置。置之茂草，則肥澤繁息，置之磽鹵，則零丁耗減。又仲長統昌言損益篇，諸夏有十畝共桑之迫，遠州有曠野不發之田，世俗安土，有死無去，君長不使，誰能自往。蔡邕上封事陳政要，謂幽州突騎，冀州強弩，為天下精兵，四方有事，未嘗不取辦於二州。頃連年荒饉，穀價一斛至六七百，故護烏桓校尉夏育出征鮮卑，無功而還，士馬死傷，弓兵散亡殆盡。據蔡文，東漢末葉，幽冀二州均見荒殘，崔氏政論則幽已荒曠，而冀尚稠實。東漢邊區凋荒，蓋自西北逐步侵向東北矣。相當於移民運動者，尚有築路開渠墾殖諸端，亦西漢盛而後漢衰。史漢皆志溝洫河渠而范書無之。

茲略舉兩漢西北邊區戶口變動顯著的數字如下：

（一）關中三輔

三輔名	西漢戶口及轄縣數（地理志平帝元始二年）			東漢戶口及轄縣數（郡國志順帝永和五年）		
	戶	口	轄縣	戶	口	轄縣
京兆	一九五七〇二	六八二四六八	一二	五三二九九	二八五五七四	一〇
馮翊	二三五一〇一	九一七八二二	二四	三七〇九〇	一四五一九五	一三
扶風	二一六三七七	八三六〇七〇	二一	一七三五二	九三〇九一	一五
合計	六四七一八四	一四三六三六〇	五七	一〇七六四一	五二三八六〇	三八

蔡邕京兆尹樊陵頌碑，長陵前漢戶五萬，口十七萬，王莽後十不存一，至光和（靈帝）領戶不盈四千。

（二）西北沿邊諸郡

郡名	西漢戶口及轄縣數			東漢戶口及轄縣數		
	戶	口	轄縣	戶	口	轄縣
遼東	五五九七二	二七二五三九	一八	六四一五八	八一七一四	一一
遼西	七二六五四	三五二三二五	一八	一四一五〇	八一七一四	五
右北平	六六六八九	三二〇七八〇	一六	九一七〇	五三四七五	四
漁陽	六八八〇二	二六四一一六	一二	六八四五六	四三五七四〇	九

	戶	口		戶	口	
上谷	三六〇〇八	一一七七六二	一五	一〇三五二	五一二〇四	八
代	五六七七一	二七八七五四	一八	二〇一二三	一二六一八八	一一
雁門	七三一三八	二九三四五四	一四	三一八六二	二四九〇〇〇	一四
定襄	三八五五九	一六三一四四	一二	三一五三	一三五七一	五
雲中	三八三〇三	一七三二七〇	一一	五三五一	二六四三〇	一一
五原	三九三二二	二三一三二八	一六	四六六七	二二九五七	一〇
朔方	三四三三八	一三六六二八	一〇	一九八七	七八四三	六
西河	一三六三九〇	六九八八三六	三六	五六九八	二〇八三六	一三
上郡	一〇三六八〇	六〇六六五八	二三	五一六九	二八五九九	一〇
北地	六四四六一	二一〇六八八	一九	三一二二	一八六三七	六
金城	三八四七	一四九六四八	一三	三八五八	一八九四七	一〇
武威	一七五八一	七六四一九	一〇	一〇〇四三	三四二二六	一四
張掖	二四三五二	八八七三一	一〇	四六五六	一六九五二	八
酒泉	一八一三七	七六七二六	九	一二七〇六	未詳	九
敦煌	一一二〇〇	三八三三五	六	七四八	二九一七〇	六

右表惟漁陽略增，餘均銳減。敦煌一郡六城，僅有七百餘戶，尤覺荒涼。

東漢邊郡荒殘至此，此又東漢國力不如西漢一大原因。東漢人口較西漢特見激增者，一爲今湖南江西兩省，一爲今河南南部南陽一帶，其次爲江蘇三吳平野。郡國轄縣亦三輔邊郡皆激減而長江流域縣數有增。

再就人才言之。

西漢適當古代貴族階級破壞之後，各色人物平流競進，並無階資，亦無流品。即以漢武一朝言，儒生如公孫宏兒寬，大將如衞青霍去病，李廣，理財如桑弘羊，司法如張湯，出使如張騫，蘇武。大抵是一個雜色的局面。東漢則漸漸從雜色的轉變成清一色，即以光武一朝論，其雲臺十八將已大半是書生出身，此種轉變，已起西漢末葉。西漢儒吏未分，賢能儒雅不嫌以吏進，東漢吏職漸輕而尊辟舉。西漢文武一道，大臣韓安國之徒亦出守邊，東漢流品始分，故劉巴輕張飛。人才走歸一路，為東漢國力向衰之又一原因。其他次要者不列舉。

西漢用人不分流品，視其才能勳績等而上之，無有限格。張釋之十年不得調，揚雄三十不徙官，賈誼超遷歲中至太中大夫，公孫宏徒步數年至宰相封侯。王仲翁大將軍長史，三歲至光祿大夫。亦不如後世資歷之嚴。然其入仕之始，亦自有品節。其以明經文學進者，多除博士或大夫侍中，如嚴助朱買臣疏廣平當之徒是也。其以材武勇猛進者，率除太僕或中郎將驂乘，如夏侯嬰公孫賀衞綰之徒是也。張湯以法律進，則始為內史，後為廷尉，皆法官也。黃霸以入粟補官，則始為卒史，後為均輸長，皆掌財也。然其始雖有分別，而積功累勳則無不可任。此種風氣，東漢後漸不可見。經魏晉南北朝以至隋唐而後有所謂流品之目。太宗置官品令，謂房玄齡曰，朕設此官員以待賢士，工商雜色之流，假令術踰儕類，止可厚給財物，不可授之官秩。貞觀六年馬周疏，致化之道，在於求賢審官，為政之本，必於揚清激濁。王長通白明達本自樂工，韋槃提斛斯正則獨解調馬，豈得列在士流，超受官爵。貞觀十二年褚遂良疏，為政之本，在於擇人。漢家以明經拜職，或四科辟召，市井子孫，不居官吏。大唐制令，憲章古昔，商賈之人亦不居官位。此皆所謂流品之辨也。惟金元淺化，頗不知此。然唐代適當南北混一之際，其一時人才亦頗不拘一格，至宋則又有清一色之趨勢。唐宋國力進退，正猶兩漢之比也。

中國史上的外患因地勢及氣候關係，其主要者常在北方。

北方自成一大平原，其居民易於團結，又北地高寒苦瘠，其居民強悍而常思南侵。西南山嶺崎嶇，其居民散隔，不易團結，又地氣溫暖，生活較易自給，足以減其侵略之野心。

秦漢大敵便是北方之匈奴。

史記匈奴傳：匈奴夏后氏之苗裔，其說信否不可詳論。又謂唐虞以上有山戎獫狁葷粥，居於北蠻，隨畜牧而轉移。獫狁葷粥匈奴蓋一音異譯，又稱昆夷犬夷，則胡之音轉。此族蓋自古即與漢族雜居於大河流域者。迭經驅攘，至戰國晚季，遂有圍繞於秦趙燕三國外之諸戎。史記匈奴傳謂自隴以西有緜諸緄戎今甘肅天水縣。翟獂之戎。在今陝西南鄭縣。岐梁山涇漆以北有義渠，今甘肅寧縣慶陽縣。大荔今陝西大荔縣。烏氏今甘肅涇川縣。朐衍之戎。今甘肅靈武縣。而晉北有林胡，今陝西馬邑縣。樓煩之戎。今山西嵐縣。燕北有東胡山戎。各分散居谿谷，自有君長，往往而聚百有餘戎，莫能相一，是也。按史記秦厲公十六年，伐大荔，取王城。又秦惠王時，拔義渠二十五城。昭王時，義渠始滅。則義渠大荔西北諸戎，在戰國初年均已城郭化矣。東北諸狄之城郭化，已詳前春秋章。又如趙襄子滅代，魏文侯滅中山，皆城郭國也。此諸族之見幷於中國而同化者必不少，其奔迸外竄者，則失其城郭耕稼之新化，而復歸於遊牧之故習，此如春秋時山戎皆徒步作戰，及戰國晚年趙武靈王乃以騎射破林胡樓煩。民族演化未深，其生活極易受環境之支配而轉變也。（如匈奴郅支單于西遷，乃爲城居，元人爲明所驅，仍返遊牧是也。）

逮中國秦代統一，而北方諸族亦逐次統一於匈奴。若如上說，則秦漢與匈奴之對峙，特爲虞夏商周以來中國華夷雜處局面之正式剖分，即耕稼與游牧兩種文化方式之各自判劃獨立，而民族血統之最先統系之爲同爲異，轉非所重也，史記以匈奴爲夏後，氏羌爲姜姓，皆可以是觀之。

秦始皇對付匈奴采用一種驅逐政策。

秦始皇三十二年，統一政府完成後之六年。使將軍蒙恬北擊胡，斥逐匈奴，悉收河南地。河套以南。因河爲塞，築四十四縣城臨河，徙謫戍充之。漢侯應議罷邊塞事曰，北邊塞外有陰山，東西千餘里，草木茂盛，多禽獸，冒頓單于依阻其中，治作弓矢，來出爲寇，是其苑囿也。據是則漢初匈奴居陰山中，本居河南，平夷無險，至是則依山爲阻。又通直道自九原。河套 至雲陽，陝西淳化北。又渡河據陽山北假中。

漢高祖以一時輕敵致敗，冒頓佯敗誘漢兵，漢悉兵三十二萬北逐之，多步兵，高祖先至平城，步兵未盡到，匈奴縱精騎四十萬圍高祖於白登，白登在今大同東。遂聽婁敬策以和親爲綏和。

匈奴之對中國，一時尙無政治上統治之野心，故高祖見圍而得脫。其舉衆入塞，所重在經濟財物之掠奪。和親政策之後面，卽爲賄賂與通商。藉胡漢通婚之名義，匈奴上層貴族，每年既得漢廷之贈遺，其下層民衆，亦得定期叩塞貿易。其物質上之需要既滿足，亦可暫時解消其武力侵略之慾望。此所謂明和親約束，厚遇，通關市饒給之，其時匈奴所尤需者，爲酒米繒絮之類。

但和親政策終於不可久。

文帝時，宦人中行說降匈奴，教之曰，匈奴人衆，不能當漢一大郡，然所以強之者，以衣食異，無仰於漢也。今單于變俗，好漢物，漢物不過什二，則匈奴盡歸於漢矣。其得漢繒絮，以馳草棘中，衣袴皆裂弊，以視不如旃裘之堅善也。得漢食物皆去之，以視不如湩酪之便美也。然衣食美惡，人情所同，中行說欲強返芻豢於茹毛飮血，其事必不可能。

匈奴既知通商之失利，苟漢邊防稍疏，仍必出於掠奪。而漢國力充盈，自亦不甘出此屈辱而不徹底的和親政策也。

漢匈奴一旦破裂，則漢之形勢實利攻而不利守。

漢與匈奴邊界遼闊，匈奴飄忽無定居，乘我秋冬農稼畢收，彼亦馬肥弓勁，秋高則馬壯，風勁則弓燥。入塞侵掠，攻者一點，防者千里。中國弊於奔命。就匈奴全國壯丁言，不出三十萬，史記稱匈奴控弦之士三十餘萬，又云自左右賢王以下至當戶，大者萬餘騎，小者數千，凡二十四長，立號曰萬騎。又曰士力能彎弓，盡爲甲騎，則匈奴騎士至多不越三十萬也。壯丁盡爲甲騎不出三十萬，以五口一壯丁計之，匈奴全部人口不出百五十萬，故中行說謂匈奴人衆不能當漢一郡。其社會組織並不如中國之強韌，則可以尋其主力一擊而破此所謂一勞永逸。較之消極的防禦爲利多矣。大抵中國史上對外問題，莫不然也。

於是遂先有漢武帝之誘敵政策。

事在元光二年，用王恢策，使馬邑人聶翁壹闌出物與匈奴交易，陽爲賣馬邑城誘單于，漢伏兵三十萬馬邑旁，單于覺而去，自是遂失和。史稱馬邑之謀。

誘敵政策失敗，於是不得不大張撻伐，開塞出擊。

漢匈奴失和以來，彼大寇邊凡十六七，此大出兵亦十五六，大抵彼先發此應之，則匈奴勢尙強，未可驟服也。匈奴統於一單于，並亦父子世襲，其政治組織，已相當進步，中行說教單于左右疏記，以計識其人衆畜數，漢與單于書以尺一牘，中行說令單于以尺二寸牘，及印封皆令廣長大，今傳有匈奴相邦印，形制文字，均類先秦，然則並知用漢文，其文化程度，當不甚低，較之唐初突厥，爲不侔矣。

漢擊匈奴，采用兩種步驟。一是遠出東西兩翼，造成大包圍形勢，以絕其經濟上之供給與援助。

匈奴諸左王將居東方，直上谷今河北懷來境。以東，接濊貉朝鮮，右王將居西方，直上郡今陝西膚施境。以西，接氐羌，而單于庭直代今山西大同。雲中今綏遠托克托境。又云冒頓子老上單于擊破西域，置僮僕都尉，賦稅諸國，取富給焉。匈奴破西域在漢文三四年間。漢置蒼海郡，在元朔元年，馬邑之謀後五年。張騫使西域，在元狩元年。馬邑之謀後十一年。

一是正面打擊其主力。

大者在元朔二年衛青之取河南地，築朔方郡，遂復繕故秦時蒙恬所爲塞，因河爲固。徙民朔方凡十萬口。是時漢都長安，匈奴據河套，實爲最大壓追，自是始無烽火通甘泉之警。又按漢匈奴東西橫亙，匈奴單于庭偏在東，漢都長安偏在西，故匈奴利於東侵，漢便於西出。漢旣城朔方，而同時棄上谷之造陽地予胡，此爲漢廷決計改取攻勢後之策略。此後匈奴西部遂大受威脅。後六年元狩二年。匈奴西方渾邪王殺休屠王降漢，漢以其地爲武威酒泉郡，後分武威爲張掖，酒泉爲敦煌，在元鼎六年，此爲河西四郡，遂開漢通西域之道，而羌胡之交通遂絕。匈奴西方既失利，爲防漢，且求財富接濟故，不得不日移其力而西，主客倒轉，爲漢勢有利一要端。

開塞出擊之進一步則爲絕漠遠征。

中國之對匈奴，非不知出擊之利於坐防，然而不能決然出擊者，則以騎兵之不足爲一要因。此下唐強宋弱皆因此。史稱漢初天子不能具鈞駟，一車四馬不能純色。將相或乘牛車，馬一匹則百金。至漢武休養生息已七十年，其時則衆庶街巷有馬，阡陌之間成羣，乘字牝者擯不得聚會。漢武爲伐胡又盛養馬，廐馬至四十萬匹。馬畜旣盛，騎兵之訓練自易。匈奴既失利，用漢降人趙信，本胡小王，降漢。計北絕漠，誘漢。漢乃發兵十萬騎，私負從馬凡十四萬匹，糧重不與。令衛青霍去病分擊匈奴，衛青軍出定襄，今綏遠和林格爾境。遇單于，追北至窴顏山趙信城。去病出代二千里，封狼居胥，禪於姑衍，臨瀚海而還。事在元狩四年，馬邑之謀後十五年，史稱冒頓之盛，控弦之士三十萬，而是役也兩將所殺虜凡八九萬，是幾耗其種三之一矣。然漢亦馬少，自後遂無以遠往。

自是匈奴遠遁，而漠南無王庭。

漢渡河自朔方以西至令居，今甘肅平番縣。往往通渠置田官，吏卒五六萬人，稍蠶食地接匈奴以北。漢以騎兵任先鋒之掃蕩，繼以步卒屯田爲後勁，步步爲營而前進，匈奴乃不能復轉側。

到宣帝時，匈奴終於屈服，而漢廷一勞永逸之戰略卒以見效。

亦會其時漢多人才，大將最著者莫如霍去病。去病以皇后姊子，少貴，年十八爲侍中，初從大將軍衛青出塞，爲票姚校尉，與輕勇騎八百直棄大軍數百里赴利，斬捕首虜過當，遂封侯，時爲元朔六年，去病年二十三。其後屢以敢深入建奇功。匈奴渾邪王謀降漢，武帝（恐其詐。）命去病將兵往迎。去病渡河與渾邪衆相望，渾邪見漢軍而多不欲降，頗遁去。去病乃馳入匈奴軍，得與渾邪王相見，斬其欲亡者八千人，獨遣渾邪王乘傳先詣行在所，盡將其衆渡河，降者四萬。時爲元狩二年，去病年二十五。史稱去病爲人少言，有氣敢往。武帝嘗欲教之孫吳兵法，對曰顧方略何如耳。不至學古兵法。帝爲治第，令視之，曰匈奴未滅，無以家爲。其卒在元狩六年，時年二十九也。（觀去病之將兵，較之項王未多遜。故唐人詩借問漢將誰，恐是霍票姚，獨數其人，非虛也。時李廣亦稱名將，衞霍皆以親貴任用，而李廣則爲豪傑從軍。（時稱良家子從軍，即今之義勇隊也。）衞霍雖以女寵進，而重以建功絕域自顯，其一種進取勇決無畏之風，亦可敬矣。惟當時親貴與豪傑判爲兩黨，衞霍雖貴盛，豪傑不之重，李廣父子愈擯抑，豪傑亦愈宗之。史公親罹其禍，故爲史記抑揚甚顯。然兩黨各有奇材，史公於霍去病雖寥寥落筆，而亦精神畢顯矣，誠亦良史才也。）

中國以優勢的人力和財力，對付文化較低政治組織較鬆的民族，採用主力擊破的攻勢，自比畏葸自守爲勝。漢武帝撻伐匈奴並不誤，惟惜武帝內政方面有種種不需要的浪費，（如封禪巡狩等。）所以匈奴雖敗，而中國亦疲，故爲後人所不滿。

昭宣以下，武士練習斥堠精審，胡勢已衰，入則覆亡，居又畏逼，收跡遠徙，窮竄漠北，乃漢廷不能乘武帝遺烈，而轉師劉敬故智，啓寵納侮，傾竭府藏，歲給西北方無慮二億七十萬。（後漢袁安封事云，漢之故事，供億南單于費歲直一億九十餘萬，西域費七千四百八十萬。此據文獻通考引劉貺說。）賞賜之費，傳送之勞，尚不計，則尤爲失策矣。觀楊雄諫不許單于朝書，可見西漢晚年氣弱志荼之象。然亦由武帝浪費國力太過，有以致此。大抵中國對外，其病每不在決心討伐，而在好大喜功，窮兵黷武，以及從此引起之種種浪費，此仍然是內政問題，昧者乃專以開邊生事爲大戒。

三　東漢與西羌

自匈奴主力，武帝徹底擊破，直到東漢，實際上中國並無嚴重的外患。竇憲北伐（和帝永元元年），雖獲勝利，並不像衞霍之費力。

然而東漢卻意外的遭受到西羌之侵擾。此乃東漢整個建國形勢之弱點的暴露，以及應付的失策，並不在於西羌之難敵。

羌人叛漢，起和帝時，護羌校尉鄧訓卒後，由於邊疆吏治之不整飭。其勢並不能與西漢初年之匈奴相提並論，而漢廷早議放棄涼州。安帝永初二年龐參主議，嗣得虞詡諫而止。羌叛凡十餘年，漢兵屯邊二十餘萬，曠日無功。羌虜皆騎兵，漢以步卒追之，勢不能及，則彼能來我不能往。西漢屯田之所以見效，以先有騎兵之驅逐掃蕩，敵已遠遁，乃以屯田繼之。

軍旅之費二百四十餘億，并涼二州爲之虛耗。

虞詡教任尙罷諸郡屯兵，各令出錢數千，二十八共市一馬，以萬騎逐數千之虜，追尾掩截，其道自窮，任尙竟以立功。可見西羌並非強寇，只在漢廷應付之不得當。

第二次羌變在順帝永和後，羌寇遍及并涼幽冀四州，用費八十餘億。

第三次羌變在桓靈時，段熲前後一百八十戰，大破東羌，用費四十四億。羌禍雖歇，而漢力亦疲，接著便是不救的衰運之來臨。

當時士大夫見朝事無可爲，惟有擁兵以勠力邊徼，尙足爲功名之一徑，如張奐皇甫規段熲，皆於此奮起。北虜西羌斬馘至百萬級，以其餘力驅芟黃巾，漢之末造，乃轉以兵強見。一時士大夫既樂習之，士民亦競尚之，此乃東漢晚季清談以外之另一風尚也。以此造成此下三國之局面。（專務清談不競武功，乃兩晉事。）

黃河西部的武力，與東部的經濟文化相凝合而造成秦漢之全盛，（所謂關東出相，關西出將，即足表示其意義之一部分。）東漢以來，東方人漸漸忘棄西方，（中央政府在洛陽，東方人之聰明志氣至是而止。）西方得不到東方經濟文化之潤澤而衰落，而東方的文化經濟，亦為西方武力所破毀。

鄭泰說董卓，山東承平日久，民不習戰，關西頃遭羌寇，婦女皆能挾弓而鬬，天下所畏，無若幷涼之人。（皇甫規，張奐，段熲，亦皆涼州人也。）一個國家內部自身存在兩種極相違異的社會情態，無有不致大亂者。

董卓領著涼州兵東到洛陽，中國歷史便從此走上中衰的路去。

第四編　魏晉南北朝之部

第十二章　長期分裂之開始（三國時代）

一　魏晉南北朝之長期分裂

秦漢的大一統，到東漢末而解體。從此中國分崩離析，走上衰運，歷史稱此時期為魏晉南北朝。

自漢靈帝建安二十五年，（即魏文帝黃初元年。）下至魏元帝咸熙五年，凡四十五年而魏亡。

此下十六年至西晉武帝太康元年吳亡，又歸統一。

然吳亡後十年武帝卽卒，不二年晉室卽亂。吳亡後三十一年為晉懷帝永嘉五年，劉曜陷洛陽，帝被虜。又五年，愍帝建興四年，劉曜陷長安，帝出降。自此西晉覆滅，中國分南北部。

東晉南渡，自元帝至恭帝凡一百零三年。宋五十九年，齊二十三年，梁五十五年，陳三十一年，共二百七十一年為南朝。

北方五胡競擾，起晉惠帝永興元年，（劉淵僭號。）迄宋文帝元嘉十六年，（沮渠牧犍為魏所滅，即魏拓跋燾太延五年。）共一百三十六年，此後北方復歸統一。元魏凡一百五十七年，而北方歸其統一者先後僅九十四年，又分東西魏。東魏十五年，西魏二十二年。繼東魏者曰北齊，二十八年。繼西魏者曰北周，二十四年。爲北朝。此長時期之分裂，前後凡三百九十二年。三百九十二年中，統一政府之存在，嚴格言之，不到十五年。放寬言之，亦只有三十餘年。不到全時期十分之一。

將本期歷史與前期，秦漢。相較，前期以中央統一爲常態，以分崩割據爲變態。本期則以中央統一爲變態，而以分崩割據爲常態。

二　舊政權之沒落

這時期的中國，何以要走上分崩割據的衰運，這可以兩面分說：一是舊的統一政權必然將趨於毀滅，二是新的統一政權不能創建穩固。

一個政權的生命，必需依賴於某一種理論之支撑。此種理論同時卽應是正義。正義授與政權以光明，而後此政權可以縣延不倒。否則政權將爲一種黑暗的勢力，黑暗根本無存在，必趨消失。

東漢王室逐步脫離民衆，走上黑暗的路，此有兩因：一則王室傳緒旣久，萬世一姓的觀念使其與民衆隔離。一則內朝外朝的分別使其與士大夫民衆之上層。隔離，因此外戚宦官得以寄生在王室身邊而促其腐化。舊的統治權必然滅亡，已在前幾講說過。

舊統治權因其脫離民衆而覆滅，新統治權卻又不能依民衆勢力而產生。

秦漢間的社會，距古代封建社會不遠，各方面尚保留有團結的力量。所謂山東豪傑羣起亡秦，此輩豪傑，一面代表的是貴族封建之遺骸，另一面代表的卻是社會之組織力。

王莽末年之亂，除卻光武一宗及隗囂公孫述等帶有古貴族即豪傑。之氣味外，其餘如綠林銅馬赤眉之類，全是饑民的集團。

沿積到三四百年以上的統一政府，統治著許大的廣土衆民的國家，散漫的農民，農民因生活關係，不能不散漫。在饑餓線上臨時結合起來，其力量不夠得推翻他。

秦漢以來的統一政府，日趨龐大，其事可舉當時地方行政單位郡縣。及戶口數論之。秦時全國分四十餘郡，西漢平帝時，凡郡國一百三，縣邑千三百一十四，道三十二，侯國二百四十一。地東西九千三百零二里，南北萬三千三百六十八里。民戶千二百二十三萬三千六十二，口五千九百五十九萬四千九百七十八。東漢順帝時，凡郡國百有五，縣邑道侯國千一百八十。民戶九百六十九萬八千六百三十，口四千九百一十五萬二百二十。

且以中國疆域之展布，縱使大饑荒，亦必夾有豐收的地帶，要一般農民一致奮起事亦不易。於是無可團結的社會，乃借助於宗教與迷信。農民結合於宗教與迷信的傳播之下，而一致奮起，成爲東漢末年之黃巾。

黃巾蔓延青徐幽冀荊揚兗豫八州，置三十六方，大方萬餘人，小方六七千。

然而迷信成分太多，宗教質地太差，容易發動，數年內即傳播成熟。不容易成功。

東漢王室並沒有爲黃巾所傾覆。

東方的黃巾乃至西方的邊兵，董卓一系的涼州兵。均已逐次削平。若使當時的士族河北有袁紹，公孫瓚，劉虞。四川有劉焉。荊州有劉表。淮南有袁術等。有意翊戴王室，其時外戚宦官均已撲滅，獻帝亦未有失德。未嘗不可將已倒的統一政府復興。然而他們的意興並不在此。

漢末割據的梟雄，實際上卽是東漢末年之名士。尤著者如袁紹，公孫瓚，劉表諸人。

袁紹喪母歸葬汝南，會者三萬人，其盛況不下陳寔。又母喪禮畢，追感幼孤，又行父喪。其去官而歸，車徒甚盛。許劭爲郡功曹，紹入郡界，曰吾豈可使許子將見。謝車徒、以單車歸家。公孫瓚與劉備同受學於盧植。爲郡吏，太守劉君坐事徙日南，瓚身送之，自祭父墓，曰昔爲人子，今爲人臣，送守日南，恐不得歸，便當長辭。劉表八俊之一，在荊州，尤爲一時名士所歸趨。

國家本是精神的產物，把握到時代力量的名士大族，他們不忠心要一個統一的國家，試問統一國家何從成立。

當時士族不肯同心協力建設一個統一國家，此亦可分兩面說。一則他們已有一個離心的力量，容許他們各自分裂。二則他們中間沒有一個更健全更偉大的觀念或理想可以把他們的離心力團結起來。

離心力的成長，大體爲兩漢地方政權所演變。

三　離心勢力之成長

（一）地方長官之權位

兩漢地方行政長官，即郡太守。太守之下，爲縣令與縣長。其地位本甚高，秩二千石。與中央政府之九卿等。平時得召見。天子有事，用賜璽書。高第成績好者。得入爲公卿。如張蒼申屠嘉等。東漢益重，或自尚書僕射出典一郡，或自典郡入爲三公。在郡得自辟屬官。掾屬限用本郡人，惟三輔得用他郡人。得自由主持地方之政事，得自由支配地方財政。惟每歲盡須派員至中央（丞相府）上計，計簿即治理成績之統計與報告書也。得兼治地方軍政。西漢有郡尉，爲地方武官，而轄於太守，東漢省之。

兩漢的郡太守，權位既重，並得久任，儼如古代一諸侯，所異者只是不能世襲。

中央政府對地方行政有分派督察之人曰刺史。

西漢刺史秩六百石，居部九歲乃得遷守相，郡曰守，國曰相，權位略同。位微而權重。每歲八月巡行所部，歲盡詣京師奏事。東漢刺史秩增至二千石，但因計吏還奏，不復詣京師，西漢刺史奏二千石長吏不任職，事先下三公，遣掾吏按驗。東漢不復關三府，權歸刺舉之吏。位任益尊。

靈帝時，地方變亂紛起，宗室劉焉建議改刺史爲州牧，模倣封建時代之霸者。乃有地方行政實權。關東義兵起討董卓，太守亦各專兵柄。中央大權墮落，地方政權乘之而起，遂成三國初年之割據。

（二）二重的君主觀念

地方政權漸漸成長，便有一種道德觀念爲之扶翼。

因郡吏由太守自辟，故郡吏對太守，其名分亦自爲君臣。

汝南太守歐陽歙，欲舉督郵繇延，主簿將引延上，功曹郅惲曰，明府以惡爲善，主簿以曲爲直，此既無君，亦復無臣。

會稽太守成公浮以臧罪下獄，倉曹掾戴就幽囚拷掠，曰奈何令臣謗其君，子證其父。

或稱太守曰府君，乃至爲之死節。州郡又得稱本朝。司隸從事郭容碑，本朝察孝貢器帝廷。豫州從事尹宙碑，綱紀本朝。

漢末廣陵太守張超爲曹操所殺，其故吏臧洪，袁紹任爲東郡太守，怨紹不救超，遂與紹絕。與紹書，謂受任之初，志同大事，掃淸寇逆，共尊王室。豈悟本州被侵，請師見拒，使洪故君淪滅，豈得復全交友之道，重虧忠孝之名乎。

除非任職中央，否則地方官吏的心目中，乃至道義上，只有一個地方政權，而並沒有中央的觀念。

劉表遣從事韓嵩詣許，嵩曰，若天子假一職，則成天子之臣，將軍之故吏耳，不能復爲將軍死也。

甚至即已進身爲中央官，仍多爲其舉主（即其舊日太守所由察舉而得進身者。）去官奔喪。（吳匡傳燮等已詳前。）

又趙咨拜東海相，道經滎陽，令敦煌曹暠，咨之故孝廉，迎路謁候，咨不爲留。暠送至亭次，望塵不及，謂主簿曰，趙君名重，今過界不見，必爲天下笑。即棄印綬追至東海，謁咨畢，辭歸家。僅爲一謁，輕去其官，較之奔喪，抑又甚矣。

當時的士大夫，似乎有兩重的君主觀念，依然擺不脫封建時代的遺影。

國家觀念之淡薄逐次代之以家庭。君臣觀念之淡薄，逐次代之以朋友。此自東漢下半節已有此端倪，至三國而大盛。然而此種趨勢，苟有一個更合理更偉大的思想起來，未嘗不可挽回。惜乎魏晉以下的思想，又萬萬談不到此。中國於是只有沒落。

南史宋武陵王誕反，或勸長史范義出走。義曰，吾人吏也，吏不可以叛君。柳慶遠傳，梁武初爲雍州刺史，辟慶遠爲別駕，慶遠謂人曰，天下方亂，定霸者其在吾君乎，因盡誠協贊，遂成帝業，則所謂二重君主觀念者，在南朝猶然。北朝周齊稍革，至隋唐而絕，而中國亦復趨統一矣。

四　新政權之黑暗

歷史的演變，並不依照一定必然的邏輯，（因不斷有人類的新努力參加，可以搖動邏輯之確定性。）倘使當時的新政權，能有較高的理想，未嘗不足以把將次成長的離心力重新團結起來，而不幸魏晉政權亦只代表了一時的黑暗與自私。

曹操爲自己的家世，父嵩爲宦者曹騰養子，官至太尉。陳琳爲袁紹作檄云，操贅閹遺醜，本無懿德。對當時門第，似乎有意摧抑。楊袁皆東漢最著之名族，曹操欲殺太尉楊彪，孔融曰，孔融魯國男子，明日當拂衣而去，不復朝矣。然孔融與彪子修，卒皆被戮。操與孔融手書曰，孤爲人臣，進不能風化海內，退不能建德和人，然撫養戰士，殺身爲國，殺浮華交會之徒，計有餘矣。則操之意態可想。有名的魏武三詔令建安十五年下令，天下未定，求賢之急時也。若必廉士而後可用，齊桓其何以霸。今天下得無盜嫂受金，未遇無知者乎。二三子其惟才是舉，吾得用之。十九年令，有行之士，未必能進取。進取之士，未必能有行。陳平豈篤行，蘇秦豈守信。有司明思此義，則士無遺滯，官無廢棄矣。二十二年令，韓信陳平，成就王業。吳起貪將，殺妻自信，散金求官，母死不歸，然在魏，秦不敢東鄉，在楚，三晉不敢南謀。今天下得無遠才異質，負汚辱之名，見笑之行，不仁不孝。而有治國用兵之術。其各舉所知，勿有所遺。今按西京重賢良，東京重孝廉。魏武三令，亦欲返孝廉而歸賢良之意。惟措辭未免偏激。然此等思想，孔融諸人已早發之。明說惟才是舉，雖不仁不孝亦所勿遺。他要想用循名責實的法治精神，來建立他的新政權。故云喪亂以來，風教凋薄，謗議之言，難用褒貶。（魏志劉廙傳）直至魏明帝猶云，名如畫地作餅，不可啖。蓋尙名則其權在下，尙法則其權在上也。但是曹家政權的前半期，挾天子以令諸侯，借著漢相名位剷除異己，依然仗的是東漢中央政府之威靈。袁紹借討董卓之名爲關東州牧盟主，亦是仗借中央。下半期的篡竊，卻沒有一個坦白響亮的理由。

魏武述志令自稱天下無有孤，不知幾人稱王，幾人稱帝。此不足爲篡竊之正大理由。曹氏不能直捷效法湯武革命，自己做周文王，三分天下有其二，而其子依然不能做周武王，既已大權在握，漢獻亦無罪過。必做堯舜禪讓。種種不光明，不磊落。總之，攘奪政權的後面，沒有一個可憑的理論。

乘隙而起的司馬氏，暗下勾結著當時幾個貴族門第再來篡竊曹氏的天下，更沒有一個光明的理由可說。

司馬懿殺曹爽，何晏諸名士同時被戮。晏、魏外戚。何進孫，尙魏太祖女金鄉公主，賜爵列侯。於當時朝政，實欲有所更張。孫資別傳，謂大將軍爽專事，多變易舊章。蔣濟論丁謐鄧颺等，輕易法度，皆其證。傅咸云，正始中，任何晏以選舉，內外衆職，各得其才，粲然之美，於斯可觀。據此則董昭所論當時浮僞朋黨之風似未足專爲何晏諸人罪矣。是彼輩於政治上，亦確有成績。荀勗傳，謂正始中并合郡縣，亦當時新政設施之一。及司馬政權既定，此等眞相遂不白於後世。王廣（王淩子）謂曹爽驕奢失民，何平叔虛而不治。（此乃指其無政治上實際之幹材。）丁畢（軌）桓（範）鄧，並有宿望，變易朝典，政令數改，所存雖高，事不下接。民習於舊，衆莫之從。同日斬戮，名士減半，失民故也。（語見魏志卷二十八。）此所謂民，實乃當時朝士門第之不樂新政者耳。魏晉之際，眞眞民意，何嘗能浮現到政治上層來。至史稱何晏依勢用事，附會者升進，違忤者罷退，傅嘏譏晏外靜內躁，此皆晏之解散私門，厚植人才於曹氏，以求有所建樹，不足爲晏病也。繼晏受禍者有夏侯玄，亦魏宗室。惇淵之族孫，曹操父本夏侯氏爲曹騰養子。其論政制，上追賈董，蓋非東漢所逮。其論中正利弊亦甚切至，然中正足爲門第護符，當時自不喜玄論。而亦爲司馬氏所忌。曹爽誅，玄徵爲太常，內知不免，不交人事，不畜筆研。及司馬懿卒，或曰，子無憂矣。玄曰，子何不見事。此人猶能以年少遇我，子元子上（師昭兄弟）不吾容也。夏侯玄如此韜匿，尚不免禍，則何晏諸人之死固宜。傅嘏謂夏侯玄能合虛譽，利口覆國，亦非公允之論。玄晏諸人，人格自高，所存自正，晉人於玄尤推挹，謂其肅肅如入廊廟中，不修敬而人自敬。和嶠（玄外孫）常慕玄爲人，於朝士中峨然不羣，衆憚其風節。何晏論學與王弼同稱王何，皆晉人所師尊也。惟不脫名士淸玄之習，魏略何晏粉帛不去手，行步顧影，傅粉之習，自東漢李固至三國曹植，皆謂有之。世說並謂何平叔美姿儀，面白，而明帝疑其傅粉，則不必眞有粉帛不去手事。惟玄晏諸人自有當時名士氣派，則決然無疑。史稱何晏王弼謂天地萬物以無爲本，無也者，開物成務，無往不存者也。王衍好其說。後人以懷愍之禍，歸罪王何，非無由矣。乃不敵司馬父子之權譎狠詐。當時朝士雖慕敬玄晏風流，此所以成將來所謂之正始風流。晉應詹奏，魏正始之間，蔚爲文林，元康以來，賤經尙道，以玄虛宏放爲夷達，以儒術淸儉爲鄙俗，永嘉之敝，未必不由此，則正始與晉代風氣，仍有不當相提竝論者。要之淸玄之習，開自正始，乃每況而愈下也。而以家門地位私見，於玄晏政治主張，不能擁護。亦由司馬氏兵權在握。至晉室佐命功臣如賈充王沈之流，皆代表門第，而私人道德極壞無比。

司馬氏似乎想提倡名教，來收拾曹氏所不能收拾的人心，然而他們只能提出一孝字。所以說司馬氏以孝治天下，晉室開國元老如王祥等皆以大孝名。

而不能不捨棄忠字，依然只爲私門張目。

他們全只是陰謀篡竊。陰謀不足以鎭壓反動，必然繼之以慘毒的淫威。如曹操之對漢獻帝與伏后。伏氏與孔氏，皆兩漢經學名門也。

曹操迎獻帝都許，帝謂操曰，君能相輔則厚，不爾幸垂恩相捨。操以事誅董貴人，帝以貴人有孕，累請不得。又勒兵收伏后，華歆發壁牽后出，后披髮徒跣行泣過帝，曰不能相活邪？帝曰，我亦不知命在何時。

司馬師昭兄弟之對曹芳。齊王與曹髦高貴鄉公。

司馬師逼魏太后廢齊王芳，時年二十三。太后欲見師有所請說，郭芝曰，何可見，但當速取璽綬。太后意折。高貴鄉公自討司馬昭，賈充率衆逆戰南闕下。帝自用劍，昭衆欲退，充謂太子舍人成濟曰，司馬公畜養汝輩，正爲今日。濟卽抽戈刺帝。

正惟如此，終不足以得人心之歸嚮。

直到五胡時的石勒，尚謂曹孟德司馬仲達以狐媚取人天下於孤兒寡婦之手，大丈夫不爲。

法治的激變而爲名士清談。東漢清議尚是擁護政府，魏晉清談則幷置政府之安危於不問。魏武魏明之深惡名士，僅能使士大夫不復有忠於朝廷之節操，卻不能根本剷絕社會好名之風，遂釀西晉名士之禍國。要之中央新政權不能攫得人心，離心勢力依然發展，天下只有瓦解。

五　思想界之無出路

舊政權必然沒落，新政權不能穩定，而做當時社會中堅的智識分子，所謂名士的，反映在他們思想上者，亦只是東漢黨錮獄以後的幾許反動回惑消沉無生路。所以謂之反動者，以其自身無積極之目的，只對前期思想有所逆反。過分的重視名教，其弊爲空洞，爲虛僞。於是有兩派的反動產生。

一、因尙交游重品藻，反動而爲循名責實，歸於申韓。

抱朴子名藻篇謂品藻乖類，名不準實。審舉篇謂舉秀才不知書，舉孝廉父別居，寒素清白濁如泥，高第良將怯如雞。又正郭篇云。廢職待客，比之周公，養徒避役，擬之仲尼。棄親依豪，同之游夏。此皆當時風氣，故劉梁有破羣論，謂仲尼作春秋，亂臣賊子懼，此論之作，俗士豈不媿心也。

二、因尚名節務虛偽，反動而為自然率真，歸於老莊。

青州人趙宣居墓行服，二十餘年，生五子，陳蕃致之罪。孔融為北海相，有遭父喪哭泣墓側，色無憔悴者，融殺之。又有母病思食新麥，盜而進者，融特賞，曰無有來討，勿復盜也。路粹奏孔融與白衣禰衡跌蕩放言，云父之於子，當有何親，論其本意，實為情欲發耳。子之於母，亦復奚為，譬如寄物缻中，出則離矣。此等狂論，皆下開魏晉風氣。惟孔融尚未正式棄孔孟歸老莊，正式主張老莊者為王弼何晏。然何晏尚務實幹，（王弼則早死。）以老莊為玄虛者，乃阮籍嵇康。然阮嵇皆別具苦心。此下則又自玄虛轉成放誕矣。

這兩個趨勢，早起於漢末。崔寔政論代表前一個，仲長統樂志論代表後一個。

但要提倡法治，起馬的先決條件，在上應有一個較穩定的政權。政權不穩定，法治精神無所倚依而生根。政權之穩定，亦應依附於此政權者先有一個較有正義，至少較不背乎人情的理想或事實。東漢末年乃至曹魏司馬晉的政權，全是腐化黑暗，因不正義不光明而不穩定，法治精神如何培植成長。於是崔琰毛玠之反激，變為阮籍嵇康。（此乃從積極轉入消極也。）

崔毛二人皆仕魏，典選舉，任法課能，以清節自勵，士大夫至故汚其衣，藏其輿服，朝府大吏或自挈壺餐以入官市。

然試問仕魏者捨爲私家幸福外復有何公共理想乎？何晏夏侯玄自與魏廷有私關係，故欲爲魏盡力。阮籍浮沉仕宦而持身至慎，史稱籍本有濟世志，屬魏晉之際，天下多故，名士少有全者，由是不與世事，酣飲爲常，曹爽輔政，召爲參軍，籍以疾辭，屏於田里，歲餘而爽誅；晉文王欲爲武帝求婚於籍，籍醉六十日，不得而言止。蓋旣不願爲何晏夏侯玄，亦不肯爲賈充王沈也。又籍父瑀避魏武辟，逃山中，魏帝使人焚山得之。（見文選注引文士傳）籍諸父武，爲正論，深嫉交游朋黨，則阮氏家風有自矣。出言玄遠，絕不臧否人物。嵇康隱淪，然自謂非湯武薄周孔，會顯世教所不容，果以殺身。世語，毋丘儉反晉，康有力焉。且欲起兵應之，以問山濤，濤止之，儉亦已敗。呂安亦至烈，有濟世志力，故康與同禍。

他們不願爲黑暗政權有所盡力，然他們自身亦多半是門第世族中人，他們依然不能脫然世外。以市朝顯達而講莊老，其勢不得不變爲虛無，爲浮沉，爲不負責任。最先只是自謹慎，保全門第，而以後不免於爲汰侈驕逸。如何曾，石崇，王愷之徒皆是。否則爲優游清談，如王戎，王衍之徒皆是。風尚如此，宜乎不能挽時代之頹波，而門第自身終亦同受其禍。

何曾侍晉武帝宴，退告其子遵等曰，國家應天受禪，創業垂統，吾每宴見，未嘗聞經國遠圖，惟說平生常事，非貽厥孫謀之兆也。汝等猶可獲免，指諸孫曰，此輩當遇亂亡也。然曾旣歷仕魏晉，且爲晉重臣，日食萬錢，猶云無下箸處。平居奢汰如此，曾父夔史稱於節儉之世最爲豪汰，則曾亦承其家風。而不聞爲國事有所獻替。永嘉之亂，何氏滅亡無遺。傅玄著論盛推何曾荀顗，謂能以文王之道事其親，家門私德，何補於大局。王衍爲石勒所執，臨死乃曰，吾曹雖不如古人，向若不祖尚浮虛，戮力以匡天下，猶可不至今日，然而晚矣。又按王濟以人乳蒸豚，王愷使妓吹笛，小失聲韻便殺之，使美人行酒，客飲不盡亦殺之。時武帝在朝，而貴戚敢於汰縱如此，晉室奈何不亂。東坡謂晉病由於士大夫自處太高，而不習天下之辱事，如此等，又豈僅如東坡所云而已耶。

西漢初年，由黃老清淨，漢初黃老，代表純粹的平民觀念，故能清淨無擾，與魏晉老莊之代表名士門第者氣脈本不同。變而爲申韓刑法。漢初刑法，要摧抑封建反動勢力，集權中央，其意氣亦與崔琰毛玠之助逆成篡，賈充荀勗之助晉爲逆者不同。再由申韓刑法變而爲經學儒術。西漢儒術，在通經致用，亦與東漢名士之訓詁清談不同。一步踏實一步，亦是一步積極一步。

法家目光只在治權階級，儒家目光較大，放及全社會，故較法家猶爲積極也。現在是從儒術轉而爲法家，再由法家轉而爲道家，正是一番倒捲，思想逐步狹窄，逐步消沉，恰與世運升降成爲正比。

在此時期，似乎找不出光明來，長期的分崩禍亂，終於不可避免。

六　三國帝系

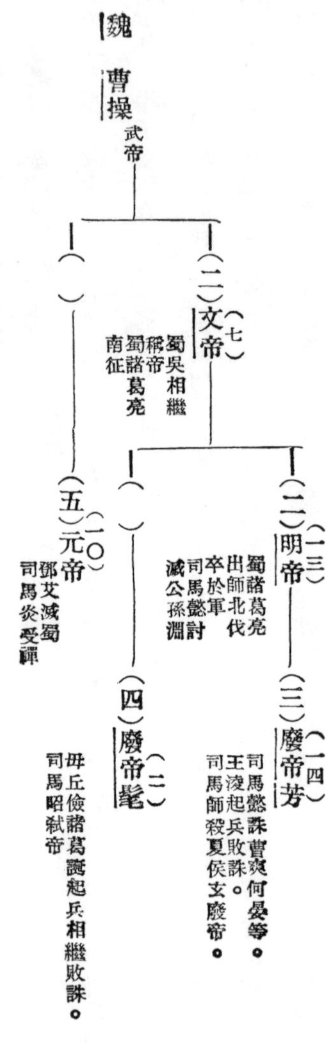

魏共五帝四十六年而亡。

蜀　（一）昭烈帝（二）——（二）後主（四一）

蜀共二帝四十三年。

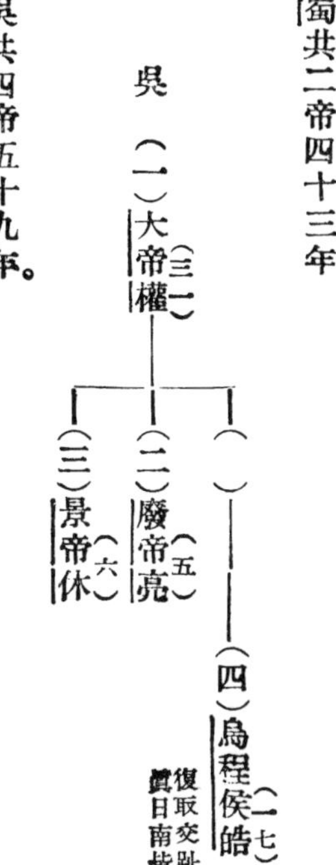

吳共四帝五十九年。

第十三章 統一政府之迴光返照（西晉興亡）

秦漢統一政府，尚有一段迴光返照，便是西晉。

一 西晉帝系及年歷

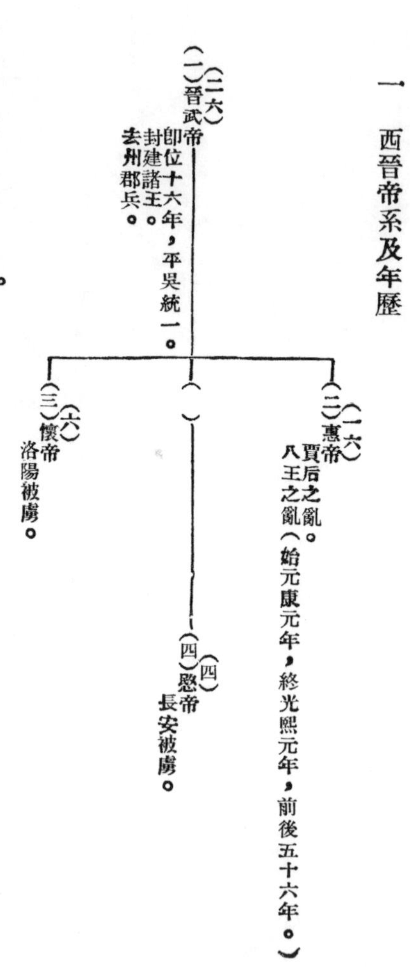

西晉共四帝五十二年而覆滅。

二 西晉王室之弱點

西晉統一不到十二年，朝政卽亂，賈后、八王，乃至懷愍被虜，不幸的命運接踵而至。分析晉室自身，亦有種種弱點。

一、沒有光明的理想爲之指導。

二、貴族家庭之腐化。

一個貴族家庭，苟無良好敎育，至多三四傳，其子孫無不趨於愚昧庸弱。西漢王室，不斷有來自民間的新精神。

高惠文三帝皆可說來自田間，經景帝至武帝，始脫去民間意味。然宣帝又從民間來，遂成中興。經元帝至成帝而漢始衰。東漢光武明章三世後卽弱。

司馬氏則在貴族氛圍中已三四傳，歷數十年之久。懿師昭父子狐媚隱謀，積心篡奪。晉武帝坐享先業，同時亦深染遺毒。

晉書胡貴嬪傳，武帝多內寵，平吳後，復納孫皓宮人數千，掖庭殆將萬人，並寵者甚衆。帝莫知所適，常乘羊車恣其所之。宮人乃取竹葉插戶，以鹽汁灑地，而引帝車。是晉武之荒怠可知。後宮妃妾之多，始漢靈帝。次則吳歸命侯，又次宋蒼梧王，齊東昏侯，陳後主，而晉武尤甚。此下惟唐玄宗。以開國皇帝而論，則未見如晉武之荒怠者。

其時佐命功臣，一樣從幾個貴族官僚家庭中出身，並不曾呼吸到民間的新空氣。

而且家庭傳統風習若不相當壞，便不易適應漢末經曹魏而至晉初，尙得巍然爲佐命之功臣。

故晉室自始只是一個腐敗老朽的官僚集團，與特起民間的新政權不同。

武帝子惠帝卽以不慧稱，聞人餓死，曰何不食肉糜。而其后賈氏，乃賈充女，家敎可知。元康元年，賈后不肯以婦道事太后，又欲干政，遂啓帝作詔，誣太后父楊駿謀反，殺之，夷三族。并及其妻龐。太后抱持號叫，截髮稽顙，上表詣賈后稱妾，請全母命，不省。董養遊太學，升堂歎曰：朝廷建斯堂，將以何爲，天人之理既滅，大亂將作矣。自此遂召八王之亂。

王室既有此弱點，又兼社會元氣之凋喪，此層後詳。譬如大病之後，眞陽不復，而當時又有胡人之內地雜居。外邪乘之，遂至沉篤。

其時論者皆以晉武封建，遂召八王之亂。不知魏室孤立，亦以早覆，根本病症不在此。

三　胡人之內地雜居

胡人內地雜居，其事遠始於兩漢。

（一）匈奴。宣帝納呼韓邪，居之亭障，委以候望，此後遂有所謂保塞內附。光武時，徙南匈奴數萬衆入居河西美稷。靈帝時，助漢平黃巾，南徙離石。董卓之亂，寇略太原河東，遂屯聚於河內。魏武時，分其衆爲五部，皆居晉陽汾澗之濱。左部可萬餘落，居太原泫氏縣，（今山西高平。）右部六千餘落，居祁縣。（今祁。）南部三千餘落，居蒲子縣。（今隰縣。）北部四千落，居新興縣，（今忻縣。）中部六千落，居太陵縣，（今文水。）左部帥劉豹，即劉淵父。

（二）氐羌。趙充國擊西羌，徙之金城郡。漢末，關中殘破，魏武徙武都氐於秦川，欲借以禦蜀。陳琳檄吳將校部曲文，大舉天師百萬之衆，與匈奴南單于呼完廚及六郡烏桓，丁令屠各，湟中羌僰，其時乃借以揚威。

晉初，遼東西爲鮮卑，句注之外河東之間爲匈奴，北地上郡隴西諸郡胡鮮卑氐羌諸種，皆以保塞名雜居。

劉晛曰，東漢至曹馬，招來羌狄，內之塞垣，資奉所費，有踰於昔。百人之酋，千口之長，金印紫綬，食王侯之俸者，相半於朝。

自三國時鄧艾至晉初郭欽（武帝時上疏。）江充（惠帝時作徙戎論。）皆建議徙戎，不果。

一因自東漢以來中國西北境居民荒殘，經漢末董卓馬騰韓遂等亂於關涼，黑山賊劉虞公孫瓚等戰於河北，荒殘之勢有加無已。二因內國戰爭，無心他及。

八王亂後，接著便是胡人南下，懷愍蒙塵。

四　懷愍被虜與人心之反映

晉一天下後三十一年，劉曜石勒入洛陽，懷帝（武帝第二十五子。）被虜，諸王公百官士民死者三萬餘人。

懷帝被虜後五年，劉曜入長安。愍帝（武帝孫。）被虜，晉室遂亡。

懷愍二帝的被虜，本是本期歷史中應有的現象，不過如漢弘農王陳留王魏齊王高貴鄉公一般，同其遭遇。只證明了帝王之末路，中央統一政府在本時期中之無可存在。

然而懷愍被虜，還夾雜有胡漢種族的問題。我們試一看當時中國人心對此事件之反映。

（一）帝王。（如晉懷帝。）　劉聰（淵第四子。）封懷帝為會稽郡公，從容謂曰，卿昔為豫章王，朕與王武子造卿，頗記否。帝曰，臣安敢忘，恨爾日不早識龍顏。聰曰，卿家何骨肉相殘。帝曰，故為陛下自相驅除，此殆天意。（懷愍二帝皆為聰青衣行酒。聰出獵，令愍帝戎服執戟為導，百姓聚觀，曰此故長安天子也。故老或歔欷流涕。

（二）皇后。如羊皇后。　劉曜淵族子。納惠羊王后，問曰，我何如司馬家兒？后曰，胡可並言。陛下開基之聖主，彼亡國之暗夫。有一婦一子及身三耳，不能庇，妾何圖復有今日。妾生於高門，后，羊元之子。謂世間男子皆然，自奉巾櫛，始知天下有丈夫。

（三）大臣。如王衍。　石勒執王衍，問以晉故，衍為陳禍敗之由，云計不在己，又謂少不豫事，因勸勒稱尊號。勒曰，君名蓋四海，少壯登朝，至於白首，何言不預事。破壞天下，正是君罪。遂殺之。時庾敳，胡母輔之，郭象，阮修，謝鯤等，與王衍同在東海王越軍中。敳等皆尚玄虛，不以世務嬰心，縱酒放誕，而名重一世。越敗，同被執。石勒曰，此輩不可加以鋒刃，遂夜使人排牆殺之。

（四）將軍。如索琳。　愍帝被圍長安，使侍中宗敞送降牋。索琳潛留敞，使其子說劉曜曰，城中食猶支一年，若許琳儀同萬戶郡公，請以城降。曜斬而送其首，曰帝王之師以義行，琳言如此，天下之惡一也。若兵食未盡，可勉強固守。後既降，劉聰以索琳不忠，斬於都市。

（五）世族。如王浚。　浚王沉子。沉即奔告司馬昭以高貴鄉公之謀者，與賈充同為晉室元勳。承賈后旨害太子，及亂起，為自安計，以女娶鮮卑務勿塵，並謀僭逆。其部下有大量的鮮卑烏丸兵。　石勒偽上尊號，浚信之，為所執而死。惠帝蕩陰之難，死節者有嵇紹，文天祥正氣歌所謂嵇侍中血也。紹乃嵇康子。又劉聰大會羣臣，使懷帝青衣行酒，侍中庾珉號哭，帝遂遇弒。珉，庾峻子。史稱峻舉博士，時重老莊，輕經史，峻乃潛心儒典，疾世浮華，不修名實，著論非之。峻弟純於宴席斥賈充，高貴鄉公何在。大抵晉人高下，多可以其家庭風教判之。聰又使愍帝行酒洗爵，又使執蓋，尚書郎隴西辛賓起抱帝大哭，聰命引出斬之。此則偏隙小臣，殆未染當時中原所謂士大夫之風教者。

名教極端鄙視下之君臣男女，無廉恥氣節，猶不如胡人略涉漢學，粗識大義。

五 文化中心之毁滅

兩漢統一時期的歷史上，代表中國文化中心的地點有兩個，一是長安，一是洛陽。長安代表的是中國東西部之結合，首都居在最前線，領導著全國國力向外發展的一種鬪爭形勢。洛陽代表的是中國的穩靜狀態，南北部的融洽，首都居在中央，全國國力自由伸舒的一種和平形態。

長安自王莽末年之亂而殘破，繼以董卓之亂，至於愍帝遷都，其時長安戶不滿百，牆宇頹毀，蒿棘成林，公私有車只四乘。

洛陽則自三國鼎立以來，仍爲中國文物中心。正始之際，名士風流盛於洛下。至劉曜陷洛陽，諸王公百官以下士民死者三萬餘人。

王彌縱兵大掠，曜禁之不從，斬其牙門王延以徇，彌遂與曜阻兵相攻。

晉室南渡，五胡紛起，燕趙在東，秦涼在西，環踞四外，與晉蜀對峙，譬如一環，而恰恰留下一個中心點洛陽，大家進退往來，棄而勿居。

那時的洛陽，號爲荒土。

陳慶之語梁武帝，自晉末以來，號洛陽爲荒土。桓溫議遷都洛陽，孫綽上疏非之，謂自喪亂以來，六十餘年，蒼生殄滅，百不遺一，河洛丘虛，函夏蕭條，井堙木刊，阡陌夷滅，生理茫茫，永無依歸。

譬如大旋風的核心，四圍狂飇驕氣，而中心虛無所有。

這一個形勢，延續幾及二百年，直到魏孝文重營洛都，中國始漸漸再有一個文化復興的中心。以後又經爾朱榮之亂，機運中絕。直到隋唐，依然是起於西北，統一中國，而並建長安洛陽爲東西都，兼有了向外鬬爭進取以及向內平和伸舒的兩種形勢，十足的象徵出中國大一統盛運之復臨。

六　新宗教之侵入

代表此期中國之衰弱情態者，一爲中國文化中心之毀滅，又一則爲異族宗教之侵入。此事分章別詳。

第十四章 長江流域之新園地（東晉南渡）

中國史的主要部分，兩漢以前偏在黃河流域，東漢一代西北進展衰息，東南開發轉盛。曹操依次蕩平北方羣雄，獨留下長江流域的吳蜀，這證明北中國之疲弊與南中國新興勢力之不可侮。東晉南渡，長江流域遂正式代表著傳統的中國。

一 東晉帝系及年歷

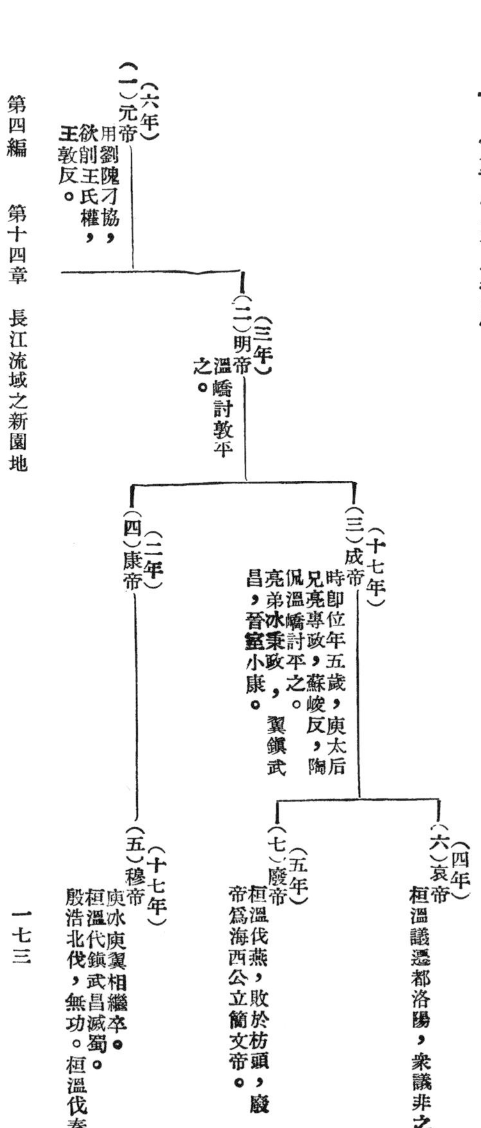

（八）簡文帝（二年）

（九）孝武帝（二十四年）桓溫卒，謝安當國。苻堅入寇謝石謝玄破之淝水。

（十）安帝（二十二年）桓玄自荊州反，篡位國號楚。劉裕討平之。劉裕滅南燕，入長安，滅後秦。

（十一）恭帝（一年）劉裕受禪。

東晉凡十一帝一百零三年。

二　東晉一代之北伐與內亂

在此一百零三年中北方五胡雲擾，始終未寧定，東晉常有恢復中原之機會，然東晉並無北取中原的統一意志，

東晉曾四次北取洛陽。其先劉曜石勒對抗時，祖逖一度恢復河南諸郡。石虎盛時，庾亮出兵挫敗。

一、穆帝永和七年，石氏亂，晉得洛陽，殷浩北伐無功。十年桓溫表廢殷浩。自伐秦，由襄陽趨長安，破姚襄於藍田，進次灞上，食盡而還，冉閔降將周成自宛襲踞洛陽。

二、穆帝永和十二年，姚襄自許昌攻周成於洛陽。桓溫北伐姚襄敗之復有洛陽。桓溫請遷都不成。哀帝興寧三年，慕容恪據之。苻堅滅燕，洛陽入秦。

三、孝武太元九年，苻氏亂，晉再有洛陽。安帝隆安三年，復爲姚興所陷。

四、安帝義熙十二年，劉裕北伐，復取之。

大抵豪族清流，非主苟安，即謀抗命，寒士疏門，或王室近戚，始務功勳，有志遠略。晉主雖有南面之尊，無統馭之實。（韋華告姚興語）遂使北伐與內變兩種事態，更互迭起。

西晉立國，本靠門閥的勢力。

時人語曰，賈裴王亂紀綱。裴王賈濟天下。指賈充王沈裴秀言之，皆世族也。司馬氏亦故家，故能與當時舊勢力相沆瀣。曹爽何晏夏侯玄輩思有所革新者皆失敗。而司馬氏篡志遂成。

東晉南渡，最依仗的是王敦王導兄弟，所以說王與馬共天下。

王敦統兵在外，王導執政在內，導號為仲父。元帝登尊號，百官陪位。詔王導升御座，固辭而止。成帝幼沖，見導每拜，又嘗與導書手詔，則云惶恐。（王敦反，元帝手書乞和，有不能共安，當歸琅邪，以避賢路之語。宋武帝即位告天策，晉自東遷，四維不振，宰輔憑依，為日已久。此東晉立國形勢也。）

北方的故家大族，一批批的南渡，借著晉室名義，各自占地名田，封山錮澤，做南方的新主翁。

元帝過江。謂顧榮曰，寄人國土，心常懷慚。直至南齊丘靈鞠尚云，我應還東掘顧榮冢，江南地方數千里，顧榮忽引諸傖輩度，死有餘罪。（周玘將卒，謂子勰曰，殺我者諸傖，子能復之乃吾子。時南人目北人為傖。）

當時諸族擁戴晉室，正如曹操迎漢獻帝挾天子以臨諸侯，把南方的財富，來支撐北方的門第。

諸名士初到江南，形勢未定，不免為新亭之對泣。及家計粗安，則此間樂不思蜀，無復恢復之意。王導領袖羣倫，時人稱為江左夷吾，（桓溫父桓彝語。）正謂其能安定新邦，並不許其能恢復故土。

晉室若要團聚國力，經營北伐，首先不免與門第的要求與希望相衝突。

諸門第只爲保全家門而擁戴中央，並不肯爲服從中央而犧牲門第。

元帝正位後，親用劉隗刁協，崇上抑下，王敦卽舉兵內向，王導有默成之嫌，陶侃庾亮皆曾欲起兵廢導而未果。蔡謨孫綽王羲之皆當代名流，蔡謨駁庾亮北略，絀亮以伸王導。綽羲之亦皆以淸議反恢復。

門第自有其憑藉與地位，並不需要建樹功業，故世家子弟，相率務爲淸談。

淸談精神之主要點，厥爲縱情肆志，不受外物屈抑。

王坦之著沙門不得爲高士論，謂高士必在於縱心調暢，沙門雖云俗外，反更束於教，非情性自得之謂也。，祖約好財，阮孚好屐，一時未辨其得失。有詣祖，正料視財物，屛當未盡，餘兩小簏，傾身障之，意未能平。或詣阮，方自吹火蠟屐，因嘆曰，未知一生當著幾量屐，神色閑暢，於是勝負逐判。是時人不論是非，只問自己心下如何。若貪財而心無不安，卽亦爲高情勝致矣。兩晉名士貪者極多，時論不見以爲鄙也。能一切不在乎，自然更佳。祖後叛晉投石勒，爲勒所殺。

對於事物世務，漠不關心，便成高致。

王徽之作桓沖騎兵參軍，桓問卿何署，答不知何署，時見牽馬來，似是馬曹。桓又問官有幾馬，曰不問馬，何由知其數。又問比馬死多少，答未知生，焉知死。桓謂卿在府久，比當相料理，初不答，直高視，以手版柱頰，云西山朝來致有爽氣。

有志遠略者，非晉室近戚，如庾亮庾冰庾翼兄弟。卽寒族疏士。如陶侃桓溫，皆南人寒士。桓父彝死難，家貧，溫母病，須羊爲解無由得，溫乃以弟沖爲質。常招淸談派即苟安派。之反對。

諸庾爲政頗欲任法裁物，而才具微不足，皆不能自安其位。庾翼與兄冰書，謂江東政以傴僝豪強以爲民蠹，時有行法，輒施之寒劣事去實此之由。其意態可想。不僅利害衝突，卽意趣亦相背馳。

桓溫乘雪欲獵。許詢問老賊裝束單急，欲何作。桓曰，我若不爲此，卿輩亦那得坐談。

故桓溫欲立功業而朝廷（實際是名流荀安派之盤踞地。）引殷浩相抗。

庾翼已謂殷浩輩只可束高閣，而許桓溫以寧濟之業。朝士以氣味相投，故引殷浩。浩父殷洪喬，人託寄書，盡投江水，爲政貪殘。其叔父融與浩同好老易，一門玄虛。溫平生喜自擬劉琨，而憎言貌似王敦，其素所蓄積可知。

桓溫主徙都洛陽，正爲淸流故發快論。

桓疏請自永嘉之亂，播遷江表者，一切北徙，以實河南，如此則江南門第盡矣。孫綽上表反對。綽與王羲之輩皆卜居會稽，盡情山水。桓溫令人致意，謂何不尋君遂初賦，而彊知人家國事。時議以溫弟雲爲豫州刺史，王彪之謂雲非不才，然溫居上流，弟復處西藩，兵權萃一門，非宜，乃改用謝萬。萬傲誕，未嘗撫衆，卒失許潁譙沛，雒陽遂孤。

而出師敗衂，談士快心。

孫盛與殷浩談，奮麈尾，盡落飯中。亦名士有聲者。作晉陽秋，桓溫謂其子曰，枋頭誠爲失利，何至如尊公所說。其子懼禍，私改之。盛乃以一本寄慕容儁。先是溫伐燕，燕臣申允料之曰，晉之廷臣，必將乖阻，以敗其事。史不著乖阻之實。惟觀孫盛陽秋，則溫敗爲晉臣所深喜而樂道也。（枋頭今安陽南。溫敗蓋有兩因。一者糧運不繼，二則水陸異便。此後魏孝文欲圖江南，先遷洛陽。就當時情勢言，非緩進無以見功。惟桓溫以廷臣反對，則不得不主激進。蓋未有內國自相水火而可以收功於外者。）盛爲長沙太守，贓私狼籍。大抵名士多自顧家室，能以談辨擅名，卽不須再經綸世業。

對外之功業，既不得逞，乃轉而向內。

溫既敗於枋頭，其謀主郗超勸之廢立。曰外無武宣之勛，內無伊霍之舉，何以易視聽，鎮異同。

且晉室有天下，其歷史本不光明，故使世族與功名之士，皆不能忠心翊戴。

王導嘗具敘晉宣王創業及文王末高貴鄉公事於明帝前，帝聞之，覆面著牀，曰若如公言，祚安得長。

惟世族但求自保家門。

孫盛告庾亮，王導有世外之懷，豈肯爲凡人事。此在消極積極兩面，皆可代表門第中人意態也。

英雄功名之士意氣鬱激，則竟爲篡弒。

桓溫常臥語，作此寂寂，將爲文景所笑。此魏晉以來人見解，可取而不取，眞成大獃子也。惟桓溫自身亦帶書生名士氣，故曰既不能流芳後世，亦不足復遺臭萬載耶。君臣名教，桓之心尚有之，故篡逆終不成。一傳爲桓玄，再進爲劉裕，則晉祚不保矣。

直到桓玄劉裕，一面篡位，一面還是痛抑權門。

南史宋武本紀謂自晉中興，朝綱弛紊，權門兼并，百姓不得保其產業。桓玄頗欲釐改，竟不能行，帝既作輔，大示軌則，豪彊肅然。又按晉義熙（安帝）九年，劉裕上表請依桓溫庚戌土斷，可見桓溫桓玄劉裕實是走的同一路線也。胡藩言，一談一詠，搢紳之士輻湊歸之，不如劉毅。蓋裕粗人，不爲名士所歸。裕之北伐，在廷之臣，無有爲裕腹心者。裕所以不能從容據長安以經營北方者亦在是。（裕能篡位，而桓溫不能亦在是。）

要之江南半壁，依然在離心的傾向上進行，諸名族雖飽嘗中原流離之苦，還未到反悔覺悟的地步。

第十五章　北方之長期紛亂五胡十六國

晉室東遷，衣冠南渡，北方中國便陷入長期的紛亂狀態中。史稱為五胡十六國，先後凡一百三十六年。

一　五胡十六國撮要

五胡

一、匈奴。

一支居山西，建國為前趙。初稱漢。

又一支在河西張掖，建國為北涼。先世為匈奴左沮渠，遂以沮渠為氏。

又一支自山西西走，建國為夏。赫連氏，其先右賢王去卑，曹操命其監五部。

二、羯。乃匈奴別部。晉史匈奴以部落為種類，其入居塞內者有屠各等十九種。皆有部落，不相錯雜。最後一種曰力羯，即五胡之所謂羯也。史稱石勒匈奴別部羌渠之胄，則此種雖屬匈奴，而與西羌為近。王隱晉書稱羯賊劉曜。（文選劉越石勸進表注引。）時多連稱胡羯，則以羯久屬匈奴故也。

散居上黨羯室，今山西遼縣，蓋以為羯族所居，故曰羯室。建國為後趙。

三、鮮卑。

慕容氏　建國曰前燕，後燕，南燕。

拓拔氏　建國曰元魏。不在十六國內。

段氏　建國曰遼西。不在十六國內。

宇文氏　建國曰北周。不在十六國內，而鮮卑奉以爲主。按晉書以宇文莫槐爲鮮卑，惟魏書北史則謂是匈奴南單于之遠裔，又謂其語與鮮卑頗異。則宇文氏或是匈奴而雜有鮮卑之血統也。

禿髮氏　居河西，建國曰南涼。

乞伏氏　居隴西，建國曰西秦。

鮮卑自遼東至河西，無所不居，以慕容拓拔兩氏爲最盛。

四、氐。御覽五九八引石崇奴券，元康之際，買得一惡羝奴，則氐原作羝。太平廣記二四五，晉鍾毓兄弟行，一女子笑曰，中央高，兩頭低，蓋言羝也。鍾兄弟多髯，故云。知氐多髯。

略陽。天水 蒲氏。　建國曰前秦。

略陽呂氏。　建國曰後涼。

略陽清　氏。　建國曰仇池。不在十六國內。

五、羌。

燒當羌姚氏。　建國曰後秦。時人常稱六夷。殆五胡外，增賨（又號巴氏）言之。苻堅叱姚萇曰，五胡次序，無汝羌名。謂是無姚萇名，斥姚萇曰汝羌，非謂羌不在五胡之列。

十六國以割據地言，亦約略可分五別。

一、前趙，漢。後趙。

二、前燕，後燕，南燕，北燕。

三、前秦，後秦，西秦，夏。

四、前涼，後涼，南涼，北涼，西涼。

五、蜀。

二　十六國前後形勢之大概

十六國前後形勢，可分五期言之。

一、晉趙蜀三國鼎立期。

前趙。匈奴　劉豹居晉陽。淵居離石，後遷平陽。聰居平陽。曜居長安。

前趙最先興，據燕晉豫秦四省之各一部，晉稱趙蜀爲二寇。

後趙。羯　石勒居襄國。邢台　石虎居鄴。

石勒滅劉曜，據中國北部之半，北方幾成一統。

石虎死，鮮卑氐羌諸族乘機起，北方局勢大變。時桓溫已滅蜀，北方不久成燕秦分據之局。

二、第一次燕秦分據期。

前燕。鮮卑　慕容皝居龍城。朝陽　儁居薊，遷鄴。

據燕齊晉豫四省及遼寧之一部。

前秦。氐 苻健居長安，苻堅仍之。

桓温伐燕不利，燕內亂，慕容垂奔秦，秦進師滅燕。自此苻秦全盛，入第三期。

三、苻秦全盛期。

苻秦據中國北部之大半，地廣爲五胡冠，遂南侵而有淝水之敗，北方再分裂。

四、第二次燕秦對峙期。

後燕，慕容垂。皝子 居中山。

疆土略如前燕。馮跋簒後燕據和龍。爲北燕，爲魏所滅。南燕爲晉所滅。

後秦。羌 姚萇居長安。

疆土掩有陝甘豫三省。滅於劉裕。

五、劉裕滅秦後之北方三國。

魏在平城。大同。魏人（崔浩）之言曰，裕必克秦，歸而謀簒，關中華戎雜亂，風俗勁悍，必不能以荊揚之化施之，終必爲我有。夏在統萬。榆林西北二百里。其疆土掩有今陝西北部及河套之地。夏人之言曰，裕必滅泓，然不能久留，裕南歸，留子弟守關中，取之如拾芥。涼在姑臧。武威。其疆土當今甘肅河西之一部。涼主聞裕入秦，大怒。其臣劉祥入言事，蒙遜曰，汝聞劉裕入關，敢研研然也，遂斬之。

劉裕入長安，北方未定而回，急於簒晉，是爲宋。夏主赫連勃勃遂取長安。嗣夏涼相繼幷於魏，而成南北朝。

三　五胡十六國大事簡表

年代	紀年	大事
304—313	西晉惠帝永興元年，至愍帝建興元年。	漢　劉淵據離石，稱漢王，旋徙平陽。劉聰取洛陽。石勒據襄國，遣石虎據鄴。 成　李雄據成都，稱成。
314—323	愍帝建興三年，至東晉明帝太寧元年。	前趙　劉曜取長安，徙都，改號趙。石勒陷幽薊幷三州。又取青州。 燕　慕容廆取遼東。 前涼　趙封張茂爲涼王。
324—333	明帝太寧二年，至成帝咸和八年。	後趙　石勒殺劉曜，稱帝。
334—343	成帝咸和九年，至康帝建元元年。	後趙　石虎徙都鄴。
344—353	康帝建元二年，至穆帝永和九年。	後趙　石虎卒，冉閔殺胡羯二十萬人。燕克鄴，趙亡。
354—363	穆帝永和十年，至哀帝興寧元年。	
364—373	哀帝興寧二年，至武帝寧康元年。	

燕 慕容皝稱燕王，遷龍城。	代 什翼犍都雲中。	成 李壽改號漢。
燕 慕容儁滅冉閔。	秦 苻健入長安，稱秦王。	成漢 桓溫滅之。
燕 徙都鄴。	秦 桓溫伐秦。討姚襄，入洛陽。苻堅立，用王猛。	
燕 慕容垂奔秦。秦入鄴，燕亡。	秦 王猛取洛陽，滅燕。	

374—383 武帝寧康二年，至太元八年。	秦 王猛卒，	前涼 代 爲秦所滅		
384—393 武帝太元九年至十八年。	秦 伐晉，敗於淝水。	後燕 慕容垂自洛陽入鄴，都中山，稱後燕。	西燕 慕容冲入長安。慕容永據長子，稱帝。	
394—403 武帝太元十九年，至安帝元興二年。	後秦 姚興滅前秦。	後燕 慕容垂卒，魏入鄴。	南燕 慕容德稱帝於滑臺，爲南燕。	
404—413 安帝元興三年，至義熙九年。	後秦 姚興滅後涼。	後燕 馮跋篡之亡。	南燕 劉裕討滅之。	北燕 馮跋立爲北燕。

	後秦 姚萇取長安，稱帝。 西秦 乞伏國仁稱單于。 魏 代拓拔珪復興，徙盛樂。
	魏 拓拔珪稱帝，遷都平城。 西燕亡。 後涼南涼北涼西涼起。
	魏 拓拔珪被弒。 夏 赫連勃勃稱夏王。
414—423 晉安帝義熙十年至宋營陽王景平元年。	後秦 劉裕入長安，後秦亡。 夏 赫連勃勃入長安。 南涼亡於西秦。 西涼亡於北涼。
424—433 宋文帝元嘉元年，至十年。	魏 拓拔燾立。 西秦亡於夏。 夏亡於魏。
434—443 文帝元嘉十一年，至二十年。	魏 北燕北涼亡於魏。

四　胡人之漢化與胡漢合作

胡人所以能統治中國者，亦有數故。

諸胡雜居內地，均受漢族相當之教育，此其一。（詳後北方儒統。）

北方世家大族，未獲南遷者，率與胡人合作，此其二。

諸胡以客居漢地而自相團結，此其三。

傅奕曰，羌胡異類，寓居中夏，禍福相恤。中原之人，衆心不齊，故夷狄少而強，華人衆而弱，石季龍死，羯胡大亂，冉閔令胡人不願留者聽去，或有留者乃誅之，死者二十餘萬。氐羌分散，各還本部，部至數萬，故苻姚代興。

諸胡中匈奴得漢化最早，如劉淵聰曜父子兄弟一門皆染漢學，故匈奴最先起。鮮卑感受漢化最深，故北方士大夫仕於鮮卑者亦最多。鮮卑並得統一北方，諸胡命運較長，滅亡最後。

次於鮮卑者，爲氐。

劉琨傳，內收鮮卑之餘穀，外抄殘胡之牛羊，則鮮卑亦務農作，而胡羯仍事游牧。元康四年，慕容廆徙大棘城（今遼寧義縣。）教部族以農桑法制，同於上國，此鮮卑受漢化甚深之證。（廆子皝又自大棘城徙居龍城，時鮮卑已早爲城郭之邦矣。鮮卑其先有檀石槐，（南漢桓帝時。）軻比能，勢已盛。軻比能當漢末部落近塞。自袁紹據河北，中國人多亡叛歸之。教作兵器鎧楯，頗學文字，故其勒御部衆，擬則中國。則鮮卑之染漢化，淵源既久。慕容拓拔兩氏，其先皆屬檀石槐也。）魏志三十裴註引魏略，氐人各自有姓，亦如中國之姓，多知中國語，由與中國雜居故也。又魏志九夏侯淵傳，淵擊武都氐羌，下辯，收氐穀十餘萬斛，是氏亦有農事。

故繼鮮卑而盛者爲氐。鮮卑在東北，氐在西北，於五胡中建設皆可觀。

羯附匈奴而起，羌則附氐而起，故二族勢最促，文化建設最遜。

諸胡雖染漢化，然蠻性驟難消除，往往而發，最顯見者曰淫酗，曰殘忍，殘忍之例，莫逾石虎。虎，勒從子。既篡石宏位，盡誅勒諸子，以邃爲太子而愛韜，邃疾之，嘗謂左右，我欲行冒頓之事。虎遂收邃及其妻妾子女二十六人同埋一棺中。立宣爲太子。宣復疾韜，殺之佛寺。入奏，將俟虎臨喪而殺之。會有人告變，虎幽宣於庫，以鐵環穿其頷鎖之。取害韜刀箭舐其血，哀號震動宮殿。積柴薪焚宣，拔其髮，抽其舌，斷其手足，斫眼，潰腸，如韜之喪。虎從後宮數千，登高觀之，并殺妻子九人。宣小子年數歲，虎甚愛之，抱之而泣，欲赦之。其大臣不聽，遂於抱中取而戮之。兒猶抱虎衣大叫，虎因此發疾。蓋淺化之民，性情暴戾，處粗野之生活中，尚堪放縱自適。一旦處繁雜之人事，當柔靡之奉養，轉使野性無所發舒，銜蘊潰決，如得狂疾。石虎之後，最以殘暴著者有苻生。惟其淫酗，故政治常不上軌道。惟其殘忍，諸胡間往往反覆屠殺，迄於滅盡。石勒滅劉曜，坑其王公以下萬餘人，南匈奴遂滅。冉閔誅胡羯，死者二十餘萬，殺石虎三十八孫，盡滅石氏。

第十六章　南方王朝之消沉（南朝宋齊梁陳）

一　南朝帝系及年歷

（一）宋

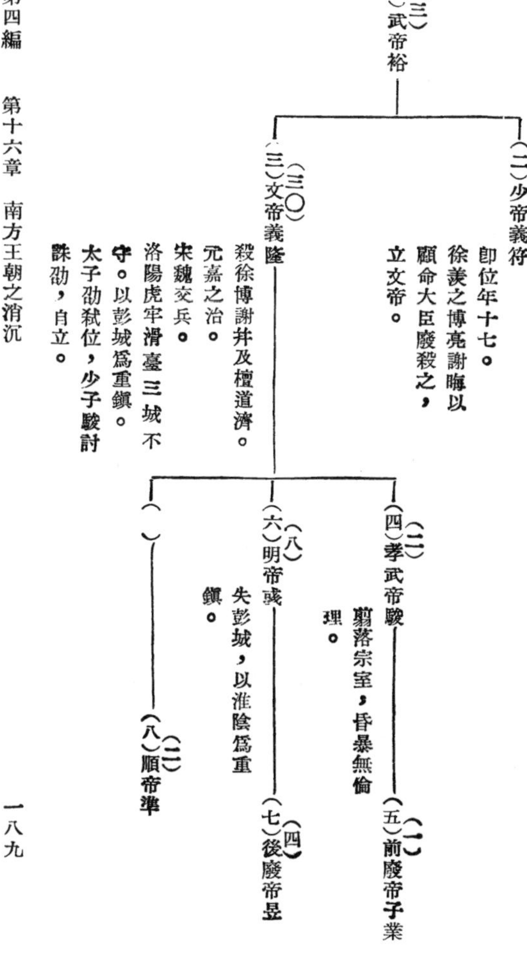

宋八帝五十九年。（凡四世，六十六男。骨肉相殘，無一壽考令終者。）

(二)齊

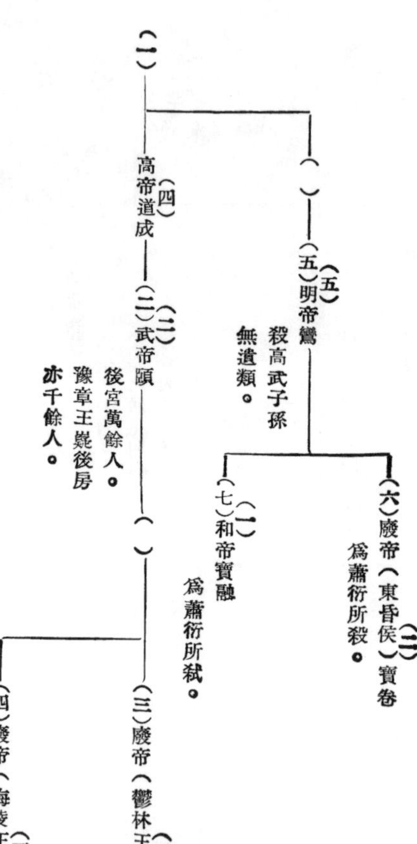

齊七帝二十四年。（人物歷運，於南朝爲最下。）

(三)梁

(二)簡文帝綱(二)
爲侯景所弒。

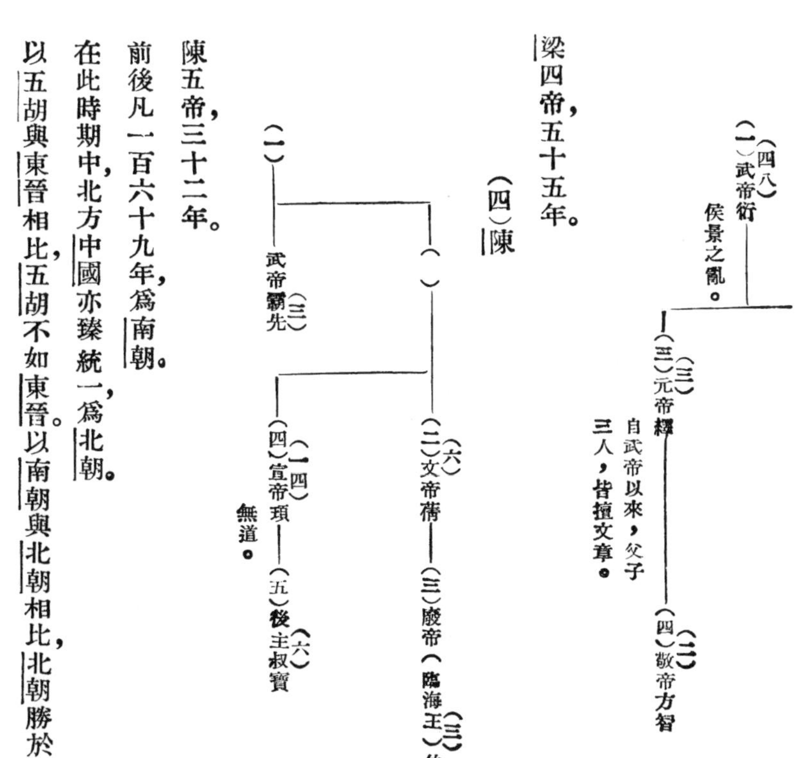

陳五帝三十二年。

前後凡一百六十九年，爲南朝。

在此時期中北方中國亦臻統一，爲北朝。

以五胡與東晉相比，五胡不如東晉。以南朝與北朝相比，北朝勝於南朝。

晉室東遷，衣冠盛族，相率渡江，其留北者力量薄弱，不足以轉世運，而諸胡受漢化之薰陶尚淺，故其時南勝於北。

南渡人物，皆魏晉清流，自身本多缺點。（否則不致南渡。）歷久彌彰，逐次消沉，故南朝世運不如東晉。

漢族留北者，在當時皆以門第稍次，不足當清流雅望之目。（否則亦追隨南渡矣。）然正惟如此，猶能保守幾許漢族較有價值之眞文化，（即名教反動以前之兩漢思想。在魏晉清流視之，則爲落伍趕不上時代潮流也。）經動亂艱苦之磨勵，而精神轉新轉健。諸胡亦受漢化較久較熟，能與北方士大夫合作，政治教化，皆漸上軌道，故北朝世運勝於五胡。

南北相較，北進而南退，南朝終併於北。

二　南朝王室之惡化

門第精神，維持了兩晉二百餘年的天下，他們雖不戮力世務，亦能善保家門，名士清談，外面若務爲放情肆志，內部卻自有他們的家教門風。推溯他們家教門風的起源，仍然逃不出東漢名教禮法之傳統。

劉、蕭諸家，族姓寒微，與司馬氏不同。

劉裕少時伐荻新州，又嘗負刁逵社錢被執。蕭道成自稱素族，（臨崩遺詔，我本布衣素族，念不到此。）蕭衍與道成同族。陳霸先初館於義興許氏，始仕爲里司，再仕爲油庫吏。

他們頗思力反晉習，裁抑名門，崇上抑下，故他們多以寒人掌機要。

時寒族登要路，率目爲恩倖。齊武帝則謂學士輩但讀書耳，不堪經國，經國一劉係宗足矣。此可見當時雙方之心理。梁武帝父子最好文學玄談矣，然舉世怨梁武帝父子愛小人而疏士大夫，顏之推譏為眼不能自見其睫也。

但門第精神本是江南立國主柱。蔑棄了門第，沒有一個代替便成落空。落空的結果更轉惡化。（南朝寒人擅權，始無一佳者。阮佃夫王道隆等，權侔人主，乃至官捉車人為虎賁中郎將，傍馬者為員外郎。茹法亮在中書，語人曰，何須覓外祿，此戶內歲可辦百萬。阮佃夫豪奢雖晉之王石不能過。遂至弒君。梁政壞於朱异，侯景圍臺城，周石珍輒與相結，遂為景佐命。至陳末，施文慶沈客卿用事，隋軍臨江，猶曰此常事，以致亡國。）

南朝諸帝因懲於東晉王室孤微，門第勢盛，故內朝常任用寒人，而外藩則託付宗室。然寒人既不足以服士大夫之心，而宗室強藩亦不能忠心翊戴。轉促骨肉屠裂之禍。

宋齊之制，諸王出為刺史，立長史佐之，既復立典籤制之。諸王既多以童稚之年，膺方面之寄，而主其事者則皆長史典籤也。一再傳而後，二明帝（宋劉彧齊蕭鸞），皆以旁支入繼大統，忮忍特甚。前帝子孫雖在童孺，皆以逼見讐。其據雄藩處要地者，適足以殞其身命於典籤之手。當時任典籤者，率皆輕躁傾險之人，或假其上以稱亂，或賣之以為功，威行州部，權重藩君。梁諸王皆以盛年雄材出當方面，非宋齊帝子之比。然京師有變，亦俱無同獎王室之忠。侯景圍臺城，如綸如繹如紀如譽之徒，皆擁兵不救，忍委其祖父以餧寇賊之口。蓋南朝除門第名士外，人才意氣率更不成。

宋諸帝自屠骨肉，誅夷惟恐不盡。宋武九子四十餘孫六十七曾孫，死於非命者十之七八，無一有後於世。其宮闈之亂，無復倫理，尤為前史所無。而宋齊兩代諸帝之荒蕩不經，其事幾乎令人難信。

宋代則如元凶劭。

弒父。文帝欲廢太子，告潘淑妃。妃告其子始興王濬，濬以告劭，劭弒父，并殺潘淑妃，謂濬曰，潘淑妃遂爲亂兵所殺。濬曰，此是下情由來所願。

前廢帝，年十七爲帝。

爲姊山陰公主，謂帝曰妾與陛下，男女雖殊，俱託體先帝。陛下六宮萬數，妾惟駙馬一人，事大不均。置面首三十人。自以在東宮時，不爲孝武所愛，將掘其陵，太史言不利，乃縱糞父陵。稱叔父湘東王彧爲豬王。以其體肥。以木槽盛飯幷雜食，掘地爲坑，實以泥水，裸彧納坑中。使以口就槽食。一日忤旨，縛手足，貫以杖。欲擔付太官屠豬。建安王休仁請俟皇子生乃殺豬取心肝，始得釋。又令左右逼淫建安王休仁母楊太妃。帝之叔祖母。休仁呼殺王。倘有山陽王休祐呼賊王，東海王褘呼驢王。

後廢帝母陳貴妃。名妙登，建康居家女。年十五爲帝。

五六歲能緣漆帳竿而上。去地丈餘，食頃方下。太后數訓誡帝，帝不悅，端午，賜帝毛扇，不華。欲煮藥酖太后。左右曰，若行此事，官便應作孝子，豈得復出入狡獪，帝曰，汝語大有理，乃止。一日直入蕭領軍府，道成方晝臥裸祖，帝立道成於室內。畫蕭道成腹作箭垛，引滿將射。左右王天恩曰，領軍腹大，是佳箭堋。一箭便死，後無復射，不如以骲箭射之。正中其臍。帝投弓大笑，曰此手何如。夜至新安寺偸狗就曇道人烹食，醉還遇弒。

齊則如鬱林王，年二十一爲帝。

亦爲其母王太后置男左右三十人。帝慧美善矯情，父病及死，帝哀哭，見者爲之嗚咽。纔回內室即懽笑。爲其妻報喜。紙中央一大喜字，作三十六小喜字繞之。妻何妃即山陰公主之女。縱淫恣。帝自與左右無賴二十餘人共衣食臥起，妃擇其中美者皆與交懽。見錢，曰吾昔思汝一枚不得，今日得用汝未。賜左右動至百數十萬。

東昏侯。年十九爲帝。

嘗夜捕鼠達旦。父喪不哭。諉云喉痛。明帝臨崩，囑以後事。以鬱林王爲戒，曰，作事不可在人後。以鬱林不殺蕭鸞也。按武帝臨終亦戒鬱林，曰，五年中一委宰相，五年外勿復委人。若自作無成，無所多恨。此可見當時王室之家教矣。東昏既受父誡，遂以誅戮宰臣爲務。嘗習騎至適，曰江祐常禁我乘馬，小子若在，吾豈能得此。因問祐親戚餘誰，曰江祥今在冶。即於馬上作敕賜祥死。臺閣案奏，宦者裹魚肉還家。一月出遊二十餘次。入樂遊苑，人馬忽驚，問左右朱光尙。（其人云能見鬼，）對曰曩見先帝大瞋，不許數出，帝大怒。拔刀與光尙尋之，不見，乃縛菰爲父明帝形，北向斬首，懸之苑門。鑿金爲蓮花帖地，令潘妃行其上，曰步步生蓮花。

此等皆荒誕，疑非人情。然賦與一種可以窮情極意的環境，又習聞到一些一切不在乎的理論，即虛無放達的人生理論。而不加以一種相當的教育，其趨勢自可至此。

古代貴族階級本有其傳統的教育。西漢以平民爲天子，諸侯王不皆有教育，不數傳盡縱恣不法，多爲禽獸行。故賈誼力言治道首重教育太子。

南朝的王室，在富貴家庭裏長養起來，但是他們並無文化的承襲。他們只稍微薰陶到一些名士派放情肆志的風尙，而沒有浸沉到名士們的家教與門風，又沒有領略得名士們所研討的玄言與遠致，在他們前面的路子，只有胡鬧。

由名士爲之則爲雪夜訪友。王徽之居山陰，夜大雪，眠覺，開窗命酌酒，四望皎然，因起彷徨，詠左思招隱詩，忽憶戴安道，時戴在剡，即便夜乘小船就之，經宿方到，造門不前而返。人問其故，曰吾本乘興而來，興盡而返，何必見戴。無知識無修養則變爲達旦捕鼠。

由名士爲之則爲排門看竹，王徽之過吳中，見一家有好竹，主已知王當往，灑掃施設，在廳事坐相待，王肩輿徑造竹下，諷嘯良久，主已失望，遂直欲出門，主人大不堪，便令左右閉門不聽出，王更以此賞主人，乃留坐盡懽而去。無知識，無修養，則變爲往寺廟偷狗吃。

老莊放言破棄名教，復歸自然，本來不教人在家庭團體政治組織裏行使。魏晉名士，一面談自然，一面還遵名教，故曰名教與自然將毋同。南朝的王室，既乏禮教之薰習，因其非世家。又不能投入自然之樸素。因其爲帝王，處在富貴不自然之環境中。蔑棄世務的大抵幼年王帝爲多。則縱蕩不返，注意實際的，大抵中年王帝居多。則殘酷無情，循環篡殺，勢無底止。獨有一蕭衍老翁，儉過漢文，勤如王莽，可謂南朝一令主。然而他的思想意境，到底超不出並世名士的範圍，自身旣皈依佛乘，一面又優假士大夫，結果上下在淸談玄想中誤了國事。

史稱梁武敦尙文雅，疏簡刑法，優假士人太過，牧守多侵漁百姓。即宗室諸王如臨川王宏武陵王紀等，皆恣意聚斂，盛務貨殖，而武帝不問。又謂其好親任小人。王偉爲侯景草檄，謂梁自近歲以來，權倖用事，割剝齊民，以供嗜慾。如曰不然，公等試觀今日國家池苑，王公第宅，僧尼寺塔，及在位庶僚，姬姜百室，僕從數千，不耕不織，錦衣玉食，不奪百姓，何從得之。此可見當時之政俗矣。

當時帝王可能的出路止此，中央政府的尊嚴，旣久不存在。宋順帝禪位時，逃入宮內，王敬則將輿入宮，啓譬令出。順帝謂敬則曰，欲見殺乎。答曰，出居別宮耳。官昔取司馬家亦如此。順帝泣曰。惟願生生世世，不復與帝王作姻緣。宮內盡哭。曹孟德司馬仲達作祟，至此未已。

秦漢以來的政治理論，亦久已廢棄。除非恢復那種政治理論，中央纔可再有尊嚴。帝王亦纔可再有新出路。魏晉以下世運的支撐點，只在門第世族身上。當時的道德觀念與人生理想，早已狹窄在家庭的小範圍裏。旣已無國，復何中央，復何帝王。

南朝諸帝王崛起寒微，要想推翻門第世統之舊局面，卻拿不出一個新精神來，先要懂得帝王在國家在政府裏的眞地位與眞責任，彼輩自所不能，而卻把貴族門第的家庭敎育亦蔑棄了。結果只有更惡化。

三　南朝門第之衰落

門第雖爲當時世運之支撐點，然門第自身，實無力量，經不起風浪。故胡人蠭起，則引身而避。權臣篡竊，則改面而事。旣不能戮力恢復中原，又不能維持小朝廷偏安的綱紀。在不斷的政局變動中，犧牲屠戮的不算，其幸免者，亦保不住他們在清平時代的尊嚴。

南朝世族無功臣，亦無殉節者。侯景敗，王克迎王僧辯，（僧辯北人南附，克則王氏世家。）僧辯勞克曰，甚苦，事夷狄之君。克不能對。又問璽紱何在，克良久曰，趙平原持去，（趙思賢，景腹心，授平原太守。）僧辯曰，王氏百世卿族，一朝而墜。

積久優越舒服的生活，只消磨糜爛了他們自爭生存的機能。

顏氏家訓：江南朝士，至今八九世，未有力田，悉資俸祿。假令有者，皆信僮僕為之。未嘗目觀起一撥土，耘一株苗。不知幾月當下，幾月當收，安識世間餘務乎？又曰：梁朝全盛之時，貴游子弟，多無學術。至於諺云，上車不落則著作，體中何如則祕書。無不熏衣剃面，傅粉施朱，駕長簷車，跟高齒屐，坐棊子方褥，憑班絲隱囊，列器玩於左右，從容出入，望若神仙。

自經侯景之亂，而貴族門第，澌滅殆盡。（侯景羯族，南奔濟淮，僅得步騎八百。稱亂渡江，有馬數百匹，兵八千人而已，此乃南方社會之熟極而爛，腐潰內訌，而景乘之耳。）

顏氏家訓：梁世士大夫，皆尚褒衣博帶，大冠高履，出則車輿，入則扶持，郊郭之內，無乘馬者。及侯景之亂，膚脆骨柔，不堪行步，體羸氣弱，不耐寒暑，坐死倉猝者，往往而然。又曰：建康令王復，性既儒雅，未嘗乘騎，見馬嘶歕陸梁，無不震慴。乃謂人曰，正是虎，何故名為馬乎？其風俗至此。又曰，離亂之後，朝市遷革，銓衡選舉，非復曩昔之親，當路秉權，不見昔時之黨。鹿獨戎馬之間，轉死溝壑之際，諸見俘虜，雖千載冠冕，不曉書記者，莫不耕田養馬。

陳霸先以微人躍起稱帝，一時從龍之士，皆出南土，於是北方貴族之地位更促。

蕭詧亡而江陵貴族盡。

南渡之衣冠全滅，江東之氣運亦絕。

第十七章　北方政權之新生命（北朝）

北方中國經歷五胡長期紛擾之後，漸漸找到復興的新機運，是爲北朝。

一　北朝帝系及年歷

鮮卑拓拔氏當曹魏世始居匈奴故地，（時匈奴內徙。）嗣遷定襄盛樂，（綏遠北。）始朝貢於晉。劉淵僭號，拓拔猗盧入居平城，以盛樂爲北都，（劉琨與結兄弟，表封代公。）七傳至什翼犍，爲苻堅所敗。（堅使匈奴劉庫仁劉衞辰分攝其衆。）其孫珪（幼依劉庫仁。）始建國。（稱道武帝。）

（一）北魏帝系表

（太祖）（二三）（一）道武帝珪（即位後十年，宋篡晉。三十九歲被弑。）——（太宗）（一五）（二）明元帝嗣——（世祖）（二八）（三）太武帝燾（滅夏，滅北燕，滅北涼，北方始統一，侵宋臨江而返。）——（　）——（高宗）（一四）（四）文成帝濬

——（顯祖）（六）（五）獻文帝弘——（高祖）（二八）（六）孝文帝宏（時宋篡於齊。遷都洛陽。）——（世宗）（一六）（七）宣武帝恪——（肅宗）（一三）（八）孝明帝詡（母胡太后稱制，魏始衰。太后弑帝，爾朱榮舉兵晉陽，立孝莊帝，沈胡后於河。）

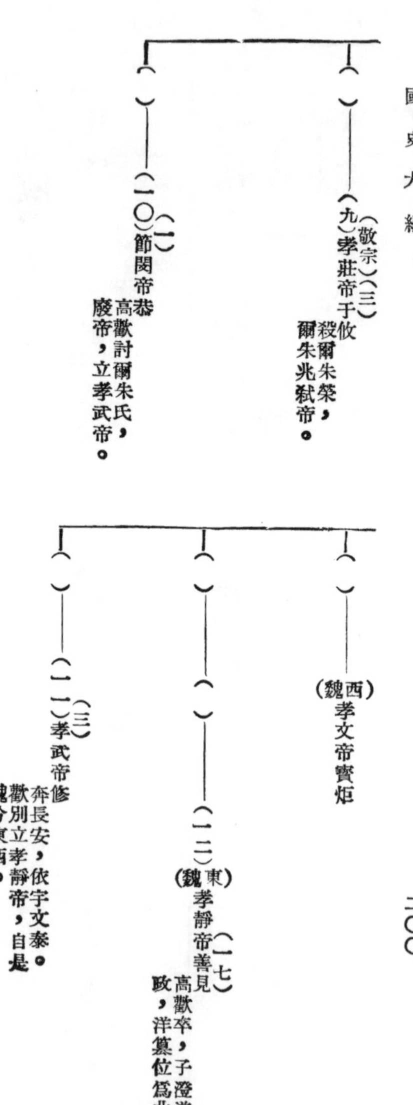

元魏自道武帝至孝武帝入關，凡十一主，一百五十八年，分爲東西。

東魏一主十七年先亡。

(二)西魏帝系表

(一七)(一)孝文帝寶炬　宇文泰弒孝武帝，立文帝。泰爲太師，用蘇綽，定六官之制，作府兵。

- (二)(二)廢帝欽　宇文泰廢之。
- (四)(三)恭帝廓　宇文泰死，子覺嗣，篡位爲北周。

西魏三主二十三年。

（三）北齊帝系表

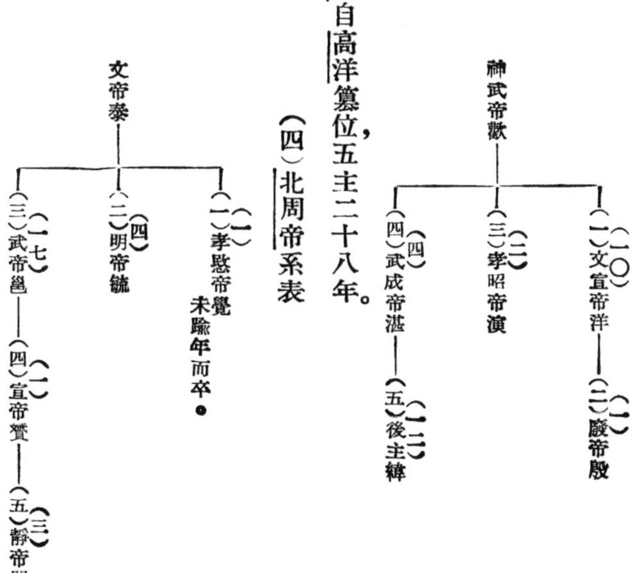

齊自高洋篡位，五主二十八年。

（四）北周帝系表

周自宇文覺篡位，五主二十五年。

二　北方之漢化與北方儒統

五胡雜居內地，已受相當漢化。但彼輩所接觸者，乃中國較舊之經學傳統，而非代表當時朝士名流之清談玄理。

南渡以還，士大夫淪陷北方者，不得不隱忍與諸胡合作，而彼輩學術塗轍，亦多守舊，絕無南渡衣冠清玄之習。

劉淵父子皆粗知學問，淵師事上黨崔游，習毛詩京氏易馬氏尚書，皆是東漢的舊傳統。

石勒徙士族三百戶於襄國，名崇仁里。置公族大夫領之。郡置博士祭酒二人，弟子百五十人，又定秀孝試經之制。勒軍中特有君子營，集衣冠人物為之。史稱盧諶崔悅荀綽裴憲傅暢並淪陷非所，雖俱顯於石氏，恆以為辱。

慕容廆益大興文教，以劉讚為東庠祭酒，世子皝率國胄束脩受業。廆覽政之暇，親臨講肄，慕容氏於五胡中受漢化最深。

苻秦文教尤盛，諸經皆置博士，惟闕周禮，乃就太常韋逞母宋氏傳其音讀，即其家立講堂，置生員百二十人，隔絳紗幔受業。號宋氏曰宣文君。

王猛死，特詔崇儒，禁老莊圖讖之學。詔曰，權可偃武修文，以稱武侯雅旨，則必猛生前時時稱說其意也。

姚興時，耆儒姜龕淳于岐等教學長安，諸生自遠而至，興每與龕等講論道藝。胡辨講授洛陽，關中諸生赴者，興勅關尉勿稽其出入。

姚泓親拜淳于岐於牀下，自是公侯見師傅皆拜。

是五胡雖雲擾，而北方儒統未絕。

時河洛一帶久已荒殘，山西亦爲東西交兵之衝，石虎之亂，屠割尤慘，故東方惟慕容，西方惟苻姚，爲北方文化殘喘所託命。

元魏先受慕容氏影響，自拓跋珪時已立太學，置五經博士，初有生員千餘人，後增至三千。梁越道武帝命授諸皇子經，官上大夫。拓跋嗣信用崔浩，至拓跋燾又徵盧元高允，文化漸盛。

時范陽盧元博陵崔綽趙郡李靈河間邢穎渤海高允廣平游雅太原張偉等皆集代都。高允徵士頌謂名徵者四十二人，就命者三十五人。盧醜當太武監國時入授經，以師傅恩賜公爵。張偉以通經官中書侍郎，受業者常數百。張吾貴門徒千數。高允居家教授，受業者千餘人。郡國建學校，立博士，皆出允議。史稱梁越博綜經傳，盧醜篤學博聞，張偉學通諸經，李同軌學諸經，崔浩博覽經史，高允通經史，李安世博綜羣言，此證北儒學風，主經史實濟，務博綜，不似江南以淸虛爲貴也。

別有河西儒學，以諸涼兵禍較淺，諸儒傳業不輟，又爲苻姚喪亂後諸士族避難之所，至拓跋燾幷北涼，羣士始東遷，遂與東方慕容燕以來儒業相匯合，而造成元魏之盛況。

劉延明就博士郭瑀學，瑀弟子五百人，通經業者八十餘人。涼武昭王以延明爲儒林祭酒，蒙遜拜爲祕書郎，牧犍尊爲國師，學徒數百。常爽明老緯候，五經百家，多所研綜。門徒七百人，索敞爲之助教。敞入魏，以儒學爲中書博士，貴游子弟成就顯達者數十人。蒙遜時又有宋繇闞駰均見禮待。可見河西儒學之盛。又游明根高閭皆以流寓入魏，特被孝文禮遇。游子肇亦名儒，閭與高允稱二高。

在此漢化深濃，儒業奮興之空氣下，乃醞釀而有魏孝文之遷都。

太祖天興元年至鄴，即有定都意，乃置行台。太宗神瑞二年又議遷鄴，以崔浩等諫而止。漢化愈進，即遷都動機愈成熟，兩事連帶而來。

三　魏孝文遷都及北魏之覆滅

魏孝文遷都，自有其必然的動因。

一則元魏政制，久已漢化，塞北荒寒，不配做新政治的中心。

孝文太和十五年始親政，是年即建明堂，改營太廟，明年壞太華殿，改建太極殿，十七年改作後宮。北魏的國力到此已盛，與其在平城因陋就簡的改造，不如逕遷洛陽，可以澈底興築以弘規制。洛陽的新規模，可看洛陽伽藍記。其分區建築之計劃，創於韓顯宗，見北史韓傳。又孝文語其臣曰，朕以恆代無運漕之路，故宗邑民貧，今移都伊洛，欲通運四方，（見魏書成淹傳。）此皆經濟上原因，使魏不得不遷都也。崔浩諫拓拔珪遷鄴，則謂分家南徙恐不滿諸州之地。此見前後北魏國力之澎漲。

二則北方統一以後，若圖吞并江南，則必先將首都南移。

太和十五年始親政，十七年南伐，是年即議遷都，並起宮殿於鄴。是後連年南伐，直至孝文之卒。可知孝文遷都，實抱有侵略江南之野心也。

三則當時北魏政府雖則逐步漢化，此只是北方漢士族的文化力量之逐步抬頭。而一般鮮卑人，則以建國已踰百年，而不免暮氣漸重，此卻是淺演民族一種根本的慘運。魏孝文實在想用遷都的政策來與他的種人以一種新刺激。

史稱魏主將遷都，恐羣臣不從，乃議大舉伐齊以脅之。至洛陽，霖雨不止，羣臣泣諫。魏主曰，今者興發不小，苟不南伐，當遷都於此。時舊人雖不願內徙，而憚於南伐，無敢言者。遷都之計遂定。其時一般鮮卑人之暮氣沉沉，固不待南遷而衰象已見矣。孝文太子恂，既南來，深苦河洛暑熱，每追樂北方。此皆淺演民族之暮氣表示也。帝賜之衣冠，常私著胡服，杖數百，囚之。又謀輕騎奔代，廢爲庶人，賜死。爲自已一種高遠的政治理想，而引起家庭父子慘劇者，前有王莽，後有魏孝文。時孝文南遷，所親任多中州儒士，其時北方漢士族文化力量已不可侮。惟孝文知之，鮮卑種人多不知也。宗室及代人往往不樂。孝文嘗謂陸叡曰，北人每言北俗質魯，何由知書。此乃鮮卑暮氣對漢文化之反應。朕聞之深用憮然。今知書者甚衆，豈皆聖人，顧學與不學耳。朕爲天子，何必居中原，正欲卿等子孫，漸染美俗，聞見廣博。若永居恆北，復值不好文之主，不免面牆耳。孝文之開譬深切如此，然陸叡穆泰終以反對南遷，謀亂伏誅，則知當時鮮卑人一般之意態，實距孝文理想甚遠也。

孝文遷都後的政令，第一是禁胡服，屏北語。

帝謂三十以上，習性已久，容不可猝革。三十以下，語言不聽仍舊。又曰，如此漸習，風化可新。若仍故俗，恐數世之後伊洛之下，復成被髮之人。又曰，朕嘗與李冲論此，冲曰，四方之語，竟知誰是。帝者言之，卽爲正矣。冲之此言，其罪當死。觀顏之推家訓，當時北方士族，仍有以教子弟學鮮卑語得奉事公卿爲榮。直至高歡。必遇高敖曹在軍中，乃爲漢言。則魏孝文之理想，竟未得達。

其次則禁歸葬，變姓氏。

自是代人遷洛者，悉爲河南洛陽人。拓跋改氏元，其他如長孫拓拔奚達奚叔孫乙旃穆立穆陵陸步六孤賀賀賴劉獨孤樓賀樓等，皆胡姓改。凡一百十八姓。詳魏書官氏志。

又次則獎通婚。（孝文自納范陽盧氏，清河崔氏，滎陽鄭氏，太原王氏四姓女充後宮。）

孝文明知鮮卑游牧故習萬不足統治中華，又兼自身深受漢化薰染，實對漢文化衷心欣慕，乃努力要將一個塞北游牧的民族，一氣呵熟，使其整體的漢化。

而一時朝士文采經術尤盛。（此與當時暮氣的鮮卑人兩兩對照，即知魏孝文遷都之一種內心激動矣。）

如高允，（尤好春秋公羊。）李安世，（祖曾，治鄭氏禮，左氏春秋，叔父李伯，少傳父業。）李冲李彪，（上封事七條，極識治體，殆其時之賈生也。爲中書敎學博士，述春秋三傳，合成十卷。）王肅，（自南朝來。）尤其著者。所謂劉芳李彪諸人以經書進，崔光邢巒之徒以文史達，其餘涉獵典章，閑集詞翰，斯文鬱然，比隆周漢也。（魏書儒林傳序。）

惜乎孝文南遷五年卽死。（孝文五歲卽位，初權在太后。二十五歲始親政，二十九歲遷都，三十三歲卽卒。）

他的抱負未能舒展，鮮卑人追不上他的理想，而變亂由此起。

初元魏在馬邑雲中界設六鎭以防柔然。

六鎭。（酈道元傳，明帝以沃野懷朔薄骨律武川撫冥柔玄懷荒禦夷諸鎭並改爲州，會諸鎭叛不果。沃野薄骨律在西北邊，略當河套寧夏境，不列六鎭之數。）

懷朔，（最西，今綏遠五原固陽境。）武川，（從西第二鎭，今綏遠武川。）撫冥，（武川柔玄之間，約相距各五百里之地。）柔玄，（懷荒東，近天鎭北，今綏遠興和。）懷荒，（今地未考，當在興和沽源間。）禦夷。（今察哈爾沽源多倫二縣地。）

鮮卑高門子弟，皆在行間，貴族卽是軍人，當兵卽是出身，鮮卑自己規模本如此。

北史廣陽王建傳稱其盛簡親賢，擁麾作鎭，配以高門子弟，以死防遏，不但不廢仕宦，至乃偏得復除。當時人物，忻慕爲之。按六鎮亦有柔然降人，及內地漢人徵發配戍，故明帝正光五年八月詔，有元非犯配悉免爲民，鎮改爲州之語。

及遷洛陽，政治情勢大變，文治基礎尚未穩固，而武臣出路卻已斷塞。廣陽王傳謂及太和在歷，豐沛舊門，仍防邊戍，自非得罪，當世莫肯與之爲伍。一生推遷，不過軍主。然其往世房分，留居京師者，得上品通官，在鎮便爲清途所隔。北齊書魏蘭根傳亦謂中年以來，有司號爲府戶，役同廝養。宦婚班齒，致失清流，而本來族類，各居榮顯，顧瞻彼此，理宜憤怨。按道武平中山，多置軍府以相威攝，凡有八軍。軍各配兵五千，食祿主帥，軍各四十六人。自中原稍定，八軍之兵漸割南戍，一軍兵裁千餘，然帥如故，費祿不少。楊椿表罷四軍，減其主帥百八十四人。六鎮亦稱府戶，蓋體制略同。西魏府兵之名殆本此。秦漢軍民分治，故於郡守外置都尉，北朝其先純係軍治，故府設帥，而稱軍府。（此猶秦南海桂林象郡僅設一尉不更置守也。）及後文治漸蒸，軍主鎮帥，遂無出路，羣加簡蔑，目爲府戶，以別於中朝搢紳門閥焉。

一輩南遷的鮮卑貴族，盡是錦衣玉食，沉醉在漢化的綺夢中。

洛陽伽藍記謂當時帝族王侯，外戚公主，擅山海之富，居川林之饒，爭修園宅，互相誇競，崇門豐室，洞戶連房，飛館生風，重樓起霧，高臺方榭，家家而築，花林曲池，園園而有，而河間王琛最爲豪首，常與高陽王雍爭衡。高陽正光中爲丞相，童僕六千，妓女五百，漢晉以來，諸王豪侈未之有。河間亦妓女三百，常語人云，晉室石崇乃是庶姓；況我大魏天潢，不爲華侈。此等漢化，豈魏孝文所想望。

而留戍北邊的，卻下同奴隸，貴賤遽分，清濁斯判。朝政漸次腐敗，遂激起邊鎮之變亂。

胡太后時，明帝神龜二年。羽林虎賁作亂，殺尚書郎張仲瑀及其父張彝，而朝廷不能問，仲瑀上封事，請詮別選格，排抑武夫不使預清品。及父子見殺，詔誅兇強者八人，餘並大赦以安之。其事已爲清流文治派與武人勢力之顯著衝突。在中央政府下之羽林侍衞尚無出路，何論邊鄙鎮兵。六鎮叛變正為此種形勢之繼續擴大。南中文治派與北邊武人之衝突，其後面不啻即是漢化與鮮卑故俗之衝突也。史又稱代人遷洛，多為選部所抑不得仕進。及六鎮叛，元叉乃用代來人為傳詔以慰悅之。是可見當時南北界劃矣。

爾朱榮入洛陽，沉王公以下二千餘人於河。洛陽政府的漢化暫見頓挫。

爾朱榮世為領民酋長，部落八千餘家，有馬數萬匹。元天穆說之曰，世跨并肆，部落之民，控弦一萬。此乃代表鮮卑遺留在北方之舊傳統舊勢力，與洛陽漢化後之新朝貴絕不相同。一個國家，同時擺著兩個絕不相同的社會勢力，必釀亂。

而鮮卑命運，亦竟此告終。

凡歷史上有一番改進，往往有一度反動，不能因反動而歸咎改進之本身。然亦須在改進中能善處反動方妙。魏孝文卒後，鮮卑並不能繼續改進，並急速腐化，豈得以將來之反動，追難孝文。

四　北齊北周文治勢力之演進

然北魏洛陽政府之覆滅，只是拓跋氏一家統治權之解體，對於當時北方文治勢力之進展，依然無可阻礙。魏孝文只是認識了此種力量，要把鮮卑的統治權與之融合一體。洛陽的鮮卑貴族，以及北方的六鎮軍人，都不瞭解此意，他們只有先後做時代潮流下之犧牲品。

史稱世宗時，天下承平，學業大熾。燕齊趙魏之間，橫經著錄，不可勝數，多者千餘人，少者亦數百，州舉茂異，郡貢孝廉，每年逾衆。此魏孝文遷都後北方學術界氣象也。

北齊在地理和人物上，都承襲著洛陽政府之遺傳。

爾朱榮居晉陽，爲孝莊帝所殺，榮從子兆弒莊帝，高歡殺兆，孝武帝奔關中，高歡以洛陽西逼西魏，南近梁境，乃議遷鄴。洛陽四十萬戶令下三日，狼狽卽行。

高歡一家，雖是一個漢鮮混雜的家庭。

史稱高歡渤海蓨人，其六世祖隱，爲晉玄菟太守，則高歡應爲漢人。惟自五世祖慶，已三世事慕容氏，曾祖湖仕北魏，祖謐坐法徙懷朔。史稱歡遂習其俗，至其后婁氏則鮮卑豪族也。高澄婁出，故侯景呼以鮮卑小兒。高洋問杜弼治國當用何人，弼對鮮卑車馬客，會須用中國人，洋以爲此言譏我。又斬高德政，謂德政常言宜用漢人除鮮卑，此卽合死。洋后李氏出趙郡，其子廢帝殷，洋謂其得漢家性質，不似我。

然而漢人的勢力很快在北齊的政府下擡頭。

史稱高歡時，鮮卑共輕中華朝士，惟憚高昂。歡每申令三軍，常爲鮮卑言，昂若在列時，則爲華言。然高洋卽位，羣臣皆漢魏衣冠，直至末年，洋乃數爲胡服，微行市里。則知文宣時齊朝早已漢化。又齊文宣誅諸元二十五家，殺三千人，餘十九家並禁錮，嗣又大殺元氏，魏後竟無遺種，亦爲漢人得勢一因。其後隋文帝亦盡殺宇文子孫無遺種。

楊愔尤稱當時經學名儒，一門四世同居，昆季就學者三十餘人。事高洋，時稱主昏於上，政淸於下。常山王高演殺楊愔，高殷（廢帝，母李皇后，趙郡李氏女）見廢，亦當時胡漢界線相爭之一幕。

李鉉，邢峙，齊文宣詔授太子經。馮敬德，武成爲後主擇師，命爲侍講。馮元熙，敬德子，以孝經授緯太子。皆以經學爲帝室師。史稱孝昌之後，海內淆亂，四方校學，所存無幾。至於興和武定之世，寇難既平，儒業復光。其間相去不過十年。後魏崔亮年勞之制，至是見革。

後魏自張彝見殺，武官皆得依資入選，官員少而應調者多，崔亮為吏部侍郎，乃奏為格制，官不問賢愚，以停解日月為斷，年月久則先擢用，世謂之停年格。魏之失人自此始。高齊自高澄袁聿修楊遵彥辛術相繼掌大選，頗革魏弊，而辛術管庫必擢，門閥不遺，衡鑒之美，尤為見稱。

士人為縣，尤見齊政漸上軌道。

北齊制縣為上中下三等，每等又有上中下，凡九等。（此亦為隋唐所襲。）然猶因循後魏，用人濫雜，至於士流恥居。元文遙遂奏於武成帝，密搜世冑子弟，恐其辭訴，總召集神武門，宣旨慰諭而遣，自是縣令始以士人為之。

齊律尤為隋唐所本。

南北朝諸律，北優於南。北朝尤以齊律為最。由唐及清，皆本隋律，隋律則本於齊。（魏拓拔燾定律，出崔浩高允之手。浩長於漢律，為之作序，（史記索隱引）高允史稱其尤好春秋公羊，蓋治漢董仲舒應劭公羊決獄之學者。其後代有名家，太和中，改定律令，君臣聚議一堂，考訂之勤，古今無比，此為北系諸律之嚆矢。淵源當自漢律，不盡襲魏晉之制也。）則齊政雖稱昏亂，其士大夫之貢獻亦甚大。

西魏則宇文泰雖係鮮卑，（或匈奴。）然因傳統勢力入關者少，更得急速漢化。蘇綽（少好學，博覽羣書。）盧辯（累世儒學。魏太子及諸王皆行束脩禮受業。叔父同註小戴，辯註大戴。）諸人卒為北周創建了一個新的政治規模，為後來隋唐所取法，將來中國全盛時期之再臨，即奠基於此。

綽依周禮定官制，未成而卒，辯續成之。（西魏正式行周禮建六官，在恭帝三年。）隋唐官制即本此。（時同脩者尚有崔猷薛寘。）

蘇綽的六條詔書。

一先治心，（治民之本，莫若宰守。治民之體，先當治心。其要在清心。次在治身。躬行仁義孝弟忠信禮讓廉平儉約，繼之以無倦。）二敦教化，三盡地利，四擢賢良，五恤獄訟，六均賦役。

縣爲當時行政官吏的新經典。

文長數千言周主常置座右又令百司誦習。綽又制文案程式，朱出墨入，及計帳戶籍之法。此如漢初張蒼爲計相事，隋室之盛即本此。 牧守令長非通六條及計帳者，不得居官。

官吏在政治上的責任，現在又明白的重新提出。

而當時官吏的任用，尤能打破歷來氏族門第的拘絭。

六條之四曰擢賢良，其言曰，自昔州郡大夫但取門資，不擇賢良。夫門資乃先世之爵祿，無妨子孫之愚。今之選舉，不限資蔭，惟在得人。

於是以前的官吏，爲門資所應得，而此後的官吏，則將爲民衆負責任。此種意識，不可不說是當時一個極大的轉變。

北史崔凱傳，自周氏以降，選無淸濁。凱攝吏部，與薛道衡陸彥師等甄別氏流。又北史陸彥師傳，轉吏部侍郎，承周制官無淸濁，彥師在職，凡所任人，頗甄別於士庶。蓋北周僻在關西，洛陽鮮卑貴族，去者無幾，故蘇綽得教宇文泰打破門第拔才任用。如此則鮮卑族自見湮沉，漢人自見騰驤，實爲北周漢化一更要關鍵。隋文非有大功盛業，而北周大臣如韋孝寬楊惠李德林高熲楊穆，皆翕然歸奉，此恐亦有種姓之見存。 至隋時，政治轉換已上軌道，故崔凱薛道衡等重提士庶之別，此並非反對北周之制，實爲依照蘇綽用意作更進一步之甄別也。

周禮是他們政治理論的根據，一時君臣皆悉心討究。

此書在魏孝文時已見重。西魏因推行周禮，故公卿多習其業。北齊熊安生精治此經，名聞於周，周武帝滅齊，安生遽令掃門，曰周帝必來見我，已而果至。

僚吏俊彥，旦理公務，晚就講習。

北周文帝於行台省置學，取丞郎及府佐德行明敏者充，悉令旦理公務，晚就講習，先六經而後子史。又於諸生中簡德行淳懿者侍讀書，河東薛愼等十二人應其選。

從學術影響到政治，回頭再走上一條合理的路，努力造出一個合理的政府來。此指能切實貢獻於民衆，而非專爲保門第固權榮而言。

從此漫漫長夜，開始有一線曙光，在北方透露。到隋唐更見朝旭耀天。

第十八章　變相的封建勢力（魏晉南北朝之門第）

貴族世襲的封建制度，早已在戰國秦漢間澈底打破，然而東漢以來的士族門第，他們在魏晉南北朝時代的地位，幾乎是變相的封建了。

一　九品中正制與門閥

東漢士族地位之獲得，本由當時的察舉制度。三國喪亂之際，人士流徙，考詳無地。（衛瓘語。）用兵既久，人材自行伍雜進，郎吏蓄於軍府，豪右聚於都邑。（李重語。）兩漢文治精神所託命的州郡察舉制，一時逆轉，而倒退爲秦漢初年之軍功得官。要對此種情況加以救挽，於是有魏尚書陳羣之九品官人法。（事起延康元年。始議則自何夔。）

朝廷用人委之尚書，然尚書不能審核天下人才士庶，（劉毅所謂一吏部兩郎中，而欲究鑑人物，何異以管窺天。但又不願漫無標準，一切委之軍隊，或私人關係。）於是委中正銓第等級，（上上、上中、上下，中上、中中、中下，下上、下中、下下九級。）憑之授受。（通典語。）

州置大中正，郡置小中正。（自漢末設置州牧，於是州在郡上，自成一級。）大中正以本處人任諸府公卿及臺省郎吏有德充才盛者爲之。（通典語。）

故中正乃中央官之兼職。（故晉書職官志別無中正之官。）

中正何以必需本處人任之，因非此無以熟知各本處之人才。中正何以必需中央官兼職，因亂離之際，人才集中中央，就近訪察爲便。

各地郡中正可以各就所知匯報各本州大中正。大中正得根據鄉評，定其品級與進退。

通典云，其有言行修著，則升進之，以五升四，以六升五。倘有道義虧缺，則降下之，或自五退六，自六退七。

此雖爲軍政狀態下一時之權宜，然其初猶有鄉論餘風。衞瓘語。故其後有正始勝流之目。李重語。

今按此制與州郡察舉有相異者兩點。

一、州郡察舉之權在地方官，而州大中正則爲中央官之兼職。故士庶求出身者，於察舉制度下必須歸於地方，而在中正制度下則須奔集中央。

此制本因人才不在鄉里而立。但既立此制，則有使人才永不反歸鄉里之勢。

二、州郡察舉只爲士人進身之初步，至於以後在官職位之升降與轉移，則與察舉無關。九品中正，於各本州人士，無論已仕未仕，皆以入品。

魏志常林傳註引魏略，謂中正差敍自公卿以下，至於郎吏，功德材行所任。衞瓘謂其始鄉邑清議，不拘爵位，故居官者因清議而進退。諒陳羣初意，蓋欲藉此澄清當日濁亂之官場也。陳壽父死有疾，使婢丸藥，鄉黨貶議，遂致沉滯。後又因遵遺囑葬母洛陽，坐不以母歸葬，再致廢辱。東晉温嶠爲丹陽尹，平蘇峻有大功，司徒長史以嶠母亡遭喪不葬，下其品。

如是則官位之升降，乃不係於居官服務之成績，而操於中正之品狀。

品者履行，狀者才能績效。中正可得定品，不能知狀。應於入仕之後，別有考課之法。今品狀均付於中正，如王嘉敍吉茂雖在上第而狀甚下，云其德優能少是也。此制初意，本欲使官人之權，不操於在下，而結果轉使在下者持官人進退之柄。故劉毅謂雖職之高，還附卑品，無績於官而獲高叙，是爲抑功實而隆虛名，上奪天朝考績之分，下長浮華朋黨之士。又按州郡察舉每歲不過數人，故易識別。中正品狀，同時網羅合境人才，勢難周悉，於是只憑門第，兼採虛譽，雖欲中正亦不能得。此又爲察舉制與中正制相異之一點。

關於第二點，魏夏侯玄已求矯正。

謂中正但當考行倫輩，銓衡專於臺閣，不必使中正干銓衡之機。衆職各有官長，但使官長各以其屬能否獻之臺閣，臺閣則據官長能否之第，參以鄉閭德行之次，擬其倫比，勿使偏頗。

但當魏晉之際，司馬氏正結權強族，自謀篡竊，夏侯玄不免殺身之禍，集權中央之政見，難見實施。

關於第一點，西晉統一以後，劉毅、衞瓘、李重諸人均有論列。九品中正本係三國軍政時代之權宜辦法，今天下復歸一統，自當仍將察舉之權付之地方長官，不必再要一個中正。

此亦所謂土斷。衞瓘云，臣等以爲宜擬古制，以土斷定。自公卿以下，皆以所居爲正，無復懸客，遠屬異土。如此則同鄉鄰伍，皆爲邑里，郡縣之宰，即以居長。盡除中正九品之制，使舉善進才，各由鄉論，如此則下敬其上，人安其教也。

然而當時世族門第之勢力已成，九品中正制正爲他們安立一個制度上之護符。中正計資定品，惟以居位爲貴。亦衞瓘語。據上品者非公侯之子孫，卽當途之昆弟。段灼語。上品無寒門，下品無世族。劉毅語。高門華閥，有世及之榮，庶姓寒人，無寸進之路。此爲當時盡人皆知之事實。在此形勢下，故家大族，雖無世襲之名，而有世襲之實。因此這一個制度終於不能廢棄。陸機薦賀循郭訥表，謂伏思臺郎所以使州州有人，非徒以均分顯路，惠及外州而已，誠以庶士殊風，四方異俗，壅隔之害，遠國益甚。至於荊揚二州，戶各數十萬，今揚州無郎，而荊州江南乃無一人爲京城職者。誠非聖朝待四方之本心。觀此知西晉北方士族專擅朝政之概。宜乎元帝渡江，有寄人國土心常懷慚之語也。

二　學校與考試制度之頹廢

兩漢官人與察舉制相輔並行者，尚有學校與考試。東漢的累世經學，即爲造成門閥之一因。但到門閥勢力一旦長成，學校與考試制度即難存在。

漢末喪亂，天下分崩，學校自無存立之地。魏黃初文帝太和青龍明帝中，屢次想振興學校，然而高門子弟，恥非其倫。齊王芳時劉馥語。博士既無高選，來者只爲避役而已。

兩漢由博士入官者多至公卿。魏高柔疏，博士遷除限不過長，最低級之地方官。其陞遷既有限，宜遴選不得其人矣。

中央的尊嚴已倒，王政轉移而爲家教，自然高門子弟不願進國立的太學。

國立太學的傳統教育爲六經與禮樂，而當時名門世族的家庭風尚是老莊與清談。六經禮樂本求致用，此兩漢之學風。老莊清談則務於自娛。中央政府無權駕馭世族，世族亦不願爲中央所用。

直到東晉成帝時，咸康三年。還有人，國子祭酒袁瓌太常馮懷。以爲江左浸安，請興學校。遂重立太學，徵求生徒。然當時士大夫多講老莊，看不起儒術，終於沒有人來理會。

宋文帝立玄史文儒四學，乃以玄爲首，國立太學改講老莊玄談，然老莊根本理論便不承認國家有教育人民之必要，宜乎南朝立學，旋立旋廢，亦僅爲具文而已。

中央既無登用人才之權，如何再能鼓舞人心來受中央的教育。

三 南渡後之僑姓與吳姓

九品中正制已爲門第勢力安置一重政治上外在的護符，晉室東遷，中原衣冠，追隨南渡者，依借勤王之美名，又在政治上自佔地步。故當時有僑姓吳姓之別。

過江者爲僑姓，（王謝袁蕭爲大。）東南則爲吳姓，（朱張顧陸爲大。）吳姓不如僑姓。

東南本爲勝國，自不敢比望中原。南士無僕射，多歷年所。齊孝武帝欲以張緒爲右僕射，以問王儉，儉曰，緒少有清望，誠美選，然南士由來少居此職，乃止。褚彥回曰：江右（指東晉。）用陸玩顧和，皆南人也。儉曰，晉氏衰政，不可爲則。

而僑姓中又分早晚渡江之不同。

杜驥告宋文帝，臣本中華高族，亡高祖因晉氏喪亂，播遷涼土。直以南渡不早，便以荒傖賜隔。

中央政府本屬虛置，只得對之優借。

故甲族以二十登仕，後門以過立試吏。（梁書高帝紀。）宋齊以來，甲族起家即爲祕書郎。（南史張纘傳。）

帝王偶爾破格用人，便足自傲。

梁武帝以張率爲祕書丞，謂曰，祕書丞天下淸官，東南望胄未有爲之者，今以相處，爲卿定名譽。

這都是當時政治上的不成文法，爲故家世族擁護權益。

四　當時之婚姻制度與身分觀念

故家世族爲要保守他們的特權，亦復處處留神，一步不放鬆。最緊要的自屬婚姻制度，這是保守門閥一道最重要的防線。齊代王源嫁女富陽滿氏，沈約至特上彈章。沈文云，自宋氏失御，禮教凋衰，衣冠之族，日失其序，可見當時門第勢力已日就隳弛。又云，源見告窮盡，因與滿爲婚，聘禮五萬，源先喪婦，以所聘餘直納妾。是門第之混，大率由於貧富之顛倒也。侯景請娶於王謝，梁武帝謂王謝門高非偶，可於朱張以下訪之。

不僅他們對於婚姻制度如此謹嚴，卽日常私人交接，亦復故意的裝身分，擺架子，好像他們果然與別人有一種不可踰越的界線。

中書舍人王宏爲宋太祖所愛遇，謂曰，卿欲作士人，得就王球坐，若往詣球，可稱旨就席。及至，球舉扇曰，若不得爾。宏還啓聞，帝曰，我便無如此何。紀僧眞幸於宋孝武，帝曰，臣小人，出自本州武吏，願就陛下乞作士大夫。帝曰，此事由江斆謝瀹，我不得措意，可自詣之。紀承旨詣斆，登榻坐定，斆命左右移吾牀讓客。紀喪氣而還，帝曰，士大夫固非天子所命。

士大夫在政治的爵位以外，別有其身分與地位，此事從東漢以來已有之。除卻道德學問等問題不論。惟東漢尙爲名士，而至此遂成貴族。名士及身而止，貴族世襲罔替。然而士大夫特意裝身分的故事，至宋齊以下而轉盛。永明中王儉與賈淵撰百家譜，譜學亦自此乃盛也。這便是告訴我們，當時士族門第的界線，實已將次破壞了。

還有一事可以見出當時士族門第勢力消長之朕兆者，便是朝廷御史官之輕重。御史本爲朝廷振肅紀綱之官，當時士族既目無中央自不樂於有此職。此在宋齊時極顯見。

宋顏延之爲御史中丞，在任縱容，無所舉奏。王球甚矜曹地，從弟僧朗除中丞，謂曰，汝爲此官，不復成膏粱矣。齊甲族多不居憲職，王氏分枝居烏衣者爲官微減，王僧虔爲中丞，曰此是烏衣諸郎坐處，我亦試爲耶？故齊明帝謂宋世以來無嚴明中丞。

但梁陳以下，御史官遂多稱職，此亦世族漸失地位之一徵。

江淹彈中書令謝朏等，齊明帝稱爲近世獨步。張緬居憲司號勁直，梁武帝至遣工圖其像於台省。其他如張綰、到洽、孔休源、臧盾、江革、（皆在梁）孔奐、袁憲、徐陵、宗元饒等（皆在陳）皆以任御史舉職稱。

五　北方的門第

士族門第同時亦在北方留存，但北方的士族其境遇與南方不同。

一、南渡者皆勝流名族，在當時早有較高之地位，其留滯北方不能南避者，門望皆較次。故思想上南渡者皆能言清玄，而留北者，皆較篤實。（時稱鄙俗）

二、南渡衣冠藉擁戴王室之名義而朘削新土，視南疆如殖民地。北方士族則處胡族壓逼之下，不得不厚結民衆，藉以增強自己之地位，而博得異族統治者之重視。故南士借上以凌下，北族則附下以抗上。情勢既異，其對各方態度亦全不同。

三南方士族處於順境，心理上無所忌憚，其家族組織之演進，趨於分裂而爲小家庭制。

宋孝建時（孝武帝。）周朗（魏書劉駿傳以爲周殷啓。）上書獻讜言，謂今士大夫父母在而兄弟異居，計十家而七。庶人父子殊產，八家而五。其甚者乃死亡不相知，饑寒不相卹。隋盧思道聘陳，嘲南人詩曰共甑分炊飯，同鐺各煮魚。（日知錄卷十三有分居一條論及此。）

北方士族處於艱苦境況下，心理上時有戒防，時抱存恤之同情，其家族組織之演進，趨於團結而爲大家庭制。

宋書王仲德傳北土重同姓，謂之骨肉，有遠來相投者，莫不竭力營贍。（南人則有比隣而各自爲族者。）河北有薛馬兩姓，各二千餘家。（北史薛允傳。）薛安都，河東汾陰人，世爲彊族，族衆有三千餘家。（宋書）楊播楊椿兄弟一家之內，男女百口，緦服同爨。（其家仕魏有七郡太守三十二州刺史。）義行傳博陵李氏七世同居，家有二十二房，一百九十八口。其他六世五世四世同居者甚多。又顏氏家訓謂北土風俗，率能恭儉節用，以贍衣食。江南奢侈，多不逮焉。南北奢儉之風，亦因處境積慮而異。（家訓又云，江左不諱庶孽，喪室之後，多以妾媵終家事。河北鄙於側出，是以必須重娶。此亦因家庭制度之大小而異也。）

故南方士族直是政治權利上之各自分佔，而北方士族則幾成民族意識上之團結一致。當時異族視之，亦儼如一敵國，比之劉淵石勒，不敢輕侮。

宋孝王關東風俗傳謂文宣之代，政令嚴猛，羊畢諸豪，頗被徙逐。至若瀛冀諸劉，清河張、宋，并州王氏，濮陽侯族，諸如此輩，一宗近將萬室，煙火連接，比屋而居。獻武初在冀郡，大族蝟起應之。侯景之反，河南侯氏幾爲大患，有同劉元海石勒之衆也。（南齊書，劉懷珍，北州舊姓，門附殷積，啓上門生千人充宿衞，孝武大驚，以爲南方所少有也。又按北史畢義雲傳，畢家兗州北境，常劫掠行旅，爲州里患，其家有工匠十餘家，有織錦機，自造金銀器物。又北齊書良吏宋世良傳，清河東南曲堤，爲成公一姓蟠居。羣盜多萃此。諺云，寧度東吳會稽，不歷成公曲堤。北方豪姓亦多仗暴力爲姦利者。要之其自身具有一種力量，與南方貴族仰賴於政治勢力者不同。）

四、南方士族早有地位，故不願再經心世務，（高門大族門戶已盛，令僕三司可安流平進，故不屑竭智盡心，以邀恩寵。）故相尚爲老莊玄虛。北方士族處異族統治之下，既不能爲澄淸驅攘，只有隱忍合作，勉立功業，以圖存全，故相尚爲經術政務。（處異族統治下，惟經術可以進退自全，如刑名縱橫皆危道也。）

故南方士族不期而與王室立於對抗之地位，其對國事政務之心理，多半爲消極的。北方士族乃轉與異族統治者立於協調之地位，其對國事政務之心理，大體上爲積極的。

因此南方自東晉以至南朝，歷代王室對士族逐步加以輕蔑與裁抑，而南方士族終於消沉。北方自五胡迄元魏齊周，歷代王室對士族逐步加以重視與援用，而北方士族終於握到北方政治之中心勢力，而開隋唐之復盛。（唐代士大夫多沿北朝氏族。）

六　郡姓與國姓

北方門第至元魏時亦有郡姓國姓之目。郡姓爲漢族。

山東以王、崔、盧、李、鄭爲大。關中以韋、裴、柳、薛、楊、杜首之。

國姓卽鮮卑。

亦稱虜姓，代北以元、（拓跋）長孫、（拓跋）宇文、于（勿忸于）、陸（步六孤）、源（禿髮賀，太武賜姓）竇（紇豆陵）爲首。

魏孝文遷都，詔以門第選舉。

詔曰：代人先無姓族，雖功賢之胤，無異寒賤，故宦達者位極公卿，其功衰之親仍居猥任。其穆、陸、賀、劉、樓、于、嵇、尉八姓，且下司州吏部勿充猥官，一同四姓。（范陽盧，清河崔，滎陽鄭，太原王。）自此以外，應班士流者，尋續別敕。其舊為部落大人，而皇始以來三世官在給事以上及品登王公者為姓。若本非大人，而皇始以來，三世官在尚書以上及品登王公者，亦為姓。其大人之後而官不顯者為族。若本非大人而官顯者亦為族。凡此姓族，皆應審覈，勿容冒僞。

在孝文之意，一面因為忻慕漢化，重視漢士族之門第。一面則實欲援借漢族門第制度來保護鮮卑族的政治地位。

當時北方門第有膏粱，（三世有三公。）華腴，（三世有令僕。）甲姓，（三世有尚書領簿。）乙姓，（三世有九卿方伯。）丙姓，（三世有散騎常侍大中大夫。）丁姓（三世有吏部正員郎。）之目，（秀才州主簿郡功曹，非四姓不在選。）亦幾乎是一個變相的世襲。（孝明時，清河王懌上表，謂孝文制出身以門品，高下有恆。若準資蔭自公卿令僕之子，甲乙丙丁之族，上則散騎祕著，下逮御史長兼，皆條例昭然，無有虧沒。魏帝用意，皎然可見。）

當時君臣討論，諸臣皆請惟拔才用，不論門品，而孝文不以為是。

北史韓顯宗傳，李沖曰：未審上古以來，置官列位，為欲為膏粱兒地，為欲益政贊時？帝曰：俱欲為人。沖曰：若欲為人，今日何為專崇門品，不有拔才之詔？帝曰：苟有殊人之技，不患不知。然君子之門，假使無當世之用者，要是德行純篤。沖曰：傅巖呂望，豈可以門見舉？帝曰：如此者希曠代有一兩耳。李彪曰：陛下若專以地望，不審魯之三卿，孰若四科？帝曰：猶如向解。韓顯宗曰：陛下不應以貴承貴，以賤襲賤。帝曰：若有高明卓爾，才具儁出者，朕亦不拘此例。

蓋若惟才是用，則鮮卑自不如漢人。論門品，則鮮卑以王室親貴，尚可保其優勢。所以較之南朝君臣的意態，恰相反對。（北朝學校制度，亦較南朝像樣。）

但是魏孝文只能在門第的觀念與制度上，設法使鮮卑漢化。（故既改其姓氏，又獎勵與漢族高門通婚姻。）而與中原故家士族同操政柄，並不能排除漢族，讓鮮卑獨擅其治權。

當時在上者旣力主門品，則門第在政治上的地位自然穩固。他們已然經歷長時期的驚風駭浪，現在居然能苦撐穩渡，慢慢見岸。中國文化，賴藉這些門第的扶護保養而重得回生。北方士族所遭境遇，視南方士族遠爲艱苦，而他們所盡的責任，亦較南方士族遠爲偉大。

第十九章　變相的封建勢力下之社會形態（上）在西晉及南朝

一　漢末之荒殘

靈黃巾之亂。獻董卓之亂。以來，海內荒殘，人戶所存，十無一二。分別言之，如

洛陽　董卓西遷，悉驅餘民數百萬口至長安。盡燒宗廟官府居家，二百里內，室屋蕩盡，無復雞犬。後獻帝還洛，百官披荊棘，依牆壁間。百僚饑乏，尚書郎以下自出採稆，或饑死牆壁間，或為兵士所殺。吳志一注引江表傳，舊京空虛，數百里中無煙火。庾峻謁蘇林，林曰，鄢陵舊五六萬戶，聞今裁有數百。

長安　董卓初死，三輔民尚數十萬戶，李郭相鬬，放兵劫略，加以饑饉，獻帝脫逃，長安城空四十餘日。強者四散，羸者相食，二三年間，關中無復人迹。

徐州　徐方百姓殷盛，流民多歸之。曹操父嵩避難瑯琊，為陶謙別將所殺。初平四年，操攻謙，凡殺男女數十萬人，泗水為之不流。五縣彭城，博陽，取慮（下邳），睢陵，夏邱（沛）無行迹。三輔遭李傕亂，流依謙者皆殲。曹操亦自謂舊土人民，死喪略盡，國中終日行，不見所識，使吾悽愴傷懷。建安七年軍譙令。

荊州　劉表在荊州，關西兗豫學士歸者千數，表沒，亦遭殘破。

壽春袁術在江淮，取給蒲蠃，民多相食，州里蕭條。其他如山東，（爲黃巾所殘。）河北，（爲黑山賊所殘。又有劉虞公孫瓚袁紹父子相繼屠戮。孟達薦王雄，（魏志崔林傳注）涿郡領戶三千，孤寄之家，參居其半。）甘隴，（爲馬騰韓遂所殘。蘇則云，金城郡爲韓遂屠剝，戶不滿五百，到官撫鳩，見戶千餘。（魏志蘇則傳注））靡不凋殘。

以赤壁之戰言三方大較不到三十萬人。

曹操合中國（即北方人，共十五六萬。）及劉表衆（七八萬。）共二十餘萬。（號稱水步八十萬。）孫權遣周瑜，謂五萬衆難卒合，已選三萬人。諸葛亮自稱有關羽水軍萬人，劉琦江夏戰士亦萬人。（以戰國楚漢之際，及王莽末年；乃至黃巾初亂時幾次戰爭相比。）可見當時壯丁之缺乏。

陳羣謂喪亂後人民比漢、文景時不過一大郡，殆非虛語。（杜恕亦謂大魏奄有十州之地，計其戶口，不如往昔一州。）

附三國季年戶口數

	戶口	
蜀亡時	戶 二八〇〇〇〇 口 九四〇〇〇〇	內帶甲將士十萬二千，占全數九之一。
吳亡時	戶 五三〇〇〇〇 口 二三〇〇〇〇〇	內兵二十三萬，占全數十之一。吏三萬二千，後宮五千。
魏平蜀時	戶 六六三四二三 口 四四三二八八一	
三國合計約得	戶 一四七三四二三 口 七六七二八八一	

就全史而言戶口莫少於是時。（大體當盛漢南陽汝南兩郡之數。既載後宮將士吏諸項，其數大約可靠。）

三國晚季如此，其大亂方熾時可想。

二　農民身分之轉變

農民在大動亂中地方政權隨著中央政權而解體，他們無所託命，不得不依存於當地或附近的強宗豪族。

強宗豪族把他們武裝起來，成爲一種自衛的團體，他們便成爲強宗豪族的部曲。

如李典居乘氏，有宗族部曲三千餘家，萬三千餘口。袁曹相拒官渡，李典輸穀帛供曹軍，後遂全部徙居鄴。李典之衆自有武裝，故稱部曲。亦有避地較僻，不需武裝，而以政令約束相安者，如田疇率宗族避難無終山，百姓歸之，數年間至五千餘家。袁氏亡，疇將其家族宗人三百餘家居鄴。亦有相聚而爲寇盜者，如李通拜汝南太守時，賊張赤等五千餘家聚桃山，通攻破之。此等例不勝舉。

如是則農民由國家的公民，編戶籍，納租稅。一變而爲豪族的私屬。納質任，稱部曲。質任即抵押，凡爲部曲必納其親屬子女爲抵押品，以表誠信。 實在是農民身分之降低。

局勢逐漸澄清，各地的強宗豪族，逐漸消幷其勢力於幾個大勢力之下，再建政府，這便是三國。當時最嚴重的問題是只有兵隊而無農民。吳蜀臨亡時，兵籍均占全人口十分乃至九分之一。婦女去其半，老弱去其半，大體仍是有夫皆兵也。曹操得冀州按籍自喜得兵三十萬，亦指全冀丁壯言。

兵隊無終歲之計，饑則寇掠，飽則棄餘，農民非加入軍隊無以自全。其後則兵隊非仍轉爲農民，亦不能存活。袁紹在河北，軍人仰食椹棗，袁術在江淮，取給蒲蠃。

暫時對此問題的解決辦法，便是屯田制度。尤著者如曹操之屯田許下。

獻帝建安元年，曹操用棗祇韓浩議建屯田，募民屯田許下。州郡例置田官，所在積穀。征伐四方，無運糧之勞，遂能兼幷羣雄。

鄧艾之屯田淮南北。

齊王芳正始四年，鄧艾建議屯田淮南北，淮北二萬人，淮南三萬人，十二分休，常有四萬人且田且守。（即五萬兵隊中常有四萬兵輪番田種，以十分之二即一萬兵專任防禦也。）自壽春到京師，農官兵田，阡陌相屬。其他如劉馥之在揚州，賈逵之在豫州，均興屯田水利。吳蜀亦然。

兵隊代替農民做了國家的基本公民，管督屯田的典農中郎將，暫時便等於地方行政長官。

魏末咸熙元年，始正式罷屯田官，以典農爲太守，都尉爲令長。至晉初泰始二年，又詔罷農官爲郡縣，但以後復有農官。當時要把軍政的變態，轉移到民政的常態，頗非易易。

這是一個復兵於農的偉大運動，在中央首都（許）的附近，乃至中國的腹地，（淮南北。）都施行起屯田來，從整個政治問題而論，不得不說是一個絕路逢生的好辦法。但專從農民身分而論，卻又是一個大低落。

兩漢以來的農民，以公民資格自耕其地而向政府納租。（田地爲農民所有，故農民得自由買賣。其出賣田地而變爲私家佃戶者，此暫不論。）現在是政府將無主荒田指派兵隊耕種，無形中農田的所有權，又從農民手裏轉移到政府去。

這一個轉變最顯著的影響，便是農民的租稅加重。

漢代租額，通常是十五稅一，乃至三十稅一。魏晉的租額，是持官牛者官得六分，百姓得四分，私牛而官田者，與官中分。此據傅玄奏疏，及封裕諫慕容皝語。這便是王莽所謂豪民劫假收什五之稅。現在是政府自做豪民。鄧艾疏，四萬人且田且守，除衆費，歲全五百萬斛，是屯田全入於官，而一人責百二十斛矣。其後歲課六十斛，就鄧之初計則正是什伍之稅。咸寧三年杜預上疏，乞分種牛付兗豫二州將吏士庶，穀登之後，頭責三百斛，其額重如此。

經過長期的大騷亂，農民本已失去耕地，現在他們是以國家兵隊的身分把屯田來代替吃餉。直到西晉統一，軍事狀態告終，這個情形實現到制度上來便成西晉初年之戶調。

同時商業亦澈底破壞。

魏文帝黃初二年罷五銖錢，此是漢武以來社會通行的標準幣。命百姓以穀帛爲市。曹操時戶賦已只納絹綿，不納錢幣。可證明當時商業之不振。

商業不振之主因，在於長期兵爭之過分破壞。

楚漢之際商人乘機漁利，可證其時社會經濟動搖不如三國五胡諸紛亂爲甚。

而因商人階級之消失，更顯明的形成農民與貴族世家之對立。此後南方商業較盛，北朝殆至魏孝文遷洛後始有起色。史稱梁初揚荊郢江湘梁益七州用錢，交廣用金銀，餘州雜以穀帛交易。魏初民間皆不用錢，高祖太和十九年，始鑄太和五銖錢。

三　西晉之戶調制與官品占田制

晉武帝平吳後，置戶調式。丁男之戶，歲輸絹三疋，綿三斤。按此亦如魏制輸絹綿不納錢幣。女及次丁男爲戶者半輸。男子、一人占地七十畝，女子三十畝。其外丁男課田五十畝，丁女二十畝，次丁男半之，女則不課。（男女年十六以上至六十爲正丁，十五以下至十三，六十一以上至六十五爲次丁，十二以下，六十六以上爲老小，不事。）

這是戶調式的條文。

調本是調發之義，故戶調仍沿三國以來兵士屯田之舊規。戶調二字始見於魏志趙儼傳。對懷附者收其綿絹，此爲袁紹在河北所行之制度。此與部曲之納質任，乃同樣爲中央政府解體下一種亂世之臨時辦法也。曹操得河北，令田租畝四升，戶出絹二匹，綿二斤，他不得擅與發，則戶調與田租，尚分兩項。晉制於戶調下兼田租，則時漸平康，由兵屯變爲農民，故戶必帶田矣。

男子占田七十畝，女子三十畝，合一百畝，卽古者一夫百畝之制。云其外丁男課田五十畝，丁女二十畝者，並非佔地百畝之外別給七十畝，乃是在其佔地百畝之內以七十畝爲課田。課是課其租收。云其外者，乃承上文輸絹輸綿而來，謂輸絹輸綿之外，再課田租。換辭言之，卽是課其十分之七的田租。

泰始四年，傅玄上疏，舊兵持官牛者，官得六分，士得四分，自持私牛者，與官中分。施行未久，衆已安之。今一朝減持官牛者官得八分，士得二分，持私牛及無牛者官得七分，士得三分，人失其所，必不懽樂。宜佃兵持官牛者與四分，持私牛者與官中分。可見晉室當時本有十七收租之制，傅玄雖有建議，晉室未能聽受。戶調制仍依私牛及無牛例收租，故百畝課七十畝也。

與戶調制相附並行者，尚有官品占田制。令官品第一者占五十頃，第二品四十五頃，依次減五頃，至九品十頃而止。又各以品高卑蔭其親屬，多者及九族，少者三世。宗室國賓先賢之後，及士人子孫，亦如之。又得蔭人以爲衣食客及佃客。品第六以上得衣食客三人，第七第八品二人，第九品一人。其應有佃客者，官品第一第二者佃客無過五十戶。三品十戶，四品七戶，五品五戶，六品三戶，七品二戶，八品九品一戶。

按蔭者皆私屬，無公家課役。即是國家允許將此一部分民衆田地劃歸私有。同時國家對百官亦不更班祿，其制甚似古代之封建。史稱自晉至梁陳都畿民皆爲王公貴人佃客典計衣食客之類，皆無課役。佃穀與大家量分。旣役其力，又食其租。可見此等皆不屬政府。雖明令相限，恐未必切實有效。直至南渡後情況猶然也。

這一個制度的用意，並不是授與強宗豪族以私佔的特權，乃是要把當時強宗豪族先已私占的戶口及田畝括歸公有。而許他們一個最高限度的私占額。

在當時的政治狀況下，此事難能辦到。惟自農民言之，則大體上一樣是二八收租三七收租，在公在私，無所別擇。

晉武帝泰始元年詔復百姓繇役，罷部曲將吏長以下質任。質任乃部曲對其私主所呈之抵押信物，大抵以子女爲之。咸寧三年大赦，除部曲督以下質任。此均在頒行戶調制以前，用意均不外要將強宗豪族的私民衆奪歸公家。然晉武以開國之君，對民衆絕無絲毫善意與德政，戶調稅收依然與屯田兵一律，只想憑王室威嚴，向其下強奪豪取，豈能有成。晉室不永，只此等處可見。

四　南渡之士族

東晉南渡，一輩士族又大批的結集著宗親部曲流徙南來。

祖逖傳，逖、范陽人，率親黨數百家避地淮泗，推逖爲行主。達泗口，元帝逆用爲徐州刺史，又以爲豫州。逖將本流徙部曲百餘家渡江。又如林黃陳郭四姓之入閩。見陳振孫書錄解題，明何喬遠閩書，謂林黃陳鄭詹丘何胡八族。

他們在南方未經墾闢的園地上，著手做他們殖民侵略的工作。擅割林池，專利山海。（任昉語。）富彊者兼嶺而占，貧弱者薪蘇無託。（宋書羊元保傳。）貴勢之流，亭池第宅，競趨高華，至於山澤之人，不敢採飲其水草。（南齊書顧歡傳。）活是一幅古代封建貴族的摹本畫。

尤著者如宋書孔季恭傳，其弟靈符於永興立墅，周圍三十三里，水陸地二百六十五頃，含帶二山，又有果園九處，爲有司所糾，詔原之。

雖王室頗思裁抑，然力量不夠，頹勢難挽。

晉壬辰（成帝時。）詔書占山護澤，以強盜律論，然並不能禁。占山封水，漸染復滋。（羊元保傳。）百姓薪採漁釣，皆責稅直。宋高帝又禁斷之，（見南史本紀。）然仍不絕。（齊高祖，齊廢帝，鬱林王，梁武帝，又屢詔及之。）

相應於此種情勢下之賦稅制度，則自度田收稅轉成口稅。

成帝咸和五年，始度百姓田，取十分之一，率畝稅三升。至孝武太元二年，除度田收稅制，王公以下口稅三斛，惟蠲在役之身。八年，又增稅米口五石。此蓋豪右田多，特爲優饒。稅田則富多貧少，稅口則富少貧多也。（馬端臨云，晉制丁男一人，授田七十畝，以畝收三升計，當口稅二斛一斗，今除度田收租之令，而口稅二斛增至五石，則賦頗重矣。豈所謂王公以下云者，又非泛泛受田之百姓歟，待考。今按晉初戶調，一家丁男丁婦田租六十斛，馬氏亦以畝收三升說之，誤也。口稅五石，並有無田者，此制自不爲輕。然較之西晉戶調，亦未見特重。馬氏疑口稅只及王公貴人，則更誤矣。）

如此則貴族盛占田地，而無賦稅之負擔。（梁武帝天監四年，大舉伐魏，令王公以下各上國租及田穀以助軍，此租穀歸屬私家之證。惟按陳宣帝太建三年六年詔，似其時又行田租。）

宋孝武爲特設官品占山之制。

官品第一第二聽占山三頃，第三第四品二頃五十畝，第五第六品二頃，第七第八品一頃五十畝，第九品及百姓一頃。

其用意與西晉官品占田令一樣，但效果依然很少。（見上引齊顧歡任昉語。）占山封水的士族們，不僅自己借著僑寓名義，不肯受當地地方政府的政令，其附隨而來的民衆，亦依仗他們逃避課役。所以自咸康以下晉室屢唱土斷之論。

晉書成帝紀咸康七年，實編戶王公以下皆土斷白籍。又哀帝崇和元年三月庚戌，天下所在土斷。

土斷是要僑寓的人亦編入所在地的籍貫，一樣受所在地方政府之政令。然咸康土斷黃白分籍。（僑戶土斷者白籍，土著實戶黃籍。玉海引晉令，郡國諸戶口黃籍。石虎詔，先帝創臨天下，黃紙再定是也。）依然有土斷之名，而無土斷之實。

孝武時范寧爲豫章太守，上疏極論其非，謂古者分土割境，以一百姓之心。聖王制作，籍無黃白之別。昔中原喪亂，流寓江左，庶有旋反之期，故許其挾注本郡。今宜正其封疆，以土斷人戶，明考課之科，修閭伍之法。難者必曰，人各有桑梓，俗自有南北，一朝屬戶，長爲人隸，君子則有土風之慨，小人則懷從役之慮。斯誠幷兼者之所執，而非通理者之篤論也。按范疏不主分黃白籍，謂一朝屬戶，長爲人隸，卽指服從地方政府一切政令言，謂小人懷從役之慮，卽要其一致應課役也。據范疏可知僑寓小人亦不應役，蓋皆爲白籍廕庇耳。

此後桓溫劉裕又屢主其事。

安帝義熙九年，劉裕上表，大司馬桓温庚戌土斷，於時財阜國豐，實由於此。自茲迄今，漸用頹弛。雜居流寓，閭伍不修。請依庚戌土斷之科，於是依界土斷，諸流寓郡縣，多被幷省。

然一弊方彌，他弊又起。宋齊以後，僑寓的特待，似算取消，而因士庶不公平的影響，又引起更紛擾的冒僞問題。只要僞注籍貫，竄入士流，便可規避課役。這一種情形越來越甚。

齊高祖建元二年詔，黃籍人之大綱，國之政端。（按黃籍即擔當國課之民籍也。）自頃氓俗巧僞，乃至竊注爵位，盜易年月，此皆政之巨蠹，教之深疵。同時虞玩之上黃籍革弊表亦謂孝建以來，入勳者衆，其中操干戈衞社稷者三分無一。又有改注籍狀，詐入仕流，昔爲人役，今反役人。梁武帝時沈約上疏，亦有落除卑注，更書新籍，以新換故，不過一萬許錢。宋齊二代，士庶不分，雜役減闕，職由於此之說。（按虞表又云，宋元嘉二十七年八條取人，孝建元年書籍，衆巧之所始也。宜以元嘉二十七年籍爲正。沈約則謂宋元嘉二十七年始以七條徵發，姦僞互起，又曰自元嘉以來，籍多假僞。蓋宋制一面抑豪强，一面則伸寒微，武帝永初元年已有先有資狀，黃籍猶存者聽復本注之詔，晉代士庶籍貫之改動，必自此始。此可爲南朝與東晉截分界線之一事也。惟苟不能確立一種制度，而僅以寬假爲討好，宜乎不久流弊即滋矣。）

擔當國家課役的，依然盡是些赤貧下戶。

南齊書陸慧曉傳，山陰一縣，課戶二萬，貲不滿三千者殆將居半。凡有貲者多是士人，復除。其貧極者悉皆露戶役民。三五屬官，蓋惟分定，百端輸調，則又常然。

大規模的僞竄冒改，使黃籍理無可理，究無可究。卻告訴我們那時一般的民衆，已不讓文酒淸談的貴族們獨自安享其特益了。

沈約諸人不能根本設法消泯士庶界線，（北朝政制即向此路走。）乃欲究據晉籍，用來重新釐定，這眞可算是代表了南朝士大夫的眼光與見識。

五　兵士的身分及待遇

軍人從三國以來，即已與農民截然分途。

此事魏、蜀、吳皆然。

劉頌奏昔魏武帝分離天下使人役居戶各在一方，既事勢所需，且意有曲爲權假一時以赴所務，非正典也。然逡巡至今積年未改。魏嘉平六年詔，有劉整鄭像賜爵關內侯，各除士名。又鍾毓傳，爲廷尉，創制士爲侯，其妻不復配嫁。又盧毓傳，重士亡法，罪及妻子。高柔傳亦有士逃法。曹植奏臣初受封，得兵百五十人，士息前後三送，前人已竭，尚有小兒七八歲已上十六七以還三十餘人。是魏制士民異籍，並各家世相襲也。吳蜀亡後納籍，皆士民異貫。

大抵強者爲兵，羸者補戶。（此語見陸遜傳，可據以推魏蜀，大抵不甚相遠。）

尤強者隸中央，其次則配私家，更羸瘁者則留南畝。

華陽國志諸葛亮移南中勁卒青羌萬餘家於蜀，爲五部，置五部都尉，分其羸弱配大姓爲部曲。吳志陳武傳，武庶子表受賜復人得二百家，在會稽新安縣，簡視皆堪好兵，上疏陳讓，乞以還官，謂枉此勁銳以爲僮僕，非表志。吳主權嘉之，下郡縣料正戶羸民補其處。

其先入士籍者得優廩，又可免役，其時則兵勝於民。漸次軍旅之事，不爲時重，則士伍惟以供役，又廩給日薄，其時則農勝於兵。

陸凱傳，先帝（孫權）時戰士不給他役，使春惟知農，秋惟收稻，江渚有事，責以死效。今（亮皓以後。）之戰士，供給衆役，廩賜不贍。

晉武帝平吳，詔悉去州郡兵，此乃復兵歸農之意，惜不久天下卽亂。

咸寧五年伐吳，詔調諸士家二丁三丁取一，四丁取二。是其時依舊士民異籍。去州郡兵，卽是去士籍也。晉政之病在田租照屯田額徵收，不復兩漢什伍稅一之制，又無兩漢都尉肄民戰陣之制，使農不知兵，則武備一切廢弛。

東晉民歸豪強，政府對兵役需要，殊感缺乏。

吳志陳武庶子表受賜復人得二百家，乞還官，孫權嘉之。他如朱桓部曲萬口，潘璋妻賜復客五十家。鄧艾傳云，吳名宗大族，皆有部曲，阻兵仗勢，足以違命。此等部曲僮客，皆是私戶，爲國家課役所不及。

於是有所謂發奴爲兵，

發奴爲兵之議，起於刁協戴淵，刁戴皆南人，晉元帝依仗以謀抑王氏者也。自後每有征討，往往發奴，庾翼發所統六州奴北伐，庾翼亦晉室外戚，頗欲爲強幹弱枝之謀者。可見發奴爲兵，正是中央與豪族爭奪民衆之一事。宋武時詔，先因軍事所發奴僮，各還本主，若死亡及勳勞破免，亦依限還直。此正以僮奴爲豪族私產，故見發而還其直。

又有所謂料隱爲兵。

庾冰傳，隱實戶口，料出無名萬餘人，以充軍實。毛璩傳，討得海陵縣界亡戶近萬，皆以補兵。此等隱匿之戶，其背後亦多有豪強蔭庇。

復有罪謫爲兵。

范寧疏兵役既竭，枉服良人，牽引無端，以相充補。又云，舊制謫兵不相襲代，頃者小事便以補役，一愆之違，辱及累世，親戚旁支，罹其禍毒，戶口耗減，亦由於此。又宋制劫同籍期親補兵，見何從天傳。又以罪謫兵，亦見王弘傳何承天傳。

並及其家口。罪人家口補兵，見劉秀之傳。

又強逼世襲兵役。見前引范寧疏。

宋武帝詔兵制峻重，務在得宜。役身死叛，輒考傍親，流遷彌廣，未見其極。自今犯罪充兵合舉戶從役者，便付營押領。其有戶統及謫止一身者，不得復侵濫服親，以相連染。按兵役世襲亦見於三國時，魏志注引魏略，陳思王以近前諸國士息已見發，其遺孤稚弱者無幾，而復被取云云是也。

因此有所謂兵家，梁王琳本兵家。與營戶，沈慶之前後所獲諸山蠻並移京邑以爲營戶。軍戶黃回以有功免軍戶。諸稱。

那時的衣冠士族，既不受國家課役，自然談不到從軍。

此乃魏晉以下貴族與春秋先秦絕異之點。他們在政治上佔有特權，而他們並無武裝兵力以自保衛，不僅自己不能武裝，即其所屬部曲家兵等亦已解散，武裝與三國時士大夫不同。

另有一部分則受衣冠士族之蔭庇而爲其田客衣食客等，他們亦對國家逃避課役及從軍之義務。

而且因有衣冠士族的特權階級壓在上面，從軍作戰的武裝兵卒亦沒有他們的出身。要爲軍人謀出身，勢必與貴族特權勢力相衝突，如戰國吳起在楚，商鞅在秦之事。

因此兵卒在當時的社會上，變成一種特殊卑下的身分，固與貴族封建時代兵隊即是貴族者此北朝部族兵略近之。有異，亦與西漢定制，凡國家公民皆需服兵役者（此北齊兵制亦然，北周府兵則略爲變通。）不同。軍人的地位，只與奴隸罪犯相等，從軍只是當苦役。

國家的軍隊，實質上亦如私門的部曲與僮客，他們沒有公民的地位。（此正如西晉戶調，只從部曲屯田兵變成州縣民戶，而實際上的待遇，還是屯田兵，不是農民。）

政府亦常常將他們賜給私家。

當時大臣有賜千兵百騎者，如衞瓘（此據北堂書鈔御覽引晉起居注。）汝南王亮、荀組、陸曄等，至於賜親兵數百人乃至班劍數十人，

亦不勝指數。

私家亦公然佔公家兵戶爲己有。

范甯奏：方鎭去官，皆割方鎭精兵器仗爲送。送兵多者至千餘家，少者數十戶，既入私門，復資官廩布。（宋書劉敬宣傳，宣城多山縣，郡舊立屯以供府郡費用，前人多調發工巧，造作器物，此即官兵亦供私用也。）

軍人的地位如此，如何可以爲國宣勞，擔負光復中原的重任。

只有荆襄上流，因糧食較充，鎭兵稍稍可用。

元帝時，使軍各自佃，即以名廩。至武帝咸寧初，詔以奚官奴代甲兵種稻。當時國家並未爲軍隊特定餉糈，江南農事尚未發達，故襄漢上流遂得獨有重兵。

而每爲權臣內亂之利柄。

直待謝玄鎭廣陵，創爲招募，號北府兵，兵人地位始見提高，遂建淝水奇績。東晉王位拱手而讓於此系軍人之手。

王謝雖同稱東晉盛族，但兩家情形稍有不同。王以擁立爲業，謝以攘卻爲功。一則惟守門第，一則尚建勳績。江北

河南之衆，紀瞻嘗用以拒石勒，祖逖嘗用以嚮汝洛，而王導弗能任，以專倚王敦於上流，不欲權勢之分也。王敦桓溫以外重內輕之資，常挾荊湘以起內亂，謝安任桓冲於荊江，而別使謝玄監江北軍事，北府兵強，權重始歸朝廷。中原南徙之衆本多磊落英多之士，謝玄擇將簡兵，六年而有淝水之捷，實非幸事。苻堅軍隊，則亦係簽兵雜湊，宜乎雖多而不能與晉爲敵。

惜乎劉宋以後，社會依然在士庶階級的對立下面，軍人依然找不到他們應有的地位。直要到侯景之亂，梁室覆亡，南人皆以兵戎紛起，然既失士族之領導，南方新政權亦不久即滅。

第二十章　變相的封建勢力下之社會形態（下）在五胡與北朝

北方初起的情形，和南方差不多，又加上一個種族的複雜問題。

一　五胡時代的情況

五胡時代，田租的收納，依然是八二乃至六四。慕容皝以牧牛給貧家田于苑中，公收其八，二分入私。有牛無地者，亦田苑中，公收其七，三分入私。記室參軍封裕諫，以爲宜罷諸苑以業流人，持官牛者官六私四，私牛官田與官中分。皝依之。此雖一例，然當時北方田租，大體正可以此類推。魏孝文大統十一年，李彪請立農官，取州郡戶十分一爲屯田，一夫之田歲責六十斛。魏書釋老志曇曜奏平齊戶及諸民能歲輸穀六十斛入僧曹者爲僧祇戶，粟爲僧祇粟。北史魏收傳，收在并作一篇詩云，折從叔季景出六百斛米，亦不辨此。此皆北人以六十斛六百斛爲一單位之證。宋元嘉中，徐豁亦言武吏年滿十六，便課米六十斛，武吏亦指屯田言。以畝收一石計，六十斛正是六四收租也。

至於軍隊，主要是胡人的部族兵，漢人更處不重要的地位，只遇需要時用抽丁的辦法。石虎討慕容皝，令五丁取三，四丁取二，征士五人出車一乘，牛二頭，米十五斛，絹十匹，調不辦者腰斬。慕容儁欲經營秦晉，令州郡校閱見丁，精覈隱漏，率戶留一丁，餘悉發，欲使滿一百五十萬。（劉貴上書極諫，乃改為三五占兵。）苻堅平代，亦三五取丁。（優復三年，無稅租。）王猛用秦始主十丁一兵，使有羨夫，最號寬仁。

到元魏時，政治漸上軌道，在南朝無可奈何的情形，在北朝卻一一有了辦法。

二　北魏均田制

最重要的是北魏的均田制度。其議起於李安世。（太祖天興元年，太宗永興五年，皆有計口授田之詔。高祖太和元年，詔敕在所督課田農，一夫制治田四十畝，中男二十畝，無令人有餘力，地有遺利，此皆北魏均田先聲。）

史稱時民困饑流散，豪右多有占奪，安世上疏云，井稅之興，其來日久。蓋欲使雄擅之家，不獨膏腴之美，單陋之夫，亦有頃畝之分。所以恤彼貧微，抑茲貪欲，同富約之不均，一齊民於編戶。竊見州郡之民，或因年儉流移，棄賣田宅，漂居異鄉，事涉數世。三長既立，始返舊墟，廬井荒毀，桑榆改植。事已歷遠，易生假冒。彊宗豪族，肆其侵淩，遠認魏晉之家，近引親舊之驗。羣證雖多，莫可取據。今雖桑井難復，宜更均量，審其徑術，令細民獲資生之利，豪右靡餘地之盈。所爭之田，宜限年斷，事久難明，悉屬今主。然後虛妄之民，絕望於覬覦，守分之士，永免於淩辱矣。帝深納之，均田之議起於此。今按李疏云三長既立始返舊墟，則應在十年立三長後，而均田詔尚在九年。據魏書立三長同時定調法，調法正須與均田相附而行，則九年有均田詔信矣。蓋均田非一年可成，李安世亦恐不止一疏，（通典通考玉海皆以李安世上疏在太和元年，亦因有詔均田也，然恐非此疏。）上引則似確在立三長後也。（劉道元曰，劉石苻姚喪亂之後，土田無主，悉為公田，除兼并大族外，貧民往往無田可耕，故孝文分官田以給之。今按李疏正為豪右冒認此項田畝發，則明在推行均田以後。

均田詔在孝文太和九年十月。詔首即云朕承乾在位，十有五年。是時孝文尚未親政，可知北朝政治走上漢化之路，並不自孝文始。大意謂富強者幷兼山澤，貧弱者望絕一廛，致令地有遺利，民無餘財，今遣使者循行州郡，與牧守均給天下之田，還受以生死爲斷。

要行均田，必先審正戶籍，十年二月，遂立黨里鄰三長，定民戶籍。此議本於李冲。未立三長前，人多隱冒，五十三十家方爲一戶，謂之蔭附。蔭附者皆無官役，豪強徵斂，倍於公賦。韓卓疏謂百姓迭相蔭冒，或百室合戶，或千丁共籍，是也。

五家一鄰長，復一夫，五鄰一里長，復二夫，五里一黨長，復三夫。

時羣臣多不贊同，太后曰，立三長則包蔭之戶可出，僥倖之人可止，何爲不可。

是年京都大饑，韓麒麟表陳時務，又乞制天下男女計口受田。可證均田制推行尙有在後。

均田制的大概如次：

諸男夫十五以上，受露田四十畝，婦人二十畝，奴婢依良。丁牛一頭，犢及老牛不得援例。受田三十畝，限止四牛。一本作四年。

所授之田率倍之，二易之田再倍之，以供耕休及還受之盈縮。人年及課則受田，老免及身沒則還田。奴婢牛隨有無以還受。

諸桑田不在還受之限，但通入倍田分。謂桑田有盈即充在倍田內。諸受田者，男夫一人給田二十畝，課蒔餘，種桑五十樹，棗五株，榆三根，奴各依良。(亦得給桑田。)

諸應還之田，不得種桑榆棗果。

諸桑田皆為世業，身終不還。有盈者無受無還，不足者受種如法，盈者得賣其盈，不足者得買所不足。不得賣其分，亦不得買過所足。

此制用意並不在求田畝之絕對均給，只求富者稍有一限度，貧者亦有一最低之水準。丁牛有限而奴婢無限，又授田率一倍再倍，若以一夫一婦十奴四牛計，其田已在千畝外。(若丁牛限四年則丼牛亦無限矣。) 又北齊河清三年詔，奴婢受田，親王限三百人，嗣王二百人，第二品嗣王以下及庶姓王一百五十人，正三品以上及皇宗一百人，七品以上八十人，八品以下至庶人六十人。據北齊以推元魏，可見奴婢受田之多。(北齊尚有限，元魏幷限無之。) 又魏書賀懷謙傳有云，主將參僚，專擅腴美，瘠土荒疇，分給百姓。常爽傳謂三長皆豪門多丁為之。然此等皆不足為此制深病，治史者當就大體著眼也。

尤要者則在絕其蔭冒，使租收盡歸公上。

還受之田，舊說以不栽樹故曰露。(見杜佑通典注。) 恐露是蔭冒之反義，以其屬諸公上，故曰露。以其為露田，故須還受。以其須還受，故不得樹桑榆。並不以其不樹桑榆，始稱露田。(時有露戶役民，正對復蔭之家而言。) 均田制之最高意義，還是要將豪彊蔭冒一切出豁，還是與西晉戶調用意略似，依然是中央政府與豪彊爭奪民衆之繼續表演。

而且在北朝的三長與均田制，更有一層重要的意義。北魏本以部落封建制立國，逮三長均田制行，則政體上逐漸從氏族封建變爲郡縣一統。而胡漢勢力亦因此逐漸倒轉。

北魏宗室封郡爲王公，部落大人降附者封縣爲列侯。宗室封者先後共九十餘人，部落大人封者則達一百八十餘人。此等世襲封爵爲封建意味之割裂。至三長均田制行，則漸次形成中央一統之郡縣制。魏立三長之年，卽議定民官依戶給俸。高閭云，憫蒸民之姦宄，置鄰以牧之，究庶官之勤劇，班俸爵以優之。蓋民田租收既歸公上，則百官自應給俸。當時對百官給俸制甚多反對，此與反對立三長制用意正同，亦賴文明太后力持而定。又按北史太和八年詔，朕顧憲章舊典，始班俸祿，罷諸商人，以簡民事。可見其前商人皆隸屬官府，如崔寬傳，其治弘農，往來販賣漆蠟竹木致富。今百官班俸，則隸官商人可罷，而民間自由商業亦因此再興。北方社會重行使用貨幣，亦在此後也。（又孝明帝時張普惠上疏，州郡一匹之濫，一斤之惡，則鞭戶主，連及三長，百官請俸，只樂長闊，幷欲厚重，無復准極。亦可見立三長與班祿制兩者間之關係。）是年又分置州郡，凡三十八州，二十五在河南，十三在河北，蓋河北尚多部落勢力也。是其證。自是中國士族逐漸得勢。因其多爲中央統一政府下之官吏。而諸胡部落大人逐漸失其地位。因其均爲封建小主。此後魏孝文命鮮卑氏族全改漢姓，正以氏族之優越地位早已在政治上消滅也。

南方屢唱土斷僑寓及釐正譜籍，然他們始終要在保全士族的特權下剝下益上，不如北方政治理論之公平，因此北方的均田制可以做成一規模，而南方的黃籍積弊終難淸理。這可爲北勝於南之顯例。

其次再論均田制下之租額。

據魏書食貨志李冲上言立三長，並定調法。

其民調，一夫一婦帛一匹，粟二石。民年十五以上未娶者四人出一夫一婦之調。奴任耕，婢任績者，八口當未娶者四。耕牛二十頭，當奴婢八。

此所謂調，卽包舉田租在內。一夫一婦六十畝，倍田不計。納粟二石，以畝收一石計，六十石收二石，便是漢代三十稅一之制。若以當時稅收慣例，百畝收六十斛比論，相差已到十八倍。

舊調，戶以九品混通，戶調帛二匹絮二斤，絲一斤，粟二十石，又入帛一匹二丈，供調外費。較現行調法亦大重。然三十五十家方爲一戶，其蔭冒者皆歸私門。

此層在農民實爲甚大惠澤，因此易見推行。

李沖求立三長，與新制調法同時推行，謂若不因課時，百姓徒知立長校戶之勤，未見均徭省賦之益，心必生怨。宜及課調之月，令知賦稅之均。既識其事，又得其利，因人之欲，爲之易行。初百姓咸以爲不若循常，豪富并兼者尤弗願。事施行後，計省昔十有餘倍，海內安之。此與南朝因檢定黃籍至激起民間變亂者迥不侔矣。

在豪彊方面，亦仍有優假。

奴婢受田與良民等，而所調甚少，八奴婢始當一夫一婦之調。此乃魏廷故意優假豪族，已奪其蔭冒，不可不稍與寬縱也。

惟在國庫則課調驟減，一時頗感其窘。

十一年韓麒麟卽表陳租賦輕少，不可長久。韓表，往者校比戶貫，租賦輕少。雖於人爲利，而不可長久。此謂校比戶貫，卽指立三長出蔭附而言。此謂租賦輕少，卽指新定調法而言。 十二年因大旱，用李彪議，仍取州郡戶十分一爲屯田，一夫歲責六十斛，惟蠲其正課征戍及雜役。孝昌二年，稅京師田租畝五升，借賃公田者畝一斗。畝五升，以一夫一婦受田六十畝計，則爲三石。較孝文定制增一石。畝一斗則六十畝須六石，然亦不過什一之稅。

然豪彊蔭附，一切歸公，政府到底並不吃虧。所以此制直到北齊北周，依然沿襲。

北齊制，人一牀（一夫一婦。）墾租二石，義租五斗。（奴婢准半，牛租一斗，義米五升。）於正租外又加義租。正租入中央國庫，義租納郡縣，備水旱災。（設倉名富人倉。）於政府收入外，再注意到平民災歉救濟之準備，這一個制度亦爲將來隋唐所取法。

隋文帝開皇五年，工部尚書長孫平奏請諸州百姓及軍人勸課當社共立義倉。收穫之日，隨其所得，勸課出粟及麥於當社，造倉窖儲之。十六年，詔社倉準上中下三等稅，上戶不過一石，中戶不過七斗，下戶不過四斗。唐太宗時，詔畝稅二升，粟麥秔稻，土地所宜，商賈無田者以其戶爲九等出粟，自五石至五斗爲差。天寶中，天下諸色米積九千六百餘萬石。而義倉得六千三百餘萬石。義租義倉，與漢代常平不同者，常平由官糴，義租由民輸，其爲留意民食之良政則一。又按其制亦先起於魏之李彪。魏書釋老志有僧祇戶僧祇粟，於儉歲賑給饑民，意亦略同。

並因租稅輕減，社會經濟向榮，民間學術文化事業，得有長足之進展。

北齊書儒林傳，北齊引進名儒，授皇太子諸王經術。然爰自始基，暨於季世，惟濟南之在儲宮，頗自砥礪以成其美。餘多驕恣傲狠，動違禮度。世胄之門，罕聞強學。胄子以通經仕者，惟博陵崔子發，廣平宋遊卿而已。幸朝章寬簡，政網疏闊，遊手浮惰，十室而九。故橫經受業之侶，遍於鄉邑。負笈從官之徒，不遠千里。入閭里之內乞食爲資，憩桑梓之陰，動逾千數。燕趙之俗，此制尤甚。

北周租額較之元魏北齊皆稍重。

周制司均掌田里之政令。凡人口十以上，宅五畝，七以上，宅四畝，五以上，三畝。有室者田百四十畝，丁者田百畝。司賦掌賦均之政令，凡人自十八至六十四，與輕疾者皆賦之。有室者歲不過絹一匹，綿八兩，粟五斛。丁者半之。今按有室者授田百四十畝，卽魏制露田男四十婦人二十，倍受共一百二十畝，又桑田二十畝也。魏調二石，今五斛，爲已重矣。

然上比晉代，尙輕減十餘倍。比古制什一之稅，亦輕至四五倍。，而主其事者蘇綽，常引爲憾事，至其子蘇威，卒能幹父之蠱，助成隋代之郅治。

北史蘇威傳，稱威父綽在魏，以國用不足，爲征稅法，頗稱爲重。旣而歎曰，所爲正如張弓，非平世法也。後之君子，誰能弛乎。威聞其言，每以爲己任。至隋文帝時，奏減賦役，務從輕典，帝悉從之。按隋制，丁男一牀租粟三石，此其證。唐租庸調制租粟二石，則仍依北魏也。又按史稱江表自東晉以來，刑法疏緩，世族淩駕寒門。隋平陳後，牧民者盡變更之，蘇威又作五教，使民無長幼悉誦。民間訛言，隋欲徙之入關，陳故境大抵皆反。此江南世族不慣北朝制度也。南北社會不同，於此可見。

這一種政治道德的自覺，在南朝亦復少見。

繼均田而起的新制度有府兵，自行均田而農民始有樂生之意，自行府兵而農民始無迫死之感。不教民戰，是謂棄之。臨時抽丁，皆棄之也。必待下層農民稍有人生意味而後世運可轉。隋唐復興，大體卽建基於均田府兵的兩個柱石上。

三　西魏的府兵制

北朝軍隊，一樣以鮮卑種人為主體。羽林虎賁為中央宿衛，六鎮將卒為邊境防戍，皆係代北部落之苗裔。

其他胡人亦多充兵役，而漢人則務耕種。太武眞君十一年南伐，圍盱眙，遺臧質書，吾今所遣鬭兵，盡非我國人。城東北是丁零與胡，南是氐羌，卿殺之無所不利。延興三年將南討，詔州郡十丁取一充行。然此出非常。故高歡據邊鎮為變，每語鮮卑，猶謂漢民是汝奴，夫為汝耕，婦為汝織，輸汝粟帛，令汝溫飽，何為陵之。其語華人則曰，鮮卑是汝作客，得汝一斛粟一匹絹，為汝擊賊，令汝安寧，何為疾之。

及孝文南遷，軍士自代來者皆為羽林虎賁。（事在太和二十年冬十月。）而又詔選天下勇士十五萬人為羽林虎賁充宿衛。（事在太和十九年秋八月。）是當時羽林宿衛中已有非鮮卑人甚多。至北齊則兵隊主體漸漸轉移到漢人身上。

齊文宣受禪，六坊之內徙者更加簡練，每一人必當百人，任其臨陣必死，然後取之，謂之百保鮮卑。又簡華人之勇力絕倫者，謂之勇夫，以備邊要。是齊兵亦不復專仗胡人。至河清定制，男子十八受田，輸租調，二十充兵，六十免力役，六十六退田免租調，此則儼然已是兩漢的全民兵役制。又按傅奕云，周齊每以騎戰，驅夏人為肉籬，詫曰，當剉漢狗飼馬，刀刈漢狗頭，不可刈草也。然高敖曹在軍，高歡為之華言。歡嘗以敖曹所將皆漢兵，欲割鮮卑兵千餘相雜。敖曹曰，所將前後格鬭，不減鮮卑，不煩更配。要之，齊周時華人已不可侮，傅言正可見其轉變前之情態。

魏武西遷，六坊之衆，從而西者，不能萬人，餘皆北徙。

西魏立國，本依關隴漢人為基本，其軍隊主體早屬漢人。

其先賀拔岳輔爾朱天光入關，衆不滿二千。其後戰勝降服，大率以西人為主。宇文泰接統岳軍，知其部下主力，皆西土關隴人矣。魏武西奔，特爲客寄，且其禁兵，皆由宇文泰諸壻分掌，如李遠子基、李弼子暉、于謹子翼，皆漢族也。

時西魏宗室凋零，泰遂以其部下諸將改賜胡姓，洪邁曰：西魏以中原故家易賜番姓，著者如李弼、肅圭、趙貴、劉亮、楊忠、王雄、李虎、辛威、田宏、耿豪、楊紹、侯植、竇熾、李穆、陸通、楊纂、寇儁、段永、韓褒、裴文舉、陳忻、樊深，可知宇文雖胡族，而其勢力實依漢人，不如高歡以漢族而實依仗胡人，故北周漢化，北齊胡化，風尚之異，亦由其立國基礎而判也。

宇文綽用蘇綽言，創爲府兵，籍六等之民，擇魁健材力之士以充之。民戶分九等，六等乃中等以上之家，凡有三丁者選材力一人。合爲百府，每府一郎將主之，分屬二十四軍，開府各領一軍。大將軍凡十二人，每一將軍統二開府，一柱國主二大將，將復加持節都督以統焉。凡柱國六員，衆不滿五萬人。

按蘇綽卒在大統十二年，六柱國李弼、獨孤信拜於十四年，于謹、趙貴、侯莫陳崇在十五年，綽傳謂綽置屯田以資軍國，此卽府兵也。惟府兵之統於六柱國，則爲綽卒後事。可見此制亦非一時完成。

自相督率，不編戶貫，盡蠲租調，有事出征，無事則歲役一月。

十五日上，則門欄陛戟，警晝巡夜；十五日下，則教旗習戰，無他賦役。此後隋唐府兵則僅役二十日。

其甲槊弓弩，並資官給。

遇出征，衣馱牛驢及糗糧，皆由公備。

這卽是府兵制之大概。

府兵制長處，只在有挑選有教訓。而更重要的，在對兵士有善意，有較優的待遇。將此等兵隊與臨時的發奴爲兵謫役為兵，以及抽丁為兵相敵，自然可得勝利。古人所謂仁者無敵，府兵制度的長處，只在對自己的農民已表見了些人道意味。史稱撫養訓導有如子弟，故能以寡克衆是也。

從此軍人在國家重新有其地位，不是臨時的捉派與懲罰。

府兵制另一個意義在把北方相沿胡人當兵漢人種田的界線打破了，中國農民開始正式再武裝起來。

周書西魏大統九年，廣募關隴豪右以增軍旅。按此云豪右，卽六等之民，下戶三等不得與，亦三國壯者補兵之意也。又隋書食貨志周武帝建德二年周書在三年。改軍士為侍官，募百姓充之，除其縣籍，是後夏人半為兵矣。此皆周代兵制多徵漢人之證。又元魏本屬部族軍隊制，史稱魏初統國三十六，大姓九十九，至西魏時多絕滅。恭帝元年，宇文泰以諸將功高者為三十六國後，次者為九十九姓後，所統軍人亦改從其姓。及大定元年下令，前賜姓皆復舊，是先以漢軍功賜為胡貴族，後則并去胡復漢。此處正可看出當時胡漢勢力之推移。此下恭帝三年，卽正式行六官之制，自鮮卑舊制貴族國姓一變而為六官，此尤政治組織之一大進步也。

從此北齊北周東西兩方的漢人，均代替到鮮卑族的武裝與兵權。

北齊是全農皆兵，北周是選農訓兵，此為二者間之不同。

所以自行均田而經濟上貴族與庶民的不平等取消，自行府兵而種族上胡人與漢人的隔閡取消。北方社會上兩大問題，皆有了較合理的解決。中國的農民，開始再有其地位，而北周亦遂以此完成其統一復興的大任務。

一種合理的政治制度的產生，必有一種合理的政治思想為之淵泉。北朝政治漸上軌道，不能不說是北方士大夫對政治觀念較為正確之故。北周書文帝紀魏大統十一年春三月令，古之帝王所以建諸侯，立百官，非欲富貴其身而尊榮之。蓋以天下至廣，非一人所能獨治，是以博訪賢才，助己爲治，若知其賢，則以禮命之。其人聞命之日，則慘然曰，凡受人之事，任人之勞，何捨己而從人。又自勉曰，天生儁士，所以利時。彼人主欲與我共爲治，安可苟辭。於是降心受命。其居官也，不惶恤其私而憂其家，故妻子或有饑寒之弊而不顧。於是人主賜以俸祿，尊以軒冕，而不以爲惠。賢臣受之，亦不以爲德。爲君者誠能以此道授官，爲臣者誠能以此情受位，天下之大，可不言而治。後世衰微，以官職爲私恩，爵祿爲榮惠。君之命官，親則授之，愛則任之。臣之受位，可以尊身而潤屋者，則迂道而求之。至公之道沒而姦詐之萌生，天下不治，正爲此矣。今聖主中興，思去澆僞，在朝之士，當念職事之艱難。才堪者審己而當，不堪者收短而避。使天官不妄加，王爵不虛受，則淳素之風，庶幾可返。按大統十年秋七月，魏帝以宇文泰前後所上二十四條及十二條新制，方爲中興永式，乃命尚書蘇綽更損益之，總爲五卷，班於天下，於是搜簡賢才，以爲牧守令長，皆依新制而遣焉。則是令乃蘇綽筆也。魏書道武紀天興三年十二月乙未天命詔，丙申官號詔，陳義皆至高卓。官號詔云，官無常名，而任有定分。桀紂南面，雖尊可薄。姬旦爲下，雖卑可尊。一官可以效智，華門可以垂範。故量力者，令終而義全。昧利者，身陷而名滅。故道義治之本，名爵治之末。名不本於道，不可以爲宜。爵無補於時，不可以爲用。此等語殆是崔宏筆。北朝士大夫對於政治見解遠勝南士，於此可徵。周武帝保定二年詔，樹之元首，君臨海內，本乎宣明教化，亭毒黔黎。豈惟尊貴其身，侈富其位。是以唐堯疏葛之衣，麤糲之食，尚臨汾陽而永歎，登射姑而興想。況無聖人之德而嗜慾過之，何以克厭衆心，處於尊位。朕甚恧焉。此等皆辭旨深醇，不媿兩漢。馬周之告唐太宗曰，自魏、晉以還，降及周、隋，多者不過六十年，少者纔二三十年而亡，良由創業之君不務廣恩化，當時僅能自守，後無遺德可思，故傳嗣之主政教少衰，一夫大呼而天下土崩矣。此等意境，直遜北朝諸儒遠矣。

第二十一章　宗教思想之瀰漫（上古至南北朝之宗教思想）

代表魏晉南北朝長時期之中國衰落情態者，有一至要之點，爲社會宗教思想之瀰漫，同時又爲異族新宗教之侵入，卽印度佛教之盛行於中國是也。

一　古代宗教之演變

古代的中國人信仰上帝，可說是一種一神教。（或說是等級的多神。）但人民只信仰上帝之存在而對之尊敬，至於禮拜上帝之儀節，則由天子執行。

公羊曰：天子祭天，諸侯祭土。（僖三十一年）上帝之愛下民，乃屬政治的團體的，而非私家的，個人的。上帝公正無私，乃愛下民之全體，故亦不需私家個人之祭報。楚語言少皞之衰，九黎亂德，夫人作享，家爲巫史，民匱於祀而不知其福，是也。（後世中國祭孔，亦以大羣的公的敬禮事之。如關公等神祠，則與觀音等同爲各個人的私祈求所歸向。論中國宗教思想，必分辨此兩種之不同。）

相應於此種宗教信仰，而有地上大王國之建立。

所謂普天之下，莫非王土，率土之濱，莫非王臣。又曰天視自我民視，天聽自我民聽。上帝人民皇帝，三位一體，而皇帝乃爲上帝與人民兩者間之仲介。皇帝能盡此責任，斯爲聖君。遇其不能盡此職者，則有革命。召誥曰，嗚呼，皇天上帝，改厥元子茲大國殷之命，惟王受命。相古先民有夏，今時既墜厥命。今相有殷，今時既墜厥命。今王嗣受厥命，我亦惟茲二國命，是也。

天道遠，人道邇，（鄭子產語。）此項觀念，漸漸在春秋時代開展，乃產生偏重人道的儒家思想。

孔子曰，丘之禱久矣。又曰，敬鬼神而遠之。曰祭神如神在，吾不與祭如不祭。又曰，未知生，焉知死。又曰，人而不仁如禮何，人而不仁如樂何。此皆孔子漸漸撤去天道而以人道代之之思想也。孟子曰，保民而王，莫之能禦。又曰，推此心足以王天下。竟以人心代天意，即直承孔子思想而來。

墨家偏於古宗教之維護。

如其天志明鬼諸論皆是。其尙同論則仍本天志，建立地上之大王國，與古代宗教觀念極似。（此又爲墨家與基督教相異之點。基督教之王國乃在天上，人人可向上帝直接奉事。墨家尙同思想，則依然爲一政治的團體的，與個人的私家有別。基督教人人直接信奉上帝，則不容於上帝外別有鬼神，墨家依然爲一種相應於地上王國政治的宗教，故天之下仍可有鬼。如天子祭天諸侯祭其境內名山大川之例。）

而道家則對於鬼神上帝爲激烈的破壞。

老莊皆主無治。或曰小國寡民。又主不教。蓋大一統之地上王國，統治於一聖君之下，推行一種聖賢政治，（亦可說哲學政治。）以道德理論（原本於天。）教化人民，（此爲儒墨所同。）此等見解，徹底爲道家所反對。故道家對於舊傳宗教觀念，（即與此等政治理論相應者。）亦不得不根本推翻也。道家可說是一種悲觀的，無爲的反神論。

比較最後起的一派爲陰陽家。（陰陽家原於鄒衍，齊人，與燕惠王趙平原君同時。其成學著書，當在老子後。）

陰陽學依然根據實際的政治興味，（即爲建立地上王國所需要的團體的興味。）來修改古代的宗教觀念而造成他們著名的天人相應的學說。

陰陽與五行，並非兩派，此派以陰陽五行說明宇宙萬物，已爲採用道家老莊自然的惟物的說法。（史記孟荀列傳詳載鄒衍學說，其推而廣之以言地理，又推而遠之以言歷史，皆與莊子齊物秋水路徑相似。似一氣分陰陽，其論採於道家。五行則由當時新發現天空金木水火土五行星而起。）惟其主要精神，則仍本於儒家。（即偏重於政治的興味而言仁義是也。）

其學說大約可分兩部分，一見於呂氏春秋十二紀淮南時則訓及禮記月令，（此主五行相生說，如春爲木，夏爲火，木生火是也。）大抵主王者行政須隨時節爲轉移。（故曰時則，又曰月令。今俗稱時令節令，此令字即王者之號令，所謂政令是也。政令當與時節相應，即爲天人相應之一主要義。）此種學說，似頗導源於孟子所謂勿奪民時也。（古者以大會獵教戰，必於農隙，因之此派主用兵用刑必在秋冬。又古人役民築城浚川及修墳墓等大工役，亦在農事已畢之後，故此派主葬埋及開掘動土必在冬季。農業社會之政治，處處與天氣節候有關。惟孟子偏重人道觀念，以不忍人之心及保民而王等說之。鄒衍又折向古代宗教意味，偏重天道觀念，遂另造一套五行相生相剋的說法。如謂冬行水令，利於用兵用刑之類是也。荀子謂孟子子思造爲五行，以晚起五行學說根本要義實導源孟子，非孟子自身即有五行學說也。（此種思想，直至最近俗傳時憲書，仍有某日宜某事某日不宜某事等，由古人以干支紀日，五行家以干支分配五行，於是再以相生相剋說之，即見有宜不宜。））

又一部分則爲漢儒所傳之五德終始論。（此主五行相剋，如周爲火德，秦滅周故自謂水德，水剋火是也。又時則月令乃一王每年循環行五德之令，此則爲歷史上諸王朝循環各當一德之令。如周爲火德尚赤（此在時則月令屬夏），秦爲水德尚黑（此在時則月令屬冬），兩派學說互自不同，而皆源自鄒衍。大抵前者先起，故呂氏春秋已采之，後者晚出，故秦始皇并六國而采其說。）此所謂五德之運，其意亦頗似於孟子所謂如水益深，如火益熱，亦運而已矣也。（運只是因民心之轉移而影響到政權之推遷。五行學家又從民心折返天意，天上無不變之四時，地下亦無一姓之王統。此老子所謂四時之運，功成者退，而董仲舒引伸之爲雖有繼體守文之君，不害堯舜之禪讓。於是王室更迭，爲一種必然的循環。不重在人道上，而轉重到天道上去。此又是天人相應之例。（今俗傳命運說，即由此來。運即是命之必然的轉動。一國一王政治制度之必然轉動漸降爲一人一家之禍福的命運。））

故知鄒衍學說原本孟子，不過天道人道畸輕畸重之間，兩人不同而已。（上述二說中，無論從何一說，已由惟一的上帝觀念而演化成青赤黃白黑五色帝。）

古代的宗教便利於大羣體之凝合，而過偏於等級束縛，一般個人地位不存在。（除却王帝以及諸侯貴族一部分特權階級。）儒家以仁濟禮，禮爲等級的，而仁則平等的。一般個人各自以仁爲一切之中心。禮則只能最高結集於王帝爲惟一外在之中心。在大羣體之凝合中充分提高了一般個人的地位。古人言禮本於天，極於王帝。儒家言禮本於仁，由於個人。惟仁卽顧及羣體，卽仍有禮之存在，仍不能無等第。（單體可以無分別，羣體不能無分別，等第卽分別也。）墨家一面注重大羣之凝合，一面反對等第的束縛，故唱兼愛。而其缺點，則在個人之依然無地位。故唱天志，抑且較古宗教爲甚。道家則專意要向大羣體中解放個人，故言道德，不言仁義。道德是各個的，仁義是融和的。而結果達於羣體之消失。古宗教以上帝天子民衆爲三位一體，儒家則以個人大羣與天爲三位一體。墨家並不注重個人只以大羣與天合體。道家則以個人徑自與天合體而不主有羣。故於歷史文化皆主倒演，卽返到原始的無羣狀態。陰陽學家的缺點，第一在由儒家之偏重人道觀又折返古代之偏重天道觀。如此則個人地位又趨模糊。第二在由儒家之正面的積極的觀念裏，又羼雜進許多道家的反面的消極的觀念。如此則個人地位勢必與羣體衝突。因此遂有神仙思想之混入。神仙卽是由大羣體解放出來的個人之最高理想。

神仙思想之產生，蓋有兩地。一在汝、淮、江、漢、陳、楚之域，其地山川景物，均與中原河域不同。其居民活潑而富想像，散居野處，巫鬼祭祀，男女相悅，其意態與北方殷周之嚴肅奉事一上帝者有別。此爲自由的個人的，而彼則團體的大羣的也。其徵見之於楚辭、九歌、大招、招魂、離騷諸篇之所賦。其一則在燕齊濱海之區，海上神山，縹渺無稽，亦同爲神仙思想所蘊孕。燕齊濱海，故其想像常超脫向外。淮漢居陸，故其想像亦就地著實。燕齊之所想望在世外，故以求仙爲宗。淮漢之所追求在地上，故以降神爲主，要之同爲個人的，非團體的，又同爲方術的主要泉源。以與中原河域大羣敎之重禮樂者爲別。其後秦滅六國，此等思想同爲中原民族所吸收，而被編配於大羣教上帝一神之下。（如湘君山鬼之類，此不過一水神一山神耳。其後以湘君湘夫人爲堯之二女，又以屈原爲水神，皆以南方民間素樸的自然神，溶入歷史文化中，卽是南方思想被吸收被編配而與北方思想同化之證。）

其神仙思想之正式爲學者所采用，則似始於莊子。儒稱守死善道，墨號赴湯蹈火，儒墨皆以其輕生尙義之精神，逐漸使平民學者在社會上嶄然露頭角而佔到其地位。如子路孟勝之徒皆是。繼起者遂有楊朱，主爲我尊生，以反對儒墨之輕生爲人。莊子思想承接楊朱，既主爲我尊生，因此不願有團體與社會之壓迫，又不樂爲團體社會而犧牲，所謂魚相忘於江湖，理想的社會，正如江湖然。使羣魚各得獨自游行之樂，而無絲毫拘礙束縛。遂於人事方面政治教育諸要端皆抱消極反對之意態，因此想慕及於一種自然的超人的即離俗的出世的，亦即不受羣體拘束的。生活，所謂吸風飲露，如藐姑射之仙人乃可無所賴於人而獨全其天。而寄託於神仙之冥想中。陰陽學家既主天人相應，以人事訢合於自然，自易接受道家此派意見，惟於陰陽學家本意則相違殊遠。故史記謂燕齊海上之方士，爲方僊道，形解銷化，依於鬼神之事，傳鄒衍之術而不能通也。蓋鄒衍著眼在大羣體，神仙思想則只是個人主義。要之即是儒道兩家之別也。及漢初淮南王，即匯合此陳楚巫鬼燕齊神仙與道家思想而融爲一體者，遂爲此後道家之新宗。秦漢方士遂以變法改制封禪長生說成一套。說文，儒術士之稱。方術道三名同義。儒稱術士，陰陽家名方士，道家爲道士，實一義相承也。方士求僊捷徑，厥爲禮祠鬼神，期由感召而得接引，此等感召須遵一定之方術。即禮如漢武帝時方士李少君有祠竈方，即祠竈神之禮。謬忌奏祠太一方，即祠太一之禮。祭祠鬼神，不以其道不至。道即術，即方亦即禮也。故知方士其先與禮家同源，即儒之所習而微變焉者。變法改制以順天利人，此亦禮家研守之業。惟謂王者改制太平封禪告成功而得升天長生，以黃帝爲證。則史記所謂怪迂阿諛苟合之徒，其間羼以道家神仙思想，爲儒術所未有也。由上述一說，上帝之性質又漸從鬼神的神轉換到神仙的神。此兩種變化，即惟一的上帝變成五帝，天神變成神仙，皆由羼進道家思想而來。

古代一種嚴肅的，超個人的相應於團體性與政治性的。宗教觀念，由是產生一種君主的責任觀念。遂漸漸爲一種個人的，私生活的樂利主義尤甚者爲神仙長生術。所混淆。純理的即超我的。崇敬與信仰墮落，方術的由我操縱的。權力意志擴張。惟一的上帝分解爲金木水火土五行，死生大命，亦以理解自然而得解脫，別有長生久視之術。

團體性的（政治社會歷史文化的。）束縛鬆解，個人自由發舒。此兩種機栝，完全在道家思想之演進中完成。（道家思想過於偏激，陰陽家不過為道家接濟，使之漸進彼岸。）

古代以王帝代表著上帝，（因此王帝的性質不重在權力而重在原理。）以地上之王國代表著天上之神國。（因此人生只在現實，不在未來。）政治社會風俗經濟教育文化（此一切即儒家之所謂禮樂。）一切羣體的事業之發展與生長，消融了個人的（小己的。）對立而成為人生共同之期求。（此即當時之一種宗教。）孔子指出人心之一點仁孝，（此即儒家所謂性）來為此種共信畫龍點睛。只就仁孝基本可以推擴身家國天下以及於天人之際，而融為一體。（此即儒家所謂盡性。孟子於仁外言義，因仁字稍有偏於內在性與軟性，可以用此補正，使之外立與硬化。）所以人生之歸宿，即在身家國天下之融洽與安全。（此即儒家所謂天與所謂命。）而人生之期求，即在政治社會風俗經濟教育文化各方面之合理與向上。（此即儒家所謂道與所謂禮樂。）此種意識與秦漢大一統政府相扶互進，不必再要另一個宗教。（後儒論禮樂必從井田封建學校諸大端求之，其義在是。若專從死喪哭泣祭拜歌蹈，儀文細節處，謂儒家禮樂在是，古代宗教在是，則失之遠矣。）

二　東漢以下之道教與方術

逮乎大一統政府逐漸腐敗，（這裏自然亦因儒家思想未能發揮盡致而自有其病痛。）人生當下現實的理想與寄託毀滅，羣體失其涵育，私的期求奮興，禮樂衰而方術盛。當此時期的社會，則自然捨儒而歸道。（其時的政府（或為政府打算的學者），往往應用法家的手段來牢籠而終於牢籠不住。）

王莽時代即是走上此種歧途惶惑之頂點。

王莽之受禪與變法，實爲西漢政治社會已走上衰運後之一種最後掙扎。當時一面崇興禮樂，一面又盛事避忌陰陽。陰陽家本兼採儒道兩家思想而成，王莽時代爲陰陽學家思想之極盛時期，亦卽陰陽學家思想內部破裂之時期。禮樂與方術，到底不能融合爲一，王莽之失敗，一面卽是陰陽學派思想之失敗。自此以往，儒道兩家，依舊分道揚鑣，而陰陽家思想遂一蹶不振。（惟陰陽家思想已有不少滲入儒道兩家之血液中。）

光武明章雖粉飾禮樂於朝廷，而社會上則方術思想日盛一日。（只觀王充論衡所批斥，卽可考見其一斑。）

東漢一方面是王綱之解紐，（卽大一統政府之瓦解）又一方面則是古人一種積極的全體觀念（卽天的信仰）之消失。相應於亂世而起者，乃個人之私期求方術權力之迷信，（段頴表薦樊志張，謂其有梓愼焦（延壽）董（仲舒）之識。何進表薦董扶，謂其內懷焦董消復之術。晉韓友行京費厭勝之術。當時人對學術，全以一種方術視之，而此種方術，大體爲個人消殃避禍求福延年。）與物質的自由需要。（最著者人可不死，鉛汞可變黃金，以不死之生命而濟之以無量之黃金，則物質上之需要可以十分自由而無憾矣。）於是後世之所謂道教，遂漸漸在下層社會流行。

陰陽家雖亦擅神仙方術，然其精神仍偏於政治。故西漢人以鄒衍與孔子並提。以私人的福利觀念，普遍流傳於社會下層者，則非鄒衍而爲老子。此亦自西漢已然。故方士偏於向上活動，道士則偏於向下活動。秦皇漢武之所想望，變而爲東漢以下一般平民之期求，比讀史記封禪書與後漢書的方術傳，正可以看出這一個轉變。

初期佛教輸入，亦與此種社會情態相適協，而漸漸佔有其地位。

史稱楚王英晚節喜黃老學，爲浮屠齋戒祭祀。明帝詔之曰：（事在永和八年）楚王誦黃老之微言，尚浮屠之仁慈。潔齋三月，與神爲誓。何嫌何疑，當有悔吝。其還贖，以助伊蒲塞桑門之盛饌。是其時喜黃老者已兼祠浮屠之證。又桓帝時，襄楷上書聞宮中立黃老浮屠之祠云云，依然以黃老浮屠並舉，二事相去約百年，可見當時佛教僅如黃老之附庸也。又靈帝熹平二年，陳國相師遷追奏前相魏愔與陳王寵共祭天神，希幸非冀，愔辭與王共祭黃老君，（當作黃帝老君）求長生福而已，無他冀幸。是當時以黃帝老子為天神，謂祠黃老可得長生之證。

逮乎東方黃巾之亂（順帝時，琅邪宮崇詣闕上其師干吉於曲陽泉水上所得神書百七十卷，號太平清領書（後稱太平經）。其書以陰陽五行為家，而多巫覡雜語。桓帝時，平原襄楷又上之，其後張角頗有其書，蓋本之天文星象而附以符籙巫道。）以及漢中張魯之亡，（張魯沛人，祖父陵，順帝時客於蜀，學道鵠鳴山中，造符書，為人治病。陵子衡，衡子魯，以法相授，自號師君，其衆曰鬼卒，曰祭酒，曰理頭。此派道學亦自東土流衍，與黃巾蓋同源，皆遠始先秦，所謂燕齊方士，即黃老學陰陽學之故鄉也。又漢末有魏伯陽著參同契，為道家言服食修鍊者所宗，亦在東方。）方術信仰漸漸在士大夫階層中失其勢力。

曹植曹丕兄弟皆不信方士神仙之術，（曹植與論曹丕辯道論，皆辯其事。）及嵇康為養生論，乃從哲理的見解謂導養得理，可以延年，不啻為方術信仰開新生命。至葛洪著抱朴子，仍信服食長生。嵇葛處境與曹氏兄弟不同，厭世無聊，仍必有託於此也。

大的羣體日趨腐敗毀滅，既不能在政治社會大處著力，希圖補救，常自退縮在個人的私期求裏，於是只有從方術，再轉到清談。

此即自黃老轉入老莊也。黃老尚帶有政治意味，（即牽涉羣體）因其與陰陽學家相羼混故。老莊則全屬個人主義。東漢治老子等者，常兼通天文圖讖，清談家則否。清談家一方面似為合理，另一方面則對全體觀念更為淺狹。

相應於此種形勢下之佛教，乃亦漸漸有學理之輸入。

佛教與老莊，亦自有本原相似處。即均為各個人打算。（以各個人融解入大宇宙）不注重為大羣體打算也。（以各個人融解入大人羣。）晉釋道安注經錄序云，佛教延及此土，當漢之末世，晉之盛德。正指思想上之傳播而言。

但天師道則依然流行於名士名族間，綿綴不絕。

東晉名族信奉天師道者尚甚盛。史稱王氏世事五斗米道。王羲之既去官，與道士許邁共修服食，採藥石，不遠千里。郗愔事天師道，與羲之（愔姊夫）許恂俱棲心絕穀，修黃老之術。（其子超轉奉佛）王凝之信道彌篤，孫恩（亦世奉五斗米道而作亂）攻會稽，僚佐請為之備，凝之不從，方入靖室請禱，出語諸將曰，吾已請大道，許鬼兵相助，賊自破矣。遂為恩所害。殷仲堪少奉天師道，精心事神，不吝財賄，而怠行仁義，嗇於周急，及桓元來攻，猶勤請禱。此等名士，皆理解超卓，而猶信此等道術者，蓋彼輩於世俗事既不肯多所盡力，則個人的私期求自難捨棄。（個人不投入大人羣，則必求投入大自然。）故超世必希長生，猶幸其術之一驗。否則鼓琴燒香，常樂我淨，亦與彼輩私生活之閒適相諧。（孫策云，昔南陽張津，為交州刺史，嘗著絳帕頭，鼓琴燒香，讀邪俗道書，云以助化，卒為南夷所殺。絳帕猶黃巾之類，是此致以鼓琴焚香為事之證。）又其道須自首過失，（王獻之遇疾，家人為之上章，道家法應首過，問其有何過失，對曰，不覺，惟憶與郗家離婚，是其教有首過之證。）凡度出世生活者必以此為調節。（經營世務，過則致為，其良心上之罪惡感，常不如超世離羣者之迫切。）且此等求長生，樂清淨，自首過失諸端，亦復與當時門第之克綿其世澤者有補。（彼輩既不經營世務，又安富累世，而能清淨自守者，固為於老莊玄理薄有所得，亦由此等外在的律行，有以助之。將來之轉而佞佛，理亦有由是者。）守之既有素，一旦臨禍變，則亦惟有乞靈以自慰也。（如王凝之殷仲堪。）

可見當時南方名士，彼輩對國家民族，政教大業，雖儘可捉麈清談，輕蔑應付，然涉及其個人私期求，則仍不免要乞靈於從來方術之迷信。這一種風氣，直要到宋齊以下，始漸漸消失，而其時則佛教思想遂一躍而為時代之領導者。

兩晉以清談說老莊，宋齊以下則以佛義說老莊。

三　魏晉南北朝時代之佛教

佛教入中國，雖遠在東漢初年，或尙在以前。

漢明帝永平中遣使往西域求法，其事始見於牟子理惑論及四十二章經序等書，是爲我國向所公認佛教最先之傳入，或其事尙可前溯，然要之於中國社會未見影響。

惟佛法之流佈，則直到漢末三國時代而盛。其時則多爲小乘佛法之傳譯，高僧多屬外籍。

如安世高支婁迦讖康僧會之類是也。中國僧人見於慧皎高僧傳者，以朱士行爲最早，然已在三國時，知其先佛法極少與中國上流學術界相接觸。

東晉南渡，佛學乃影響及於中國之上層學術界，其時則僧人與名士互以清談玄言相傾倒。

如竺法深支道林其著也。殷浩北伐既敗，大讀佛經，欲與支道林辯之。孫綽以名僧七人匹竹林七賢，（道賢論）此名士與僧人合流之證。故深公許庾亮，謂人謂庾元規名士，胸中柴棘三斗許。庾冰創議沙門宜跪拜王者，桓玄繼之，並主沙汰沙門，（至宋齊此二議皆曾爲朝廷采納）庾桓兩家，尙與名士清談氣味不相投，可知東晉僧人實與名士站在同一路線，一鼻孔出氣也。

其在北方，則五胡君主，崇佛尤殷。最著者爲二石（勒與虎）之於佛圖澄。

五胡雖染漢化，其淺演暴戾之性，驟難降伏，一旦錦衣玉食，大權在握，其臨境觸發，不能自控制者，最大有兩端。一曰好淫，二曰好殺，此惟佛法，適如對症之藥。人自慕其所乏，故五胡君主於佛法所嘗雖淺，而敬信自深。高僧傳謂竺佛圖澄（西域人）憫念蒼生，常以報應之說，戒二石之兇殺，蒙益者十有八九。（支道林謂澄公以石虎為海鷗鳥）又五胡君主，自謂本胡人，當奉胡教。高僧傳又謂佛圖澄道化既行，民多奉佛，營造寺廟，相競出家，中書令著作郎王度奏禁之，石虎下書曰：度議佛是外國之神，非天子諸華所宜奉，朕生自邊壤，君臨諸夏，饗祀應兼從本俗，佛是戎神，正所應奉。（遼金元清四朝奉佛皆帶有此兩因緣。）

稍後至姚興迎鳩摩羅什，而北方佛法如日中天。

羅什龜茲人。苻堅先命呂光將兵西征，欲迎之，適堅被殺，羅什停於涼州。直至姚興敦請始來。興既託意佛道，公卿以下，莫不欽附，自遠至者五千餘人，坐禪者有千數，州郡化之，事佛者十室而九。大乘經典之宏揚亦多出其手。（高僧傳，什在長安譯經三百餘卷，僧佑著錄三十五部，二百九十四卷。）

自此以往，佛學在中國，乃始成為上下信奉的一個大宗教。

原佛學流行，固由於當時時代之變動，而尚有其內在之條件。

第一佛法主依自力，不依他力。

諸教率本天帝神力，惟佛教尊釋迦，則同屬人類。此與中國儒家尊崇人文歷史，敬仰古先聖哲之教義大同，亦復與道家澈底破壞天神迷信之理論不相違背。釋迦之可尊在其法，故佛家有依法不依人之教，當知得此大法者不止釋迦一人，故佛書屢言諸佛，又言人皆有佛性，則盡人皆有可以成佛之理，此與儒家人皆可以成堯舜義又相似。

第二佛法主救世，不主出世。

諸教率主塵俗以外別有一嚮往之天國，故其精神率主出世，而又同時兼帶一種濃重的個人主義。佛法雖亦主有一涅槃境界，但同時主張三世因果輪迴報應。人生宿業纖微必報，故主於當身修行，勇猛精進。又佛義主張無我，一切以因緣和合爲法，故衆生不成佛，我亦不成佛。又曰：生死卽涅槃，煩惱卽菩提。如是則成爲一積極的救世主義者，此與諸教主張個人出世以天國爲樂園者自別，亦復與中國老莊道家一派有厭世玩世意味者迥異，此又與儒家側重大羣主義之人文教相似。

故佛教在其消極方面，既可與中國道家思想相接近，在其積極方面，亦可與中國儒家思想相會通。

其時名德高僧如慧遠、僧肇之徒，皆精研老莊義，而釋道安二教論（廣弘明集卷八）乃抑老於儒下，此後竺道生一闡提亦俱佛性與頓悟成佛之說，更爲與儒義相近，謝靈運和之。其與諸道人辨宗論（廣弘明集卷十八）便以孔釋兩家相擬立論。而孫綽喻道論乃謂牟尼爲大孝，周孔卽佛，佛卽周孔，可見其時名士與僧人又俱黜老崇孔，故其先尙老釋兼通者，至是乃以儒佛並擬。此種界線，大體相當於晉宋之際，可以僧肇與生公時代爲劃分。

而當時佛法之所以盛行，尙有一積極的正因，則由其時中國實有不少第一流人物具有一種誠心求法宏濟時艱之熱忱是也。

其間品德學養尤著者，如道安，常山扶柳人，師事佛圖澄，居河北，後南投襄陽，遂赴長安而卒。道安爲中國第一個嚴正的佛徒（其先如支道林等，只是出家的名士），其徒衆南北分張，始爲佛教樹獨立之地位。如僧肇，京兆人，師事鳩摩羅什爲什門四大弟子之一，早死，其所著肇論，爲極精卓之佛教論文。如慧遠，雁門樓煩人，道安弟子，高隱廬阜，始開佛教講壇，南朝佛教大師。如法顯，平陽武陽人，西行求法，先後凡十五年，爲我國至

（印度第一僧人，足與後來玄奘西行相媲美。）如竺道生，（鉅鹿人，學於鳩摩羅什，亦什門四大弟子之一也。後爲南方佛教大師。）此等皆以極偉大之人格，極深微之超詣，相望於數百年之間，蓋以當時中國政教衰息，聰明志氣無所歸嚮，遂不期而湊於斯途。此皆悲天憫人，苦心孤詣，發宏願，具大力，上欲窮究宇宙眞理，下以探尋人生正道，不與一般安於亂世，沒於汚俗，惟務個人私期求者爲類，故使佛教光輝，得以照耀千古。若僅謂佛講出世，與一時名士淸談氣味相投，而社會民衆，亦以身丁荼毒，佛講未來，堪資慰藉，並出家可以逃役，即獲現實福益。凡此種種，固亦當時佛法盛行之世緣，然論其主要原因，則固在彼不在此。故當時之第一流高僧，若論其精神意氣，實與兩漢儒統貌異神是，乃同樣求爲人文大羣，積極有所貢獻。惟儒家著眼於社會實際政教方面者多，而當時之佛學，則轉從人類內心隱微處爲之解紛導滯，使陷此黑暗混亂中之人生得寧定與光明，則正與儒家致力政教之用心異途同歸也。（惟此等高僧，亦多興起於北方，南方則受其彼及而已。）

四　北方之道佛衝突

佛教來中國，最先乃依附於老莊道家而生長。但南渡後的學者，則已漸漸由老莊義轉向佛義。（其著者如當時名士衆從支道林逍遙遊義而不從向郭舊義，即其一證，詳見世說新語。）其後則道教又模倣佛教，亦盛造經典儀範，而逐漸完成爲一種新道教。（爲此工作之尤著者，爲宋代之陸修靜。）於是道佛兩教遂開始互相競長，而至於衝突。但在南方，一輩名士世族，本在一個不安寧的大世界中過著他們私人安寧的小世界生活，他們所需要者，乃爲一種學理上之自己麻醉與自己慰藉，彼輩在其內心，本無更強的衝動力，所以南方佛學多屬居士式者。其高僧亦與隱士相類，如慧遠、生公之類是也。

卽在梁武帝時，崇信佛法達於極盛，其在政事上亦僅有貽誤，並無鬬爭。

史稱梁武時京師寺剎多至七百，宮內華林園爲君臣講經之所，宮外同泰寺爲帝王捨身之區，（梁武帝三度捨身入寺與衆爲奴，羣臣以一億萬錢奉贖。南齊竟陵王亦先有此事。此後陳武帝幸大莊嚴寺捨身。陳後主卽位年，亦在弘法寺捨身。）爲無遮大會道俗會者五萬，（中大通元年）蓋其先由深感世事無可爲，乃自研玩老莊，折而崇信佛法，今則由崇信佛法轉而敗壞世事，（以前乃政治上不得意人如阮籍稽康之徒，逃虛無以自廣，今則政治上最得意人卽爲帝王者轉亦佞佛自誤，此可以覘思想潮流之影響於人事。）其時亦有反對者，如郭祖深輿櫬上疏，謂『僧尼十餘萬，資產豐沃，道人又有白徒，尼則皆畜養女，天下戶口幾亡其半，恐方來處處成寺，家家剃落，尺土一人，非復國有。』荀濟亦上疏有云：『傾儲供寺，萬乘擬附庸之儀，肅拜僧尼，三事執陪臣之禮，寵既隆矣，侮亦劇矣。』此等皆由政治體統及實際利害上提出抗議，並未能對佛教眞理有正面之排擊也。（此卽下至唐儒韓愈猶然。反而論之，必俟大羣體政教有辦法，則佛家思想不攻自破，此爲宋儒歐陽修本論之所持，然自二程以下，則縱處亂世，亦可以破佛理，是爲新儒學。）

故在南方之所謂道佛衝突，大體僅限於思想與言辯而止，（如顧歡道士夷夏論之類是也）與政治實務更無涉。

若在北方則不然。北方在當時是一個強烈動盪的社會，一切與南方自別。故南方人乃在一種超世絕俗的要求下接近佛法，北方則自始卽以佛法與塵俗事相調洽。（如二石之於佛圖澄，苻姚之於鳩摩羅什，其內心動機，便與梁武帝不同。）

而北方高僧其先亦往往以方術助其義理，（如佛圖澄常以方術歆動二石，羅什亦通陰陽術數。）遂與北方舊學統治經學而羼以陰陽家言者（卽東漢以前風氣）相訢合。（若南方則以老莊清談與佛義和會，正猶南方經學亦盛染清談氣味也。）

至北魏太武帝時，遂以實際政治問題，而引起道佛之強烈鬬爭。

崔浩（清河人）父宏因苻氏亂，欲避地江南，爲張願所獲，本圖不遂，乃作詩自傷。其詩以嬰罪不行於世。及浩誅，收浩家書，始見此詩。則浩之家門，必父子相傳，有一種種姓之至感矣。北方士大夫都有此，須深觀。浩見王慧龍，數稱其美，司徒長孫嵩不悅，言於太武，以其嗟服南人，則有訕鄙國化之意，太武怒責之，浩免冠陳謝得釋。從弟崔模，雖在糞土之中，禮拜形像，浩笑曰『持此頭顱，不淨處跪是胡神邪』。浩大欲整齊人倫，分明姓族。惟此可以維持當時北方之中國文化。外弟盧元勸之曰，『創制立事，各有其時。樂爲此者，詎幾人也。宜三思之。』浩不納。則崔浩之爲人，及其意氣，居可見矣。浩既博覽經史，精通術數，而性不好老莊之書，史又稱浩父疾篤，浩乃剪髮截爪，夜在庭中，仰禱斗極，爲父請命，求以身代。浩之爲學，又上承兩漢以儒生而兼陰陽術數，不樂魏晉以往之老莊清談，此即北方當時之舊學派也。蓋遇寇謙之，謙之父修之，爲苻堅東萊太守，其地正爲齊土道術盛行之地，寇家蓋亦世傳其教者。謙之自謂遇太上老君，命之繼天師張陵之後。每與浩言，聞其論治亂之跡，常自夜達旦，可見浩之熱心政治。因謂浩曰，吾行道隱居，不營世務，忽受神中之訣，今當兼修儒教，輔助太平眞君，繼千載之絕統，黃老道術本注意政治問題，兼修儒教，即成秦漢陰陽學家路脈矣，此是寇崔學術接筍處。而學不稽古，臨事闇昧，卿爲吾撰列王者治典，並論其大要。此是黃老與老莊大異處，黃老注意政治，自然需要稽古，於是有陰陽家五德終始之論出。老莊僅爲私人生活着想，自然無需稽古，即不要歷史文化，因此與陰陽家判袂（佛家亦不重歷史，因道佛皆欲解化人類歸自然，不欲凝人類成羣體）。今只看寇謙之與陸修靜兩人之事蹟，便可見南北雙方道教精神之不同，並亦可以由此推想南北雙方之佛教精神，以及一切政教實況也。浩乃著書二十餘篇，上推太初，下盡秦漢變弊之迹。此等全是陰陽家以歷史講法制因革之舊路徑。浩因上疏太武曰：『臣聞聖王受命，則有天應。而河圖洛書，皆寄言於蟲魚鳥文，未若今日神人接對，手筆粲然，清德隱仙，不召自至。斯誠陛下侔蹤軒黃，應天之符也』，拓跋燾欣然，乃始崇奉天師，寇謙之遂改元爲太平眞君。太平二字即源本秦漢陰陽家言。此後北魏每帝即位，必求符籙，以爲故事，而又信佛法。此如梁武帝信佛法，同時亦受陶弘景圖讖。以佛法僅重出世禍利，帝王世業不得不借靈於道家（黃老一派）之符籙也。自是遂有『諸佛圖形像及胡經盡皆擊破焚燒，沙門無少長悉坑』之詔。太平眞君七年蓋陰陽學家，一面有其應天受命之說，一面又有其長生久視之術，足以歆動時君，使其接受聽行。彼輩所預擬的一套歷代帝王變法創制必然因革即五德終始之順序，而變法創制，彼輩遂得爲王者師，而遂其政治上之另一種期求。（西漢陰陽學家即爾。）北方學者，飽經兵荒胡亂，始終不忘情於政治上之奮鬭，（此為與南方士族絕不相同處。）崔浩即其一例。（王猛死，苻堅下詔為之增崇儒教，禁老莊圖讖之學，與崔浩可謂迹異心同。後崔浩為修國史被殺，時高允（信佛）與浩同修國史，觀允傳，知浩史頗稱實錄，死非其罪。宋書柳元景傳，謂拓拔燾南寇汝潁，浩密有異圖，謀泄被誅，此恐南朝傳聞亦有未的。大抵如王猛崔浩之倫，皆欲在北方於擁戴一異姓主之下而展其抱負者（猛之未肯隨桓溫南歸，殆知來南之無可展布耳）。浩則樹敵已多，得罪不專為修史也。）

相應於此種情勢下的北方僧人，亦能在政治經濟上切實自佔權地。

崔浩於毀法四年後被誅，太武卒，文成帝立，佛法又興，（佛法之廢積凡七年。）主其事者為沙門師賢（罽賓國人。）與曇曜（涼州人。）魏書釋老志曇曜奏平齊戶（討平青齊所徙民戶。）及諸民有能歲輸穀六十斛入僧曹者，（師賢為道人統，賢卒，曇曜代之，更名沙門統。僧曹即僧官之曹也。）即為僧祇戶，粟為僧祇粟。儉歲賑給飢民，又請民犯重罪及官奴以為佛圖戶，供諸寺灑掃，歲兼營田輸粟。高宗並許之，於是僧祇戶粟及寺戶徧於州郡。（如是則僧寺自有力量，別成一種封建勢力，是北方僧人始終不脫經營世務之興趣，亦因非此不足自存也。）

自此朝廷上下奉佛，建功德，求福田饒益，造像立寺，窮土木之力。（此為北朝崇佛特徵，與南朝注重義理思想者別。今存大同雲崗及洛陽龍門石窟造像，猶可見其時北方佛教藝術之超卓，及其氣魄之偉大焉。又按北方自羅什逝世，研尋義理之風即衰，高僧則尚禪行，如曇曜即以禪業見稱，敦尚實際行業，為北方佛門一貫風格也。）僧人亦代有增加，茲據釋老志表如下：

年代	寺數	僧尼數	附註
孝文帝 太和元年	平城 約百所 四方 六四七八	平城 二千餘人 四方 七七二五八人	太和十年，遣僧尼還俗者一三二七名。

宣武帝 延昌中	天下	一三七二七	徒侶益衆	
孝明帝 神龜元年	洛陽	五百		
魏末 正光以後天下多虞，工役尤甚，所在編民，相與入道，假慕沙門，實避調役。	洛陽 天下	一三六七 伽藍記 三萬有餘	（天下） 二百萬	佛經流通，大集中國，有四一五部，合一九一九卷。

甚至沙門謀叛之事亦屢見。

孝文延興三年，慧隱。太和五年，法秀。太和十四年，司馬惠御。宣武永平二年，劉惠汪。永平三年，劉光秀。延昌三年，劉僧紹。四年，法慶。孝明熙平二年，法慶餘黨。四十餘年中沙門謀亂者凡八見。

北齊僧衆，其勢仍盛。

天保五年，文宣帝詔問秀才對策，及於沙汰釋李（文見廣弘明集。）謂緇衣之衆參半於平俗，黃服之徒數過於正戶。國給為之不充，王用因此取乏。積競由來，行之已久，頓於中路，沙汰實難。

而北周則再因道佛衝突，在武帝時，又有魏太武以來第二次之毀法舉動，其時則實已自道佛之爭，轉而爲佛儒之爭矣。（此種意味，實沿崔浩而來，惟此益臻明顯耳。）

北方佛道衝突，始終暗波未斷。至武帝時，衛元嵩上書（事在天和二年。）請立延平大寺（此下皆譬說，即建立一理想的地上王國，以代天上之佛國也。）『容貯四海萬姓，無問道俗，罔擇寃親，以城隍爲寺塔，即周主是如來，用郭邑作僧坊，和夫妻爲聖衆，不偏立曲見迦藍，偏安二乘五部，則六合無怨紂之聲，八荒有歌周之詠，飛沉安其巢穴，水陸任其長生。』衛雖徉狂不經，此疏卻有力量，蓋正指出了儒佛兩家根本的相異點。（儒在融個我入大羣，佛在脫大羣完個我。）武帝本有志於捨末世之弊風，蹈隆周之叙典，（即位元年下詔。）遂入衛言。（屢集百僚及沙門道士等討論三教先後。）至建德三年，乃下敕斷佛道二教，經像悉毀，罷沙門道士悉令還俗。（周書本紀。）三寶福財，散給臣下，寺觀塔廟，賜給王公。（廣弘明集。）及建德六年周滅齊，武帝入鄴城，召僧人赴殿，帝謂六經儒教，弘政術，禮義忠孝，於世有宜，故須存立，佛教費財，悖逆不孝，並宜罷之。（僧衆五百，默然無聲，俛首垂淚。）有爭者，帝謂佛生西域，朕非五胡，心無敬事，既非正教，所以廢之。（廣弘明集，以周武帝此等語還視石虎所云，可知北方社會之前後大不同矣。）當時謂前代關山西東數百年來官私所造一切佛塔，掃地悉盡，融括聖容，焚燒經典，八州寺廟出四十千，三方釋子減三百萬，皆復軍民，還歸編戶。（房錄。）

此後北方的政治情態，慢慢恢復到秦漢大一統的傳統局面，而東漢三國以下相應於分崩離析而一時崛起的兩種新宗教，遂亦漸漸失其在社會上眞實的力量，而退處於他們較不緊要的地位。

五　隋唐時期佛學之中國化

隋唐盛運復興，其時則佛學亦有新蛻變，教義精神，逐漸中國化，而佛法重心，亦逐步南移。

南北朝佛學北尚禪行南重義解，周武毀法，北方禪宗亦避而至南，所謂佛學中國化運動，亦至是始成熟。其後禪學崛興，則全以南方為策源地。

舉其要者，則有天台（起北齊慧文傳南岳慧思，又傳天台智顗，適當隋代，而天台宗遂大盛。此後有灌頂（四祖）左溪（六祖）荊溪（七祖），已值中唐。）華嚴（起唐杜順，再傳至賢首（三祖）澄觀（四祖）宗密（五祖）。）禪宗（起達摩，經慧可僧璨道信弘忍至慧能（六祖）而正式成立，當唐武后至玄宗時。）三家。

今若以魏晉南北朝佛學為傳譯吸收期，則隋唐佛學應為融通蛻化期。

佛法在中國，應可分三時期，初為小乘時期，以輪迴果報福德罪孽觀念為主，與中國俗間符籙祭祀陰陽巫道，專務個人私期求者相依附，此第一期也。自道安鳩摩羅什以下，宏闡大乘，先為空宗（此始印度龍樹，羅什來中國，盡譯三論（十論百論十二門論。）至隋代嘉祥大師吉藏，而南地三論宗於以大成）次及有宗（此始印度無著世親兄弟，此宗之盛行於中國較遲，直至玄奘西行，受法戒賢，歸而傳之窺基，而此宗始大盛，是名法相宗，亦名唯識宗，其入中國亦稱慈恩宗，以窺基住慈恩寺也。然此宗大盛，固在唐初，而唯識經典之傳譯，則已先而有之矣。）是為大乘時期。時則以世界虛實名相有無之哲理玄辯為主，與中國老莊玄言相會通，此為第二時期。若台賢禪諸宗之創興，則為第三時期，其一切義理，雖從空有兩宗出，而精神意趣，輕重先後之間，則不盡與印度之空有兩宗同。今若以小乘佛法為宗教，大乘佛法為哲學，則中國台賢禪諸家，特重自我教育與人生修養。小乘偏教偏信，大乘偏理偏悟，中國台賢禪諸宗則偏行偏證，是其蛻變處也。故必有台賢禪三家興，而後印度佛法乃始與中國傳統文化精神相融洽相和會。

而尤以禪宗之奮起為能一新佛門法義，盡泯世出世之別，而佛教精神乃以大變，禪宗自稱教外別傳，不著言語，不立文字，直指本心，見性成佛，而其後推演愈深，乃至無佛可成，無法可得，無煩惱可除，無涅槃可住，無眞無本分為人，呵佛罵祖，得大解脫，如是則世出世之界劃盡泯，佛氏慈悲乃與儒家之仁，同以一心為應世之宗師，故論綰合佛義於中國傳統之大羣心教者，其功必歸於禪宗也。

蓋當隋唐盛世，政教既復軌轍，羣體亦日向榮，人心因而轉趨，私人之修行解脫，漸退為第二義，大羣之人文集業，又轉為第一義，傑氣雄心，不彼之趨，而此之歸，則佛門廣大，乃僅為人生倦退者遇逃之一境。唐賢多信佛，而意味與東晉南北朝名士大異，東晉以下必以佛義自安於靜退，唐賢則功業烜赫之餘，乃轉依佛法求歸宿也。

繼此而開宋儒重明古人身家國天下全體合一之教，一意為大羣謀現實，不為個己營虛求，人生理想，惟在斯世，而山林佛寺，則與義莊社倉同為社會上調節經濟賑贍貧乏之一機關。此種情勢，自唐中葉以下即日趨顯著。元和以來，累勅天下州府不得私度僧尼。李德裕論奏徐州節度使王智興於所屬泗州置僧尼戒壇，江淮之民，戶有三丁必有一丁落髮，意在規避王徭，影庇資產，臣於蒜山渡點其過者一日一百餘人，訪問泗州置壇次第，凡僧徒到者，人納二緡，給牒即還，無別法事。若不特行禁止，比到誕節，計江淮以南，失卻六十萬壯丁，此事非細。即日詔徐州罷之。及唐武宗會昌五年，惡僧尼耗蠹天下，毀寺四千六百餘區，歸宿僧尼二十六萬五百。毀招提蘭若四萬餘區，收良田數千萬頃，奴婢十餘萬人。杜牧（杭州新造南亭子記）謂良人拔附使令者倍僧尼之數，奴婢口率與百畝，編入農籍，蓋為北周以來第三次著名之毀法也。五代周世宗顯德二年又勅廢天下寺院，存者二千六百九十四，廢者三萬三百三十六，見僧十萬餘，尼一萬餘。北宋以下，義莊社倉等社會事業逐次發達，佛寺亦不為惟一的貧窮藏身之所，佛寺之收容量亦減，而國家毀法之事亦益少見矣。

此下佛道兩教事迹，乃不復足以轉動整個政治社會之趨嚮。

第五編　隋唐五代之部

第二十二章　統一盛運之再臨（隋室興亡及唐初）

中國經過四百年的分崩動亂，終於盛運再臨，而有隋唐之統一。

一　隋代帝系及年歷

（一）文帝堅（二四）——盡殺宇文氏，滅陳，服突厥。

（二）煬帝廣（一三）——營建東都，開通濟渠，南遊揚州。北巡榆林，至突厥啓民可汗帳。築長城。開永濟渠，通涿郡。三征高麗，天下遂亂。

（　）——恭帝侑

（三）恭帝侗（一）

隋代三帝三十八年。

自開皇九年滅陳，統一中國，迄於滅亡，不過二十九年，下開唐室，正與西漢前的秦代一樣。

二　隋代國計之富足

隋室雖祚短運促，然其國計之富足，每爲治史者所豔稱。自漢以來，丁口之蕃息，倉廩府庫之盛，莫如隋。

自晉至隋戶口一覽

晉武帝太康元年	戶 二、四五九、八〇四 口 一六、一六三、八六三
宋武帝大明八年	戶 九〇六、八七〇 口 四、六八五、五〇一
齊梁	未詳
陳	戶 五〇〇、〇〇〇 口 二、〇〇〇、〇〇〇
魏孝文遷洛	比晉太康倍而有餘，約五百萬戶。
爾朱之亂	戶 三、三七五、三六八 小郡戶 二〇、口一百而已
北齊	戶 三、〇三二、五二八 口 二〇、〇〇六、八八〇
北周	戶 三、五九〇、〇〇〇 口 九、〇〇九、六〇四
隋大業二年	戶 八、九〇七、五三六 口 四六、〇一九、九五六

按當時齊周戶數合計，已超踰魏孝文遷洛時一百萬，較之江南陳氏所有踰十二倍。口數踰陳氏幾及十五倍，較西晉太康全國統一時幾踰一倍。此亦北方政治已上軌道之證。又按後周禪隋，有戶三九九九六〇四，至大業二年，前後二十六年，戶增四八〇七九三二。通典謂時承周齊，人依豪室，禁網隳紊，姦僞尤滋，高熲建輸籍之法，定名

輕數。使人知爲浮客，被彊家收大半之賦，爲編甿，奉公上，蒙輕減之征。先敷其信，後行其令，烝庶懷惠，姦無所容。隋氏資儲，遍於天下，人俗康阜，熲之力焉。蓋隋政仍沿北魏均田制以來用意，脫私戶，歸公家，而達於完全成功也。

隋制多沿於周，然周時酒有権，鹽池鹽井有禁，市有稅，隋初開皇三年。盡罷之，所仰惟賦調，亦復甚輕。調絹一匹者減爲二丈，役丁十二番者減爲三十日。九年平陳，給復十年，自餘諸州並免當年租稅。十年，百姓年五十者輸庸停役。十二年河北河東田租三分減一。兵減半，功調全免。所以府庫充盈者則有數端。

一、周滅齊，隋滅陳，均未經甚大之戰禍，天下寧一已有年數。

二、自宇文泰蘇綽以來，北朝君臣大體均能注意吏治。隋承其風而弗替。帝受禪，楊尚希上表，以爲今郡國倍多於古，或地無百里，數縣並置，或戶不滿千，二郡分領，人少官多，十羊九牧，帝嘉之，遂罷天下諸郡。時刺史多任武將，不稱職，柳彧上表諫，多爲罷免。又制刺史不督軍，別置都尉，使軍民分治。又使彧持節巡河北五十二州，奏免長吏贓汚不稱職者二百餘人。開皇三年，長孫平爲度支尚書，奏令民間立義倉，自是州里豐衍。其他長吏，多有吏幹惠政，爲當時所稱。如岐州刺史梁彥光，相州刺史樊叔略，新豐令房恭懿等。惟惜隋史遺闕，不能詳載。如劉仁恩韓則等見張煚高構諸傳。又如蘇威之責五品不遜，立餘糧簿，威好立條章，每歲責民間五品不遜，或答云管內無五品家。又爲餘糧簿，欲使有無相贍，時議以爲煩迂，罷之。威嘗謂江南人有學業者多不習世務，此可見當時南北學風之異也。辛公義劉曠之聽訟，公義露坐獄中以聽訟，訟者繫獄則宿廳事不歸寢閣，曠則稱說義理，曉諭訟者，而不決其是非。王伽之縱囚，伽罷遣防送卒，縱流囚李參等七十餘人，與約期至京，曰如致前却，當爲汝受死。參等皆如期。至唐太宗縱囚，亦承此等風氣而來也。此等儼如在王莽光武之世。自非社會經學儒術流行既久，不能有此。當時如牛弘薛道衡李諤高熲李德林蘇威之徒，皆以學人而通達政術。

裴政定律，尤為後所依用，宇文高氏之世，死刑有五，曰磬絞斬梟磔，又有門房之誅，隋律死刑斬絞二者，非謀反大逆無族刑，改鞭曰杖，改杖為笞，定笞杖徒流死五等。若知隋代學風世化如此，則吏治之漸上軌道，自不足奇。

三、其尤要者，則為中央政令之統一，與社會階級之消融。古代之貴族封建，以及魏晉以來之門第，至此皆已消失。全社會走上一平等線，而隸屬於一政權之下。故下層之負擔尚甚輕，而上層之收入已甚足。

此層乃隋代與西漢不同之點。漢積高、惠、文、景三世四帝六十年之休養，至武帝而始盛。隋則文帝初一天下，即已富足。蓋漢初尚未脫封建遺蛻，有異姓同姓諸王侯，自韓彭葅醢，迄於吳楚稱兵，財富不能集於中朝。中央政權所直轄者，不能及全國三分之一。王室雖恭儉，而諸王侯封君莫不驕奢自縱，與隋初形勢大不同。

至於王室生活之節儉，僅其餘事。

惟吏治已上軌道，社會上特殊勢力已趨消失，對外無強敵之脅迫，此時的統治權所急切需要者，乃為一種更高尚更合理的政治意識，而惜乎隋文帝說不到此。

隋文奮勵為政，坐朝或至日昃，五品以上引之論事，宿衞傳飱而食，勤於吏治而無大度。開皇十四年大旱，是時倉庫盈溢，乃不放賑，令民逐糧。唐太宗謂其不憐百姓而惜倉庫。仁壽元年詔減國子學生只留七十人，太學四門州縣並廢，雖有諫者不聽。隋文殆以空設學校為糜費也。

在其末年，天下儲積足供五六十年，遂以招來煬帝之奢淫。

煬帝大業二年置洛口倉，倉城周圍二十餘里，穿三千窖。又置回洛倉，倉城周圍十里，穿三百窖，窖容八千石，共可積米二千六百萬石。李密藉以爲亂，濈人負取羣盜來就食者幷家屬近百萬口。

三　煬帝之誇大狂

煬帝卽位，卽營建東都，每月役丁二百萬。

煬帝詔南服遐遠東夏殷大因機順動今也其時。爲適應大一統之局面而建設新中央，自魏孝文已有此計劃矣。

元年開通濟渠，引穀洛水達河引河入汴，引汴入泗以達淮。

魏孝文告李冲，欲自鄴通渠於洛，從洛入河，從河入汴，從汴入淸，以至於淮。南伐之日，下船而戰，猶開戶而鬭。此乃軍國之大計。則魏孝文亦已先有此意，至隋煬而實現。此乃爲貫通中國南北兩方新形勢之偉大工作也。

遂南遊揚州。

渠廣四十步，旁築御道，自長安至江都築離宮四十餘所。造龍船四重，高四十五尺，長二百尺，挽船士八萬，舳艫相接二百里，騎兵翼兩岸。

三年，北巡榆林，甲士五十萬。幸啓民可汗帳，築長城。四年又築。

四年，開永濟渠，引沁水南達河，北通涿郡。發河北諸郡男女百餘萬。

六年，通江南河，自京口至餘杭，長八百里，廣十丈。

八年，親征高麗，發兵踰百萬，分二十四軍。九軍渡遼凡三十萬，還至遼東者不足三千人。

九年十年，再伐高麗，天下遂亂。

這是煬帝的誇大狂。一面十足反映出當時國力之充實，一面是煬帝自身似乎染受了南方文學風氣之薰陶。

隋文平陳，以煬帝爲揚州總管，鎭江都，置學士至百人，常令修撰，成書萬七千餘卷。此等皆沿齊梁故習。又按煬帝在揚州，聚書至三十七萬卷。在此時期，煬帝殆已深深呼吸到南方文學的新空氣。

史稱煬帝早年沉深嚴重，史亦以此四字描寫文帝。朝野屬望。文帝幸其第，見樂器弦多斷絕，又有塵埃。尤自矯飾，時稱仁孝。則煬帝此時意態尙不同。帝好吳語，正見其染南風之深。在江都，謂蕭后曰，儂不失爲長城公，卿不失爲沈后，其欣慕南朝可想。

其後常以文學自負。

謂天下皆謂朕承襲緒餘，以有四海，設令與士大夫高選，亦當爲天子矣。

朝臣至有以文詞見忌死者。

薛道衡死，帝曰，能作空梁落燕泥否。王胄死，帝誦其佳句曰，庭草無人隨意綠，復能作此語邪？惟此均不載於隋史，而通鑑收之。

當時北朝雖以吏治武力勝過南方，若論文學風流，終以南朝爲勝。

北齊書魏收傳，魏收邢邵更相訾毀，各有朋黨。邵云，江南任昉文體本疏，魏收非直模擬，亦大偸竊。收曰，伊常於沈約集中作賊，何意道我偸任昉。時人謂見邢魏之臧否，卽是任沈之優劣。又元文遙傳，濟陰王暉業嘗大會賓客，有人將何遜集初入洛，諸賢皆贊賞之。

文帝只知有吏治，（光武亦尙吏治，而能文之以儒術，爲隋文所不如。）並無開國理想與規模。（若使有蘇綽王通諸人，必然另有一番氣象。）煬帝則染到了南方文學風尙，看不起前人簡陋。（此在文帝時，朝廷一切儀注禮文早有擺棄北周改襲齊陳者。此一因北周模古，簡陋之中雜以迂怪，風尙所趨，轉嚮齊陳一也。二則文帝篡周，盡屠宇文氏，蓋自有私意欲超出其上不甘因循二也。然文盛之弊則至煬帝時而始著。）

隋書文學傳，謂煬帝初習藝文，有非輕側之論。暨乎即位，一變其風。其與越公書，建東都詔，冬至受朝詩，及擬飲馬長城窟，並存雅體，歸於典制。雖意在驕淫，而詞無浮蕩。故當時綴文之士，遂得依而取正焉。此謂意在驕淫，卽承南方文學風尙也。謂詞無浮蕩，則承北朝蘇綽諸人之影響。又按唐天授時，左補闕薛謙上疏，謂晉宋祇重門資，有梁雅愛屬辭，陳氏特珍賦詠。逮至隋室，餘風尙存。開皇中，納李諤之論，下制禁斷文筆浮辭。煬帝嗣興，又變前法，置進士等科，於是後生之徒，復相倣效，緝綴小文，名之策學，不以指實爲本，而以虛浮爲貴。是煬帝之設進士科，雖非專考詩賦，然要爲沿襲南朝尙文之風氣，在唐初尙多知之者。

狂放的情思，驟然爲大一統政府之富厚盛大所激動，而不可控勒。於是高情遠意，肆展無已，走上了秦始皇的覆轍。煬帝雄才大略，似不如始皇，然同時帶有極度的貴族氣分。故同樣不能卹民隱。當時南方文學，本爲變相貴族之產物也。（煬帝外慕經術，內好文學，則頗似漢武。）

能把南方的文學與北方吏治武力綰合，造成更高更合理的政權，便是唐太宗。（隋代政制兼承南北，大抵政風頗沿北周，禮文兼採齊陳。唐承其後，猶漢之襲秦，唐制卽隋制也，惟運用者之精神特爲有殊耳。其隋制兼承南北之詳，當讀隋書各志。）

又按唐君臣多出貴胄，唐高祖西魏八柱國唐公李虎孫。周明懿隋元眞之皇后外戚，娶周太師竇毅女。毅周太祖壻。宰相蕭瑀陳叔達梁陳帝王之子。裴矩宇文士及齊隋駙馬都尉。竇威、楊恭仁、封德彝、竇抗並前朝師保之裔。其將相裴寂、唐儉、長孫順德、屈突通、劉政會、竇軌、竇琮、柴紹、殷開山、李靖等，並是貴冑子弟。故唐制得斟酌南北，開國即規模宏遠，為漢宋所不逮。

四　唐代帝系及年歷

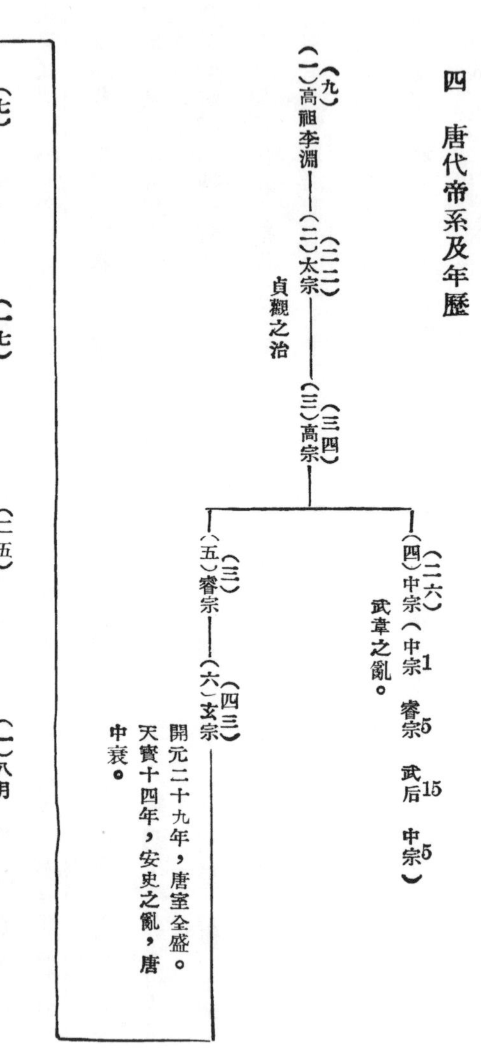

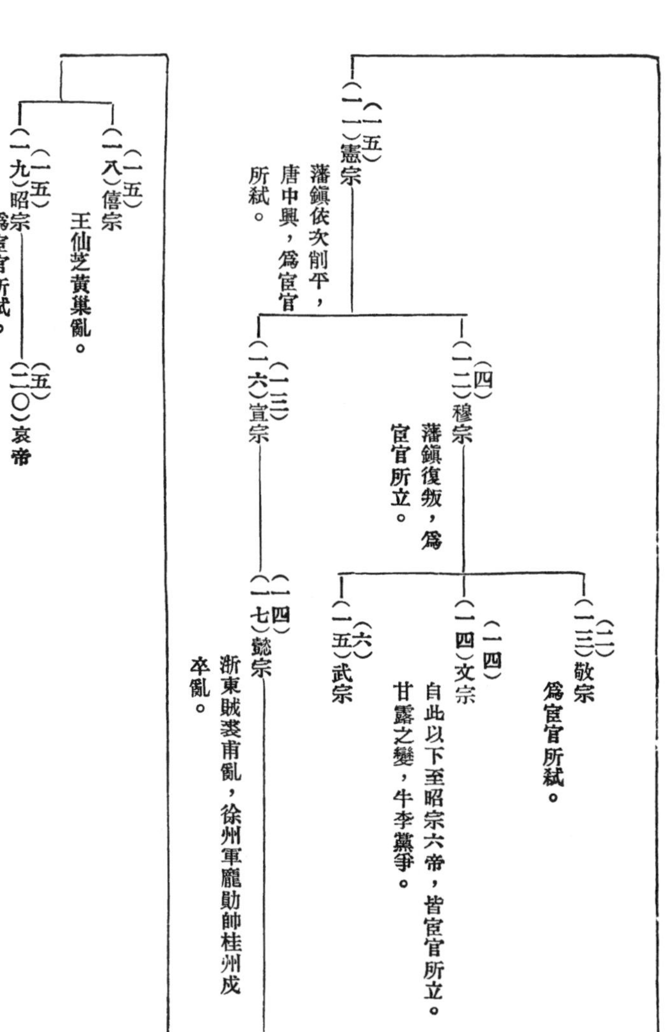

唐代凡二十帝二百九十年

五　貞觀之治

唐太宗是中國史上一個傑出的君主。自稱年十八便為經綸王業，北剪劉武周，西平薛擧，東擒竇建德王世充。二十四而天下定。二十九而居大位。四夷降伏，海內乂安。自謂古來英雄撥亂之主，無見及者。

貞觀之治，尤為後世所想望。

其一朝賢臣，如王珪、房玄齡、杜如晦、温彥博、李靖、魏徵、戴冑之類，指不勝屈。

太宗既英才挺出，又勤於聽政。

錄刺史姓名於屏風，坐臥觀之。得其在官善惡之迹，皆注名下。又常遣員巡察。命百官五品以上，得上封事，極言得失。又命更宿中書內省，數延見問民疾苦。

然貞觀時代之社會情況，實未必勝於大業。

自隋大業七年至唐貞觀二年，（朔方梁師都部下降。）前後十八年，羣雄紛起者至百三十餘人，擁衆十五萬以上者，多至五十餘，民間殘破已極。

貞觀元年關中饑，米斗直絹一匹。二年，天下蝗。（戴冑謂每歲納租，未實倉廩，隨即出給，纔供當年。）三年，大水。四年，始大稔，流散者得歸。

是年，高昌王麴文泰入朝，謂見秦隴之北，城邑蕭條，非復有隋之比。（史稱是年米斗不過三四錢，終歲斷死刑纔二十九人，東至海，南及五嶺，皆外戶不閉，行旅不齎糧，取給道路，恐有過分渲染。）

六年，羣臣請封禪，魏徵諫，謂自伊洛以東至於海岱，煙火尙稀，灌莽極目。適會河南北數州大水，事遂寢。太宗即位僅六年，免離饑饉僅二年，倖破突厥，遽議封禪，苟非魏徵直諫，貞觀治績，恐即自此衰矣。十一年，魏徵上疏，尙謂隋之府庫倉廩戶口甲兵之盛，考之今日安得擬倫。馬周上疏亦謂今之戶口不及隋之十一。

貞觀戶不滿三百萬，永徽三年，戶部奏去年進戶十五萬，今見有戶三百八十萬。而隋開皇中有戶八百七十萬。直至玄宗天寶十三載，始有戶九百六十一萬九千餘，爲唐之極盛，乃始與隋氏相比。歷代戶口數，雖有隱漏或誇飾，不可盡信，然大體可資以見世運之盛衰升降。

正惟如此，故太宗一朝君臣，每每以有隋相警惕，不敢驕縱荒佚，而成治世。

魏徵所謂隋以富強動之而危，我以寡弱靜之而安。馬周謂貞觀初率土荒儉，而百姓不冤。今十一年比年豐穰，匹絹得粟十餘斛，而百姓怨咨。以爲陛下不憂憐之，又所營爲者頗多不急之務也。此皆從上下心理上說明貞觀之治之眞實背景。

一到唐玄宗時，社會富庶已與隋代相似，而天寶之亂，亦乃與隋煬相差不遠。

第二十三章　新的統一盛運下之政治機構（盛唐之政府組織）

中國經歷四百年的長期分裂，而重新有統一政府出現，是爲隋唐。但那時的統一政府，其內容機構，又與四百年前不同。

舉其要者言之，第一是中央宰相職權之再建，第二是地方政治之整頓。

一　宰相職權之再建

西漢初年的丞相御史大夫，漸漸轉移而爲後漢以降之尚書，事已詳前。

魏世，中書監始參大政。

漢代尚書乃士人，而中書以宦者爲之。魏佐漢，初建魏國，置祕書令，仍典尚書所奏；尋改爲中書，（文帝受禪後。）有令有監，而亦不廢尚書。然中書親近，尚書疏遠。（曹操自以漢相擅政，則魏之祕書，乃漢廷之陪臣。後遂以中書替尚書，此亦化家爲國之一例。）

東晉則侍中始優。

侍中本與中常侍齊體，亦內朝卑職。（魏晉置侍中四人，君出則護駕負璽或驂從。登殿則與散騎常侍對扶。備具顧問，且管門下衆事。）東晉以後，皇帝以侍中常在左右，多與之議政事，不專任中書。於是又有門下而中書權始分。

下逮宋齊，尚書中書侍中三者皆爲輔臣。
機要在中書侍中，尚書執行政務，於是尚書轉爲外朝，而中書門下始爲天子之私人。

這是秦漢以來中央政府機構上一個極有重要意義的轉換。君權相權即王室與政府。本爲兩漢文治政體相輔爲治之兩面。其間雖有畸輕畸重，如東漢之事歸臺閣，而公卿位望，依然爲外朝冠冕。君相對立，大體無變。魏晉以來，政治意識墮落，政府變成私家權勢之爭奪場，於是君相不相輔而相制。權臣篡竊，卽剝奪相權，歸之私屬。如魏之用中書。然君臣猜忌無已，私屬所居，馴爲要位，朝臣進一步，則王室退一步。又不得不別用私屬以爲防。如東晉之轉任侍中。就其時之王室言，則削去相位，似乎便於專制。就其時之士族言，則各成門第，亦復迹近封建。結果則王室亦僅等一私家，如是則王室私人，亦只與封建時代家宰家相一般。政府解體，君權相權均不存在。直要到政治意識再轉清明，政府漸上軌道，則君臣相與之意態亦變。其君不敢以私屬待其臣，其臣亦不復以私屬自居。君不以防制爲事，臣不以篡奪爲能。君相仍爲相輔成治，而非相剋成敵。其時則魏晉以來的私機關，又一變而成政府正式的首領官，完全實替了秦漢時代的相權，而卽以扶翼君權，共同組成一個像樣的政府，其內包有王室。這便是隋唐統一之復現。

此種轉變，無異乎告訴我們，中國史雖則經歷了四百年的長期紛亂，其背後尚有活力，還是有一個精神的力量，卽是一種意識，或說是一個理性的指導。依然使中國史再走上光明的路。

唐代中央最高機關，依然是魏晉以來的尚書中書門下三省。然他們現在已是正式的宰相，而非帝王之私屬。其職權分配，則中書掌定旨出命，命令權。門下給事中掌封駁，審駁權。尚書受而行之。施行權。古代的宰相權，現在是析而爲三。

貞觀二年，太宗謂羣臣曰：中書門下機要之司，詔勅有不便者皆得論議，比來但覩順從，不聞違異，但行文書，誰不可為。房元齡等皆頓首謝。故事凡軍國大事，中書舍人各書所見，中書侍郎中書令省審之，給事中黃門侍郎駁正之，上始申明舊事。蓋此制亦始周隋，非唐代新創也。

三者之中又以侍中（門下省長官）中書令（中書省長官）為眞宰相。

凡軍國大事，中書舍人得先各陳所見，謂之五花判事，而中書侍郎中書令審定之。（此明代九卿會議之始。惟九卿各有典司，即各有一成之見。如大兵大役，兵部工部惟求其成，戶部則務求其省。中書舍人得其選，則歷中外，通衆理，彼此不致相妨。）

自高宗晚節以來，天下文章道盛，中書舍人為文士之極任，朝廷盛選，諸官莫比。（政事堂有後門通中書舍人院，宰相時得咨訪政事自廣。代宗時常袞為相，始塞絕之。）

敕旨既下，給事中黃門侍郎復得有所駁正。（此明代抄參封駁之始。）

通典，百司奏鈔侍中既審，則駁正違失。詔勅則塗竄奏還。此所謂塗歸也。實際給事中即可行使塗歸之權。如德宗貞元中給事中袁高不肯草制復召盧杞，封還詞頭，揭杞罪狀。文宗開成初，給事中盧載封還以郭任嘏出任刺史詔書，稱為封駁，稱職是也。（其他例不勝舉。又按漢哀帝封董賢，丞相王嘉封還詔書。後漢鍾離意為尚書僕射，數封還詔書。此唐之門下封駁，即漢相權之證。）又按則天垂拱三年，鳳閣侍郎（即中書侍郎改名。）劉禕之嘗謂，不經鳳閣鸞臺，宣過何名為勅。劉竟以此賜死。然可見天子詔勅，必經中書宣出，又必經門下副署，以相權節制君權，即以政府節制王室。唐制實淵源於漢代文治政府之意義而演出也。（然中宗仍可以有斜封墨勅，可見無徒法自行之法。）

因此宰相常於門下省議事，謂之政事堂。（兩省先議定後奏聞，以免紛爭。）

其後政事堂遷至中書省。

高宗時裴炎以中書令執政事堂筆，（執筆猶今之主席。）遂有此舉。（門下給事中所居，不於門下議事而於中書，乃相臣志在自事，先不使給事知之，待取中旨然後封還，其勢較難，則塞默者多矣。然此下給事中封駁詔書仍時有其事。）玄宗時，政事堂改稱中書門下其政事印亦改中書門下之印。（直至宋代，以爲故事。）

宰相分直主政事堂筆。

肅宗時，每一人主十日，德宗時，改每日一人執筆。

尚書僕射（尚書省長官。）加同中書門下平章事及參知機務等名，始得出席政事堂，方爲眞宰相。

自貞觀末無不加者，開元以來則罕見。

其餘他官參掌者無定員。

睿宗先天以前員頗多，開元以來常以二人爲限，多則三人。加同中書門下三品平章事，知政事，參知機務，參與政事平章軍國重事等，（以官未及而人可用者參預朝政略如近代之不管部大臣也。）

尚書省有都堂，（大廳）以左右僕射爲領袖。下分六部，東爲吏戶禮三部，左丞主之。西爲兵刑工三部，右丞主之。共二十四司，分曹共理全國政務畢萃。

諸司官兼知政事者，午前議政於朝堂，午後理務於本司。

開元以來，宰相員少資地崇高，又以兵吏尚書權位尤美，宰相多兼領之。但從容衡軸，不自銓綜。其選試之任，皆侍郎專之，尚書通署而已。

尙書六官，各有所職，儻無折中，則恐互相推避，互相炫匿，故總攝以宰相。宰相亦慮有未周，見有所偏，(或則專且私。)乃先之以中舍之雜判，庶得盡羣謀而伸公論。又繼之以給事之駁正，復得塞違而繩愆。此等制度，可謂宏大又兼精密。

以中書門下較漢代之宰相，以六部較漢代之九卿，在政制上，不可謂非一種絕大之進步。

一則六部乃政府的，(吏戶禮兵刑工，莫非國家政務要項。)而九卿則是王室的。(九卿性質已述說於前。)從九卿轉變到六部，正是政府逐步脫離王室獨立之明證。

隋文開皇中，明令國子寺不隸太常，此等改變，正可反映時代之進展，以及當時人對政治意識之轉變。(至於六部之外，仍存九寺，(即九卿遺蛻。)舊名不廢，新資日加，職權重疊，自爲一弊。)

二則漢初封建郡縣雜行，中央直轄部分有限，後雖逐步統一，而郡國守相之權尙大，千里王畿，僅如一省。隋唐則九州攬於一握，考課獄訟兵財諸端，繁不勝記。總以六卿，分以郎署，中央政府之擴大，爲事勢演進所逼出。於是六卿之上，必有佐天子以總理之者，一相嫌於專擅，且亦事冗不給，多相則互委不專責，易生同異，以致撓敗。尙書置左右僕射，分判六部，各治三官，可免上述之弊。而尙書惟在政務之推行，至於出命覆奪，尙有中書門下。故曰三省之於宰相，六部之於九卿，不得不說是政制上之絕大進步。

如此宏大而精密的政治機構，正好象徵當時大一統政府之盛況。

至於政府無立法機關，則因中國政治，自秦漢以下，本有一種理性之指導，法度紀綱粗建，無豪強之兼幷，無世胄僧侶之專政，教育、選舉、考試與統治權常有密切之連繫，不斷吸收社會俊秀分子，公開參政，使其新陳代謝，政府與民衆，卽以此爲連鎖。舊朝以積久腐敗而傾覆，則新朝鼎新，去其泰甚，與民更始。歷史常在和平中進展，而民間大動亂則往往只有倒退，別無長成。

從北朝儒學，逐步轉變，而有唐代政府之規模，此便是中國史在和平中進展一顯例。至於隋末羣雄擾亂，只加時代以一種不可磨滅之傷痕。

代議制之所起由於宰輔之權不重，無參署之制，政府負責無人，君主易於爲惡。（此其一。中國自明代始無參署。）稅法不夙定，輕徭薄賦不垂爲典則，掊克之術易施。（此其二。中國漢唐稅制皆明定頒布，且極輕。）僧侶不務靜修而干政，（此其三。中國惟元代有其病。）貴族擅權，下情壅隔。（此其四。中國自秦以下卽無貴族。）考試權不獨立，闒冗在位，賢儁老死。（此其五。中國自漢以來卽力矯其弊。）無審駁監察彈劾之官，則庶政違失而莫糾，（此其六。中國歷漢唐而諸職畫立。）無拾遺補缺記注經筵之官，則君主失德而莫正。（此其七。中國自唐以下諸職亦漸備。）文化之傳衍淺，則無良法美意足資循式，無嘉言懿行以供考鏡。（此其八。中國史傳衍之久，美政善俗，至德要道之闡述，自先秦以來，已具規模。）中國能造成一廣土衆民之國家，歷久而轉盛者在此。其遇朝政闕失，在下者以爲乃人弊非法弊，故上下之情常通，不致於成敵抗之形。故中國政制無民選代議，不足卽據此爲中國政制病也。

二　地方政治之整頓

隋唐政府與秦漢之不同，其次則在地方政權方面。

兩漢地方政權，無異於古諸侯，並不一一轄於中央，因此演成漢末分崩的局面，經歷魏、晉、南北朝，中央政府旣不像樣，而地方政治則更糟。

一、軍政民政不分，州縣官皆以武吏軍人爲之。

漢末及三國，多以諸部都尉爲郡。晉郡守皆加將軍，無者爲恥。梁陳太守加督加都督。魏書甄琛傳琛表（按在遷洛後。）邊外小縣所領不過百戶，而令長皆以將軍居之。

二、州縣爲豪強私利而分割。

北齊天保七年詔，魏自孝昌之季，祿去公室，政出多門。豪家大族，鳩率鄉部，託迹勤王，規自署置。或外家公主，女謁內成，昧利納財，啓立州郡。又北史張彝傳，彝曾祖幸所招引河東人爲州裁千餘家，旋罷入冀州，積三十年，析別有數萬戶。孝文謂彝曰，終當以卿爲刺史酬先世誠效。可見當時州縣儼如古代封建。

三、州縣無限劃分，乃至領戶日削，有名無實。

天保七年詔，百室之邑，便立州名，三戶之民，空張郡目。周書盧辯傳，縣令分戶七千以上，四千以上，二千以上，五百以上，不滿五百五等。因此南北朝設縣，皆在千數百以上，較東漢尙過之。

要之魏、晉、南北朝一段的地方政治，只在離心勢力下演進，逐步變成封建性之分割，而結果則地方政權轉而日趨削弱。一到隋唐，轉回頭來，地方政權正式再統轄於中央，而那時的地方政權，卻再不能像兩漢般的比較還有其獨立性。以隋唐與兩漢相較，中央統治地方之權更密更大，實爲中央集權更進一步之完成。在此方面，隋唐的統一政府，其實際內容與秦漢又遠異。

唐代地方行政最低級爲縣，全國凡一千五百七十三縣。（此據玄宗天寶初年。）較西漢略多二百餘縣，所增不到六分之一。武德初上縣六千戶以上，中縣二千戶以上，下縣一千戶以上。開元中改上縣六千戶以上，中縣三千戶以上，未滿三千戶爲下縣。漢制則以萬戶以上縣爲縣令，萬戶以下曰縣長。

縣以上爲州或郡。

州長官爲刺史，郡長官爲太守。自漢季以來，刺史總統諸郡賦政於外，猶如後代之巡撫總督，較之漢代僅屬司察之任者權位大異。而隋唐刺史，則猶後代之知府及直隸知州，與太守僅爲互名，已無分別，此爲隋唐減削地方政權之一例。又唐制四萬戶以上爲上州，二萬戶以上爲中州，二萬戶以下爲下州。西漢太守一郡戶口有多至二百萬以上者。西漢一縣戶口，亦有四五萬以上者。可見漢唐太守權位之迥乎不侔。

全國州府凡三百五十八。較西漢增至兩倍外，此又唐代減削地方政權之一例。（隋郡一百九十，雖視兩漢爲多，然較南北朝已大減矣。唐則視隋又增。）

上州刺史只從三品（即第六級官。）中下州刺史正四品。（即第七級官。）

刺史的地位權任既遠非漢比，又掾吏辟置之權亦削，大部均歸中央。

北齊武平中後主失政，多有佞幸，乃賜其賣官，分占州郡，下及鄉官多降中旨，故有敕用州主簿郡功曹者。自後州郡辟士之權寖移於朝廷。（後周蘇綽傳，令刺史府官則命於天朝，其州吏以下，並牧守自置，則猶存古意。）隋開皇二年，明令罷辟署，令吏部除授品官爲州郡佐官。唐雖間有辟署，然仕進之途大抵由科目矣。（沈既濟疏，今諸道節度都團練觀察租庸等使，自判官副將以下皆使自擇，則辟吏之法已試於今，但未及州縣耳。韓佽傳云，佽爲桂管觀察使，部二十餘州，自參軍至縣令三百餘員，吏部所補纔十一，餘皆觀察使量才補職，則并州縣亦有爲觀察所置者。然桂管偏區，自與腹地不同也。

於是中央政務日繁，地方事權日輕。

牛弘問劉炫，魏齊之時，令史從容而已，今則不遑寧處，其事何由。炫曰，往者州惟置紀綱，郡置守丞，縣惟令而已。其具僚則長官自辟。受詔赴任，每州不過數十。今則不然。大小之官悉由吏部，纖介之跡皆屬考功，所以繁也。

這又是隋唐大一統政府與秦漢不同一要點。

第二十四章　新的統一盛運下之社會情態（盛唐之進士府兵與農民）

要把握住盛唐的社會情態，最好亦從當時幾項制度方面去看。

一　唐代之貢舉制

唐代士人出身，可分三途。一生徒由學館。（此沿漢代博士弟子制。）二鄉貢由州縣。（此沿漢代郡國察舉孝廉制。）三制舉。（此沿漢代賢良方正制，標目求才，由天子親臨試。）州縣貢舉又分諸目，最著者有秀才明經進士。（外有明法，明字，明算，一史，三史，開元禮等諸種。）

貢舉每年一次，爲求出身者所集中。（制舉無定期，不常有，學館往往有名無實。）

而尤以進士科爲盛。

秀才須高才博學傑出者始可應。貞觀中有舉而不第者坐其州長由是此科遂絕。明經只試帖經記誦，士人不貴。

貢士得懷牒自列於州縣。

貢舉自北魏已推行，齊隋選置多由請託，議者以爲與其率私，不若自舉，與其外濫，不若內收，是以罷州府之權而歸吏部。

集試於中央。

初屬吏部考功員外郎，後以員外郎望輕，遂移禮部，以侍郎主之。事在開元二十四年。

這一個制度，亦像上舉尚書六部制以及州縣劃分制度一般，同為後世所遵用，直到清末，不能改變。

此制用意在用一個客觀的考試標準，此項標準，一則求其公平，不容舞弊營私。二則求其預備之單純與統一，既免經濟上之限制，使貧民亦有出身。又間接助成國內風俗敎化之統整，以輔大一統政府之團結與鞏固。來不斷的挑選社會上優秀分子，使之參預國家的政治。

此制的另一優點，在使應試者懷牒自舉，公開競選，可以免去漢代察舉制，必經地方政權的一重別擇。

在此制度下，可以根本消融社會階級之存在。人民優秀分子均有參政機會，新陳代謝，決無政治上之特權階級。

可以促進全社會文化之向上。政治權解放，民間因按年考試之刺激，而文藝學術普遍發展。

可以培植全國人民對政治之興味而提高其愛國心。全國除王室有較永久之地位以外，國家政權全部公開於民衆。

可以團結全國各地域於一個中央之統治。各地域按名額獲得其進士參政權，而歷年全國各地士子羣集中央會試，對於傳播國家意識，交換地方情感，融鑄一體，更為有力。

這一個制度的根本精神，還是沿著兩漢的察舉制推進，並無差別，這是中國史意味深厚處。漢唐繁盛的花朵，從同一根本上蘊培出來。不過是更活潑更深廣的透進了社會的內層。

晉、、南北朝之門第，自一方面看，固若近似於古代封建勢力之復活，而自另一方面看，則實為先秦西漢以來士人地位之繼續增強。故至隋唐而有普遍的貢舉制度之產生，此乃士人地位自門第下解放而更展擴。故隋唐之中央集權，可以謂政府地位之提高，而非王室地位之加隆。就全史之進程論，魏、晉、南北朝之門第勢力，在浮面則為一波折，在底層則依然沿文治之大潮流而滾進也。

二　唐代之租庸調制

由北魏之均田制演變而成唐代之租庸調制。（高祖武德七年。）

凡男女始生爲黃，四歲爲小，十六爲中，二十有一爲丁，六十爲老。丁年十八以上授田一頃，（五尺爲步，二百四十步爲畝，畝百爲頃。）內八十畝爲口分，年老還官。（即北魏之露田。）二十畝爲永業。（樹榆棗桑等，即北魏之桑田。）

授田者丁歲輸粟二石，謂之租。（此古粟米之征，相當於漢之租。）

丁隨鄉所出歲輸綾絹絁各二丈，布加五之一。輸綾絹絁者兼綿三兩，輸布者麻三斤，謂之調。（此古布帛之征，調本興調發之義，相當於古之賦。漢有口賦，唐有戶調，其實一也。）用人之力歲二十日，閏加五日。不役者日爲絹三尺謂之庸。有事加役二十五日者免調，加役三十日者租調皆免。通正役不過五十日。（此古力役之征，相當於漢之役。）

這一個有名的租庸調制，所以爲後世稱道勿衰者，厥有數端。

第一、在其輕徭薄賦的精神。

以租而言，孟子在戰國時什一之稅，已見推爲王者之政，而漢制則什五稅一，常收半租，則爲三十稅一。（漢代的實際政治，已較戰國學者託古改制的理想，更進一步的寬大。）若以畝收一石計，（除去永業田不論。）唐制只是四十而稅一，（八十石中收二石。）較之漢制更輕更寬大。（以西晉開國百畝課田六十畝相比，減輕二十餘倍。）

以庸而言，漢制更役一歲一月，唐則只二十天，只有漢三分之二。（漢尚須爲正卒衞士一年，又有戍邊三天，唐因行府兵制，農民不須衞戍，比漢負擔更輕。）

調輸布帛，與漢口賦驟難相比。惟西晉戶調，丁男之戶，歲輸絹三匹綿三斤，比唐多六倍。北魏均田，一夫一婦調帛一匹，比唐亦多一倍。唐兼調綾絁，上比稍有出入。要之唐之調法輕於魏晉。

唐制庸調並得視田登耗為蠲免。

要論輕徭薄賦，中國史上首推唐代的租庸調制，在這一個制度下，農民自可安居樂業。

唐初不榷鹽，開元以下始課鹽。以左拾遺劉彤表。然天寶至德間，鹽每斗尚僅十錢。其後乃增至四十倍。天下之賦，鹽利居半。則唐興逾百年矣。唐初無茶稅，建中以下始稅茶。唐初無酒禁，廣德以下始榷酒。唐六典謂關呵而不稅，則唐初待工商又甚優。隋亦所仰惟賦調，唐初仍隋制也。

又按就中國史上之商人言之，西漢貨殖傳中人物，其在當時社會上之勢力勿論矣。即如東漢初，樊重家閉門成市，兵弩器械貲至百萬。光武資之起。其末年，蜀先主亦得中山大商張世平、蘇雙之助，而麋竺祖世貨殖，僮客萬人，貲產鉅億。進妹於先主，奉奴客二千，金銀貨幣以助軍資，則其時商人勢力猶可想見。降及兩晉，多以朝廷大僚而兼營貨殖，如王戎園田水碓周徧天下石崇甚至刼奪是也。宋元徽中，張興世為雍州刺史，還家擁資三千萬，而為蒼梧王所刼。世云廣州刺史但經城門一過，便得三千萬。而梁武陵王紀，都督益州，在蜀十七年，南開寧州越嶲，西通資陵吐谷渾，殖其財用。黃金一斤為餅，百餅為簉，至有百簉。銀五倍之。其他錦罽繒采稱是。又得賈胡為主金帛。見北史何妥傳。同時梁武弟臨川王宏積錢百萬一聚，黃榜標之，千萬一庫，懸一紫標，如是三十餘間，計見錢已三億餘萬。北齊富商大賈以貨賄得仕宦，屢見史冊。隋唐商業尤盛，而官吏以經商致巨富亦習見。自兩宋以下，此風似不揚。官吏兼務貨殖至巨富者始少，富商大賈在政治社會各方面活動勢力亦漸絀。其趨勢蓋自唐中葉以後而始變。一則商稅日重，商利日薄。

如唐代公廨錢（亦名料錢）有七分生利者。唐武德以後，國家倉庫猶虛，應京官料錢，並給公廨本，令當司令史番官迴易給利，計官員多少分給，貞觀時，褚遂良極論之，然其制終不革。開元六年，祕書少監崔沔議，五千之本，七分生利，一年所輸，四千二百。兼算勞費，不啻五利。開元十六年詔天下負舉，祇宜四分收利，官本五分收利。可見當時社會利率之厚。宋王安石行新法，青苗市易皆收息二分，已為一時詬病，亦由其時社會一般利潤自低也。惟其利潤降低，故商人不能進至於大富，而官僚亦無從自商人處一轉手而攫多金。然論社會商業狀況，宋以下若轉較唐前為活潑。市坊制度，皆至宋而廢弛。於是有夜市，有草市。此蓋都市人口增加，財富旺盛，交通便利，勞動生產力發達。故商業交易，隨時隨地而擴大。又如唐以前用錢絹，宋元以下用銀鈔，皆可見商貨交易之後盛於前也。蓋社會商業情況之盛衰，不必與商人所得利潤之高低為正比。故宋以下社會一般商業雖轉盛，而資本集中之趨勢則日減。二則貴族特權日削，官方則例日嚴，故宋明權臣大僚多務於厚擁田租而止。田租之視商利，固瞠乎後矣。偶有以貨殖見稱巨富，往往得罪，禍不旋踵。如明初吳賈陸某，富甲江右，謂積而不散，適以釀禍，盡以與其徒沈萬三，身為道士以終。沈富敵國，明太祖因而罪之，謫戍雲南。蓋社會貧富之懸殊，與貴族特權之存廢，亦相為比例而進退也。此如海上貿易，宋非不如唐，然市舶司制度既立，則利入政府，官僚與商人，皆不能如唐人之多獲厚利。社會自唐中葉以下，既無特貴，亦無殊富，則力量漸趨平均，故此後社會之亂，如王仙芝、黃巢、張獻忠、李自成、洪秀全等，除卻軍隊變叛以外，大抵皆饑民之騷動。求如古社會之所謂豪傑起義者，亦渺不可得。此亦古今社會升降轉變一大節目也。

欲知盛唐社會盛況亦不得不注意及此，故附論及之。

租庸調制的第二優點，則為稅收項目之列舉分明，有田則有租，有身則有庸，有戶則有調。此惟漢代的租稅制度差可相比。自租庸調制破壞以後，更找不到此種項目分明之徵收制度。因此橫徵暴斂可以隨時增加，有進無已。

更重要的一點，租庸調制的後面，連帶的是一個為民制產的精神。丁則授田，年老則還官，為民制產與為官收租兩事並舉，此層更爲漢制所不及。（漢租雖輕，然有無田者，亦須出口賦，應更役，不得已則出賣爲奴，亡命爲盜。唐無無田之丁戶，則無不能應庸調之人民矣。）在租庸調制下之農民生活，其比較寬舒安恬之景象可以想像而得。農民生活之寬舒安恬，蒸鬱而生整個社會之繁榮。盛唐時代之富足太平，自貞觀到開元一番蓬勃光昌的氣運，決非偶然。

杜甫詩憶昔開元全盛日，小邑猶藏萬家室。稻米流脂粟米白，公私倉廩俱豐實。此盛唐社會之寫照也。安史之亂，李萼說顏魯公，謂平時江、淮、河南錢帛聚於淸河，以贍北軍，謂之天下北庫。有布三百餘萬匹，帛八十餘萬匹，錢三十餘萬緡，糧三十餘萬斛。昔討默啜，甲兵皆貯淸河，今有五十餘萬事。戶七萬，口十餘萬。顏遂據以拒賊，許遠於睢陽積糧六萬石，張巡因之以障江淮。烏承恩以信都降史思明，親交兵馬倉庫馬三千匹，兵五萬人。當時州郡猶富實如此。此後雖益衰，然藩鎭之殷實富厚，仍有遠非後世可冀及者。憲宗時，韓宏在汴爲宣武節度使，獻馬三千，絹五千，雜繒三萬，金銀器千。而汴之庫廐尚有錢百餘萬緡，絹百餘萬匹，馬七千匹，糧三百萬斛。穆宗時，劉整爲盧龍節度使，獻征馬萬五千匹。藩鎭財力殷盛，正見唐代積富於民之厚，故諸藩亦得自捍外寇而久存。顧亭林日知錄謂今日所以百事皆廢，正緣國家取州縣之財，纖毫盡歸之上，而吏與民交困，遂無以爲修舉之資。卽如唐代驛舍，有沼、有魚、有舟、（孫樵書褒城驛壁。）有池、有林、有竹，（杜甫秦州雜詩。）後代驛舍殆如隸人之垣。又曰，余見天下州城爲唐舊治者，其城郭必皆寬廣，街道必皆正直，廨舍之爲唐舊創者，其基址必皆宏敞。宋以下所置時彌近者制彌陋。人情苟且，十百於前代矣。今按唐室富盛，固在中央不盡取之於州郡，尤要者更在中央不盡取之於民間也。

三　唐代之府兵制

府兵制度，沿自西魏北周，至隋唐而大成。

唐府兵制定於貞觀十年，天下十道，置折衝府六百三十四，而關內共有二百六十一。

府又分三等，上府千二百人，中府千人，下府八百。府數各說不同，陸贄謂諸府八百餘所，關中殆五百焉。杜牧謂凡府五百七十四，有四十萬人，皆與唐志不合。蓋自有增減變動耳。漢唐事箋謂以唐地志每州之府數計之，僅與杜牧同，其說當可據。所以關中置府獨多者，固爲有強本弱幹之意，然亦由府兵制承襲周隋，因其遺基，故獨以關內爲特盛也。

每府置折衝都尉一人，左右果毅都尉各一人。

士以三百人爲團，團有校尉。五十人爲隊，隊有正。十人爲火，火有長。

民年二十爲兵。（此指府兵言，非指全體農民言。）六十而免。每歲季冬，折衝都尉率之習戰。

府兵皆隸於諸衞。（唐踵隋制，設十六衞，將軍總三十員，屬官一百二十八員，以養武臣，其所部兵則散於諸府。）凡當宿衞者番上，兵部以遠近給番，（五百里爲五番，千里七番，一千五百里八番，二千里十番，外爲十二番。）皆以月上。

按漢衞卒以歲代，較唐爲優，唐太紛擾矣。（唐制亦有簡留直衞者，則五百里爲七番，千里八番，二千里十番，外爲十二番，亦月上。）

府兵制的優點，無事耕於野，番上宿衞。有事命將以出，事解輒罷。兵散於府，將歸於朝。（府兵雖散在諸道，然折衝都尉並遙隸於諸衞，乃是內任官。漢郡國都

（尉不隸衞尉，乃外任官。此亦唐代中央集權較漢更進之一例。）既免軍人專擅兵隊之弊，亦無耗財養兵之苦。

尤要者，府兵制並不是全農皆兵而是全兵皆農。（亦即選農訓兵。）西漢的全農皆兵制，一則教練不易精熟，二則事實上無需發動整個農民來充當兵役。唐制在整個農民中挑選其合格的充當府兵。既不需國家特別的俸給。（因其屬農於兵。）而一般農民從此可以脫免充兵的義務。

所以府兵制在一面說來是兵農合一。（如南朝募兵與北朝之部族兵，皆非兵農合一。）而在另一面說則為兵農分離。（漢以來農民，自歷史上之傳統觀念言之，皆有充當兵役之義務。自唐以下，則農民除納稅外並無必充兵役之責任。此乃一個社會在和平文化進展之過程中實為應有之階段也。又唐以前兵役不分，唐以下兵與役離。兵與役離故兵精。宋之廂兵，依然兵役不分，故不可用。）

府兵和進士，（一文一武。）實為農民出身發迹之兩條路徑。農民中家道殷實而身心武健者可以加入府兵。（貧弱戶在六等以下者例不能應府選。）有聰明儁秀的子弟，在一家耕種餘閒中，（如一家三丁，一丁可騰出讀書應科舉。）亦可讀書求學走入貢舉門路。

古代社會中武力與智識兩項為貴族階級所專有，平民不得預及。現在則武力與智識即從平民階級中培養，而仍有其政治上特殊保護的地位。（此即府兵制較西漢全農兵役制為優之所在。）

唐代的租庸調制，奠定了全國農民的生活。唐代的府兵制，建立起健全的武裝。唐代的進士制，開放政權，消融階級，促進了全社會的文化。唐代的政府組織，又把一個創古未有的大國家，在完密而偉大的系統之下勻稱的合理的凝造起來。事實勝於雄辯，盛唐的偉大，已在事實上明確表出。

唐人之偉大，可於唐六典唐律，乃至如杜佑通典，（其先開元時有劉秩政典，取周禮六官所職，撰分門書，為通典所祖。）李吉甫元和郡縣志等著作中覘之。自北方儒統中產生蘇綽、盧辯，繼之而有李文博，（隋博陵人，著政道集十卷，大行於時。房玄齡友之，其書不傳。）王通，（隋文時獻太平十二策，歸而做古作六經，又為中說經論語。困學紀聞謂世說其言清以淨，有天下分裂之象。中說其言閎以實，有天下將治之象。陳龍川謂文中子沒於隋大業十三年五月，是歲十一月，唐公入關，其後攀龍附鳳以翼成三百載之基業者，大略嘗往來於河汾矣。然智不足以盡知其道，而師友之義未成，故朝論有所不及。今按今中說所傳唐初名臣多受業通之門下，此乃通後人妄爲之。然通自是一時大儒，惟亦非平地突起。當時北方儒風已達此境，則聲氣染習，唐初諸臣，固不必定得之於通也。

再繼而有唐人對政治社會上更堅實更恢宏的建設。至於唐人之詩文藝術等，乃自唐代之盛況下所孕育，非由此產生唐代之盛況。若或專從唐太宗等幾個人物身上著眼去窺測，亦難得其眞際。

此種政治社會各方面合理的進展，後面顯然有一個合理的觀念或理想爲之指導。

這種合理的觀念與理想，即是民族歷史之光明性，即是民族文化推進的原動力。他不必在某一個人的事業上表出，而是在整個民族的長時期的奮鬪下，篤實光輝地產生。

從北魏到北周以及隋唐，逐步進展，光明在黑暗的氛圍中長養成熟，在和平的階級下達其頂點。至於社會不時的動亂，只是黑暗與盲目勢力給與歷史進展的一些波折。

要看當時中國民族新生命之復蘇，應在此等處著眼。

第二十五章 盛運中之衰象（上）唐代租稅制度與兵役制度之廢弛

一項制度之創建，必先有創建該項制度之意識與精神。一項制度之推行，亦同樣需要推行該項制度之意識與精神。

此種意識與精神逐漸晦昧懈弛，其制度亦卽趨於腐化消失。

盛唐的命運，由於當時各項新制度之創建，換言之，卽某種意識與精神之達於具體現實化。及此各項新制度日趨崩潰，換言之，卽某種意識與精神已喪失或轉變不復存在。而盛唐之盛亦遂不可久保。

一 由租庸調制到兩稅制

租庸調制的精神，不僅在於輕徭薄賦，而尤重於爲民制產。

推行此項制度，必先整頓籍帳。正如北魏均田，必先成立三長制。

戶籍分九等，共三本，一留縣，一送州，一送戶部。此爲租調之根據。

計帳預定翌年之課役數。此爲庸之根據。

武德六年制，每歲一造帳，三年一造籍。州縣留五比，尚書省留三比。

凡戶口之新附除籍絕逃籍沒田畝之應退應授，均須逐年認眞辦理。此即政府上下對此制度必先有一番精神，更不可無一種相當之意識也。

杜佑通典以隋國計之富足，歸功於高熲建輸籍之法。按熲在煬帝時奏人間課稅雖有定分，年恆徵納，除注常多，長吏肆情，文帳出沒，既無簿籍，難以推校，乃定輸籍之樣。請遍下諸州，每年正月五日，縣令巡人各隨近五黨三黨，共爲一團，依樣定爲上下。帝從之，自是姦無所容，則熲之輸籍法正有賴於詳密周勤之吏治。

唐自武后亂國以來，民避徭役，逃亡漸多，田移豪戶，官不收授。其時已有括正戶之舉，見蘇瓌傳。

到玄宗開元八年，乃重頒庸調法於天下。制度廢弛而求以法令挽回，苟不能喚起推行此項制度之精神與意識，則亦徒然。

是時天下戶未嘗升降，監察御史宇文融獻策括籍外羨田逃戶。

自占者給復五年。每丁稅錢千五百，諸道括得客戶八十餘萬，田亦稱是。州縣希旨，張虛數，以正田爲羨，編戶爲客，歲終籍錢數百萬緡。當時上下意識，已全不在輕徭薄賦與爲民制產上著想。徒借法令求得隱漏，與民爭財，如何得恢復往年創建租庸調制度時之精神。

然版籍之不整理如故。

丁口轉死，非舊名，田畝移換，非舊額，貧富升降，非舊第，戶部徒以空文總其故書。

朝廷再不注意到民生疾苦，而徒務於追徵誅求。

舊制人丁戍邊者，蠲其租庸，六歲免歸。玄宗方事夷狄，戍者多死不返，邊將怙寵，不以死申，其貫籍之名不除。天寶中，王鉷爲戶口使，遂案舊籍，除六年外，積徵其家三十年租庸。肅宗末，租庸使元載又按江淮籍以江淮雖經兵荒，其民比諸道猶有貲產。舉八年租調之違負及逋逃者，擇豪吏爲縣令督之。民蓄穀十斛，則重足待命，或聚山林爲盜。

創建租庸調制度的意識與精神全不存在，而強欲以法令快上意，終不能有效。

其時政府則誅求苛刻，而社會則兼并熾行。（此實一事之兩面。）

據天寶十四年統計，戶數共八百九十萬有奇，（按此數即多隱漏不可靠，說見下篇。）而課者五百三十四萬有奇，不課者三百五十六萬有奇。口數共五千二百九十萬有奇，課者八百二十萬有奇，不課者四千四百七十萬有奇。不課者戶佔三之二，口佔六之五。（唐制鰥寡孤獨廢疾不課，九品以上官不課，部曲客女奴婢不課。豈有此等得佔三二、六五之理。）故杜佑謂開元天寶以來，法令廢弛，并兼之弊，有踰漢成、哀之間也。（據開元十一年詔，其時王公百官豪富，或招農民墾闢荒地，熟則擅為私有。或非法收買口分永業田。或私改簿籍，隱漏戶口，佔為已有。或以自典貼及收奪以為兼并。租庸調制之破壞，蓋至此已達極點。）

及安史亂後，戶籍頓減，更難整理。

肅宗乾元三年，戶一百九十萬有奇，口一千六百九十萬有奇。較之天寶十四年之數，戶激減七百萬，（五去其四。）口激減三千六百萬，（三去其二。）戰亂耗折，亦不至如此之鉅。此亦以吏治廢弛兼并熾行為其一重要原因也。

於是租庸調制乃不得不廢棄而以兩稅制代之。（代宗大曆元年詔，天下苗一畝稅錢十五，以國用急不待秋，方青苗即征之，號青苗錢。又有地頭錢畝二十，通名青苗錢。此即以畝徵稅也，五年始定法，夏上田畝稅六升，下田四升。秋上田畝稅五升，下田三升，青苗錢畝加一倍。此夏秋分徵也。是皆兩稅制之先聲。一制度之創建，必有其開先，無突然出現之理。）

兩稅制始於德宗建中元年，為宰相楊炎所創。

史稱肅宗至德後，天下兵起，人口凋耗，版圖空虛。賦斂之司，莫相統攝，紀綱大壞。王賦所入無幾，科斂凡數百名。廢者不削，重者不去。吏因其苛，蠶食於人。富人多丁者以官學釋老得免，貧人無所託則丁存。故課免於上，而賦增於下。是以天下殘瘁，蕩為浮人。鄉居土著者，百不四五。炎疾其弊，乃請為兩稅法。

其制凡百役之費，一錢之斂，先度其數而賦於人，量出以制入。戶無主客，以見居爲簿，人無丁中，以貧富爲差。行商者在所郡縣稅三十之一。稅夏秋兩徵，夏輸無過六月，秋輸無過十一月。租庸雜徭悉省。其制簡捷明白，可以止吏姦而未必能惠民生。

史稱兩稅制行，人不土斷而地著，賦不加斂而增入，版籍不造而得其虛實，貪吏不誡而姦無所取，輕重之權始歸朝廷。然當時識者如陸贄等極非之。惟以救時弊，竟不能革也。馬端臨謂因授田之名而重其戶賦，田之授否不常，而賦之重者已不可復輕，遂至重爲民病，此自魏至唐之中葉是也。自兩稅之法行而此弊革。可見兩稅制在當時亦自有其所以爲補救之意。蓋旣已不能爲民制產，則視民財力而課稅，亦不失爲公平之道也。以此制與租庸調制比，租庸調制稅目分明，此則幷歸一項。授田徵租之制，遂變爲僅徵租不授田。爲民制產之精意全失，而社會貧富兼幷，更因此而不可遏。

唐宋莊園之成立卽由此。陸贄奏議謂疆理隳壞，恣人相吞，無復畔限。富者兼地數萬畝，貧者無容足之居。依託豪強，以爲私屬。貸其種食，賃其田廬。有田之家，坐食租稅。今京畿之內，每田一畝，官稅五升，而私家收租殆有畝至一石者。是二十倍於官稅也。降及中等，租猶半之，是十倍於官稅也。均節賦稅恤百姓奏。按當時私租額比租庸調舊制已增到二十倍，卽官稅亦比租庸調制增高。兩種稅制下之社會經濟及其一般景況，自必激變，可想而知。又按兩稅制戶不問主客，惟以見居爲簿，此後所謂主戶客戶者，乃全爲農田兼幷下之一種新名詞。其先則是土著與流移寄居之別。南宋胡宏五峯集與劉信叔書。論主客戶之關係云，蜂屯蟻聚，亦有君臣之義。自都甸至於州，而縣，而都保，而主戶，自主戶至於客戶，遞相聽從以供王事，不可一日發夫客戶依主戶以生，當供其役使，從其約束。客戶或稟性狠悖，或習學末作，或肆飲博，或無妻之戶誘人妻女而逃，或丁口蕃多，衣食有餘，稍能買田宅三五畝，出立主名，便欲脫離主戶而去。此見客戶亦自有獨立之私產與儲蓄，並有轉變其身分之自由，如史言北宋汜縣李誠莊客，皆建大第高廩，更爲豪民是也。客戶雖可免國家之徭役，故有獻產巨室以規免役者。然唐代有戶稅，宋代有丁錢，彼等蓋仍爲國家之公民。故北宋主客戶口丁數皆分別統計。此等特以經濟上之租貸契約關係而受主戶之管束，與漢代所謂奴隸，唐初所謂部曲戶者不同。若認客戶爲農奴則失之。又莊園主亦自向國家納稅。大歷四年有諸道將士莊田，緣防禦勤勞，一切從九等輸稅之詔。其取利亦不過在私租重而官稅輕之間，此所謂兼并與封建之異。若以古代封建貴族目唐中葉以下之莊園田主，亦誤。此可見兩稅制行後農田兼并下之一種情態。若與口分永業之制相比，自可想見世運隆汙之殊也。北宋眞宗天禧五年，主戶六百餘萬，而客戶則達二百六十餘萬，已幾及主戶之半數。仁宗寶元元年，主戶六百四十餘萬，而客戶則三百七十餘萬，逾主戶之半數矣。佃農幾常佔全國戶數三之一，則世運之隆汙可知。

又此制因出制入，與農業經濟之情況亦不合。

農產有常額，故三年耕有一年之蓄，以備非常，水旱荒歉則減免田租。今量出爲入，則有不顧田收隨意加徵之弊。

此後租稅日重，頹勢不可復返矣。

以貨幣納稅，亦爲妨農利商。

此制行納稅人以所供非所業，必將增價以市所無，減價以貨所有，而豪家大商積錢以逐輕重，農人將日困。楊炎此制本以便政府，不爲農民計也。穆宗時，用尚書楊於陵言，兩稅皆易以布帛絲纊。五代時，吳徐知誥用宋齊邱言，稅收悉以穀帛紬絹。於時皆稱惠益。宋代復輸錢，折變之制，大爲民病。爲絹者倍折而爲錢，再折而爲銀。銀愈貴，錢愈難得，穀愈不可售。使民賤糶而貴折，則大熟之歲反爲民害，而民生無蘇息之日矣。

然而以後的稅制，只能沿著楊炎的兩稅制稍事修改，竟不能再回到租庸調制的路上去。正因一個制度的推行，必有與其相副的一種精神與意識，否則此制度即毀滅不能存在。從北魏到唐初，在中國士大夫心中湧出的一段吏治精神，唐中葉以後已不復有，則相隨而起的種種制度，自必同歸於盡。

二　自府兵到方鎮與禁兵

府兵制度亦在同樣命運下消滅。（換言之，府兵制度之破壞，全在時人對此制度所與的精神以及意識上之轉變。）舊制，諸衛將軍皆選勳德信臣。武后之世則多以外戚無能及降虜處之。

貞觀時，府兵宿衛，太宗常引與共同習射。

上日引諸衛將卒數百人習射於顯德殿。諭之曰，戎狄侵盜自古有之，患在邊境小安，則人主逸遊忘戰。今朕不使汝曹穿池築苑，專習弓矢，居閒無事為汝師，突厥入寇為汝將。庶中國之民可以少安。由是人思自勵，數年間，悉為精銳。

其後本衛多以假姻戚家役使如奴隸。

武后以來，承平日久，府兵為人所賤，百姓恥之，至蒸熨手足以避其役。番上者皆貧羸受顧而來。

舊制，折衝果毅出身優越，（馬周云，折衝果毅先入為中郎將，次始補郡守。）後則歷年不遷，為士大夫所恥為。

舊制，府兵征役得授勛級，死事勅使弔祭追贈官職。後則勳官督役與白丁無別，死事更不借問，賞既不行，並多偽勳舞弊。（高宗時，劉仁軌魏元忠等均已極論其事。魏云，蘇定方定遼東，李勣破平壤，賞絕不行。將吏率多貪暴，所務惟狗馬，所求惟財物。劉疏比論貞觀顯慶異同尤詳切。）

舊制，府兵皆富室強丁，始得為之。其後則漸成貧弱，（府兵出征不賞，則較農民更苦瘁，自必貧弱。）無力上番宿衛，遂至逃亡。

唐關內府兵已遠及朔方邊陲，武后時，番上者即已因貧不能自致。

舊制，四方有事則命將以出，事解輒罷，兵散於府，不失田業，其後則征鎮不息，（先天二年詔，往者分建府衞，計戶充兵，裁足周事。二十一入募，六十一出軍，多憚勞以規避匿。今宜取二十五以上，五十而免。屢征鎮者十年免之。雖有其言，而事不克行。）

舊制府兵戍邊三歲而代，其後則增至六年。（以勞於途路，乃募能更住三年者，賜物二十段，謂之召募。遂令諸軍皆募，謂之健兒。事始玄宗時。）天寶以後，戍兵還歸者無一二。

杜甫詩，一從十五北防河，便至四十西營田，去時里正與裹頭，歸來頭白還戍邊。時戍者多齎繒帛自隨，邊將誘之寄府庫，既擁兵自重，又雜使營私，晝則苦役，夜縶地牢，利其死而沒其財。（其虐如此，而不敢怨叛，以府兵自有家業，恐累親族也。）李泌謂山東之人，懲天寶之苦，故甘心為賊（藩鎮）用。

舊制，府士缺額須隨時補足，以後則無人注意及此。

府兵制的創建與推行，一面是由於對國家武裝之深謀遠慮，一面是由於對農民生活之忠誠惻怛。在此兩種精神下，始可有府兵制之創建與推行。

社會和平既久，文治日隆，驕縱日恣，對國家武裝，不再有憂勤惕厲之感，非漫不關心，即窮兵黷武，濫用民力。對府兵本身，更沒有一種合理的人道觀念，從精神的轉變，影響到制度，使其不能存在。於是遂有所謂彍騎制。

彍騎制始於玄宗時，張說之建策。（彍騎之興，在開元十一年，初名長從宿衞，至開元十三年始有彍騎名。）

以當番衞士因貧弱逃亡略盡，請一切召募強壯，不簡色役，優為條例，逋逃者爭來應募，旬日得精兵十三萬，分繫諸衛，更番上下以實京師。此卽以後所謂彍騎。

其實彍騎與府兵還是大同小異。一樣的於農家中挑募富強，（既以强壯募，又優爲條例，則富强仍兼有之。）一面授田耕種，一面輪番宿衛。惟與府兵制不同者，府兵遍及全國，彍騎則只在京師。府兵兼負征戍，彍騎則專於宿衛。彍騎只是府兵制之範圍縮小，正因其精神不夠推行之故。因爲彍騎還只是府兵制之範圍縮小，故至天寶以後，連彍騎亦不能存在。（在上者精神不貫注，則經歷相當時期，折衝府依然無兵可交，以前召募的，現在仍然逃亡。）自此唐代只有所謂方鎭的邊兵，（開元二十五年始募丁壯長充邊軍。）與中央的禁兵。邊兵統於番將，禁兵統於宦官。他們既坐食優俸，吮吸社會的膏血，卻並不能對國家社會有絲毫貢獻。只促進唐室之亂亡，使中國史再鑽入黑暗的地獄中去。

劉蕡對策，謂首一戴武弁，疾文吏如仇讎，足一蹈軍門，視農夫如草芥。唐末軍人意態如此。

唐代的租庸調制與府兵制，是兩個古代社會蛻變未盡的制度，大體精神頗與漢制爲近。自唐以下，租稅與兵役都走入新方向，和漢唐絕然不同。租稅不整頓，農民生活無法繁榮。兵役不整頓，國家武裝無法健全。後世中國遂想望漢唐之富強而不可幾及，這是重大的一種因素。

第二十六章　盛運中之衰象（下）唐代政府官吏與士人之腐化

唐代的租庸調制和府兵制，結束了古代的社會。其政府組織和科舉制，則開創了後代的政府。但後兩者亦各有其流弊與缺點。

一　政權之無限止的解放

科舉制讓人自由應考，即是廣泛的開放政權。此制度容易引起士人充斥官少員多之患。而且唐初入仕之途極廣，科舉還不過是其間的一項。

高宗時劉祥道疏，歲入流千五百，經學時務比雜色八三分不及一。玄宗時楊瑒言，唐興，二監舉者千百數，當選者十之二，考功覆校以第。謂經明行修，故無多少之限。今考功限天下明經進士歲百人，二監之得無幾。且以流外及諸色仕者歲二千，過明經進士十倍。按貞元十八年又勅，自今以後，每年考試所取明經不得過百人，進士不得過二十人。

於是官員有數，入流無限，以有數供無限，人隨歲積。高宗顯慶二年，黃門侍郎劉祥道奏語。

劉祥道奏謂今內外文武官一品以下九品以上一萬三千四百六十五員，年取五百八，三十年得一萬五千八百人，已有贖無少而當時每年入流數過千四百人。武后時納言魏玄同上疏，諸色入流年以千計。羣司列位，無復新加官有幸員人無定限。選集之始，霧積雲屯，擢敍於終，十不收一。東漢以二十萬人舉一孝廉，即最盛時亦不逾三百人。其勢循至於爲人擇官，而非爲官擇人。其時則官倍於古，士十於官，求官者又十於士。於是士無官，官乏祿，而吏擾人。玄宗時劉秩語。

通典云，按格令內外官萬八千八十五員，而合入官者自諸館學生已降凡十二萬餘員。其外文武貢士及應制、軍功使勞、徵辟、奏薦、諸以親蔭等，大率約八九人爭官一員。

在此情勢下，政府的用人，遂至於徒循資格，推排祿位。

開元時選人漸多，有出身二十年不獲祿者。裴光庭爲吏部尙書，乃定循資格之制。自下升上，限年躡級。其有異才高行，聽擢不次。然有其制無其事。有司但守文奉式，循資例而已。庸愚沉滯者皆喜，謂之聖書。按此制崔亮已行之於後魏，裴光庭以後，遂莫能革。

然而祿位仍有限，資格仍無窮。在政海角逐中，漸漸分成朋黨，而使在上者亦束縛困制無可展布。

唐宰相猶得不次用人。代宗時，崔祐甫爲相，日除十數人，未踰年，除吏八百員。或謗其所除多涉親故，祐甫曰，進擬庶官，必量能補任，若素不知聞，何由察其言行。識者是之。憲宗時，李吉甫爲相，謂學士裴垍曰，吉甫自尙書郎流落遠地十餘年，後進人物，罕所接識。君多精鑒，幸聞今之才傑。垍取筆疏其名氏，得三十餘人，數月之內，選用略盡。當時翕然有得人稱。自文宗以下，朋黨議興，由是進用一官，遷除一吏，各相顧瞻，恐涉譏議。

以前的弊害，在於社會有特殊階級門第之存在，政權不公開，政治事業只操於少數人之手。現在的弊害，則因特權階級逐步衰落，社會各方面人平流競進，皆得有參政之機會，而政權一解放政治事業時有不易督責推動之苦。

德宗時沈既濟言，近代之失四太。入仕之門太多世冑之家太優，祿利之資太厚督責之令太薄。此即申說當時政局之此種病象也。

以上所說，其先並不即是科舉制之弊病，只是科舉制亦在此種政權公開之趨勢下存在。此後科舉制逐步推進，入仕之途逐步集中到科舉一門之下，則上述種種病痛，亦全由科舉制來保留。

照理論，國家一面公開政權，一面便應實施教育，好使兩者分途並進，此在貞觀初年頗有其意。

貞觀五年以後，太宗屢幸國學，增創學舍一千二百間。國學太學四門學，均增員額。書算各置博士。凡三百六十員，屯營飛騎，亦給博士授以經業。高麗、百濟、新羅、高昌、吐蕃諸國，亦遣子弟請入國學。國學之內八千餘人。其盛為近古所未有。

但一到高宗武后時，此風凌替。

舊唐書儒林傳，高宗嗣位，政教漸衰，薄於儒術，尤重文吏。醇醲日去，華競日張。則天稱制，以權道臨下。不恡官爵，取悅當時。生徒不復以經學為意，二十年間，學校頓時隳廢。新書儒學傳，謂其時諸王駙馬皆得領祭酒。其腐敗可想。

故劉祥道上疏，謂永徽以來，庠序諸生，未聞甄異。獎勵之道未周。而中宗時，韋嗣立上疏，謂國家自永淳以來，二十餘載，國學廢散，冑子衰缺。時輕儒學之官，莫存章句之選。貴門後進，競以僥倖昇班，寒族常流，復因凌替弛業。蓋武后重用刑，輕用官。楊嗣復語。韋氏當國，亦擅羅士大夫。楊瑒語。至太平公主亦常推薦天下士，謂儒者多窶狹，厚持金帛謝之，以動大議，遠近翕然歸嚮。經此數番搗亂，士風激變，儒業驟衰，而學校之政終於不振。唐太宗嘗問王珪，近世爲國者益不及前古，何也？對曰，漢世尙儒術，宰相多用經術士，故風俗淳厚。近世重文輕儒，參以法律，此治化之所以益衰。唐高宗武后以後之弊象，王珪已逆知之矣。

國家既無教育，而空懸一格以爲考試。此猶專據科舉言，諸色入流，以及世冑門廕，并此無之。而考試標準又漸漸趨重於進士科之詩賦。

隋大業置進士科，試策問。唐初亦因之。高宗永隆二年，考工員外郎劉思立言，進士惟誦舊策，無實才，遂詔進士先試雜文兩篇，通文律然後試策。所謂雜文，即詩賦之類。玄宗天寶十一載，詔進士帖經既通，乃試文試賦各一篇，文通乃試策。可見進士科在永隆以前止有對策，天寶以前有策有詩賦，天寶以後有帖經有策有詩賦。說者謂隋以詩賦取士，未是。惟對策多可鈔襲，帖經惟資記誦，別高下，定優劣，以詩賦文律爲最宜。故聰明才思，亦奔湊於此也。

開元以後，成爲風氣。

開元以前，未嘗專尙進士科，故天下名士雜出他途。開元以後始尊崇之，故當時名士中此科者十常七八。其後則公卿非進士出身不爲美。開元二十五年，敕進士以聲韻爲學，多昧古今，明經以帖誦爲功，罕窮旨趣，是當時未嘗不知其流弊，而無以爲變。

全國上下，尙文之風日盛，尙實之意日衰。

此亦武后時開之。史稱永淳以來，臺閣髦彥無不以文章達，而中書舍人尤爲朝廷盛選，諸官莫比。相傳武后天授元年，壽春郡王盛器兄弟初出閣，同日受册，有司撰儀注，忘載册文。及百寮在列，方知闕禮，宰相相顧失色。中書舍人王勃立召小吏五人，各令執筆，口授分寫，同時須臾俱畢。詞理典贍，時人歎服。當時所艷稱之故事率如此，又自王通至王勃，一家學術之變，即可以覘世尚也。武后詔張昌宗撰三教珠英，文學士李嶠、閻朝隱、徐彥伯、張說、宋之問、崔湜、富嘉謨等二十六人助成之。閻朝隱為武后禱疾少室山，沐浴伏身俎盤，為犧請代。宋之問等至為易之奉溺器。二張誅，朝官房融、崔神慶、崔融、李嶠、宋之問、杜審言、沈佺期、閻朝隱等皆坐竄逐。後之問又諂事太平公主見用，安樂公主權盛，復往諧結。此可見當時朝士風習矣。

詩賦日工，吏治日壞。

杜佑通典論此曰：國家貞觀中，有戶三百萬，至天寶末百三十餘年，纔如隋氏之數。聖唐之盛邁於西漢，天下編戶合踰元始之間，而名籍所少三百餘萬。直以選賢授任，多在藝文，才與職乖，法因事弊，隳循名責實之義，闕考言詢事之道。習程典，親簿領，謂之淺俗。務根本，去枝葉，目以迂闊。職事委於郡胥，貨賄行於公府，而至此也。長慶初，給事中丁公著告穆宗，國家自天寶以後，風俗奢靡，宴處羣飲，以諠譁沈湎為樂。居重位秉大權者，優雜倨肆於公吏之前，曾無愧恥。公私相效，漸以成俗。由是物務多廢。此可與杜佑之言相參證。重藝文，習奢靡，其事亦相因也。

唐代政治界的風習，大有從北朝經術轉向南朝文學的意味。這亦是唐代盛運中衰徵之一。宋神宗譏唐太宗為文學庾信，鄭毅夫謂太宗文章纖靡，不與功業稱。煬帝雖好文，而猶能矯南土之弊。太宗轉溺南風，南方之文采風流，終於戰勝北人之樸厚。為隋唐統一盛運中一極可注意之事。又會昌四年中書門下奏，齋月斷屠，出於釋氏。國初風俗，猶近梁陳。卿相大臣，頗遵此教。即孔穎達諸人為五經正義，亦多行南廢北。

二　政府組織之無限止的擴大

政權無限制解放，同時政府組織亦無限制擴大。時則有三省九寺一臺（御史）五監（國子少府軍器將作都水。）唐代的政府組織，其第一可見的缺點，卽爲重規疊矩，有許多駢拇無用的機關。

范祖禹謂既有太尉司徒司空，而又有尚書省，是政出於二。既有尚書省，又有九寺，是政出於三。本朝裕陵（神宗）好觀六典，元豐官制盡用之。中書造命，門下審覆，尚書奉行，機事往往留滯，上意亦頗以爲悔。

六部與九寺，職權卽多重疊。

太常宗正鴻臚可入禮部，光祿衞尉太僕可入兵部，大理（卽廷尉）入刑部，司農入戶部，少府入工部，大體均可消併。

北周書：太祖以漢魏官繁，思革前弊，大統中命蘇綽盧辯依周制改創其事。通典謂『後周依周禮置六官，而年代短促，人情相習已久，不能革其視聽，故隋氏復廢六官，多依北齊之制。官職重設，庶務煩滯，加六尚書似周官之六卿，又更別立寺監，則戶部與太府分地官司徒職事，禮部與太常分春官宗伯職事，刑部與大理分秋官司寇職事，工部與將作分天官司空職事，自餘百司之事，多類於斯，欲求理要，實在簡省。』今按九寺乃古代封建政治之遺骸，爲王室之僕庸。南北朝中央勢微，王室衰替，則九寺職權日失其緒，西魏王室最爲單孤，故北周君臣獨有意於模古更新，惜乎隋代不能完此美意，隋文存心蔑其前代，改襲北齊，而六尚之制，實則仍蹈北周六卿之體貌，則無怪與九寺爲複沓，有如杜氏之譏矣。唐興，諸儒亦未能窮究治要，遂使九寺駢拇，依然存在。玄宗時制唐六典，雖亦意准周禮，不知九寺固非周禮所有，仍不能蕩滌更新，是則北周君臣一番創作之精神，實未爲隋唐所接納也。故隋唐而後，中國史上雖不復有古昔封建時代之貴族，而仍存古昔封建遺蛻之王室（其詳見論漢制）下益卑，上益崇，君尊臣屈，一成不革，又豈獨官職之重疊而已。是亦讀史者所宜大與惋惜之事也。

新機關產生，舊機關不取消，造成冗官坐食，不僅有損國帑，同時還妨礙整個政治效能之推進。

唐官有流內（官置九品，品各有正從，四品以下又分上下，共三十階，謂之流內。）、視流內、流外（九品以外別置九級，自勳品以至九品，無正從，謂之流外。視流內亦自勳品至九品。）之別。又有職事官與散官，（散官不帶職事，給俸祿，與朝會，班列依本品之次。皆崇官盛德，罷劇就閒者居之。如開府儀同三司，光祿大夫，驃騎三司，是也。）勳官（出於周齊交戰之際，本以酬戰士。其後漸及朝流。如上柱國，柱國，上護軍，護軍，輕車都尉，騎都尉等。）之別。又有正官，（階高官卑稱行，階卑官高稱守，官階同無行守字。）試官，（未爲正命，始於武后時，藉以收人心。當時諺曰，補闕連車載，拾遺平斗量，把推侍御史，腕脫校書郎，其濫可想。）員外官，（祿俸減正官之半，亦始武后時。李嶠爲尚書，員外郎至二千餘員。盧懷愼神龍中疏，京諸司員外官數十倍，近古未有。又有同正員，祿俸賜與正官同，惟無職田。）之別。（中宗時，韋后太平公主用事，於側門降墨敕斜封授官，號斜封官，亦數千員。李朝隱爲吏部員外郎，執罷千四百員，怨誹讙然。）

貴族門第特權階級逐步取消，政權官爵逐步公開解放，引起了官僚膨脹的臃腫病。

太宗省內外官，定制七百三十員。（此據百官志，新書曹確傳則云，太宗著令文武官六百四十三。）而杜佑通典計唐文武官及及諸色胥吏等總三十六萬八千六百六十八人。（元和六年宰臣李吉甫奏，自漢及隋，十有三代，攝其官員，皆少於國家所置。）

歷代官數

漢	十三萬二百八十五員。（哀帝時數，兼諸府州郡胥吏在內。）
後漢	七千五百六十七員。
晉	六千八百三十六員。
宋	六千一百七十二員。
齊	二千一百三員。

後魏　七千七百六十四員。

北齊　二千三百二十二員。

後周　二千九百八十九員。

隋　一萬二千五百七十六員。內官二千五百八十一，外郡縣官九千九百九十五。

唐　一萬八千八百五員。內官二千六百二十一，外郡縣官一萬六千一百八十五。

與官員日增相因並起的現象便是官俸日高。

唐初依品制俸官一品月俸錢三十緡職田祿米不過千斛。開元時一品月俸至二十六千，天寶數倍於開元，大曆又數倍於天寶而建中又倍於大曆。大曆中，權臣月俸至九千緡。元載爲相，以仕進者多樂京師，惡其逼己。厚增外官俸，刺史月給或至千緡。至常袞相，乃加京官俸，歲約十五萬六千餘緡，又加諸道觀察使都團練使副使以下料錢，使上下有敍，李泌爲相，又增百官及畿內官月俸。復置手力資課歲給錢。左右衛上將軍以下，有六項雜給。一糧米，二鹽，三私馬，四手力，五隨身，六春冬服。射生神策大將軍增以鞋。州縣官有手力雜給錢。至會昌三師至二百萬，三公百六十萬，侍中百五十萬，中書令兩省侍郎兩僕射百四十萬，尚書御史大夫百萬，節度使三十萬，上州刺史至八萬。建中時，沈既濟言，天下財賦耗數之大者惟二事。最多者兵資，次多者官俸。其餘雜費，十不當二事之一。

這一個趨勢愈走愈失其本意，遂致做官只是發財分贓，而不是辦事服務。

一方面又因用人進退之權，完全集中於中央，欲求精密而反不精密。

漢有辟除，故選部不勞。自隋一命之官皆授之朝廷，州郡之官悉歸於吏部，唐承而不革。按唐代仕宦多由科目，而辟署亦時有之。有既爲王官而被辟者，如張建辟許孟容，李德裕辟鄭畋，白敏中辟王鐸是也。有登第未釋褐入仕而被解者，如董晉辟韓愈是也。有強起隱逸如烏重允之於石洪溫造，張博於陸龜蒙是也。有特招智略之士，如樂度於柏者，杜慆於辛謹是也。所謂隱逸智略之士亦多起於白衣。故劉攽言唐有天下，諸侯自辟幕府，惟其才能，不問所從來，而朝廷常收其俊偉以補王官之闕，宋時雖有辟法，然白衣不可辟，有出身未歷任者不可辟，可辟者復拘以資格，限以舉之，去古法愈遠。而偶儻度外之士，少得自達矣。

其法始於孟冬，終於季春，天下之士奔走往來，秋往而春歸。歸裝未卸，選期又至。是以遠者貧者老者多不能至。至者千百，而授者不能什一。有出身二十年不得祿者。羣天下之士，決於一二有司之目，察其貌言，考其書判，任公刀所不逮，容私何所不至。請託縱橫，奸僞百出。然唐之考課，尚爲後世稱美。其法有四善，以著其德行。二十七最，以著其才術。相爲乘除而分九等。上者加階，次進祿，下奪祿，又下解任。置知考使，常以宰相董其任。每能以物望取人，而不疑於有司，故唐賢每言選舉之弊，而於考課無異議。盧承慶考內外官，一官督運漕，風失米，盧考之曰，監運損糧，考中下。其人容止自若，無一言而退。盧重其雅量，改注曰非力所及，考中中。既無喜容，亦無媿詞。又改注曰，寵辱不驚，考中上。此尤唐代考課中之嘉話也。

而授官任賢之事，漸變爲挨資得官。

劉秩云，古者封建諸侯，自卿以降，各自舉任。漢室佐史，皆牧守選辟。近則一命拜免，必歸吏部，按名授職，猶不能遣，何暇採訪賢良，搜覈行能。

中央政府規模擴大，政權集中，官僚充塞，階資增多，地方官權位日落，希求上進的自然羣趨中央，遂連帶引起重內輕外之習。

此弊貞觀時即甚顯。若推溯言之，則遠始晉代。晉李重雜奏議（羣書治要藝文類聚引），秦漢倚丞相，任九卿，雖置五曹尚書令僕射之職，始於掌封奏以宣內外，事任尚輕。而郡守牧民之官重。故漢宣稱所與爲治，惟良二千石。其有殊效，璽書勉勵，或賜爵進秩，禮遇豐厚。及至東京，尚書位漸優顯，然令僕出爲郡守，鍾離意，黃香，胡廣，是也。郡守入爲三公，虞延，第五倫，桓虞，鮑昱，是也。近自魏朝名守，杜畿，滿寵，田豫，胡質等，居郡或十餘年，或二十年，或秩中二千石，假籍猶不去郡。此亦古人苟善其事沒世不徙官之義。內官之貴，於今最隆。太始以前，多以散官補羣郎，亦徑補黃門中書郎，今皆數等而後至。百事等級遂多，遷補轉徙如流，能否無以著，黜陟不得彰。此爲治之大弊。夫階級繁多而冀官久，官不久而冀治功成，不可得也。馬周上疏，古者郡守縣令皆選賢德，或由二千石高第入爲宰相，今獨重內官，刺史多武夫勛人，或京官不稱職始補外。張九齡玄宗時疏云：京輔近處州刺史，猶擇人，縣令或備員。其餘（江、淮、隴、蜀、三河等處）但於京官中爲閒散者，或身有累，在職無聲，用於牧守，以爲斥逐。武夫流外，積資得官，盡爲縣刺史。縣令以下固不勝言。

中央政府固易趨腐化，而地方政權更難整頓。唐代的地方吏治因此不易與西漢相比。西漢選用分於地方，唐則專於吏部，因此選擇不精，並不負責。西漢官少，階位疏闊，故能久於任職而專責成，唐則官多階位密，故速於遷調，而又多掣肘。盧懷愼中宗時疏，比來州牧上佐，及兩畿縣令，罕終四考。在任多者一二年，少者三五月，遽卽遷除。其弊至此。又按梁朱异立法，分諸州爲五品，以大小爲牧守高下之差，而定升降之等。凡異國降人邊陲之地悉爲下州，論者謂以安富遂巧宦之欲，而使頑儒者困邊民開邊釁。後世南荒北鄙寇亂不息，莫不自守令召之。唐制州縣亦有畿赤望緊上中下雄之別，明則有邊腹衝疲繁簡調除之法。然邊重於腹，瘠重於饒。而任官者腹饒爲上，邊瘠爲下，何以勸能吏而賤貪風。此等皆多爲階級，又重官位而不重官職之病也。漢縣令有遷郡守者（王遵魏相），有遷刺史者（朱博），有遷諫大夫者（劉輔），有遷京衛都尉者（趙廣漢），有遷御史中丞者（薛宣），亦有吏民所愛增秩復留者（焦延壽）。地方下級官吏之地位，乃爲後世所不可想望。

在這一種繁委叢脞的政治情況之下，很容易叫人放棄了宏綱闊節，而注意到簿書案牘上去。牛弘問劉炫，令史百倍於前，判官減則不濟，何也。炫曰，古人委任責成。歲終考其殿最。案不重校，文不繁悉。府史之掌，要目而已。今之文簿，常慮覆理。鍛鍊辛苦甚密。萬里追證百年舊案。故諺云，老吏抱案死。事繁政弊，職此之由，則此種景象，自隋已有之也。張九齡云，始造簿書，備人遺忘，今反求精案牘，不急人才，何異遺劍中流，而刻舟以求。一面在分別流品，看不起吏胥。諸司令史皆流外。一面卻把政務的實際，都推放在吏胥手裏。簿書案牘，皆其所掌。這一個情形，自唐以下遂莫能革。

政府的擴大現象中，更可駭詫的，是王室生活之奢靡。太常所屬樂人有數萬員。

唐書禮樂志：唐之盛時，凡樂人、音聲人、太常雜戶子弟，隸太常及鼓吹署，皆番上，總號音聲人，至數萬人。按李嶠疏，太常樂戶已多，復求訪散樂，獨持鼗鼓者已二萬餘員。此在中宗時。至宣宗大中初，尚有太常樂工五千餘人，俗樂一千五百餘人。

供膳至二千四百人。漢大官令宰士二百人。

鹵簿用二萬二千二百二十一人。詳唐書禮樂志。

宦官宮女之盛，遂為唐政腐敗一要端。詳另述。

種種病痛，自貞觀以後，經過高宗之懈弛，武后之放恣，歷中宗韋后之亂，到玄宗時陸續呈露。然苟有大有為的政府，儘可革新，並非死症。不幸玄宗在盛大光昌的氣運之下，始則肆意開邊，繼則溺於晏安，上述各病痛，反而加甚益厲，遂致終於激起安史的大變。

第二十七章　新的統一盛運下之對外姿態（唐初武功及中葉以後之外患）

一　安史之亂以前

中國在其統一盛運之下，對外理可有相當之發展。

唐初強敵厥爲北方之突厥。

突厥，（即漢之丁零，世居金山，即阿爾泰山之南。）初臣於柔然，（蠕蠕。）後漸強。（擊滅柔然。）周齊爭結姻好，傾府庫事之。其汗佗鉢益驕，謂其下曰，我在南兩兒常孝順，何患貧也。

傅奕曰，自劉石至後周，皆北狄種類，相與婚姻。高氏聘蠕蠕女爲妻，宇文氏以突厥女爲后。北齊供突厥歲十萬匹，周氏傾國事之，錦衣玉食長安者恆數千人。周齊使于突厥，遇其喪，剺面如其國臣。

隋代突厥內侵，（突厥汗沙鉢略妻宇文氏女，曰千金公主。）爲隋所破。嗣突厥內亂，沙鉢略歸附。（千金公主賜姓楊氏，改封大義公主，此在平陳前。）

後突厥汗染干（沙鉢略之子。）來求婚，隋使殺千金公主而妻以宗室女安義公主。（後拜爲啓民可汗，安義公主死，又妻以義成公主。）

大抵突厥其勢驟盛，而政治組織不能堅凝，自分東西，時生內亂。而中國已趨統一，突厥遂終於屈服。

突厥政治遠不逮匈奴。匈奴單于一統，突厥則分據一方者皆稱可汗，其尊卑與大可汗不甚殊。楊忠與突厥伐齊還，言於周武帝，曰突厥首領多而無法令，何謂難制馭。頡利入寇，唐太宗謂突厥衆而不整，君臣惟利是視。可汗在水南，而酋帥皆來謁我，我醉而縛之甚易。李百藥云，突厥雖云一國然其種類區分各有酋帥此乃突厥在隋唐初年所以雖盛而遽摧之故。

煬帝大業三年，幸榆林，啓民來朝。帝親巡雲中，幸啓民所居。（在今馬邑。）啓民躬爲帝削帳外草。

隋末中國亂離，中國人多往歸突厥，始畢可汗（啓民子。）遂復盛。

史稱其控弦百萬，東自契丹室韋，西盡吐谷渾高昌，蓋北方幾於混一。

唐高祖起太原，請兵於突厥。曰，若入長安，土地民衆歸唐，金玉繒帛歸突厥。突厥遣二千騎助師。（時羣雄如竇建德、薛舉、劉武周、梁師都、李軌、王世充、等悉臣尊之。）

唐初，突厥遂屢爲邊患。

武德七年，突厥又入寇，或勸高祖燒長安避之，以太宗諫而止。九年，突厥十萬騎至渭水上，太宗與房玄齡等六騎詣水濱，與其酋頡利（啓民弟。）隔水語，卒盟而歸。

然突厥勢雖張，其內政未臻凝固。貞觀元年，鐵勒、薛延陀、回紇諸部皆叛。（頡利遣突利討之，敗歸，頡利拘之十餘日。）頡利又與突利（啓民子。）失和。並逢大雪，羊馬皆死。（華人逃北者亦屯聚山險。）二年，突利請入朝。（西漢南匈奴內附，尚在武帝時衞霍絕漠大勝之後六十餘年。此在唐突厥交兵之前，形勢大不同。）三年，命李靖出討。（時突厥北部諸姓多叛，頡利歸薛延陀，唐乘機拜其酋夷男爲眞珠可汗。薛延陀既彊，突厥自弱，請和親，唐因而討之。六總管師十餘萬，皆受靖節度。靖驍騎三千，先出馬邑以逼之。）四年，進擊定襄，（以精騎一萬夜襲。）頡利被俘。（先後僅半年。）

男女來降者十萬口。其酋長至者，皆拜將軍中郎將，布列朝廷，五品以上百餘人，殆與朝士相半。因而入居長安者近萬家。

突厥既破，其部落或走薛延陀，或走西域，而四夷君長，遂詣闕請帝爲天可汗。（唐自此即威震塞外。）

貞觀十五年，李勣（以精兵三千。）討破薛延陀。二十年，滅之。（薛延陀之盛始貞觀二年，立國既促，滅之自易。）薛延陀既滅，回紇徙居突厥故地而未強，時中國得暫安。

十四年，滅高昌，設安西都護府。十八年，破焉耆。二十二年，破龜茲。唐之聲威，達於葱嶺。

高宗時滅西突厥，唐之威力遂踰葱嶺，西及波斯。（高麗亦於高宗時內服。）

時蠻夷多內屬，即其部落爲羈縻府州，多至八百五十有六。又於沿邊設六都護分統之。

唐對外極盛時代之六都護府

安北都護府，（屬關內道。）治金山，（阿爾泰山境，開元二年移治中受降城。）領磧北諸府州。（龍朔中分燕然都護府之磧北領回紇者更號海瀚都護府，總章二年更名。）

單于都護府，（屬關內道。）治雲中，（今綏遠歸綏縣城南。）領磧南諸府州。（陰山之陽，黃河之北。）（貞觀四年設燕然都護府，龍朔三年名雲中都護府，麟德初改。）

安西都護府，（屬隴右道。）治龜茲，（今新疆庫車縣，先治西州，今吐魯番。設於貞觀中，爲最先。）領西域諸府州。（自天山南路至波斯以東。）

北庭都護府，屬隴右道。治庭州，今新疆迪化縣。長安二年設。領天山以北諸府州。金山以西。

安東都護府，屬河北道。治平壤，朝鮮境。開元二年徙平州，天寶二年又移於遼西故郡城。設於總章初。領高麗諸府州。

安南都護府，屬嶺南道。治交州，安南境。設於調露初。領交趾府州及海南諸國。

其餘則統於營州、契丹、奚室韋、靺鞨諸部落隸屬之。松州、西羌別種黨項等隸之。戎州、南中諸蠻隸之。黔州亦治諸蠻。等都督府。

唐地東西九千五百一十一里，南北一萬六千九百一十八里，爲極盛。南北皆如前漢盛時，東不及而西過之。

唐代武功之盛，其關於國內政治之修明，民力之富厚，已詳前述。別有一事當附論者，則爲當時馬匹之繁殖。馬盛無如後魏。太武太延二年，於雲中置野馬苑，平朔方、隴右，以河西水草善，以爲牧地，馬三百餘萬匹，橐駝半之。孝文遷洛，宇文福爲都牧給事，規石濟以西，河內以東，拒黃河南北千里爲牧地。歲自河西徙牧漸南，欲其習水土。高歡說爾朱榮，謂聞公有馬十二谷，色別爲羣，將此竟何用。時江淮有馬不過十萬，強弱之形即此而見。宋周朗上書獻讜言，謂人知不以羊追狼，蟹捕鼠，而令重車弱卒與肥馬悍胡相逐，其不能濟固宜。漢之中年能事胡者，以馬多也。既兵不能去，車騎應蓄。唐馬政殆承北朝遺風，故亦稱盛。唐初太僕少卿張萬歲領羣牧，自貞觀至麟德四十年間，馬七十萬六千匹。此據張說羣牧頌。舊唐書卷一四一云四十萬匹在河隴間。置八使，設四十八監，跨隴右、金城、平涼、天水四郡地，幅員千里，猶爲隘狹，更析八監，布於河曲豐曠之野，乃能容之。玄宗開元初，惟得二十四萬匹，至十九年，復成四十四萬匹。東封取牧馬數萬匹，每色一隊，相間如錦繡。魏元忠云，師行必藉馬力，不數十萬不足與虜爭。時卽步軍皆有私馬。舊唐書高仙芝傳。杜牧謂冀州產健馬，下者日馳二百里，所以兵常當天下。罪言郭子儀謂吐蕃之來稱四節度將別萬人，人兼數馬，臣所統士不當賊四之一，馬不當賊百之二。唐自失河隴，失冀北，而惟恃歲市回鶻之羸馬，則國力亦遂不競。鹽鐵論一馬伏櫪，當中家六口之食，亡丁男一人之事。宋代產馬地皆歸遼夏，中原畜馬費不訾，而氣不高，地不寬曠，水草不豐，馬不肥健，唐宋國力進退，此亦一因。

然國運展擴，亦有其相當的限度。中國以農立國，地兼寒温熱三帶，國內貿易足可自給，國外通商非必需，往往以我日用品易彼奇珍異玩，徒足引起國內之貧富不均，以及風俗之奢華。而於整個國民生計，無大補益。故對外戰爭，除防止侵略外，常無所利。殖民通商，皆非當時所急需。然因國力豐盈，往往易於激起君主之好大喜功，而流於窮兵黷武。煬帝卽因此失敗。太宗之伐高麗，亦超過國防戰爭之外。魏徵李大亮等均有諫諍。弊中國以事四夷，已爲高宗武后以來一輩人所不滿。神功元年，狄仁傑上疏請捐疏勒等四鎭以肥中國。又請罷安東以實遼西，停江南之轉輸，慰河北之勞弊，事並不行。

至玄宗時，國內益臻安富，而朝廷之對外經營，亦益趨積極。其時於邊境置十節度經略使

一、安西節度使，今新疆庫車。撫寧西域，統制龜茲、焉耆、于闐、疎勒四鎭。兵二萬四千人。

二、北庭節度使，今新疆迪化。統瀚海、天山、伊吾三軍，防制突騎施西突厥別部。堅昆、默啜。兵二萬人。

三、河西節度使，今甘肅武威。隔斷羌胡之交通。兵七萬三千。

四、朔方節度使，今寧夏靈武。捍禦北狄。兵六萬四千七百。

五、河東節度使，今山西太原。與朔方掎角，以禦突厥北狄。兵五萬五千。

六、范陽節度使，今北平。臨制奚契丹。兵九萬一千四百。

七、平盧節度使，今熱河朝陽。鎮撫室韋靺鞨。兵三萬七千五百。

八、隴右節度使，今青海樂都。備禦吐蕃。兵七萬五千。

九、劍南節度使，今四川成都。西抗吐蕃，南撫蠻獠。兵三萬九百。

十、嶺南五府經略，今廣東廣州。綏靖夷獠以鎮南海諸國。兵萬五千四百。

上列十節度經略使共兵額四十八萬六千九百人。

開邊太廣，則邊兵不得不增。而府兵制既壞，此等邊兵多出招募。一面形成外強中弱之勢，一面又因坐養巨額軍隊，而影響及於全國之經濟。

開元初，每歲邊費約用錢二百萬貫。及末年，至一千萬貫。天寶末，更加四五百萬。每歲用衣千二十萬匹，糧百九十萬斛。時關輔及朔方河隴四十餘郡，河北三十餘郡，每郡官倉粟多者百萬石，少不減五十萬石，至天寶末無不罄。

唐制，州郡縣以上有十道按察使，本為都督，以權重改。督察地方行政。開元中，或加採訪、觀察、處置、黜陟等名目。此皆理民事。至邊疆，有事出征，則有大總管，無事鎮守，則有大都督。主兵事。兵之戍邊者，大曰軍，小曰守捉，曰城，曰鎮，皆有使。總之者曰道，有大將一人，即大都督。高宗永徽以後，都督帶使持節，猶即全權印信。謂節度使。時猶未以名官。及景雲二年，賀拔延嗣為涼州都督河西節度使，始有節度使官名。然亦止統兵，不侵及民事。邊帥皆用忠厚名臣，不久任，不兼統，功名著者，往往入為宰相。唐初如李靖、李勣、劉仁軌、婁師德等。開元以來如薛訥、郭元振、張嘉貞、王晙、張說、杜暹、蕭嵩、李適之等。開元以來，邊將久任，十餘年不易。乃至朔方、隴右、河東、河西諸鎮皆置節度使，以數州爲一鎮，節度使即兼統此數州，而州刺史盡屬之。故節度使多兼按察、安撫、度支諸使，土地人民甲兵財富皆有之。此爲地方政制上一大變化。又玄宗相李林甫，嫌儒臣以戰功進尊寵間已，乃請顓用蕃將，於是諸道節度盡用胡人，如安祿山、高仙芝、哥舒翰等。其所帶鎮兵間亦雜有大量之胡卒。其先本用兵防胡，其後乃變爲豢胡爲兵，全失本意。

近人有主李唐爲蕃姓者，其事信否無確據。然唐高祖李淵母獨孤氏，太宗母竇氏，外祖母宇文氏，高宗母長孫氏，玄宗母竇氏，皆胡族也。則李唐世系之深染胡化，不容諍論。如太宗子承乾行徑可證。即唐初女禍頻仍，如武韋太平公主等，亦北朝家庭女權伸張之遺風。唐人對種族觀念亦頗不重視。太宗貞觀十八年，突厥俟利苾可汗來降，有衆十萬，自請處勝夏之間，太宗許之，曰，夷狄亦人耳，與中夏不殊。以德治之，則可使如一家。唐室之夷夏一視，自始即然。即據宰相世系表九十八族三百六十九人中，其爲異族者有十一姓二十三人。據丁文江中國列代人物之地理分布統計，前漢外族比數爲•九六，後漢○．二一，唐三•九，北宋•六一，南宋○，明•七九。時人遂有華戎閥閱之語。舊唐書七十二李守素傳。柳沖論人物，亦分山東江左關中代北四部。崔愼猷宣懿時至謂近日中書盡是蕃人。指白敏中畢諴。又唐初已多用蕃將，見陔餘叢考。甚至禁軍亦雜用蕃卒。建成募幽州突厥兵三百納宮中。貞觀百騎亦爲蕃口，見舊書王毛仲傳。開元八年勅，于兩京及諸州揀取十萬人，務求灼然驍勇，不須限以蕃漢。

唐人既不嚴種姓之防，又不能注意於國家的文化教育，而徒養諸胡爲爪牙，欲藉以爲噬搏之用，唐武宗嘗命李德裕爲異域歸忠傳。則宜釀成此曠古未有之大禍矣。

安祿山本營州雜胡，而玄宗授以大權。

開元二十九年爲營州都督，天寶元年兼平盧節度使，天寶三年兼范陽節度使，九年賜封東平郡王，唐將帥封王始此。兼河北道採訪處置使，十年兼河東節度使，幾乎今遼寧、熱河、河北、山西諸省盡入其掌握。

擁兵至十八萬。內雜同羅、奚、契丹、室韋諸族。祿山養諸族曳落河八千餘人爲假子，其軍號父子軍。又以蕃將三十二人盡代去其部下之漢將。祿山事迹，祿山專制河朔，其中契丹委任尤重。一國之權，十得二三。行軍用兵，皆在掌握。

安祿山的勢力是唐室用中國財富豢養成的胡兵團。此種胡兵團只朘吸了唐室的膏血，並沒有受到唐室的教育。他們一旦羽翼成長，自然要撲到唐室的內地來。所謂安史之亂，終於天寶十四年的十一月爆發。

安史之亂，蔓延大河南北，破兩京，延及九年。討平安史亂的諸將，亦幾乎盡是胡人。

惟郭子儀乃漢人。其他如李光弼，契丹人。僕固懷恩，鐵勒之僕骨族。渾釋之，渾族。王思禮，高麗族。賀蘭進明，鮮卑人。荔非元禮，羌人。安抱玉，安息人。白孝德，龜茲人。

安史餘孽以及討安史有功的將領，全部擁兵割地，造成此後藩鎮之禍。而藩鎮的籍貫，亦幾乎大部分是胡人。詳下章

唐代的中葉，一面好大喜功無限止的開邊，一面又寬大爲懷，全泯種姓之防，宜乎食此惡果。

二　安史之亂以後

唐人以過分的開邊，激起內亂。及中國內部發生動搖以後，而其對外情勢，遂突然大變。最爲中國患者爲回紇。

回紇其先本匈奴，元魏時號高車，或曰敕勒，居薛延陀北。突厥亡，惟回紇與薛延陀最強。及攻殘薛延陀，并有其地。遂南踰賀蘭山境。

安祿山反，肅宗乞兵於回紇，東京慘遭焚掠。

唐與回紇約曰，克城之日，土地士庶歸唐，金帛子女皆歸回紇。（此等條約唐高祖入長安，借突厥兵已先有之。）大軍入西京，葉護（回紇太子。）欲如約。廣平王俶（肅宗長子，時爲天下兵馬元帥，後改名豫，即位爲代宗。）拜於葉護馬前，曰今始得西京，若遽俘掠，則東京之人皆爲賊固守，願至東京如約。後入東京，回紇遂縱兵大掠。（廣平王欲止不可，耆老以繒錦萬疋賂之，始止。）

自此唐歲遺回紇絹二萬匹。（使就朔方軍受之。）

寶應元年，（肅宗死，代宗立。）又徵回紇兵討史朝義，太子見辱。

雍王适，（代宗太子，即位爲德宗，時爲天下兵馬元帥。）與僚屬從數十騎往見回紇可汗於河北，可汗責王不拜舞。（藥子昂對以禮不當然，回紇將車鼻曰，唐天子與可汗約爲兄弟，可汗於雍王叔父也，何得不拜舞。子昂曰，雍王天子長子，今爲元帥，安有中國儲君向外國可汗拜舞乎。且兩宮在殯，不應舞蹈。力爭久之。）鞭其從臣至死。（藥子昂、魏琚、韋少華、李進、各鞭一百。以适年少未諳事，遣歸營。琚少華均一夕而卒。）

回紇再入東京，又肆行殺掠。

士女皆遁保聖善白馬二寺塔避之，回紇燒塔，傷死者萬計，火燄累月不止。時中國軍亦因回紇爲暴而掠汝鄭間，鄉不完廬，皆蔽紙爲裳，更虐於回紇。

自此回紇至橫於長安，唐不能禁。

回紇留京師者常千人，商胡僞服而雜居者倍之。縣官日給饔餼。殖貨產，開第舍，市肆善利皆歸之。日縱暴橫，吏不敢問。

廣德元年，回紇十五人犯含光門，突入鴻臚寺，門司不敢遏。

永泰元年，僕固懷恩誘回紇吐蕃入寇，郭子儀說回紇共攻吐蕃。是歲，回紇胡祿都督等二百餘人入見，前後增賚繒帛十萬匹，府藏空竭，稅百官俸以給之。

大曆七年正月，回紇使者擅出鴻臚寺，掠人子女，所司禁之，攻擊所司，以三百騎犯金光朱雀門。是日宮門皆閉。代宗遣中使諭之乃止。七月，回紇又擅出鴻臚寺，逐長安令邵說至含光門街，奪其馬。說乘他馬去，弗敢爭。

每歲和市，無異於行路。

自乾元以來，回紇歲求和市，一馬易四十縑，馬動至數萬匹，皆駑瘠無用。唐不能盡市，回紇待遣繼至者常不絕於鴻臚寺。大曆八年，代宗命盡市之。七月，回紇辭歸，載賜遺及馬價用車千餘乘。八月，復遣使者以馬萬匹來，有司請只市千匹，郭子儀以爲逆其意太甚，自請輸一歲俸爲國市之。終於十一月命市六千匹。

直到德宗時，回紇始稍衰。

回紇本來風俗樸厚，及得唐賂，可汗始自尊大，築宮殿以居，婦人有粉黛文繡之飾。中國爲之虛耗，而虜俗亦壞。文化不長進的民族，驟與以物質上的享受，只是害了他。

然而唐代還是不得不與回紇和親。

李泌請北和回紇，南通雲南，西結大食天竺，以困吐蕃，凡十五餘對，德宗始允。不忘實應之恥，然知恥無勇，亦徒然也。以咸安公主妻其可汗，歸其馬價絹五萬匹。回紇上書，昔爲兄弟，今壻乃半子，願爲唐捍西戎。吐蕃。

至文宗開成後，回紇內亂，遂不振。

唐中葉以後的外患，回紇以外，尚有吐蕃。

吐蕃，今西藏地。貞觀時，其君棄宗弄贊英略有大志，太宗妻以文成公主，時唐破吐谷渾高昌，徙安西都護於龜茲，初治西州，貞觀十四年平高昌，以其地置。高宗顯慶三年，徙治龜茲。統于闐焉耆疏勒，號安西四鎮。

高宗時，吐蕃連西突厥餘衆，逼安西都護府，天山南路盡沒。

玄宗時，收黃河積石，置神策軍於臨洮西，置燒河郡於積石西，置宛秀軍實河曲地，置朔方、隴右、安西、北庭諸節度使以禦吐蕃。極輪臺伊吾所在屯田積粟，軍城戍邏，萬里相望。中國無斥候警幾四十年。是時中國盛强，自長安安遠門（西面北來之第一門），西盡唐境萬二千里，閭閻相望，桑麻翳野，天下稱富庶無如隴右。

安祿山反，潼關失守，盡徵河隴朔方鎮兵入國靖難，謂之行營。邊州無備，吐蕃乘間侵蹙，數年之後，鳳翔以西，邠州以北，盡爲蕃戎之地，湮沒者數十州。

自此屢爲邊寇。

肅宗時，歲入寇。

代宗寶應三年，隴右地盡亡。又進圍涇州，破邠州，入奉天，代宗幸陝。吐蕃入長安，立廣武王承宏爲帝，改元，擅作赦令，署官吏，留京師十五日，大掠乃去。長安中蕭然一空。

是年，劍南西山諸州亦入於吐蕃。

永泰元年僕固懷恩誘之入寇。

唐以藩鎮未靖，乃與吐蕃和盟於清水。甘肅約唐地涇州右盡彈箏峽，今甘肅平涼縣西百里。隴州右極清水，甘肅清水縣西。鳳州西盡同谷，甘肅成縣。劍南盡西山，蜀西之山。大度水。四川西部上流即四川大小金川，下流於樂山（即嘉定）入江。

然其後仍數寇涇、隴、邠寧，民物蕩然。

文宗時始復秦隴。

武宗後，吐蕃始衰。

宣宗時，始復河湟之地，然自此唐亦垂亡。

唐中葉以後的外患，大要在西北，而東北有契丹、奚、室韋、靺鞨諸族，其勢亦漸盛。惟因藩鎮擅地，務自安，障戍斥候甚謹，不生事於邊，俾可專力內向。故諸族亦鮮入寇。然休養生息，日以繁滋。

尤著者為渤海本粟末靺鞨，寶應元年詔為國，有五京十五府六十二州地。其國數遣諸生詣京師太學，習識古今制度，遂為海東盛國。

唐以後中國的外患，遂自西北漸漸轉移到東北來。

就文物氣象而言，西北已耗竭不振，而東北精華未泄，元氣猶存。此因西北經吐蕃長期蹂躪，兵燹之餘，自不如東北之完固，而此後所謂東北之外患，其內裏乃無不挾有中國社會自身力量之一部分。

第二十八章　大時代之沒落（唐中葉以後政治社會之各方面）

盛唐的光輝，終於因安史之亂而沒落。自此以往，唐室政治常在黑暗與混亂的狀態下敷衍或掙扎。

一　唐中葉以後之藩鎮

唐自安史之亂以後，武夫戰卒以功起行陣，列爲侯王者，皆除節度使。由是方鎮相望於內地，大者連州十餘，小者猶兼三四。自國門以外，幾乎盡是方鎮的勢力。

而此等武人中，多半又是歸化的胡人。

開元前胡人爲節度使者二人。天寶間九人，肅宗時八人，代宗時九人，德宗時十七人，憲宗時七人，穆、敬、文、武、宣時共十一人，懿、僖時十二人，昭宗時九人，先後共八十五人，

此等胡人，大抵全未受到國家好好的教育，而驟付以極大的權任。他們中間好一點的，是傲慢不受命令，壞的便生心反叛。

著者如李光弼（本營州契丹，其父始仕中國，在武后時。）與郭子儀齊名，封臨淮王，知河南、淮南東、西、山南東、荊南五道節度行營事。吐蕃寇京師，不赴援。拜東都留守，不就任。晚節不終。（因與宦官魚朝恩程元振嫌隙。）又如僕固懷恩（鐵勒人，其祖始仕中國，在貞觀時，世襲都督。），一門死王事

者四十六人，封太寧郡王，官至尚書左僕射，兼中書令，河北副元帥，朔方節度使，（又進拜太保。）恐賊平寵衰，請裂河北分大鎮以授安史餘孽，遺所後患，而懷恩自身亦終於一反。

在勘平安史的功臣尚且如此，至於安史餘孽得授節鎮者更不堪問。

唐平安史，本未能搗其巢穴。

至德元年，李泌語肅宗，令李光弼自太原出井陘，郭子儀自馮翊如河東，則史思明、張忠志不敢離范陽、常山，安守忠、田乾眞不敢離長安。以兩軍縶其四將。又敕子儀勿取華陰，使兩京之道常通。然後以所徵兵軍於扶風，與郭、李互出擊之，使賊往來弊於奔命。賊至則避其鋒，去則乘其弊。不攻城，不遏路。然後命師並塞北出，與李師南北犄角，取范陽，覆其巢穴。時肅宗以太子受禪位，急欲收復兩京，自見功，遂不用。

又以封其降將，遂成河北之藩鎮。

一、成德　有恆、趙、深、定、易諸州。

始封張忠志，賜名李寶臣，（本范陽內屬奚人。）更二姓，傳五世，至王承宗。（契丹）入朝。明年，王庭湊。（回紇）反，傳六世。

二、盧龍　有幽、莫、嬀、檀、平、薊諸州。

始封李懷仙，（柳城胡。）更三姓，傳五世，至劉總入朝。六月，朱克融反，下歷八姓，多以牙將偏裨殺主自代。

三、魏博　有魏、博、德、滄、瀛諸州。

始封田承嗣，（盧龍人。）傳五世，至田弘正入朝。十年復亂，更四姓，傳十世。

此卽所謂河北三鎭。彼輩皆擁勁卒，自署吏，（諸州縣，各置鎭將領事，收刺史縣令權。）不貢賦，結婚姻，相聯結。

四、淄青　在河東有淄、青、齊、海、登、萊、沂、密、德、棣諸州。

始封李懷玉，賜名正己，（高麗人。）傳五世而滅。

又其次有滄景、宣武、彰義、澤潞等，各傳三四世不等。

田承嗣在魏博，舉管內戶口壯者皆籍爲兵，惟使老弱耕稼，數年間有衆十萬。又選其驍健者萬人自衞，謂之牙兵。其他諸鎭率類此。

至德宗時而第一次事變起。

初，田承嗣卒，（代宗末。）由李寶臣請以其姪田悅繼。及是李寶臣卒，子惟岳謀襲位，自爲留後，田悅爲代請，不許。田悅、李惟岳、李正己聯合叛命。李正己卒，子納襲位。惟岳將王武俊（契丹人。）殺惟岳降，嗣又叛。又加入盧龍朱滔，舉滔爲盟主，各自稱王。（滔、冀王，悅、魏王。武俊、趙王。納、齊王。）命淮西節度使李希烈（遼西）討之，而希烈亦擁衆反。（號建興王，天下都元帥。）五賊株連半天下。

朝廷又發涇原兵討之，以未得厚賜，不滿，亦反。擁朱泚入長安，（稱大秦皇帝。）德宗奔奉天，下詔罪己，大赦王武俊、李納、田悅、李滔，專討朱泚。

自此朝廷遂行姑息之政。

李納卒，子師古立，王武俊卒，子士眞立。諸鎭惟去王號，專擅益驕，而朝廷益弱。（德宗在位二十六年，志大才小，心褊意忌，姑息藩鎭，聚斂貨財，委任宦官，皆其弊政也。）

至憲宗時而朝廷與藩鎮之衝突又起。

初，憲宗深矯德宗姑息之弊，始用兵討蜀，（劉闢，在元年。）又誅李錡。（自浙西觀察使爲鎮海節度使，廣兵自保，選有材力善射者，謂之挽彊。胡奚雜類，謂之蕃落。給賜十倍他卒，見誅在二年。）時魏博田季安卒，其裨將田興（後賜名弘正。）舉六州歸命。（在七年。）而彰義軍（在淮西。）節度使吳少陽卒，子元濟自稱知軍事，憲宗下詔討之。（在九年。徐州自王智興召募凶豪之卒二千，號銀刀雕旗門槍挾馬等軍，後漸驕。田牟鎮徐州，與之雜坐，酒酣撫背，時把板爲之唱歌。其徒日費萬計，每有賓宴，必先飫以酒食。祁寒暑雨，卮酒盈前。然猶喧噪，動謀逐帥。）事歷五年始平。（宰相武元衡，爲淄青帥李師道所遣刺客殺於道，裴度傷首，然朝意討伐勿輟，度自出督師。）於是諸鎮相率歸命。（成德王承宗卒，子承元歸命，在十三年。翌年，專討李師道，其部將劉悟斬之以降。）元和號唐室中興。然憲宗在位十五年，十四年始平李師道，翌年即爲宦官所弒。憲宗卒未三年，諸鎮又亂。

朱克融（朱滔孫。）據盧龍。

王庭湊據成德。（田弘正既歸命，朝命移鎮成德，廷湊殺之。山東河南之輕重，常懸在魏，地形使然。田興忠誠歸命，爲唐室復收河北最好機會，命其移鎮，實爲失策。）

史憲誠（奚人。）據魏博。

自此迄於唐亡，不能復取藩鎮擅權，先後約一百四十年。始起於河朔三鎮，及其末則國門以外，皆爲強敵。

其先是鎮將挾兵以抗朝命，漸次鎮將亦爲驕兵所制。

其第一個最大的影響，厥爲藩鎮政權下之社會經濟的破產。

田弘正最爲忠誠，厚於骨肉，其兄弟子姪在兩都者數十人，競爲侈靡，日費約二十萬，弘正輦魏鎮之貨以供之，相屬於道。（昭宣帝時，羅紹威召朱全忠至魏，留半歲，供億所殺牛羊豕近七十萬，資糧稱是，所賂遺又近百萬。全忠返大梁，紹威餞運，自魏至長蘆五百里不絕，所過驛亭，供酒饌幄幕什器。上下數十萬人，無一不備。蓄積一空。）昭義（澤潞）

土瘠賦重，人皆困匱，無以贍軍。李抱眞爲節度，乃籍戶，丁男三選一，有材力者，免其租徭，給弓矢，令農隙分曹角射，歲終會校，示以賞罰。比三年，得成卒二萬，雄視山東，時稱昭義步兵冠天下。然武人私廚，日費米六千石，羊千首，酒數十斛，以爲常。（盧從史日具三百人膳餉牙兵。）潞人苦之。汴軍牙兵二千人，皆日給酒食，物力爲之屈。舉數隅可以推其全。又按唐武臣豪侈，不僅在外之節鎭爲然。史稱安史之亂，法度墮弛，內臣戎帥，競務奢豪，亭館第舍，力窮乃止。馬璘經始中堂，費錢二千萬貫。馬燧貲貨甲天下，白樂天詩，不見馬家宅，今作奉誠園。園乃燧子暢所獻舊第也。王鍔家財富於公藏。李晟子湛，累官至右龍武大將軍，恣爲豪侈，積債數千萬。其子貸回鶻一萬餘貫不償，爲回鶻所訴。文宗怒，貶湛爲定州司法參軍。而郭子儀尤以豪侈聞。歲入官俸二十四萬貫，私利不計。其宅在親仁里，居里中四分之一，中通永巷，家人三千。前後賜良田美器，名園甲館，聲色珍玩，堆積羨溢，不可勝紀。大曆二年，子儀入朝，代宗詔賜輭脚局，宰相元載，王縉，僕射裴冕，戶部侍郎第五琦，京兆尹黎幹等，各出錢三十萬，宴於子儀第。時田神功亦朝覲在京，並請置宴。於是魚朝恩及子儀，神功等更迭治具，公卿大臣列席者百人，一宴費至十萬貫。據此以推，踞地自雄，不服朝命之藩鎭，更可想也。

其第二個更大的影響，則爲藩鎭政權下之社會文化水準之降低。杜牧范陽盧秀才墓誌云：『秀才盧生，自天寶後三代，或仕燕，或仕趙，兩地皆多良田畜馬。生年二十，未知古有人曰周公，孔夫子者，擊毬飲酒，射馬走兔，語言習尙，無非攻守戰鬭之事。』杜佑建中時上省用議亦云：『田悅之徒，並是庸瑣，暴刑暴賦，惟恤軍戎，衣冠士人，遇如奴虜。』田弘正上表則曰：『臣家本邊塞，累代唐人，驅馳戎馬之鄉，不覩朝庭之禮。伏自天寶已還，幽陵肇亂，山東奧壤，悉化戎墟，官封代襲，刑賞自專』云云。據此諸條，可以想像當時河北之狀況。在上則藩鎮擅權，擁兵自全，既與中央隔絕，在下則故家大族均隨仕宦而不返，其留者則威脅利怵，習焉忘故，遂自視猶羌狄。張弘靖為盧龍節度使，始入幽州，俗謂安祿山史思明為二聖，弘靖欲變其俗，乃發墓毀棺，衆滋不悅，范陽終以復亂。此在穆宗長慶初，距安史作亂已六七十載，其士俗猶如此，則此後更可想。故史孝章諫其父憲誠曰『天下指河朔若夷狄然。』其與整個中國文化隔閡，至於如此，其影響至五代宋時而大顯，此誠中國古史上至要一大關鍵也。

五胡亂華之際，胡酋尚受中國教育，尚知愛中國文化，尚想造出一像樣的政府，自己做一個像樣的帝王，彼等尚能用一輩中國留在北方的故家大族，相與合作。唐代的藩鎮，其出身全多是行伍小卒，本無教育，亦無野心，此指文化上的野心。並不懂如何創建像樣的政治規模，只是割據自雄。有地位有志氣的士人，全離開了他們的故土，走向中央去。彼等亦不知道任用士人，只在農民中挑精壯的訓練成軍，再從軍隊中挑更精壯的充牙兵，更在牙兵中挑尤精壯的做養子。李希烈有養子千餘人。如是朘削農村來供養軍隊，層層駕御，黑暗的勢力，亦足維持到百年以外。除非農村經濟徹底破壞，這一個武裝統治的勢力，還可存在。唐天祐三年，梁攻滄州，劉仁恭調其境內凡男子年十五以上，七十以下，皆黥其面，士人則文其腕或臂，得二十萬人，此為河北藩鎮勢力最後之一幕。待社會上壯丁已盡，則武力統治不得所憑依，亦只有崩倒也。（五代史補謂健兒文面自朱溫始，蓋梁燕略同時。）因其轄地之小，並不像中央政府之廣土衆民。故不感覺要政治人才，更不感覺要文化勢力。如是，則大河北岸從急性的反抗中央病，變而為慢性的低抑文化病。從此以下的北方中國，遂急激倒退，直退到在中國史上，尤其是在文化上。變成一個不關重要的地位。這全是一百五十年武人與胡人兵權統治之所賜。後人尚以為藩鎮可為唐室捍禦外患，卻忘了他的代價。

藩鎮跋扈，另一個影響，使朝廷亦不得不竭財養兵。

唐代錢穀之政，其初專屬戶部。中葉以後，始令他官主判，遂各立使名。如轉運使，水陸運使，專司轉漕。鑄錢使專掌鼓鑄。等，而度支使，鹽鐵使，判戶部，當時謂之三司。專主財用出納，皆命重臣領使，後遂以宰相兼之。唐代理財名臣如劉晏肅代時第五琦代宗時。楊炎代德時。皆出於其時。其他尙有青苗使稅地錢物使租庸使常平使兩稅使等諸名。而德宗之苛稅，至括富商錢，建中三年。稅間架，建中四年，每屋兩架爲間。除陌錢公私給與賣買，每緡官留五十錢。等層見疊出。

憲宗元和時，供賦稅者八道，浙西、浙東、宣歙、淮南、江西、鄂岳、福建、湖南。凡百四十四萬戶，比天寶開元四之一。而兵食於官者八十三萬，加天寶三之一。通以二戶養一兵。至穆宗長慶時，戶三百三十五萬，兵九十九萬，通以三戶奉一兵。

孫樵云：度率中五戶，僅能活一兵，則唐室財政之窘可知。於是有鹽鐵、和糴、鑄錢、括田、榷利、借商、進奉、獻助，靡所不至。

其方鎮兵奉命征討，出境即仰度支供餽。

德宗時，出境又加給酒肉，本道糧仍給其家，一人兼三人之給。故將士利之，纔踰境即止，月費至錢百三十餘萬緡，每小捷輒張其數以邀賞，實欲困朝廷而緩賊。

穆宗長慶二年，白居易疏，聞魏博一軍，累經優賞，兵驕將富，莫肯爲用。況其軍一月之費，計實錢近二十八萬緡。今按田弘正歸命，即賞錢百五十萬緡。

朝廷財力竭，則以官爵賞功。

諸將出征，皆給空名告身，自開府特進列卿大將軍下至中郎將，聽臨事注名。唐會要五十七，天寶以來每年以軍功官授官者十萬數，皆有司寫官告送本道，兵部因置寫官告官六十員。無何，吏部司封司勳兵部各置十員。大歷以後，諸道多自寫官告，寫書官無事，遂罷。諸將但以職任相統攝，不復計官資高下。大將軍告身一通，纔易一醉。凡應募入軍者，一切衣金紫，朝士僮僕多衣金紫，稱大官，而執賤役。張巡在雍邱，一縣千兵，大將六人，官皆開府特進。德宗避難奉天，渾瑊童奴黃岑力戰封渤海郡王，僖昭時，有捉船郭使君，看馬李僕射。

至於動議裁兵，則相聚山澤為盜，利未見而禍已成。

穆宗時，兩河底定，宰相蕭俛與段文昌謂武不可黷，勸帝偃革尚文，乃密詔天下鎮兵，歲限十之一為逃死不補，謂之銷兵，既而籍卒逋亡無生業，嘯聚山林為盜賊。會朱克融王庭湊亂燕趙，一日悉收用之。朝廷調兵不充，乃召募市人烏合，戰輒北，乃復失河朔。府兵制非吏治上軌道不能行，即裁兵亦非政治有整個辦法，則往往害轉勝於利也。

禁軍糧乏，至脫巾呼於道。

貞元二年，關中倉廩竭，禁軍或自脫巾呼於道，曰拘我於軍而不給糧，我罪人耶。會韓滉三萬石至陝，德宗喜，遽謂左右曰米已至陝，吾父子得生矣。

而廩賜既優，則遂以營籍為利藪。

長安貴家高貲子弟，乃至行賄賂，竄名軍籍，世襲罔替。既避賦役，又侈服怒馬以詫於市里。一旦寇來，則哭於家，出貧麗販區病坊代行。這全是唐代黷武政策所招的懲罰。

唐藩鎮興滅簡表

時代／鎮名	肅	代	德	憲	穆	敬文武宣懿僖昭
盧龍 治幽州，後改曰幽州，兼稱范陽。		李懷仙 朱希彩 朱泚 朱滔（泚弟）	朱滔 1劉怦	2劉濟 3劉總	劉總 張宏靖 朱克融（滔族孫）	朱克融、李載義、楊志誠、史元忠、陳行泰、張絳、張仲武、(子)直方、張允伸、張公素、李茂勳、(子)可舉、李全忠、(子)匡威、匡籌、幷於李克用、使劉仁恭爲帥。
成德 治恆州		1李寶臣	2李惟岳 1王武俊	2王士眞 3王承宗	田弘正 王庭湊（武俊養子）	(子)王元逵、(子)紹鼎、紹懿、(子)景崇、(子)鎔、一姓相襲，凡百年，幷於李存勗。

魏博 治魏州，一名天雄軍。		田承嗣	田悅（承嗣姪） 1 田緒（悅從弟）	2 田季安 1 田宏正（承嗣姪）	2 田布 史憲誠	何進滔、（子）重順、（弘敬）（子）全皥、韓君雄、（子）簡、樂彥、羅宏侯、（子）紹威，幷於朱全忠。
昭義 始治相州。後治潞州。改名澤潞。		薛嵩 薛萼（嵩弟） 幷於田承嗣			劉悟（李師道將）	劉從諫、（從子）稹、三傳而滅。（在武宗時）孟方立、幷於李克用、朱全忠。
平盧 **淄青** 治青州。	侯希逸	侯希逸 李正巳	1 李正巳 2 李納 3 李師古	3 李師道（滅亡）		王敬武、王師範、幷於朱全忠。
彰義 治蔡州、即淮西、一名淮寧。		李忠臣 李希烈	李希烈 陳仙奇 吳少誠	吳少誠 1 吳少陽（少誠養弟） 2 吳元濟（滅亡）		其地歸朱全忠。
義武 治定州			1 張孝忠（李惟岳將）	2 張茂昭（入朝）		王處存、（弟）處直、幷於李克用。

滄景 治滄州、一名橫海。			1 程日華（張孝忠牙將） 2 程懷直 1 程懷信（日華姪）	2 程 權（入朝）		
宣武 治汴州。		1 劉玄佐	2 劉士寧 1 李萬榮 2 李 迺			

唐各道節度使表

唐貞元十四年，賈耽十道錄，凡三十節度，十一觀察，與防禦經略以守捉稱使者凡五十。元和六年，李吉甫上郡縣圖，自京兆至隴右道，凡四十七鎮。王彥威說，則謂自至德迄元和，天下觀察十，節度二十有九，防禦四，經略三。其後紛紜變更無常制。

關內道

邠寧（治邠州。）　涇原（治涇州。）　渭北（治坊州。）　鳳翔（治鳳翔。）　振武（治單于都護府。）　朔方　定難（治夏州。）

匡國（治同州。）　鎮國（治華州。）

河南道

宣武（治汴州。）　永平（治滑州。）　平盧　泰寧（治兗州。）　天平（治鄆州。）　忠武（治陳州。）　武寧（治徐州。）

彰義　陝虢（治陝州。）

河東道

河陽（治河陽城。）　河中（治蒲州。）　昭義（治潞州。）　河東（治太原。）

河北道	魏博	成德	幽州	義武治定州。	橫海治滄州。		
山南道	山南東治襄州。	山南西治梁州。	荊南治荊州。	夔峽治夔州。			
隴右道	隴右	河西	北庭	安西			
淮南道	淮南治揚州。	奉義治安州。					
江南道	鎮海治潤州、後治杭州。	江西治洪州。	義勝治越州。	寧國治宣州。	威武治福州。	武昌治鄂州。	欽化治潭州。
	黔中治黔州。						
劍南道	劍南東治梓州。	劍南西治成都。					
嶺南道	嶺南治廣州。	嶺南西治道州。	靜海治交州。				

唐藩鎮胡籍表

（一）睿宗景雲時

賀拔延嗣　鮮卑　河西

（二）玄宗開元時

阿史那獻　突厥　磧西

（三）玄宗天寶六年後因李林甫言，盡用胡人。

安祿山　母突厥，父胡，本姓康，蓋出西域康國。　平盧、范陽河東。

夫蒙靈詧　羌　安西

哥舒翰　突厥哥舒部　隴右

高仙芝　高麗　安西四鎮

趙國珍　牂牁夷　黔中

李獻忠　回紇　朔方

安思順　突厥　朔方，河西。

鮮于仲通　未詳，或非胡人。　劍南

（四）肅宗時以平亂功封者。

史思明　突厥　范陽

王思禮　高麗　關內、澤潞。

荔非元禮　羌（見姓纂）　鎮西，北庭。

僕固懷恩　回鶻僕骨部　朔方　代宗時叛

李光弼　契丹　河東　代宗時爲河南淮南等節度使

賀蘭進明　鮮卑　河南

安抱玉　安息　鄭陳

白孝德　龜茲　鎮西、北庭。

（五）代宗時

姓名	族屬	地
僕固瑒	回鶻僕骨部	朔方行營
李懷仙	柳城胡	幽州盧龍
李光進	契丹	滑濮、渭北。
李抱玉	安息	澤潞、鳳翔。
李寶臣	奚	成德
李正己	高麗	淄青至德宗時抗命
鮮于叔明	未詳，或非胡人。	東川

（六）德宗時

姓名	族屬	地
李惟岳寶臣子	奚	成德
李懷光	靺鞨	朔方
張孝忠	奚	義武
哥舒曜	突厥哥舒部	東都汝州
尙可孤	鮮卑	商州
論惟明	吐蕃	鄜坊
李納正己子	高麗	淄青
王武俊	契丹	恒、冀、深、趙、又成德。
李抱貞	安息	昭義
渾瑊	回鶻渾部	京畿、渭北。
駱元光	安息	鎭國軍
裴玢	疏勒	山南西道

萬紐于頔	鮮卑	山南東道
李師古	高麗	淄青
王士眞武俊子	契丹	成德
張茂昭	奚	義武

（七）憲宗時

李光進	回鶻阿跌部	義武
李師道納子	高麗	淄青
王承宗士眞子	契丹	成德
李惟簡	奚	鳳翔隴右
李光顏	回鶻阿跌部	忠武、義成。
渾鎬	回鶻渾部	義武
渾鐵	回鶻渾部	天漢軍

（八）穆、敬、文、武、宣時

王承元	契丹	義成
王庭湊	回鶻阿布思族	成德
史憲誠	奚	魏博
張茂宗	奚	兗海沂
史孝章	奚	相衞澶
王元逵庭湊子	回鶻阿布思	成德
元稹	鮮卑	武昌
苻澈	氐	河東
王紹鼎元逵子	回鶻阿布思	成德
王紹懿元逵子	回鶻阿布思	成德

李承勛	契丹	涇原	米暨	西域米國	夏州
(九)懿僖時					
王景崇 紹鼎子	回鶻阿布思	成德	李國昌	沙陀	大同、振武。
于瑁	漢鮮混種	平盧	李茂勛	回鶻	幽州、盧龍。
李可舉	回鶻	幽州、盧龍。	拓拔思恭	黨項羌	夏綏
契苾璋	回鶻契苾羽部	振武	赫連鐸	胡鮮雜種	雲中
支詳	月氏	感化	李克用	沙陀	雁門、河東。
王鎔 景崇子	回鶻阿布思	成德	李克修	沙陀	昭義
(十)昭宗以迄唐亡					
李存孝	胡	邢洛	劉崇龜	匈奴	清海
李思孝	黨項羌	保大	李思敬	黨項羌	保大
李思諫	黨項羌	定難	雷滿	武陵蠻	武貞
賀德倫	河西胡	魏博	雷彥威	武陵蠻	武貞
雷彥恭	武陵洞蠻	武貞			

第二十九章　大時代之沒落（續）

二　唐中葉以後之宦官

唐室在統一盛運之下，一方面窮兵黷武，旣招徠四夷，又以寬大爲誇張，蕩除中外之防，遂召武人胡人之禍，已如上述。而唐室在統一盛運下又有一不良習氣則爲王室生活之驕奢。因此連帶引起宦官之跋扈。

歷史上宦官擅權，與王室驕奢成正比。東漢、唐、明三代皆是。西漢與宋代之王室，皆能制節謹度。東晉南朝王室不像樣，故均無宦寺擅權。

唐宦官之盛兆自武后，而極於玄宗。

太宗時，內侍不立三品官，不任以事，又定制無得踰百員。漢永平之際，中常侍四員，小黃門十人而已。武后時，稍增其人。至中宗，黃衣乃二千員。唐制流外官服黃。七品以上員外置千員，惟衣朱紫者尚少。唐制三品以上服紫色，四品服緋，五品服淺緋。

玄宗時，則宮嬪至四萬。此見新唐書，白樂天長恨歌，後宮佳麗三千人，杜子美劍器行，先帝侍女八千人。宦官黃衣以上三千，衣朱紫者千餘。袁紹盡誅宦官，無少長皆死，僅二千餘人。甲舍名園，上腴之田，中人所名半京畿。時諸王公主羣呼高力士爲翁，戚里諸家尊曰爺。肅宗在東宮，亦呼之二兄。建佛寺道觀各一所，鐘成，宴公卿，一扣納禮錢十萬，有至二十扣者，少亦十扣。

肅代以後，宦官寖橫用事。

李輔國在肅宗時稱尚父，矯詔遷上皇玄宗於西內，以憂鬱崩。肅宗崩，殺王后，進爵為王。

代宗時程元振魚朝恩用事，譖罷郭子儀兵柄，又譖來瑱賜死。李光弼幾乎叛朝。

及德宗時宦官遂握兵柄。

德宗以涇師朱泚之變，倉卒不及徵集，還京後以神策天威等軍置護軍中尉，中護軍等官，於是禁軍遂歸宦寺，其後又有樞密之職，承受詔旨出納王命。始德宗末憲宗初。

宦寺既握兵權，又外結藩鎮，帝王生死，遂操其手。

憲宗被弒後，穆、敬、文、武、宣、懿、僖、昭八世，宦官立者七君。除敬宗，而敬宗亦為宦官所弒。文宗用李訓鄭注，謀誅宦官不成，自嘆周赧漢獻尚受制強臣，今受制家奴，更為不如。唐自肅宗後，未嘗有正式之皇后，史所載諸后，皆由所生子為帝，奉上尊號。文宗崩，仇士良等廢太子立武宗。武宗崩，諸宦官廢皇子立宣宗，宣宗崩，遺命立夔王，王宗實等廢之，立懿宗。宰輔隔在外廷，皇子素無威寵，亦唐代宦官得肆行無忌之一因。

唐室諸帝，在其盛運中所表現者則為女禍。

太宗納元吉妃楊氏，長孫皇后薨，太宗欲立楊氏為后，以魏徵諫而止。高祖從父兄子廬江王瑗反誅，其姬亦入侍太宗。武后為太宗才人而高宗納之。韋后私通於武三思。玄宗年六十而納其子壽王妃楊氏。當時朝臣亦不甚論列，蓋倫理觀念非唐人所重。

衰象漸臨，唐之諸帝乃醉心於服丹藥求長生。憲宗即其一人。在其驕縱的生活下，宦寺自應佔重要的地位。

武宗時，仇士良以左衛上將軍內侍監致仕，其黨送歸私第，士良教以固權寵之術。曰天子不可令閑常宜以奢靡娛其耳目使日新月盛，無暇更及他事，然後吾輩可以得志，愼勿使之讀書，親近儒生。彼見前代興亡，心知憂懼，則吾輩疎斥矣。其黨拜謝而去。今按唐代王室奢蕩，直至晚運勿替。懿宗時，好音樂。殿前供奉樂工常近五百人，每月宴設不減十餘，水陸皆備，每行幸內外諸司扈從者至十餘萬人。

三　唐中葉以後之朝士與朋黨

唐代士人，一面在北朝吏治與南朝文學的兩種風氣轉換之下徘徊。此已略論於前。一面則在貴族門第與白衣庶族的兩種勢力消長之下鼓盪。

南北朝門第勢力，在唐初依然有其相當的力量。只在他們歷次編撰氏族譜志的一事上可以看出。

太宗至以朝廷官爵與社會門第爭崇卑。

貞觀中太宗命高士廉等修氏族志，進上。太宗曰，我與山東崔、盧、李、鄭，舊既無嫌。爲其世代衰微，全無冠蓋，猶自云士大夫，我不解人間何爲重之。至今猶以崔、盧、王、謝爲重。我平定四海，天下一家，凡在朝士，皆功效顯著，或忠孝可稱，或學藝通博，所以擢用。見居三品以上，欲共衰代舊門爲親，縱多輸錢帛，猶被偃仰。我今特定族姓者，欲崇今朝冠冕。何因崔幹猶爲第一等，卿等不貴我官爵耶。不須論數世以前，只取今日官爵高下作等級，遂以崔幹爲第三等。書成一百卷，詔頒於天下。然當時朝中名臣如房玄齡、魏徵等，皆自與山東望族攀姻，舊門第之名望，終不爲減。

其後又屢經修動。

高士廉氏族志頒下，時稱允當。李義府恥其家世無名，乃奏改此書。許敬宗等以其書不敍武后本望，贊成之。立格云，皇朝得五品官者，皆升士流，於是兵卒以軍功致五品者，盡入書限。更名為姓氏錄。搢紳士大夫恥被甄敍，號其書為勳格。先天二年，蕭至忠為中書令，又與柳沖等撰姓氏系錄二百卷。此後韋述又別撰開元譜二十卷。其後有元和姓纂。

當時門第仕進，亦較進士等科第為易。

高宗時魏玄同疏，今貴戚子弟，例早求官，髫齓之年，已腰銀艾，或童丱之歲，已襲朱紫。弘文崇賢之生，千牛輦脚之類，課試既淺，藝能亦薄。而門閥有素，資望自高。書奏不納。玄宗時源乾曜上疏，形要之家，併求京職，俊艾之士，多仕外官。王道平分，不克如是。

建官要職，仍多用世家。大臣恩廕，得至將相。故唐代宰相，尚可以世系列表。

山堂肆考云，唐宰相三百六十九人，九十八族。其間裴氏五房，崔氏十房，張氏趙郡李氏皆得宰相十七人。韋氏九房十四人。王氏三房十三人。劉氏七房十二人。隴西李氏四房，唐宗室三十七房以及楊氏杜氏皆得十一人。蕭氏二房得十人。鄭氏二房九人。盧氏八人。竇氏二房及魏氏陸氏皆六人。武氏蘇氏五人。高、韓、趙、郭皆四人。三人而下者不與。

可見唐代政權，尚與門閥有至深之關係。

按唐初如英衞之類，其子尙襲封。中葉以後，此制盡廢。門閥世襲，在政治上之客觀地位已取消。又永徽元年，尙書左僕射褚遂良，表請千牛不簡嫡庶。謂主祭祀之裔，必貴嫡長，擢文武之才，無限正庶。求賢之務，有異承家。河北風俗頓乖，嫡待庶若奴，妻御妾若婢。降及隋代，斯流遂遠。獨孤后普禁庶子，不得入侍。聖朝人以才進，不論嫡庶。今簡千牛舍人，方爲此制，於理未安。母以子貴，子不緣母。唯才是用，人自甘心。云云。既主專簡賢才，不問嫡庶，則門廕世襲之制終必替，公開考選之法終必盛。兩種制度之轉換，其後面必有與之相應符之思想及理論也。又按唐初爭論封建極烈。封德彝謂先朝敦睦九族，一切封王，蓋以天下爲私，殊非至公馭物之道。李百藥謂內外羣官，選自朝廷，擢士庶以任之，澄水鏡以鑒之。年勞優其階品，考績明其黜陟，爵非代及，用賢之路斯廣。馬周謂以堯舜之父，猶有朱均之子，儻有童孩嗣職，萬一驕愚，則兆庶被其殃，國家受其敗，愛之適以傷之。太宗卒聽諸臣言不封建。又欲割地封功臣，長孫無忌等力辭乃止。就當時民治意識言，已知封建與門第皆無復興之望矣。 惟歷史變化以漸不以驟，故門閥勢力尙有延蟬。玄宗屢欲相崔琳盧從愿，以其族大，恐附離者衆，卒不用。門族上爲帝王所忌，下亦不爲寒士所護，則其漸趨衰微，亦必然之勢也。

此等門第，以累世仕宦，又逢盛世，其生活豪華，亦可想見。

韋氏世爲關中著姓，人物衣冠，奕世榮盛。韋安石子陟，始十歲，拜温王府東閤祭酒，加朝散大夫。陟門第豪華，早踐清列，侍兒閹閽，列侍左右者十數。衣書藥食，咸有典掌。與馬僮奴勢侔於王家主第。每食，視庖中所棄，其直猶不減萬錢。然家法修整，勅子允就學，夜分視之。其子勤，旦日問安，色必怡。稍怠，則立堂下不與語。雖家僮數十，然應門賓客，必允主之。此乃門第與王室宦寺武人不同之處也。甚可注意。

至於進士們的身分本不甚高，考試的儀式已與他們以許多近於侮辱的暗示。

舒元輿憲宗元和中上論貢士書，謂臣得備下士貢士之數，到闕下月餘，待命有司，始見貢院懸版樣，立束縛檢約之目，勘磨狀書，劇責與吏胥等倫。臣幸狀書備，不被駁放，得引到尙書試，試之日，見八百人盡手攜脂燭水炭，泊朝哺餐器。或荷於肩，或提於席。爲吏胥縱慢聲大呼其名氏。試者突入，棘圍重重。乃分坐廡下。寒餘雪飛，單席在地。唐虞闢門，三代貢士未有此慢易。

而且唐代科舉本備仕途之一格，故一切規程並不甚嚴。其時有所謂公卷與通榜之制。

公卷者，進士得先投所爲文於京師達者，采名譽觀素學。及臨試，可以不問試藝高下，專取知名士，謂之通榜。其榜帖可託人爲之。如鄭灝都尉第一榜，託崔雍員外爲牓帖。又杜黃門主文第三場，由舉子袁樞爲榜帖，樞自列爲狀元。榜帖猶言名錄也。

故進士乃稱覓舉。

薛登天授中上疏，方今舉士，明詔方下，固已馳驅府寺之廷，出入王公之第。陳篇希恩，奏記誓報。故俗號舉人，皆稱覓舉。

所以求延譽。

陸贄知貢舉，梁肅崔元翰所薦皆取。韓愈負文名，延譽舉子，往往得售。

而其卑躬屈節之態，亦已可憐。

文獻通考引宋江陵項氏安世曰，風俗之弊，至唐極矣。王公大人巍然於上，以先達自居，天下之士，什什伍伍，戴破帽，騎蹇驢，未到門百步，輒下馬，奉幣刺，再拜以謁於典客者，投其所爲之文，名之曰求知己。如是而不問，則再如前所爲，名之曰溫卷。如是而又不問，則有執贄於馬前，自贊曰某人上謁者。按韓愈一代名臣，其三上宰相書，拜北平王於馬前之類，皆是當時風氣也。

甚至有走門路，通關節，求必得而既得則肆意輕薄者。

> 高鍇爲禮部侍郎，知貢舉閱三歲。第一榜裴思謙以仇士良（文武時宦官。）關節，取狀頭，鍇庭譴之。思謙回顧厲聲曰，明年打脊取狀頭。第二年，鍇誡門下不得受書題。思謙自擕士良一緘入貢院，易紫服趨至階下，白曰，軍容有狀薦裴思謙秀才。鍇接書曰，狀元已有人，此外可副軍容意。思謙曰，卑吏奉軍容處分，裴秀才非狀元，請侍郎不放。鍇俯首良久曰，然則略要見裴學士。思謙曰，卑吏即是。鍇不得已從之。思謙及第後，宿平康里，賦詩曰，銀釭斜背解明璫，小語低聲賀玉郎，從此不知蘭麝貴，夜來新惹桂枝香。

惟進士因公開考試得官，被視爲正路，到底在政治上佔到他應有的地位。（此如東漢孝廉一樣。中國史自向合理的路進展，此是一證。至於文學之風尚日盛，以及門第之勢力日衰，則爲進士科日益得勢後應有之現象也。）中唐以後，進士科遂最爲榮重。於是進士科舉與門第任子之兩途，在政治上自然發生衝突。

此即形成穆宗以後一段的朋黨之爭。

朋黨啓端，即由於考試舞弊。

> 長慶初，錢徽典貢舉，李宗閔托所親於徽。時李德裕、李紳、元稹在翰林，共白徽取士不實，宗閔亦坐貶。由是結嫌怨，植黨相磨軋凡四十年。（是年三月詔，國家設文學之科，本求賢才，苟容僥倖，則異至公。訪聞近日浮薄之徒，扇爲朋黨，謂之關節。干擾主司，每歲策名，無不先定，眷言敗俗，深用興懷。即爲此事發。）

門生座主，遂爲朋黨標目。

> 唐貢舉之士，以有司爲座主，而自稱門生。會昌三年中書覆奏，國家設文學之科，求眞正之士，豈可懷賞拔之私惠，

忘教化之根源。自謂門生，遂爲朋比。樹黨背公，靡不由此。按明代亦有座師門生之稱，其黨禍亦不減於唐時。

李德裕惡進士，他的言論，卻代表了門第勢力最後的呼聲。

德裕嘗論公卿子弟艱於科舉，武宗曰：向聞楊虞卿兄弟朋比貴勢，妨平進之路，昨黜楊知至鄭朴等，抑其太甚耳，有司不識朕意，不放子弟，即過矣。德裕曰：鄭肅封敖子弟皆有材，不敢應舉。臣無名第，不當非進士。德裕以父廕爲備身千牛，或勸應舉，德裕言好牛馬不入行。蓋世家子弟可不藉科目而顯，至是猶然。然臣祖（李栖筠）天寶末以仕進無他歧，勉強隨計，一舉登第，自後家不置文選，蓋惡其不根藝實。朝廷顯官，須公卿子弟爲之。何者？少習其業，自熟朝廷事，臺閣之儀，不教而自成。寒士縱有出人之才，固不能閑習也。

他以文選不足爲取士標準，固有理由。然當從此推進一層，爲國家建設教育人才之至計。時應進士試者，僅知工詩賦課進取而已。獨一韓愈唱爲古文，曰文以載道，爲古之文將以學古之道也。又以師道自居。當世怪笑之。人有請師柳宗元者，宗元謝不敢，謂世人之詆師道，猶如蜀犬之吠日也。稍知事學問，則入寺訪釋子論佛理，或訪道士求長生耳。世家子弟猶知循禮法，又熟閑朝廷典制掌故，宜乎德裕之以此自傲矣。直到北宋，始將韓愈一番意思發揮光大。又次當謀考試制度之整頓與改進。此亦至北宋而始有。如考試之糊名與科目之改進士詩賦爲經義等。不應倒退轉來只想任用公卿子弟爲門第苟延殘喘。

鄭覃以經術位宰相，亦深嫉進士浮薄，屢請罷之。文宗曰：敦厚浮薄，色色有之。進士科取人二百年矣，不可遽廢。令

按鄭覃李德裕皆不喜進士，爲李宗閔牛僧孺所排抑。

當時政治上最患的是有資格做官的人太多，因此而朝廷不尊，宰相權不重，政事不易推行。故主張排抑進士的人，同時常是主張裁減官吏的人，而同時亦帶有主張貴族政治的意味。李德裕即其代表。

德裕大意欲尊朝廷，肅臣下，而政出宰相。深嫉朋黨，嘗謂省事不如省官，省官不如省吏。乃請罷郡縣吏二千餘員，衣冠去者皆冤。德裕父李吉甫，亦疾吏員廣，謂置吏不精，流品厖雜。存無事之官，食至重之稅。職局重出，名異事離者甚衆。財日寡而受祿多，官有限而調無數。奏省冗官八百員，吏千四百員。德裕政見正承其家教而來。所惜者不能從一更高的理論上出發，則不免爲一個代表門第勢力之政論也。

李德裕的見解雖不免偏狹，

文獻通考引李德裕論朝廷顯官，須公卿子弟爲之一節，評云，德裕之論偏異如此。今按德裕時代與馬端臨時代絕不同，故德裕議論，在端臨視之，覺可詫異。此是歷史進展。若自東晉南北朝人看德裕議論，便全不感其可異矣。

然當時進士浮薄，則實爲不可否認之事實。

晚唐以輕薄浮薄爲詬厲朝臣之口頭禪，故朱全忠斥御史大夫趙崇，謂爲輕薄之魁。李振勸朱全忠殺朝士，亦以浮薄爲罪名。馬端臨謂進士科當唐之晚節，尤爲浮薄，世所共患。

鄭綮以歇後爲相，可以整個看出唐末的政局。

鄭綮爲相，省史走其家上謁，綮笑曰，諸君誤矣。人皆不識字，宰相亦不及我。史言不妄，俄聞制詔下，歎曰，萬一然，笑殺天下人。既視事，宗戚詣慶，搔首曰，歇後鄭五作宰相，事可知矣。按綮每以詩謠託諷時政，本善詩，其語多俳諧，故使落調，世共號鄭五歇後體。中人有誦之昭宗前者，昭宗意其有所蘊未盡，故超用之。史稱綮立朝偘然，無復故態，而不爲人所瞻望，纔三月以疾乞骸。或問鄭綮，相國近有詩否。答曰，詩思在灞橋風雪中驢子上，此處那得之。太原兵至渭北，朝廷震恐急於攘卻之謀，綮請於文宣王字號中加一哲字。其爲廬州刺史黃巢掠淮南，綮移檄請無犯州境，巢笑爲斂兵。唐末文人輕薄，綮已爲其中之卓者，要之亦不足擔當國家重任。

至於黃巢李振等皆是屢舉進士不第的人物，結果進士清流，遂受極禍。

巢粗涉書傳，屢舉進士不第，遂爲盜。李振亦屢舉進士不中第。朱全忠入汴，振勸盡誅縉紳，曰朝廷所以不理，良由衣冠浮薄之徒紊亂綱紀。全忠然之，於是門冑高華，或科第自進，居三省臺閣，以名檢自處，聲迹稍著者，皆指爲浮薄，貶辱無虛日，搢紳爲之一空。又曰，此輩自謂清流，宜投之黃河，使爲濁流。全忠笑而從之，聚裴樞獨孤損等朝士貶官者三十餘人，一夕盡殺之，投尸於河。

但晚唐進士的輕薄，只是一時事象，推不翻以公開考選來代替門蔭世貴的理論，宋以後，進士考試遂獨佔了政治上的崇高地位。

嚴華夷之防，（民族觀念之提醒。）重文武之別，（中唐以迄五代的武人，代表了不受教育，不講道理。宋代下的重文輕武只是要人人讀書，受教育懂道理，並不是絕對的認爲可以去兵廢戰。）裁抑王室貴族之奢淫，（太監自然無地位。）讓受教育講道理的讀書人，（徒事詞章者不算。）爲社會之中堅，這是宋以下力反唐人弊病的新路徑。

第三十章　黑暗時代之大動搖（黃巢之亂以及五代十國）

一　流寇與唐室之傾覆

唐末的中國，用橫剖面來說大體可分爲三部。一是大河以北的藩鎮所轄地。二是大河以南唐兩京及其迤東一帶。三是長江以南。

藩鎮所轄地，雖則文化經濟逐步破毀，然以極單純的武力來壓制較小的區域，一時不致搖動。中部兩京及其迤東一帶，經安史亂後，殘破最甚。

代宗聽程元振謀遷洛京，郭子儀諫曰。東周之地，久陷賊中。宮室焚燒，十不存一。百曹荒廢，曾無尺椽。中間畿內，不滿千戶。井邑榛棘，豺狼所嘷。東至鄭汴，達於徐方，北自覃懷，經於相土，人烟斷絕，千里蕭條。劉宴與元載書，函陝凋殘，東周尤甚。過宜陽熊耳至武牢成皋五百里中，編戶千餘而已。居無尺椽，人無烟爨。蕭條悽慘，獸遊鬼哭。

江南爲財賦所出。

肅代中興，卽靠東南之財賦，自此唐政府始仰東南財賦維持。至元和，東南財賦始重。韓愈謂當今賦出天下，而江南居十九是也。至咸通又加甚故陸龜蒙言元和中國家用兵，江南之賦已重，逮今盈六十年，賦又數倍於前也。

大時代沒落之大騷亂，卽在中部發動而蔓延遍及於南部。

其先已有裘甫起浙東，龐勛以徐泗兵戍桂林作亂，自湘浮江下掠淮南至徐州，皆不久卽平。

其先是王仙芝。

聚盜起濮陽，陷曹、濮、鄆諸州，歷陳、許、襄、鄧，陷江陵、洪州，王鐸斬之於亳州。先後歷五年。（僖宗乾符元年至五年。）

次之爲黃巢。

巢曹州冤朐人，王仙芝同里，以販鹽爲生。王仙芝旣死，巢卽繼統其衆。攻亳州不下，襲沂州，過淮南，掠襄邑、雍邱，寇葉、陽翟，軍敗乞降，又叛去。從宣州（安徽貴池。）寇浙東，踰江西，破虔、吉、饒、信等州。趨建州，陷桂管，進寇廣州。會大疫北還。自桂編大筏沿湘下衡水，破潭州。（長沙。）渡江攻鄂州。（武昌。）轉掠江西，再入饒信，陷婺、睦、宣州，由采石渡江，又渡淮攻汝州，陷東都，攻潼關，陷京師。羣臣迎謁灞上，巢從騎士數十萬。（安祿山陷東都，兵五萬，黃巢攻關，兵六十萬。）國號大齊。嗣敗而東，衆猶十五萬，略鄧、許、孟、洛，東入徐兗，（數十州人大饑，倚死牆塹，賊俘以食，日數千人。以巨碓糜骨皮幷啖之。）先後凡七年。（巢中和四年死，連王仙芝共十一年。）

又次之爲秦宗權。

宗權師行未嘗轉餉，每指鄉聚曰啖其人，可飽吾衆。官軍追躡，獲鹽尸數十車。其師亦遍擾南中各地。（寇荊南，攻襄州，破東都，寇淮泗，略江南，亂岳鄂，自關中薄青齊，南繚荊鄆，北亘滑衞，千里無舍煙。）先後凡五年。（連前共十六年。時江淮之間，廣陵富甲天下，亦經亂四五年不息，雄富掃地。）

經此十幾年的大騷亂，唐代四百年的統一政府，終於傾覆，世襲的節鎭，徧及東南，而有所謂五代十國。

二　五代十國

五代十國之國都及據地

國號	國都	據地
梁	汴	河南、關內、河東一部、河北一部、山南等地、有州七十八。
唐	洛陽	河東、河中、河南、關內、河北、隴右、山南、劍南等地、有州百二十三。
晉	汴	同唐、除幽薊十六州、有州百有九。
漢	汴	同晉、有州百有六。
周	汴	河東、河中、河南、關內、河北、隴右、山南、江北等地，有州一百一十八。
吳	廣陵後徙金陵。	淮南、江南兩道、有州二十八。
南唐	金陵	同吳、後失江北、有州二十一。
前蜀	成都	劍南、山南兩道、有州四十六。
後蜀	成都	同前
南漢	番禺	嶺南六管、有州四十七。
楚	長沙	湖南、嶺北地、有州十五。
吳越	杭	浙東西、十三州。
閩	侯官	全閩有州五。

荊南	江陵	荊南及歸峽、有州三。
北漢	太原	太原以北十州。

五代十國分合表

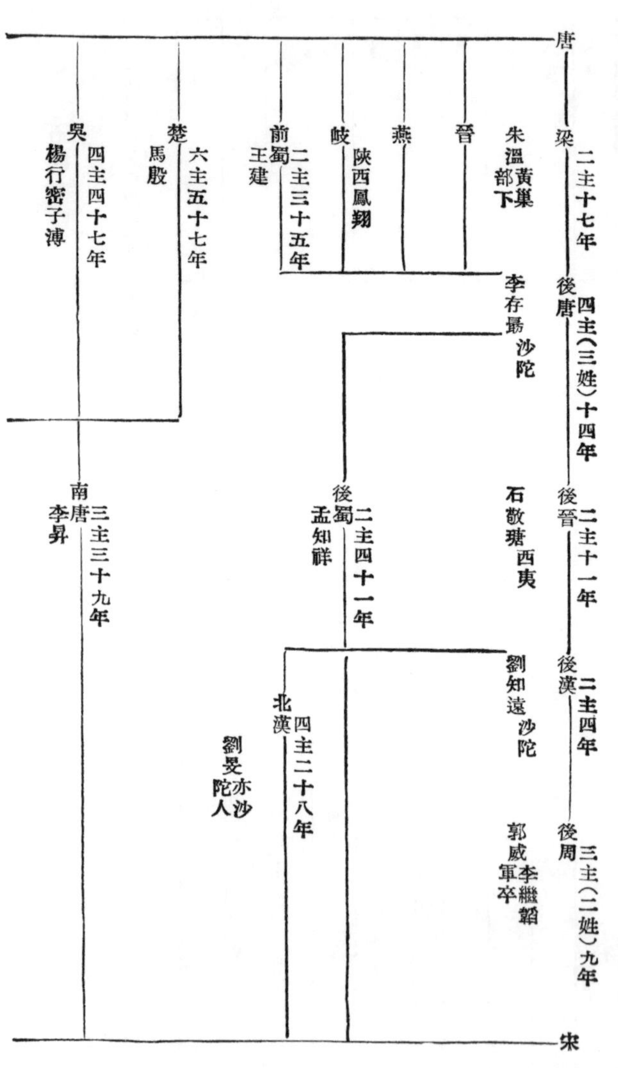

閩 七主五十五年
王潮王審知

吳越 五主 十四年
錢鏐

南漢 五主六十七年
劉隱

荊南 五主五十七年
高季興

五代帝系表

(一)後梁

(一)太祖朱全忠(六)——(二)末帝(一〇)

後梁凡二主十六年。

(二)後唐

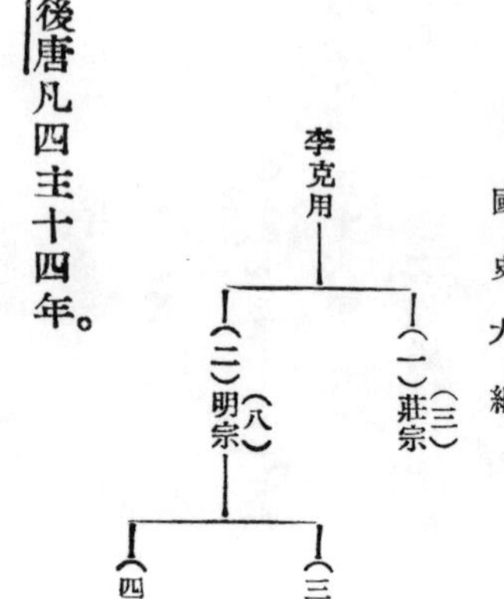

後唐凡四主十四年。

(三)後晉

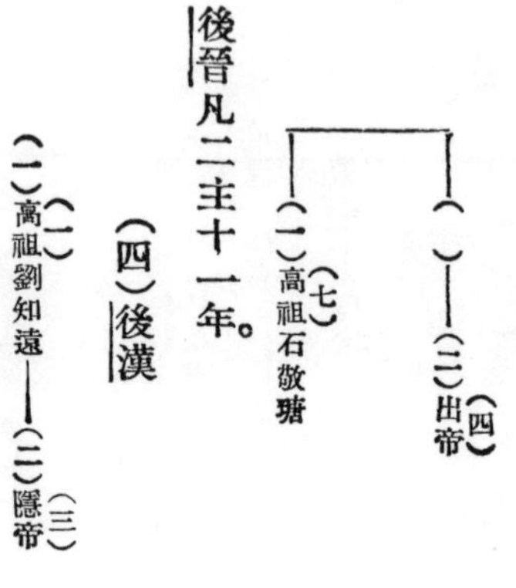

後晉凡二主十一年。

(四)後漢

(一)高祖劉知遠(二)——(二)隱帝(三)

後漢凡二主四年。

(五)後周

(一)太祖郭威（三）——(二)世宗（六）——(三)恭帝（一）

後周凡二主十年。

此所謂五代十國，其實只是唐室藩鎮之延續，惟其間有極可注意者數事。

一、關中自李茂貞（昭宗時，鎮鳳翔，再犯闕，封岐王，爲朱全忠所敗，遂不振。）以外，別無割據之雄。此足證西北一帶之殘破，至是已不夠割據建國之資力。長安代表周、秦、漢、唐極盛時期之首腦部分，常爲中國文化之最高結集點。自此以後，遂激急墮落，永不能再恢復其已往之地位。

二、不僅陝西如此，卽甘隴一帶文物亦臻破滅。河西自武帝始置郡縣。東漢以來，民物富庶，與中州不殊。晉代自張軌以後，呂光、禿髮、沮渠迭據建國，經制文物，俱能倣效中華。亦因其地貨賄殷富，可以無求於中土，故能五涼相繼，與五胡角立。而中州人士多往避難，見其風土之可樂。唐天寶以後，河西隴右沒於吐蕃。大中咸通雖復河湟，而名存實亡。流傳五代以及於宋，河隴爲西夏所據。元昊雖倔強構逆，其土地亦過於五涼，（五涼止有河西五郡，無靈夏，元昊有夏、寧、綏、宥、靜靈、鹽、勝、會、甘、涼、肅、瓜、沙等州。慶曆初復陷豐州。其地東據河，西至玉門，南臨蕭關，北控大漠，延袤萬里。）然苟絕其歲賜互市，則不免衣皮食酪，幾不能以爲國。是以亟亟屈服，北事遼，南事宋，僅足自存。蓋河西自唐中葉以後，淪於異域，漸化爲龍荒沙漠之區，無復昔之繁華。（甘涼之間以諸河爲溉。興靈有古渠曰唐梁，曰漢源，皆支引黃河，仍是漢唐人遺烈也。）自長安既毀滅，中原之風聲氣習，文物禮樂，益與甘涼隔絕，遂若有夷夏之分。僿荒復數百年，中國西北部文物驟衰，實爲唐中葉以後一極要之轉變。

三、五代中只後梁都洛陽，尚是東周、東漢、西晉、北魏之舊都。（亦是隋唐之陪都。）其他四代皆都汴，（開封）直到宋代不能遷都。（其理由下詳。）此證黃河流域之氣運，不僅關中以西不復興，即中部洛陽一帶亦不夠再做文化政治的中心點。中國社會的力量，漸漸退縮到東邊來。

四、五代均在黃河流域，十國（除北漢。）均在長江以南。五代名義上雖上承唐，下啓宋，號爲王室遞禪之正統，其實前後五代共止五十四年而已，有八姓十三君。就其開國之君而言，三位是胡人，（唐、晉、漢。北漢亦胡人。）一位是流寇，（梁）一位是募兵。（周）正可說明那時的北方中國，已到了最不像樣的時代。而南方九國，（十國，除北漢只九國。）比較氣運長，（其中過半數以上，每一國之年代，皆超過五代之全時期。其少數亦均超過五代全時期之一半。）文物隆，還有一個樣子。自此以後，南方社會遂漸漸跨駕到北方社會的上面去。（此和南北朝情形又不同。尤著者如吳徐知誥之輕賦恤民，越錢鏐之大興水利，江浙一帶，至宋遂爲樂土。又如南漢劉巖所用刺史無武人，皆北方所萬不能及也。而南唐文物，尤爲一時之冠。宋太祖建隆元年，有戶九十六萬餘，嗣平荊南湖南蜀廣南江南，得戶一百六十萬。蜀五十餘萬，江南六十餘萬，即兩地戶數已超過中原矣。此亦與三國南北朝相異也。）

五、是晉石敬瑭稱臣契丹，（事以父禮。）割贈幽薊十六州。自此下至元順帝退出中國，其間凡四百二十四年，那一帶土地，可以說長受異族的統治。（雖此諸族均受漢化，然要之不能與中國本部相比。）若嚴格言之，則此十六州中之某幾部分自安史以來早已不能直接沾受到中國傳統政治與文化之培養。如是則先後幾將及六百年之久。

十六州州名如下：

幽（今北平。）　薊（河北薊縣。）　瀛（河北河間縣。）　莫（河北任邱縣。）　涿（河北涿縣。）　檀（河北密雲縣。）　順（河北順義縣。）　新（察哈爾涿鹿縣。）　嬀（察哈爾懷來縣。）

儒（察哈爾延慶縣。）　武（察哈爾宣化縣。）　雲（山西大同縣。）　應（山西應縣。）　寰（山西朔縣。）　朔（山西右玉縣。）　蔚（山西靈邱縣。）

幽、薊、瀛、莫、涿、檀、平、順為山前八州，新、嬀、儒、武、雲、應、朔、蔚為山後八州。平州先沒，（劉仁恭以營平二州遺契丹，在石晉前。山前八州增營為九。）寰州并於應。（後唐明宗時。）故十六州或數平或數寰。又應、朔、寰、雲、蔚，亦稱代北。瀛莫周世宗已復取之，為宋河間文安郡地。（全祖望燕雲失地考，謂石晉所路不止十六州。）

此十六州既為外族所踞，從此中國北方迤東一部之天然國防線，全部失卻，大河北岸幾無屏障。（惟山西尚有雁門內險，故宋征北漢，遼不能救。太原尚能為中國所有。然宋都汴京，地偏東，仍非山西所能掩護。）中國遂不得不陷於天然的壓逼形勢下掙扎，借援外兵引入內地，唐代亦屢有其事。後世責石敬瑭不當借援契丹，卻忘了石敬瑭自身早是一個胡人。（其於耶律德光自稱兒皇帝，為之假子，亦自安祿山以來相沿遺風。）唐代對於民族觀念之不重視，流害遂至於此。（唐人政制，均沿北朝周隋。惜當時北朝周隋諸儒，以環境關係，未能發明民族華夷之防，唐人遂亦模糊過去。）

六、是中國東北部契丹族之驟盛。

三　契丹之興起

中國的東北，在歷史上很早便有其地位。殷商箕子即避地朝鮮半島。戰國時，遼河兩岸全屬燕國版圖。（燕並略屬眞番朝鮮，為置吏築障。（見漢書地理志。戰國策已謂燕東有朝鮮遼東。）眞番即此後漢武所置四郡之一，地跨今鴨綠江。朝鮮乃平壤故名。則燕遼東邊界，較今中韓國界為遠。）秦長城東端直至樂浪。（此見晉書地理志。樂浪亦漢武置四郡之一，今黃海平安二道地也。漢初，遼東與朝鮮以浿水（今大同江）為界，秦界則更在浿水東。）秦亂，中國人衛滿自王其地。（此如尉佗之王南粵。）漢武既滅衛氏，以其地置眞番、玄菟、（今咸鏡南道。）樂浪、臨屯（地在今漢江北。）四郡。三國時，公孫度王於遼東，（此乃中國內部之割據分裂，惟因地遠，故獨立以後，乃與內地交涉較疏。公孫氏傳四世，晉初仍屬中國為郡縣，自戰國以來五百年矣。）五胡慕容氏亦起遼東，而其漢化之程度，較之劉淵匈奴五部久居山西者有過之無不及。可見其時遼河東西地帶之文化，較之內地河北山西一帶，無多遜色。唐安東都護府設治在平壤。（亦朝鮮境。）其後經安史之亂，中央與東北的關係，永爲隔絕。然東北漢族文化，根基已深，故渤海建國十餘世，乃有五京十五府六十二州之規模。可證其國全是城郭耕稼，用其部族的武力，與漢人的經濟文化相結合，而凝成一個較進步的國家。（其事略如五胡與北魏。又按渤海自唐武氏聖曆二年，迄後唐明宗天成三年，前後十二世二百三十年，而契丹自天贊四年閏十二月丁巳興兵，至翌年正月辛未，渤海王卽降，前後僅半閱月。渤海臣門藝之言曰，昔高麗盛時，士三十萬，今我衆比高麗不過三之一。蓋渤海種人不繁，又建國既久，不尚武事，故其亡忽焉。（渤海故都在今吉林寧安南牡丹江畔之東京城，其城不依山險，而位於四面開朗之原地，亦渤海以和平立國之一證也。）其後遼滅於金亦數年事，此皆由其立國本多賴漢人，漢人不爲效死，故易滅也。其後劉豫向金乞師，金調渤海漢兒軍五萬應之。金亮南侵，先計女貞契丹奚三部衆，又起中原漢兒與渤海軍共一十七路。而渤海一軍卒叛歸會寧。大金國志引許奉使行程錄，第三十三程，自黃龍府六十里至托撒孛董寨府，爲契丹東寨。當契丹盛時，擒獲異國人，則遷徙散處於此。南有渤海，北有鐵離吐渾，東南有高麗靺鞨，東有女貞室韋。北有烏舍，西北有契丹回鶻黨項，西南有奚。故此地雜諸國俗。凡聚合處，諸國人言語不通，則各爲漢語以證，方能辨之。此可證渤海建國本仗漢人，及漢族在東北方面文化勢力之盛。）

契丹建國亦和渤海情形略相做。（遼史稱皇祖勻德，實爲大迭烈府夷離董，喜稼穡，善畜牧。又云太祖仲父述瀾，始興版築，置域邑，教民種桑麻，習織組。）

契丹（其先出自鮮卑，爲宇文氏別種，遞屬於突厥回鶻。）很早卽爲一種耕牧兼營的民族。

耶律阿保機（卽遼太祖。）建國，自始卽依仗漢人之歸附。

時劉守光暴虐，幽涿之人多亡入契丹，阿保機爲建漢城，在炭山東南灤河上。有鹽鐵之利，其地可植五穀。阿保機率漢人耕種，治城郭邑屋廛市，如幽州制度，遂基之以併八部。契丹始建國。

及其立皇都，（地在臨潢，今熱河東北西遼河上流，巴林旗境。事在神册三年，卽梁末帝貞明四年，距宋興尚四十二年。）滅渤海，（史稱得城邑之居百有三，事在明宗天成元年。是歲遼太祖阿保機卒，距宋興尚三十四年。）已經是一個規模很像樣的國家。（其會李克用於雲中，以兵三十萬，伐代北，兵四十萬，後事在唐天祐二年，距宋興五十五年。）其後耶律德光（阿保機子，遼太宗。）又得幽薊十六州。（並得晉歲輸金帛三十萬，距宋興亦二十六年。）其官制分南北院，北面治宮帳部族屬國之政，南面治漢人州縣租賦軍馬之事。襲用唐制三省六部臺院寺監諸衛東宮之官，藉以招徠中國人。（然共國任事，則惟宗室耶律外戚蕭氏二族。）

以耶律德光與石敬瑭劉知遠相較，一樣是胡人，一樣是不瞭解中國傳統文化，然而耶律德光的政治成績要比石敬瑭劉知遠好得多。此因耶律德光誠心想模倣中國，而石敬瑭劉知遠還只是想用兵力霸佔地位。此正是唐藩鎮與五胡北朝之相異點。因一面有理想求上進，一面無理想只求霸佔。所以想上進者，因其爲一部族中之優秀領袖，能知爲遠大永長之計。所以只想霸佔者，因其本來出身行伍，徒藉兵強馬大，非有遠志。

遼廷多用漢人，如太祖之於韓延徽，太宗之於張礪。范仲淹疏，契丹得山後諸州，皆令漢人爲之官守。諸帝皆通漢學，遼族亦多好文學。參看廿二史劄記。

以遼與北朝比，則遼之文化尙遠遜北朝。此因北朝時中國門第勢力未衰，故雖在部族統治下，而漢族文化仍得發榮滋長。契丹建國時，中國社會已無門第勢力，故契丹雖亦酌取漢化，而漢人則並不能自保其文化之傳統，以與異部族之統治勢力相抗衡。蓋北朝大體上猶是漢人爲主，而遼則漢人爲屬矣。

其後遼國遂備五京之制。宋統一前，遼已有上京南京東京三京。

上京，梁貞明四年，阿保機始城臨潢，謂之皇都。晉天福初，德光稱爲上京。在臨潢。今熱河東北境。

中京，宋景德四年，隆緒城遼西爲中京，自上京徙都。在大定。今熱河省東南部喀喇沁旗境。

東京，後唐天成三年，德光稱遼陽城爲南京。晉天福初，改曰東京。在遼陽。

南京，晉天福初，升幽州爲南京，又謂之燕京，常爲行都。在析津。今北平。

西京，宋慶歷四年，宗眞（與宗）以雲州爲西京。在雲州。今山西大同。

境內有州軍城百五十有六，縣二百有九。東至海，西至金山，暨流沙，北至臚朐河，南至白溝，方萬餘里。有兵一百六十四萬，勝甲冑者盡籍爲兵，皮室屬珊二軍尤重，各隸精兵數十萬。屬珊軍則擇蕃漢精騎爲之也。部族屬國之兵不與焉。

要之遼國立國與漢初匈奴唐初突厥均不同。遼國直是一個漢族分化的國家。

> 胡嶠陷北記上京所謂西樓，有邑屋市肆。交易無錢而用布。有綾錦諸工作宦者、翰林、技術、教坊角觝、秀才、僧尼、道士等，皆中國人而并、汾、幽、薊之人尤多。又按遼史儀衛志，記晉高祖使馮道劉煦册應天太后太宗皇帝，其聲器與法駕，同歸於遼。又德光入汴，收法物。秦漢以來帝王文物，盡入於遼。周宋按圖更製，乃非故物。此卽太宗紀所載大同元年三月，晉諸司僚吏，嬪御，宦寺，方伎，百工，圖籍，歷象，石經，銅人，明堂，刻漏，太常，樂譜，諸宮懸，鹵簿法物，及鎧仗，悉送上京是也。

中國的東北方，爲安史以來長期的藩鎮割據所隔絕，久不與中國中央相通。此一部分人遂漸與異部族武力相結合，而形成一個新國家。故云與北朝相似。這一個國家，遂還爲中國本部之強敵。這又是此下歷史上一個重要的變端。

四　中原民衆之疾苦

七、是當時中國黃河流域民衆疾苦之加深。

黃河流域的民族，經黃巢秦宗權大亂之後，繼續還是武人胡人的不斷爭奪，橫征暴斂，火熱水深，幾乎難於想像，難於形容。

在政事極端無望之下，有一個張全義。

> 東部經黃巢之亂，遺民聚爲三城，以相保。繼以秦宗權孫儒殘暴，僅存壞垣而已。唐僖宗光啓三年，張全義爲河南尹，初至，白骨蔽地，荊棘彌望，居民不滿百戶。全義麾下纔百餘人。乃於麾下選可使者十八人，命曰屯將。人給一旗，

一榜，於舊十八縣中令招農戶自耕種，流民漸歸。又選可使者十八人，命曰屯副。民之來者綏撫之，無重刑，無租稅，歸者漸衆。又選諳書計者十八人，命曰屯判官。不一二年，每屯戶至數千。於農隙選壯者教之戰陣，以禦寇盜。五年之後，諸縣桑麻蔚然，勝兵大縣至七千人，小縣不滅二千人。乃奏置令佐以治之。全義爲政明察而寬簡，出見田疇美者，輒下馬與僚佐共觀之，召田主勞以酒食，有蠶麥善收者，或親至其家，悉呼出老幼，賜以茶綵衣物。民間言張公見聲伎未嘗笑，獨見佳麥良繭則笑耳。在洛四十年，遂成富庶。

在政事極端無望之下，還有一個馮道。

張全義媚事朱温，妻妾子女爲其所亂，不以爲愧。及唐滅梁，又賄賂唐莊宗劉后伶人宦官等，以保祿位。然時稱名臣元老，以其猶能以救時拯物爲念也。楊凝式贈全義詩曰，洛陽風景實堪哀，昔日曾爲瓦子堆。不是我公重葺理，至今猶是一堆灰。馮道歷事五朝八姓十一君，當時羣尊爲長者。死年七十三，談者美之，謂與孔子同壽。（其時能壽，當眞不易。）亦以道能周旋有所存濟也。其對耶律德光曰，此時百姓，佛出救不得，惟皇帝救得。論者謂道一言免中國人於夷滅。世運至此，何可更以節義廉恥責當時之人物。其他如鄭韜光事十一君，壽七十。馬胤孫號爲三不開，一不開口議論，二不開印行事，三不開門延士大夫。

民生其間，直是中國有史以來未有之慘境。

五　中國之南北分裂

至於北方的遼國，政治比較上軌道，其田制有公田有私田有在官閑田之別。

統和中，耶律昭言西北之衆每歲農時，一夫偵候，一夫治公田，二夫給糺官之役，沿邊各置屯田，戍兵易田積穀以給軍糧。太平七年詔諸屯田不輸稅賦，此公田制也。又詔山前後未納稅戶，並於密雲燕樂兩縣占田置業入稅，此私田制也。太平十五年募民耕灤河曠地，十年始租，此在公閑田制也。

遼自初年即稱農穀充羨，有振饑恤難之政。太宗保寧七年，漢有宋兵，使來乞糧，詔賜粟二十萬斛。耕種之外有鹽。

太祖漢城在炭山南，有鹽池之利，即後魏之滑鹽縣，其後得十六州地，瀛莫在焉，始得河間煮海之利。

有鐵冶。

太祖始幷室韋，其地產銅鐵金銀，其人善作銅鐵器，又有曷朮部多鐵。曷朮契丹語鐵也。後平渤海，有鐵利府改曰鐵利州，地亦多鐵。又東平縣本漢襄平縣故地，產鐵丱。

有金銀礦。

聖宗太平間，於潢河北陰山及遼河之源各得金銀礦，興冶採煉。

因有銀幣。

撒剌的為夷離堇，以土產多銅，始造錢幣。太祖其子沿而用之。太宗置五冶太師以總四方錢鐵。石敬瑭又獻沿邊所鑄。其後景宗鑄乾亨新錢。聖宗鑿大安山取劉守光所藏錢，散諸五計司，兼鑄太平錢。

又有牧畜之饒。

遼盛牧事，羣牧滋繁，數至百有餘萬，諸司牧官以次進階。自太祖及興宗垂二百年，羣牧之盛如一日。天祚初年，馬猶有數萬羣，每羣不下千匹。

冀北宜馬，海濱宜鹽，自古豔稱。鐵冶之富，至今尤爲全世界所重視。故其國典章文物飲食服玩之盛，得盡習漢風，自謂昔時元魏所不如。韓琦語。而其法令簡易，科役不煩，遂使一時民衆絕其南顧之念。余靖語。

如此一傳再傳，待宋室起來再把中國整頓得成一個樣子，而那隔絕淪陷在東北方面的民衆，早已忘卻他們的祖國了。

我們該從地理的橫剖面上，來認取當時中國史上一種空前未有之大搖動。